本书受国家社会科学基金一般项目"汇率不对称变动、异质性传导与中国对外贸易结构演进研究"（批准号：16BJL087）资助。

汇率变动、贸易结构与贸易福利

邹宗森 张永亮 王秀玲 著

中国社会科学出版社

图书在版编目（CIP）数据

汇率变动、贸易结构与贸易福利／邹宗森，张永亮，王秀玲著.—北京：中国社会科学出版社，2019.9

ISBN 978-7-5203-5061-7

Ⅰ.①汇⋯　Ⅱ.①邹⋯②张⋯③王⋯　Ⅲ.①人民币汇率—汇率波动—研究②对外贸易—研究—中国　Ⅳ.①F832.63②F752

中国版本图书馆 CIP 数据核字（2019）第 204103 号

出 版 人	赵剑英	
责任编辑	郭　枭	
责任校对	胡新芳	
责任印制	王　超	

出　　版	中国社会科学出版社	
社　　址	北京鼓楼西大街甲 158 号	
邮　　编	100720	
网　　址	http：//www.csspw.cn	
发 行 部	010-84083685	
门 市 部	010-84029450	
经　　销	新华书店及其他书店	
印　　刷	北京明恒达印务有限公司	
装　　订	廊坊市广阳区广增装订厂	
版　　次	2019 年 9 月第 1 版	
印　　次	2019 年 9 月第 1 次印刷	
开　　本	710×1000　1/16	
印　　张	24.25	
插　　页	2	
字　　数	373 千字	
定　　价	108.00 元	

凡购买中国社会科学出版社图书，如有质量问题请与本社营销中心联系调换
电话：010-84083683
版权所有　侵权必究

前　　言

在影响国际贸易开展的诸多因素中，汇率向来是被讨论最多和争论最激烈的经济变量。2012年3月，世界贸易组织总干事帕斯卡尔·拉米在"汇率与国际贸易关系"研讨会主题演讲中强调"汇率一直是世界贸易组织高度关切的敏感议题"。经典的汇率调节理论认为，通过本国货币主动贬值，或者逼迫他国货币对本币升值，使得本国商品外币价格下降，外国商品本国货币价格上升，进而导致出口增加和进口减少，以达到改善贸易收支的目的。但是，货币贬值改善国际收支需要满足汇率完全传递假设下的"马歇尔—勒纳"弹性条件，且具有效果滞后的"J曲线"效应。倘若汇率不完全传递，则往往会出现汇率变动与贸易收支脱节的"汇率调节之谜"，达不到预期效果，还容易招致对方竞争性贬值和其他报复行为。此外，经济和贸易大国汇率制度的选择和汇率变动产生溢出效应，倘若没有充分的国际政策协调机制，会给全球经济、贸易和投资带来深刻影响。

中国入世以后，经济和贸易发展连续实现几个历史性跨越。目前，从经济总量来看，中国已是世界第二大经济体；从贸易总量来看，中国已连续多年是货物贸易第一出口大国和第二进口大国。中国经济和对外贸易的发展为受国际金融危机重创的全球经济和贸易的复苏做出了重要贡献，质优价廉的"中国制造"产品给全球消费者带来了诸多福利，庞大的中国国内市场为全球产品和服务贸易提供了广阔空间。然而，伴随中国综合实力和国际影响力日渐提升，人民币汇率问题的争论由来已久且从未停止。本轮金融危机后，保罗·克鲁格曼和马丁·沃尔夫等世界知名经济学者将全球失衡的原因部分归结为人民币汇率低估。唐纳德·特朗普竞选美国总统时曾威胁，上任伊始就将中国列为"汇率操纵国"。

近年，美国对华战略已发生明显转向，由"接触"（engagement）调整为"规锁"（confinement）。2018年以来，中美贸易摩擦加剧，虽然双方已进行十几轮高级别磋商，但美国仍执意加征关税，掀起了人类经济史上规模最大的"贸易战"。目前人民币定价机制日趋透明，央行基本退出常态性干预，不符合美国对汇率操纵国评判标准，IMF也认定人民币汇率基本符合经济基本面，不再被低估，但倘若贸易战达不到预期效果，美国仍有可能指责中国操纵汇率而发动汇率战，逼迫人民币升值，且有一定概率主动放缓美元升值来改善美国对外贸易状况。中美贸易摩擦的表面原因在于中美贸易不平衡即中国对美贸易存在巨额顺差，美国政府试图征收高额关税来减少对华贸易逆差；更深层次的原因则在于，中国提出的"中国制造2025"强国战略对于技术进步与制造业产业升级进行了系统规划，使美国感受到来自中国的竞争压力而心存不安，美国的真正意图在于遏制中国崛起，延缓美国相对实力和国际影响力的下降，从而长期保持全球霸主地位。因此，中美贸易摩擦具有长期性、曲折性和复杂性的特征。

中国唯有深化结构性改革，方能妥善应对复杂国际环境中的各种艰险和挑战。伴随中国经济由高速增长阶段转向高质量发展阶段转变，对外贸易经济领域必将发生深刻变革。构建开放型经济新体制，加快体制机制创新，加快对外贸易转型升级，实现外贸高质量发展，推动形成全面开放新格局，是新时期中国对外经济工作的重要任务。在中美贸易摩擦不可避免、未来冲突可能升级的背景下，更好地发挥人民币汇率在引导和配置国际国内资源的作用，促使中国出口贸易转型升级，实现高质量发展，是当前中国对外经济贸易领域的重要任务。

通过研究，重新考量汇率因素对调节国际贸易收支的效果和影响，有助于决策当局理性对待中美贸易摩擦，保持政策定力，避免汇率、贸易和产业政策响应失误，因而具有重要的理论价值和现实意义。本书以国际货币体系中人民币与其他主要货币汇率变动引致的国际贸易结构演进为主线，在对汇率变动与国际贸易作用机理进行充分梳理的基础上，从汇率变动向出口价格不完全传递的非对称性和异质性、汇率变动与贸易空间效应、汇率变动与贸易关系持续时间、汇率变动与贸易技术结构、进口种类和进口产品质量对国际贸易福利的影响等方面系统地进行了研究，旨在准确把握汇率变动作用下中国对外贸易结构的演进规律和趋势。

本书既注重探究宏微观经济变量的相互作用机制，深入挖掘微观个体异质性特征对于宏观经济发展带来的影响，也注重分析外生政策冲击对于经济系统发展带来的改变，预测经济变量发展规律和趋势。可能的贡献在于构建了一个容纳汇率变动、贸易结构与贸易福利典型事实和客观规律的整体分析框架，将贸易结构延伸至时间结构（生存分析）、空间结构（空间溢出效应）、技术结构（出口技术结构分析）和质量结构（国际贸易福利分析），将汇率变动区分为汇率波动和汇率失衡两种情形，着重考察汇率变动对于国际贸易结构演进的影响。具体而言，基于联合国商品贸易数据库SITC-5位码出口产品层面，考察了汇率变动向出口价格不完全传递的非对称性和异质性，诠释"汇率调节之谜"；运用空间计量和门限面板模型，探讨了汇率变动与空间溢出效应对中国与"一带一路"沿线国家贸易增长的非线性影响；构建双边实际汇率波动、第三方实际汇率波动和异质性产品有效汇率变量，基于时间维度考察了汇率变动对国际贸易关系稳定性的影响；构建出口技术指标，考察了双边汇率变动和异质性产品有效汇率变动对出口技术结构的影响；建立三层嵌套Logit模型，真正把差异化产品质量引入国际贸易福利测算指数，重新推导可进行价格、种类和质量三维分解的价格指数来衡量贸易福利，拓展了国际贸易福利分析框架。

本书研究结论可望为汇率制度选择、货币政策制定与调整、产业和贸易政策优化以及新时代"推动形成全面开放新格局"战略实施提供来自微观层面的直接经验证据；针对"一带一路"沿线国家的研究可望服务于国家"一带一路"倡议推进过程中相关政策的制定、调整和优化；同时，本书研究结论能够为企业外向型经营决策提供指导和参考。

笔者通过研究发现了有价值的规律，得到了有意义的结论，提出了一些政策建议，但囿于学识、能力以及客观条件的限制，不足之处在所难免。不当之处，还请各位学术同人不吝批评指正。

邹宗森　张永亮　王秀玲
2019 年 6 月

目 录

第一章 导论 …………………………………………………… (1)
  第一节 研究背景与意义 ………………………………………… (3)
  第二节 概念界定及辨析 ………………………………………… (7)
    一 汇率变动 …………………………………………………… (7)
    二 汇率传递 …………………………………………………… (9)
    三 对外贸易结构 …………………………………………… (11)
    四 国际贸易福利 …………………………………………… (12)
  第三节 总体编排与相关说明 ………………………………… (14)
    一 整体研究思路与主要研究内容 ………………………… (14)
    二 主要研究方法与研究技术路线 ………………………… (17)
    三 主要贡献与可能的创新 ………………………………… (22)
    四 学术价值和应用价值 …………………………………… (28)

第二章 汇率变动与传递的非对称性 ………………………… (30)
  第一节 文献综述 ……………………………………………… (31)
    一 汇率传递研究脉络 ……………………………………… (31)
    二 汇率传递非对称性研究 ………………………………… (35)
    三 研究述评 ………………………………………………… (40)
  第二节 待检验假设 …………………………………………… (41)
    一 典型事实 ………………………………………………… (41)
    二 待检验假设 ……………………………………………… (43)

第三节　模型设定与变量处理 (43)
　　一　计量模型设定 (44)
　　二　变量测算与数据处理 (46)
第四节　结果分析 (52)
　　一　汇率不完全传递效应 (52)
　　二　汇率变动方向与汇率传递的非对称性 (57)
　　三　汇率变动幅度与汇率传递的非对称性 (61)
第五节　本章小结 (64)

第三章　汇率变动与传递的异质性 (67)
第一节　文献综述 (68)
　　一　企业异质性与汇率不完全传递研究 (68)
　　二　产品异质性与汇率不完全传递研究 (69)
　　三　研究述评 (71)
第二节　理论模型 (71)
　　一　出口商品价格的汇率弹性和汇率传递效应 (71)
　　二　考虑商品异质性的汇率不完全传递 (74)
第三节　实证模型 (77)
　　一　计量模型设定 (77)
　　二　变量设定 (78)
　　三　数据来源及处理 (81)
　　四　变量描述性统计 (82)
第四节　结果分析 (83)
　　一　商品异质性对汇率不完全传递的影响 (83)
　　二　稳健性检验 (85)
　　三　扩展性分析 (86)
第五节　本章小结 (88)

第四章　汇率变动与贸易空间效应 (89)
第一节　文献综述 (90)

一　汇率变动与国际贸易 …………………………………… (90)
　　二　邻近效应与国际贸易 …………………………………… (93)
　　三　研究述评 ………………………………………………… (95)
第二节　汇率变动、邻近效应与出口贸易 ………………………… (95)
　　一　特征性事实 ……………………………………………… (95)
　　二　回归模型设定 …………………………………………… (99)
　　三　变量选取与数据来源 …………………………………… (102)
　　四　结果分析 ………………………………………………… (103)
　　五　主要结论及启示 ………………………………………… (106)
第三节　汇率变动、邻近效应与进口贸易 ………………………… (107)
　　一　特征性事实 ……………………………………………… (107)
　　二　模型构建 ………………………………………………… (112)
　　三　数据来源与变量处理 …………………………………… (113)
　　四　结果分析 ………………………………………………… (114)
　　五　主要结论及启示 ………………………………………… (120)
第四节　本章小结 …………………………………………………… (121)

第五章　汇率变动与贸易持续时间 ……………………………… (123)
第一节　贸易关系生存统计分析 …………………………………… (124)
　　一　中国出口贸易关系持续时间的分布特征 …………… (126)
　　二　中国出口贸易关系生存函数估计 …………………… (128)
　　三　主要结论与启示 ………………………………………… (135)
第二节　双边汇率波动与贸易持续时间 …………………………… (136)
　　一　文献综述 ………………………………………………… (137)
　　二　出口贸易关系生存统计 ………………………………… (139)
　　三　计量模型与变量 ………………………………………… (141)
　　四　回归分析与稳健性检验 ………………………………… (146)
　　五　结论与政策建议 ………………………………………… (152)
第三节　第三方汇率波动与贸易持续时间 ………………………… (154)
　　一　文献综述 ………………………………………………… (156)

二　出口贸易关系生存统计 …………………………………… (159)
　　三　回归分析 ………………………………………………… (161)
　　四　扩展性分析 ……………………………………………… (173)
　　五　结论与启示 ……………………………………………… (181)
 第四节　异质性有效汇率与贸易持续时间 ……………………… (183)
　　一　文献综述 ………………………………………………… (184)
　　二　研究方法 ………………………………………………… (188)
　　三　变量设定与数据来源 …………………………………… (193)
　　四　结果与分析 ……………………………………………… (196)
　　五　结论与启示 ……………………………………………… (203)
 第五节　本章小结 ………………………………………………… (204)

第六章　汇率变动与贸易技术结构 ……………………………… (207)
 第一节　汇率变动与出口技术结构 ……………………………… (208)
　　一　文献综述 ………………………………………………… (209)
　　二　贸易技术结构测度指标与特征性事实 ………………… (211)
　　三　模型设定与变量说明 …………………………………… (222)
　　四　回归结果分析 …………………………………………… (226)
　　五　稳健性检验 ……………………………………………… (230)
　　六　结论及启示 ……………………………………………… (235)
 第二节　出口技术结构与贸易持续时间 ………………………… (235)
　　一　文献综述 ………………………………………………… (237)
　　二　生存估计 ………………………………………………… (241)
　　三　模型设定和回归分析 …………………………………… (244)
　　四　稳健性检验 ……………………………………………… (253)
　　五　扩展分析 ………………………………………………… (257)
　　六　主要结论与启示 ………………………………………… (264)
 第三节　制度质量与国际市场进入 ……………………………… (265)
　　一　文献综述 ………………………………………………… (266)
　　二　事实分析 ………………………………………………… (269)

三　回归结果及分析 …………………………………………（278）
　　四　结论与启示 ……………………………………………（291）
　第四节　本章小结 ………………………………………………（292）

第七章　贸易结构与贸易福利 ……………………………………（295）
　第一节　理论研究与文献回顾 …………………………………（296）
　第二节　模型构建 ………………………………………………（304）
　　一　消费选择的嵌套结构 …………………………………（305）
　　二　价格指数的三维分解与贸易福利 ……………………（307）
　　三　回归模型 ………………………………………………（311）
　第三节　实证分析 ………………………………………………（313）
　　一　数据及变量 ……………………………………………（313）
　　二　中国进口种类的特性事实 ……………………………（317）
　　三　回归结果 ………………………………………………（320）
　　四　内生性问题及处理 ……………………………………（321）
　第四节　价格指数分解与贸易福利 ……………………………（324）
　　一　Krugman 模型下的贸易福利 …………………………（325）
　　二　价格指数及其分解 ……………………………………（326）
　　三　基于生产阶段的分解 …………………………………（335）
　第五节　本章小结 ………………………………………………（337）

第八章　总结 ………………………………………………………（340）
　第一节　主要研究结论 …………………………………………（340）
　　一　汇率传递具有明显的非对称性和异质性特征 ………（340）
　　二　汇率变动和空间效应影响进出口贸易 ………………（341）
　　三　汇率波动影响出口贸易关系持续 ……………………（341）
　　四　我国出口技术结构优化任重道远 ……………………（342）
　　五　价格、种类和质量是构成国际贸易福利的重要来源 …（342）
　第二节　政策启示与建议 ………………………………………（342）
　　一　政府决策层面 …………………………………………（343）

二　企业决策方面 …………………………………………… (344)
第三节　研究不足及进一步研究方向 ………………………… (345)
　　一　研究不足 ………………………………………………… (345)
　　二　进一步研究方向 ………………………………………… (346)

参考文献 ……………………………………………………… (348)

图索引

图1—1　人民币有效汇率指数与我国货物贸易差额变动趋势 ……… (6)
图1—2　研究内容整体框架 ……………………………………… (15)
图1—3　研究技术路线 …………………………………………… (23)
图2—1　名义有效汇率指数和名义汇率趋势图 ………………… (42)
图2—2　进出口贸易额和贸易差额趋势图 ……………………… (42)
图2—3　出口价格汇率弹性大小分布图 ………………………… (55)
图4—1　中国与"一带一路"国家双边实际汇率 ……………… (96)
图4—2　人民币实际有效汇率指数与中国对"一带一路"
　　　　沿线国家出口额 ……………………………………… (98)
图4—3　中国对"一带一路"沿线国家出口增长率 …………… (99)
图4—4　莫兰指数 ………………………………………………… (100)
图4—5　中国进口总额与自"一带一路"沿线国家进口额 …… (108)
图4—6　进口增长率（%） ……………………………………… (109)
图4—7　中国从"一带一路"沿线国家进口增长率 …………… (109)
图4—8　实际有效汇率与中国自"一带一路"沿线国家
　　　　进口额 …………………………………………………… (110)
图5—1　生存函数和风险函数的总体估计 ……………………… (131)
图5—2　不同技术复杂度类别产品的生存函数 ………………… (133)
图5—3　中国短期出口贸易关系持续时间分布图 ……………… (134)
图5—4　中国长期出口贸易关系持续时间分布图 ……………… (134)
图5—5　生存函数和累积风险函数 ……………………………… (141)

图 5—6　1999—2015 年中国向"一带一路"沿线国家分区域出口额 ………………………………………………（155）
图 5—7　中国与"一带一路"沿线国家双边汇率年均波动分布图 ……………………………………………（156）
图 5—8　不同层次有效汇率计算与对比 ………………（189）
图 5—9　生存函数曲线 …………………………………（197）
图 5—10　累积风险函数曲线 …………………………（198）
图 6—1　1999—2015 年中国出口产品技术复杂度 …（214）
图 6—2　1999—2015 年按目的国收入水平分类的中国出口产品技术复杂度 ……………………………（214）
图 6—3　1999—2015 年中国各技术水平产品出口种类占比 …（218）
图 6—4　1999—2015 年各类技术水平产品出口金额占比 …（219）
图 6—5　各类技术水平产品出口金额占比 ……………（220）
图 6—6　1999—2015 年中国出口至前六大贸易伙伴的技术复杂度指数与双边实际汇率 ……………（222）
图 6—7　2015 年中国出口至前六大贸易伙伴的各类技术水平产品出口金额占比 ……………………（223）
图 6—8　生存函数和风险函数的总体估计 ……………（245）
图 6—9　总体生存率估计 ………………………………（273）
图 6—10　不同收入水平目的国生存率估计回归模型 …（273）
图 6—11　总体制度距离分布图 ………………………（277）
图 7—1　中国 1995—2014 年长质量阶梯进口种类 …（297）
图 7—2　消费者选择集嵌套结构 ………………………（306）
图 7—3　三种模型下的同比传统价格指数与修正 lambda 比率 …（334）
图 7—4　三种模型下的同比精确价格指数 ……………（334）
图 7—5　1994—2015 年不同生产阶段产品种类和质量变动对贸易福利的贡献度 ……………………（336）

表 索 引

表2—1	变量的描述性统计	(52)
表2—2	出口价格汇率弹性：总体和收入水平差异	(53)
表2—3	出口贸易关系分布：按 Lall 和 Rauch 分组	(54)
表2—4	出口贸易关系分布：按出口产品异质性分组	(54)
表2—5	出口价格汇率弹性：不同产品分组	(56)
表2—6	汇率传递的估计结果：汇率变动方向不同	(58)
表2—7	引入商品异质性时汇率传递的估计结果：汇率变动方向不同	(60)
表2—8	汇率传递的估计结果：汇率变动幅度不同	(62)
表2—9	引入商品异质性时汇率传递的估计结果：汇率变动幅度不同	(63)
表3—1	出口商依市定价行为举例	(73)
表3—2	变量的描述性统计	(82)
表3—3	商品异质性对汇率不完全传递的影响：总体和按收入分组	(83)
表3—4	稳健性检验	(86)
表4—1	变量的描述性统计	(103)
表4—2	空间自回归模型和结合空间自回归模型的差分 GMM 回归结果	(104)
表4—3	"一带一路"各亚区域邻近效应、汇率变动对出口增长的影响	(105)

表4—4	门限估计值及置信区间	(106)
表4—5	面板门限模型的估计结果	(106)
表4—6	全局 Moran 指数	(112)
表4—7	局部 Moran 指数	(112)
表4—8	空间自回归模型和结合空间自回归模型的差分 GMM 回归结果	(116)
表4—9	"一带一路"分地区邻近效应、汇率变动对进口增长的影响	(117)
表4—10	门限估计值及置信区间	(118)
表4—11	门限模型回归结果	(119)
表5—1	出口贸易关系生存时间举例	(127)
表5—2	产品出口持续时间描述性统计	(128)
表5—3	生存函数估计	(130)
表5—4	变量描述性统计	(146)
表5—5	基准回归	(147)
表5—6	稳健性检验	(151)
表5—7	生存估计	(161)
表5—8	变量描述性统计	(165)
表5—9	基准回归	(166)
表5—10	稳健性检验：内生性问题和左删失问题	(169)
表5—11	稳健性检验：Probit 模型	(171)
表5—12	稳健性检验：Logit 模型	(172)
表5—13	基准回归	(174)
表5—14	产品技术层级的分类生存估计	(175)
表5—15	产品差异化程度的分类生存统计	(177)
表5—16	产品差异化程度的分类估计	(178)
表5—17	人民币国际化政策影响及评估	(180)
表5—18	变量的描述性统计	(195)
表5—19	Cloglog 模型估计结果	(200)
表5—20	稳健性检验	(201)

表 6—1	1999—2015 年中国按技术水平分类的出口种类及比重	(217)
表 6—2	1999—2015 年中国按技术水平分类的出口金额及比重	(218)
表 6—3	1999—2015 年中国出口至主要贸易伙伴的产品技术复杂度	(221)
表 6—4	变量描述性统计	(226)
表 6—5	基准回归	(227)
表 6—6	稳健性检验：控制不同层次的固定效应	(231)
表 6—7	稳健性检验：分位数回归（lnre）	(232)
表 6—8	稳健性检验：分位数回归（lnreer）	(233)
表 6—9	部分产品出口到目的国的时间分布	(242)
表 6—10	生存估计	(244)
表 6—11	变量的描述性统计	(249)
表 6—12	基准回归	(250)
表 6—13	稳健性检验	(254)
表 6—14	基于 RCA 和 RTV 的分组分析	(259)
表 6—15	基于要素禀赋和目的国收入水平的分析	(262)
表 6—16	出口贸易关系状态界定的"三年判断标准"	(270)
表 6—17	部分产品出口到目的国的时间分布	(271)
表 6—18	市场进入持续时间的描述统计	(272)
表 6—19	变量的描述性统计	(278)
表 6—20	基准回归	(279)
表 6—21	纳入"仅存一年"样本的回归结果	(282)
表 6—22	数据删失问题和新增产品种类的稳健性检验	(283)
表 6—23	不同模型的稳健性检验	(285)
表 6—24	制度距离的非线性效应	(287)
表 6—25	目的国收入水平分组	(289)
表 7—1	数据统计描述	(314)
表 7—2	代表性年份进口品种类数目及各期间内平均值	(318)

表 7—3　1995—2014 年分产业"共同商品集"中产品种类的
　　　　相关统计 ·· (320)
表 7—4　主要变量的回归结果统计 ··· (323)
表 7—5　传统垄断竞争模型下中国进口种类贸易收益分
　　　　阶段统计 ·· (326)
表 7—6　各年环比价格指数分期间统计 ······································· (327)
表 7—7　固定替代弹性模型下的累积价格指数 ····························· (330)
表 7—8　1996—2014 年三种模型下各年同比价格指数
　　　　分解及福利 ·· (332)

第一章

导　论

汇率作为国际货币的相对价格，是重要的国际经济变量，由宏观经济、金融和贸易因素交互作用内生决定。汇率变动及长期失衡降低国际市场的资源配置效率，汇率变动产生不确定风险导致企业生产和经营成本上升，但汇率变动产生的成本在不同国家和产业之间存在很大的不对称性，会造成国际竞争环境紊乱，因而汇率可能成为"货币倾销"改善国际贸易失衡的重要载体和工具。

2008年国际金融危机之后，美国、日本和欧盟等主要经济体均出台了量化宽松的货币政策。由于各主要经济体经济周期不同步，宏观经济政策执行不同步且缺乏必要的协调，美元、欧元、日元、英镑等世界主要货币之间汇率波动频繁，严重影响国际贸易的开展和世界经济的复苏进程。本轮国际金融危机的一个典型特征是国际贸易的波动幅度大大超过了经济增长幅度，[1] 说明金融危机对于国际贸易的冲击明显大于对经济增长的冲击。危机重创了全球经济，危机后各国充分认识到保持经济内外均衡的重要性。全球经济再平衡成为重要议题，而开放经济再平衡包括经济的内外部均衡，外部均衡离不开国际贸易的再平衡，国际贸易再

---

[1] Amiti M., and D. E. Weinstein, "Exports and Financial Shocks", *Quarterly Journal of Economics*, Vol. 126, No. 4, 2011, pp. 1841–1877; Feenstra R. C., Z. Li, and M. Yu, "Exports and Credit Constraints under Incomplete Information: Theory and Evidence from China", *Review of Economics and Statistics*, Vol. 96, No. 4, 2014, pp. 729–744.

平衡首先被考量的因素便是汇率。① 经济和贸易大国汇率制度的选择和汇率变动会给全球经济、国际贸易和国际投资带来深刻影响。②

入世以来，我国连续实现几个历史性的跨越。2005年，我国经济规模排名世界第五位；2006年超越英国成为世界第四位；2007年超越德国成为世界第三位；2010年超越日本成为世界第二位。从经济总量来看，我国目前已稳居世界第二大经济体，对世界经济的贡献与日俱增；从国际贸易总量来看，我国已连续多年稳居世界货物第一出口大国和第二进口大国地位。我国对外贸易的繁荣发展为金融危机重创的全球经济和国际贸易的复苏做出了重要贡献，庞大的国内市场为全球产品和服务贸易提供了广阔空间，质优价廉的"中国制造"给全球消费者带来了诸多福利，中国积极践行大国"担当"，国际影响力与日俱增。

但是，伴随我国综合实力和国际影响力的日渐提升，人民币汇率问题的争论由来已久且从未停止。本轮金融危机后，保罗·克鲁格曼和马丁·沃尔夫等世界知名经济学者将全球失衡的原因部分归结为人民币汇率低估，然而汇率变动对于进出口贸易的影响从来没有达成一致性的结论，③ 人民币汇率变动对于中国进出口贸易和全球贸易平衡的影响需要谨慎客观地评估。更好地发挥人民币汇率在引导和配置国际国内资源的作用，促使我国对外贸易领域结构优化和转型升级，提高国际贸易福利，实现经济高质量发展，是当前我国对外经济贸易领域的重要任务。

本章第一节阐述了研究背景和意义；第二节对汇率变动、汇率传递、对外贸易结构和国际贸易福利概念进行了界定，并做了概念辨析；第三节阐述了研究的整体思路和主要研究内容，归纳了主要研究方法和研究技术路线，并对研究的主要贡献、可能的创新和研究价值进行了说明。

---

① 贾凯威、杨洋：《汇率与国际贸易关系研究：国外文献综述》，《经济问题探索》2014年第3期。

② Frankel J. A., and S. J. Wei, "Assessing China's Exchange Rate Regime", *Economic Policy*, Vol. 22, No. 51, 2007, pp. 575 – 627.

③ 李宏彬、马弘、熊艳艳、徐嫄：《人民币汇率对企业进出口贸易的影响——来自中国企业的实证研究》，《金融研究》2011年第2期。

第一节 研究背景与意义

党的十九大报告指出,"我国经济已由高速增长阶段转向高质量发展阶段,正处在转变发展方式、优化经济结构、转换增长动力的关键期",这是国家在国际国内环境发生重要变化,尤其是在我国发展阶段和发展条件发生深刻变化的背景下做出的重大判断,是新时期我国经济发展必然的路径选择。

国内经济方面,我国在经历"三期叠加"(增长速度换挡期、结构调整阵痛期和前期刺激政策消化期)的艰难时期后,2015年12月中央经济工作会议提出"三去一降一补"(去产能、去库存、去杠杆、降成本、补短板)五大任务,供给侧结构性改革正在有序推进。经济速度由高速增长向中高速增长转变,经济结构由中低端向中高端转变,发展动力由要素驱动向创新驱动转变,是我国经济步入新常态的重要特征。

目前,我国对外贸易增长的要素优势和发展环境已发生改变。劳动力、资本、土地、环保等生产成本快速上升,出口产品成本优势正在逐渐消失;全球产业竞争日趋激烈,我国出口产品面临来自发达国家和发展中国家的双重竞争,在许多市场已近饱和;国内产业结构调整、出口转型升级、新发展动能的释放和新比较优势的形成尚需一段时日;我国金融体系尚不够发达,金融抑制现象仍普遍存在,中小型贸易企业融资需求仍得不到有效支持;人民币汇率水平尚不能完全自由浮动,与市场供求决定的均衡汇率可能存在一定程度的偏离,产生资源扭曲,外部冲击导致汇率波动加剧,国际贸易风险增加。

外部环境方面,世界经济复苏进程一波三折,除美国外,世界主要经济体增长率仍尚未回归至危机前水平;地缘政治复杂多变,局部冲突和动荡频发,全球性问题加剧;国际市场需求持续低迷,逆全球化潮流汹涌来袭,贸易保护主义愈演愈烈,国际贸易面临的不确定性胜过以往。

特朗普竞选美国总统时,宣称中美贸易顺差夺走了美国大量的就业机会,扬言要对中国出口商品征收高达45%的惩罚性关税,而且威胁说上任伊始就将中国列为"汇率操纵国"。特朗普逆袭当上美国总统后,美国对华战略由"接触"转向"规锁"。美国不顾世界贸易组织多边贸易规则，以中国对美双边贸易存在巨额顺差为由，掀起了人类经济史上规模最大的贸易战。2018年以来，中美贸易摩擦加剧，数次谈判未果，显著恶化了中国经济和贸易发展面临的外部环境。第一阶段，2018年7月6日，美国开始对818个关税项目价值340亿美元的中国对美出口产品加征25%的关税；8月23日，美国在301调查项下对自中国进口的279个关税项目价值160亿美元的产品加征25%关税。第二阶段，9月24日，美国决定对华2000亿美元输美商品加征10%的关税，并自2019年1月1日起税率上升至25%。特朗普声称"如果中国对美国农民或其他行业采取报复行动，美国将立即启动第三阶段，即对大约2670亿美元额外进口产品征收关税"，对此中国的回应是"为了维护自身正当权益和全球自由贸易秩序，中方不得不同步进行反制"。第三阶段，2019年5月10日，美方决定对2000亿美元中国输美商品加征的关税由10%上调至25%；2019年5月13日，中国决定对原产于美国约600亿美元的进口商品实施加征关税，税率分25%、15%和5%三档，中美贸易摩擦进一步加剧。

  国内外多重因素叠加将在一定程度上影响我国对外贸易开展，低成本比较优势逐渐消失、出口增速显著放缓、贸易收支失衡和贸易摩擦加剧，是当前我国对外贸易领域必须正视和妥善解决的问题。对外经济贸易领域只有优化贸易结构和转变发展方式，才能突破劳动力成本上升、产能过剩和资源环境约束等发展瓶颈，实现更高质量、更有效率和更可持续的发展。2014年5月15日，国务院办公厅发布《关于支持外贸稳定增长的若干意见》（国办发〔2014〕19号），指出目前外贸形势复杂严峻，我们要支持外贸稳定增长，着力优化外贸结构，进一步改善外贸环境，强化政策保障。2015年7月24日，国务院办公厅发布《关于促进进出口稳定增长的若干意见》（国办发〔2015〕55号），提出推进新一轮高水平对外开放，是经济提质增效升级的重要支撑，要进一步推动对外贸易便利化，改善营商环境，为外贸企业减负助力，促进进出口稳定增长，培育国际竞争新优势。2018年7月2日，国务院办公厅转发商务部等20部委《关于扩大进口促进对外贸易平衡发展的意见》（国办发〔2018〕53

号),《意见》指出贯彻落实国家关于推进互利共赢开放战略决策部署,在稳定出口的同时进一步扩大进口,促进对外贸易平衡发展,优化进口结构,促进生产消费升级,优化国际市场布局,积极发挥多渠道的促进作用,改善贸易便利化条件。一系列文件的出台旨在促进外贸稳定增长,改善外贸经营环境,培育外贸竞争新优势,增强外贸竞争力。

入世之后我国出口商品竞争力上升,贸易顺差扩大,人民币升值预期不断加强,资源向制造业倾斜,服务业发展滞后,这种状况一直维持到2015年8月11日("8·11")第三次人民币汇率形成机制改革开启单边升值预期被打破双向波动加剧时才开始发生逆转。人民币汇率稳定对于国际贸易的重要性屡被官方文件提及:《关于支持外贸稳定增长的若干意见》中提出"要进一步完善人民币汇率市场化形成机制,增强人民币汇率双向浮动弹性,保持人民币汇率在合理均衡水平上的基本稳定";《关于促进进出口稳定增长的若干意见》指出要"扩大人民币汇率双向浮动区间",并再次重申"保持人民币汇率在合理均衡水平上基本稳定"。

2015年8月11日,中国人民银行决定开启第三次人民币汇率形成机制改革(简称第三次"汇改"),人民币汇率开盘即大幅贬值,人民币存在明显的贬值压力,当天一次性贬值接近2%,连续三天内贬值幅度超过3%,说明此时人民币汇率并没有明显被人为低估,否则,外汇市场供求关系作用将会使人民币汇率升值而非贬值。第三次"汇改"后,人民币汇率打破单边升值走势,呈现出双向波动趋势,并逐渐趋近于均衡汇率水平。2000年我国人民币名义有效汇率指数和实际有效汇率指数分别为93.5和91.3(2010年=100),2015年名义和有效汇率均达到峰值,分别为125.0和131.8,期间升值幅度分别为33.6%和44.3%;与此同时,我国货物贸易差额分别从2000年的240亿美元上升至2015年的6000亿美元。由图1—1可以看出,人民币汇率变动与贸易收支差额并非直观地呈现为负相关关系,人民币升值期间有时伴随着我国贸易顺差的快速增长,与"马歇尔—勒纳"弹性条件和"J曲线"效应等经典的国际收支调节理论相左。① 因此，应认真分析和客观判断汇率变动对于国际贸易开展的影响，而国际贸易分析中，贸易结构和贸易福利分析是非常重要的两个方面。

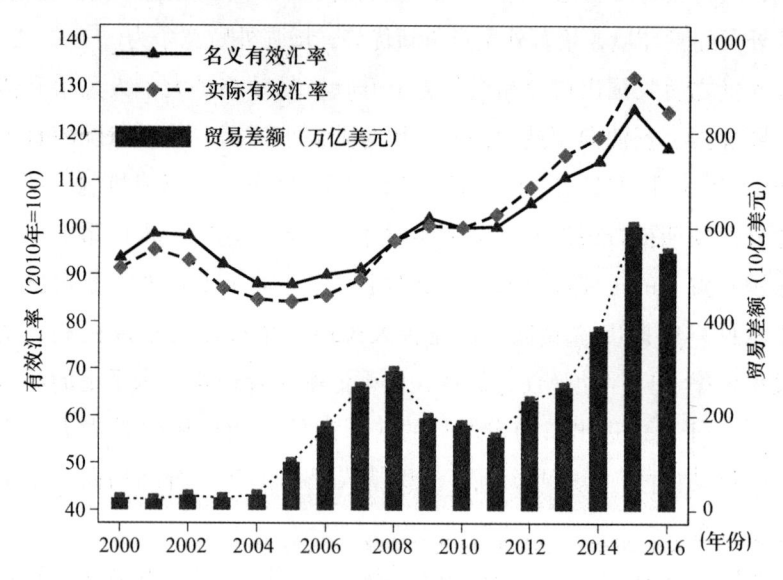

图1—1 人民币有效汇率指数与我国货物贸易差额变动趋势

数据来源：国际货币基金组织 IFS 数据库。

此外，美联储近年开启的加息和"缩表"进程，已对国际金融市场和各国货币政策产生了较大的溢出效应，新兴市场更是受到了强烈冲击。2018 年以来，土耳其里拉、委内瑞拉玻利瓦尔、阿根廷比索、印度卢比、巴西里亚尔、南非兰特等新兴市场货币已出现较大幅度的贬值。受中美贸易战等不利因素影响，人民币兑美元汇率中间价也出现大幅调整，人民币面临贬值压力。人民币贬值虽然在一定程度上能够对冲美国加征关税的影响，但进一步贬值则有可能成为美国变本加厉升级贸易战，甚至可能延伸至汇率战或升级为金融战的重要借口。尽管目前人民币定价机制日趋透明，央行基本退出常态性干预，不符合美国对汇率操纵国评判

---

① Magee S. P., "Currency Contracts, Pass-Through, and Devaluation", *Brookings Papers on Economic Activity*, Vol. 4, No. 1, 1973, pp. 303–325.

标准，且IMF也认定人民币汇率基本符合经济基本面，不再被低估，但倘若贸易战收不到预期的效果，美国仍有可能指责中国操纵汇率而发动汇率战，逼迫人民币升值，且有一定概率主动放缓美元升值来改善美国对外贸易状况。

第二节　概念界定及辨析

一　汇率变动

当商品或劳务参与国际交换时，就涉及国际价格问题，需要进行本币和外币的折算，这种折算按照汇率来进行。汇率（exchange rate）是两种不同货币之间的折算比价，即一种货币表示的另一种货币的价格。汇率的表达方式有两种：直接标价法（direct quotation）和间接标价法（indirect quotation）。其中，前者固定外国货币的数量，用本国货币折算这一固定数量的外国货币，而后者固定本国货币数量，用外国货币折算这一固定数量的本国货币。

由于外汇市场供求关系等因素的影响，汇率会经常发生变动。汇率变动（fluctuations in exchange rate）是指一国货币币值的变动，货币币值提高意味着该国货币升值（appreciation），货币币值降低意味着该国货币贬值（depreciation）。直接标价法下，汇率数值的上升说明该国货币贬值，反之则升值。汇率变动引起进出口商品相对价格的变化，影响到一国的进出口贸易，也会影响到国际资本流动。汇率变动包括汇率波动（volatility）和汇率错配（misalignment）两种情形，其中汇率波动主要是指汇率数值相对于以往数值发生变化，尤其是短时间内发生较大幅度的变化；汇率错配是指汇率长期持续偏离合理的均衡汇率水平，发生币值扭曲，通常用货币币值的低估或高估来表述，[①] 本币币值低估相当于本币实际贬值，本币币值高估相当于本币实际升值。汇率波动侧重于短期分析，

[①] 姜波克指出，人们常常将币值低估或高估与名义汇率低估或高估不加区分地予以使用，但在理论上，币值低估或高估是针对固定汇率制度情况而言，而名义汇率低估或高估则是针对浮动汇率制度而言的。姜波克：《国际金融新编》，复旦大学出版社2018年版。

而汇率错配侧重于中长期分析,二者均会引发国际贸易的不确定性风险。

早期关于汇率变动与国际贸易关系的研究,主要分析汇率制度选择、汇率对于国际收支和贸易总量的影响以及国际收支不平衡的汇率调节路径及条件。弹性分析方法由英国剑桥大学罗宾逊夫人(Robinson)在马歇尔局部均衡分析基础上发展而来,着重考察货币贬值对于贸易收支和贸易条件的影响,以及货币贬值改善国际收支的条件,研究的重点在于国际贸易在多大程度上对于价格变化做出响应。"马歇尔—勒纳"条件认为假设不考虑国民收入变动,只有满足进出口需求弹性之和大于1,贬值才有利于改善国际收支。如果考虑国民收入的变动,则本国货币贬值改善贸易平衡的条件是货币贬值引起的自主性贸易余额的改善超过因国民收入增加带来的进口增加额,被称为"劳尔森—梅茨勒"效应(Lausen-Metzler effect)。一般而言,汇率变动首先传导至进出口商品价格,进出口商品价格的调整影响后续贸易订单的成交数量和金额。如果考虑货币贬值效应的时滞问题,因货币贬值引致的贸易和国民收入的变动相对迟缓,故货币贬值可能导致贸易收支在短暂恶化后再逐步改善。① 本币贬值后贸易收支的动态变化可以用"J曲线"描绘出来,即使满足"马歇尔—勒纳"弹性条件,贬值也不会立马改善国际收支,而是存在一定的时滞,即"J曲线"效应。一般来说,实行浮动汇率制度的开放程度较高的经济体,"J曲线"效应比较明显,原因在于该经济体贸易收支差额的变化能够通过外汇市场进行传导,充分反映到外汇形成机制中,同时,以汇率和利率等变量表征的金融资产价格变动时,也能较快地影响进出口贸易等实物资产价格的调整。发展中国家经济大都封闭,金融体系存在脆弱性,存在长期和严重的贸易不平衡,进口需求弹性往往较高,这些因素往往导致"J曲线"效应弱化或变形,发展中国家通过本币贬值改善国际收支往往难以奏效。此外,发展中国家金融体系的扭曲阻碍了汇率信号向进出口商品价格和需求的充分和正确传递,汇率形成机制和国际收支

---

① Dornbusch R., "Expectations and Exchange Rate Dynamics", *The Journal of Political Economy*, Vol. 84, No. 6, 1976, pp. 1161–1176.

调节机制彼此相对割裂。①

20世纪70年代初，布雷顿森林体系崩溃，汇率自由浮动成为常态，国际货币体系中汇率波动明显加剧。Flood 和 Rose 以及 Frömmel 和 Menkhoff 发现大多数实行浮动汇率制度的国家货币在 1973—1998 期间波动性明显增加。② 布雷顿森林体系的崩溃和"汇率制度优劣之争"成为汇率与贸易关系研究的重要"分水岭"，汇率变动对国际贸易的影响一直是固定汇率制度和浮动汇率制度优劣争论的核心内容之一。从20世纪70年代开始，研究汇率波动对国际贸易的影响成为该领域的热门话题，然而自20世纪90年代以来，学界更为关注汇率错配对国际贸易的影响。

不管是汇率波动还是汇率错配，均会对国际经济系统产生冲击，体现在汇率变动对于贸易品价格和非贸易品价格的影响，对于国际资本流动的影响，对于外汇储备的影响，以及对于国内就业、国民收入和资源配置的影响。本书主要分析汇率变动对于国际贸易结构演进的影响，进而分析国际贸易结构变动带来的国际贸易福利变化。

二 汇率传递

在一价定律成立的条件下，汇率是完全传递的，即汇率变动引起的以目的国货币计价的产品价格的变动与汇率变动的百分比一致。经典的弹性理论认为，汇率发生变动会导致国家之间的产品价格水平发生相应的变动，即汇率传递是完全的和及时的。"马歇尔—勒纳"条件假设供给具有完全弹性，只要进出口需求弹性之和大于1，贬值便可以改善国际收支失衡；"毕克迪克—罗宾逊—梅茨勒"条件拓展了供给弹性无穷大的假设，给出了贬值改善国际收支的弹性条件，将"马歇尔—勒纳"条件一般化。弹性分析法暗含一个重要的假设，就是汇率变动对价格的传导效应是完全的。然而，20世纪70年代国际货币体系实行浮动汇率制度以

---

① 钟伟、胡松明、代慧君：《人民币J曲线效应的经验分析》，《世界经济》2001年第1期。
② Flood R. P., and A. K. Rose, "Understanding Exchange Rate Volatility without the Contrivance of Macroeconomics", *The Economic Journal*, Vol. 109, No. 459, 1999, pp. 660–672; Frömmel M., and L. Menkhoff, "Increasing Exchange Rate Volatility During the Recent Float", *Applied Financial Economics*, Vol. 13, No. 12, 2003, pp. 877–883.

来，汇率变动频繁而剧烈，但贸易品的进出口价格却相对稳定，意味着汇率变动向进出口价格的传导是不完全的。汇率传递的不完全性是汇率弹性理论和"J曲线"效应得不到很好的验证的重要原因之一，同时也是"汇率调节之谜"的重要诠释方向。汇率不完全传递成为国际经济学领域一个非常重要的研究问题。

汇率传递是指汇率变动影响价格调整的水平。根据汇率变动传递对象的不同，可分为汇率变动向进口价格、出口价格或目的国物价水平的传递，还可分为向外币价格或本币价格的传递，对此，不同的学者有不同的定义。从 Marston 等人的研究中可以看出，出口价格的汇率传递效应（Exchange Rate Pass-through，EPT）一般指以出口目的国货币计价的出口产品价格变动与汇率变动的比率。① 但根据 Goldberg 和 Knetter 研究，可以将出口产品汇率传递效应具体表示为汇率变动 1% 引起的以目的国货币计价的出口产品价格变动的百分比。② Berman 等认为汇率传递是出口国货币与进口国货币汇率变动 1%，引起出口国货币计价的产品出口价格变动的百分比。③ 陈学彬等定义本币标价的出口价格与汇率之间的弹性为汇率传递效应（ε_{EPT}），定义目的地市场外币标价的汇率弹性为出口商在目标市场的盯市能力（ε_{PTM}），当排除出口商生产成本因素的确定性影响后，得到 $\varepsilon_{EPT} = \varepsilon_{PTM} - 1$。④ 因此，不管是采用本币价格的汇率弹性，还是目的国货币价格的汇率弹性，计算出的汇率传递效应都有内在的联系。

汇率变动的传递程度，受汇率变动方向、变动幅度和持续时间的影响，还受商品异质性特征的影响，基于加总水平进行研究忽视了商品的异质性，无法刻画汇率变动冲击后微观主体反应的差异性。我们

---

① Marston R. C., "Pricing to Market in Japanese Manufacturing", *Journal of International Economics*, Vol. 29, No. 3-4, 1990, pp. 217-236.

② Goldberg P. K., and M. M. Knetter, "Goods Prices and Exchange Rates: What Have We Learned?", *Journal of Economic Literature*, Vol. 35, No. 3, 1997, pp. 1243-1272.

③ Berman N., P. Martin, and T. Mayer, "How Do Different Exporters React to Exchange Rate Changes?", *The Quarterly Journal of Economics*, Vol. 127, No. 1, 2012, pp. 437-492.

④ 陈学彬、李世刚、芦东：《中国出口汇率传递率和盯市能力的实证研究》，《经济研究》2007年第12期。

在第二章和第三章分别基于产品层面考察了汇率传递的非对称性和异质性。

三 对外贸易结构

贸易结构分析是国际贸易理论和实证研究中延续最久和最核心的领域之一。① 传统贸易理论可以追溯到亚当·斯密的绝对优势理论（theory of absolute advantage）、大卫·李嘉图的相对优势理论（theory of comparative advantage）以及赫克歇尔—俄林的要素禀赋理论（H-O定理）。绝对优势理论认为一国应该生产并出口具有绝对优势的产品；比较优势理论认为只要一国在某产品生产方面具有相对优势就可以通过出口获利；H-O定理进一步发掘了比较优势的来源，认为使用本国丰裕要素生产的产品具有比较优势，而使用本国稀缺要素生产的产品具有比较劣势。因此，传统贸易理论既强调了贸易模式（trade pattern）分析，也关注了贸易结构问题，但国际贸易结构分析本质上是对贸易模式（trade pattern）的分析。②

在很长一段时间内，比较优势理论没有受到质疑，直到20世纪50年代，美国经济学家瓦西里·里昂惕夫提出了"里昂惕夫之谜"（Leontief paradox），里昂惕夫利用投入产出方法分别于1947年和1951年两次对美国的贸易结构进行分析，发现美国出口劳动密集型产品，进口资本密集型产品，与H-O定理的预测不符。里昂惕夫之谜引起了学界对于贸易结构问题的研究兴趣，并推动了相关实证研究的发展，但是早期的研究目的在于证实或证伪，从理论模型和方法数据等多方面试图解开这个"谜"，结论并不统一，解释也是多种多样，因而并不能对一国的贸易结构给出一个完整的图景。③

目前依据贸易理论对一国贸易结构进行的经验分析尽管比较翔实，

---

① 江小涓：《我国出口商品结构的决定因素和变化趋势》，《经济研究》2007年第5期。
② 樊纲、关志雄、姚枝仲：《国际贸易结构分析：贸易品的技术分布》，《经济研究》2006年第8期。
③ 江小涓：《我国出口商品结构的决定因素和变化趋势》，《经济研究》2007年第5期。

但早期研究主要集中于对贸易产品进行分类,① 然后考察各个类别的产品进口额、出口额以及贸易平衡状况,进而判断一国的贸易结构是否合理。当然,也有学者设计一些指标或变量来衡量一国在某种产品类别上的专业化程度,例如产业内贸易指数、贸易专业化指数等。近几年,学者对于贸易结构的研究日渐丰富,研究角度包括技术复杂度、出口边际、出口价格及加成率、出口持续时间等。我们在现有研究基础上,并没有简单停留于计算各种类别产品的贸易占比,而是基于时间维度、空间维度、技术维度和质量维度科学设定国际贸易结构指标和变量,在充分进行描述性统计分析的基础上,设定计量模型进行实证检验和经验分析,试图更加全面贴切地解释汇率变动条件下贸易结构变化及其演进规律。

四　国际贸易福利

国际贸易对于经济增长的促进程度以及本国国民福利水平的改善程度,一直是国际经济学领域最为关注的核心问题之一。对于经济正处于由高速增长转向高质量发展阶段转变的中国而言,对外贸易既是经济增长的重要引擎,又是经济转型升级和新旧动能转换的重要领域,准确分析来自开展国际贸易的利得,重要性不言而喻。

传统的国际贸易理论,例如古典国际贸易理论中的亚当·斯密的绝对优势理论和大卫·李嘉图的相对优势理论,以及新古典国际贸易理论中赫克歇尔—俄林要素禀赋理论,理论本质在于用技术的绝对或相对差异以及要素禀赋形成的成本比较优势来解释国际贸易产生的原因以及贸易对交易双方福利产生的影响,进而得出国际贸易模式应该是发达国家和发展中国家之间进行的产业间贸易模式的结论。

传统贸易理论无法解释同一产业内进行的双向贸易现象。Krugman 将 Dixit 和 Stiglitz 的垄断竞争模型引入到国际贸易领域,开创了新贸易理论

---

① 目前国际上通用的两个分类标准:《国际贸易标准分类》(Standard International Trade Classification, SITC) 和《商品名称及编码协调制度国际公约》(International Convention for Harmonized Commodity Description and Coding System),已经分别在5位码和6位码层面上实现了国际协调和统一编码,其中后者简称协调制度 (Harmonized System, HS)。

体系。① 垄断竞争模型中的规模经济效应以及消费者可行消费集合的扩展成为衡量国际贸易利得的新角度,进行差异化商品的国际贸易能够获得规模经济效应和扩大消费集合。一个国家之所以能够从国际贸易中获益,是源于专业化分工带来的生产成本和产品价格的下降以及开展国际贸易带来的消费品种类的增加,进而提高了社会整体福利水平。Feenstra 在不变弹性替代效应(Constant Elasticity of Substitution, CES)框架以及 Sato 和 Vartia 构造的指数基础上,构建了纳入新产品种类出现和消失的进口产品种类非传统价格指数,首次明确具体给出估算进口产品种类增长影响国民福利的框架和计算方法。② Broda 和 Weinstein 以 Feenstra 方法为基础,将不变替代弹性效用函数扩展到三层嵌套固定替代弹性模型(Nested CES),将总体价格指数扩展为多商品价格指数,能够以细分的进口贸易数据度量进口商品种类变动所引起的国民福利变化。③ Broda 和 Weinstein 的研究与 Feenstra 的研究一脉相承,共同完成了以垄断竞争模型为基础的进口商品种类多样化引发的国民福利变化的测度,也为此后一系列更为广泛和细致的研究奠定了坚实的理论基础。④

传统国际贸易理论将国际贸易福利分析锁定于国际分工和商品交换方面,新贸易理论将贸易福利分析延伸至规模经济效应和消费品种类多样化方面。尽管国际贸易模式分类有多种,例如产业间贸易和产业内贸易之分、初级产品和工业制成品之分、中间品和最终品之分、同质产品和异质产品之分、低技术产品和高技术产品之分,但本质上都体现为国

---

① Dixit A. K., and J. E. Stiglitz, "Monopolistic Competition and Optimum Product Diversity", *The American Economic Review*, Vol. 67, No. 3, 1977, pp. 297 – 308; Krugman P. R., "Increasing Returns, Monopolistic Competition, and International Trade", *Journal of International Economics*, Vol. 9, No. 4, 1979, pp. 469 – 479; Krugman P., "Scale Economies, Product Differentiation, and the Pattern of Trade", *The American Economic Review*, Vol. 70, No. 5, 1980, pp. 950 – 959.

② Feenstra R. C., "New Product Varieties and the Measurement of International Prices", *American Economic Review*, Vol. 84, No. 1, 1994, pp. 157 – 177; Sato K., "The Ideal Log-Change Index Number", *The Review of Economics and Statistics*, Vol. 58, No. 2, 1976, p. 223.

③ Broda C., and D. E. Weinstein, "Globalization and the Gains from Variety", *The Quarterly Journal of Economics*, Vol. 121, No. 2, 2006, pp. 541 – 585.

④ 魏浩、付天:《中国货物进口贸易的消费者福利效应测算研究——基于产品层面大型微观数据的实证分析》,《经济学》(季刊) 2016 年第 4 期。

际贸易结构范畴。贸易商品种类多样化和地区多元化，本质上也体现为国际贸易结构范畴。因此，国际贸易福利分析与国际贸易结构分析密不可分，国际贸易结构的演进最终会影响贸易福利水平变化。

第三节　总体编排与相关说明

一　整体研究思路与主要研究内容

当今国际货币体系虽仍以美元为主导，但已呈多元化发展趋势。美元、欧元、人民币、日元和英镑是当今国际货币体系的主要货币，也是国际货币基金组织（IMF）特别提款权（SDR）的五种篮子货币。布雷顿森林体系崩溃后，国际货币体系进入浮动汇率时代，汇率变动成为常态。国际货币系统中各种货币相互作用，构成一个有机整体，影响国际资本流动和国际贸易开展，进而影响世界经济发展水平。其中，汇率变动对国际贸易的调节作用是国际经济重要研究领域，相关研究从早期经典的局部均衡弹性理论发展到宏观比较静态均衡模型再到异质性企业贸易模型，经历了由规范到实证、总量到结构、宏观到企业的发展过程，研究日渐深入。

本书旨在构建一个整体研究框架，容纳汇率变动和对外贸易结构演进特点，准确把握贸易结构演进规律，预测汇率变动作用下对外贸易结构的演进趋势，更全面贴切地解释和验证汇率不对称变动和异质性传导对于中国对外贸易结构演进的影响，为中国汇率、贸易和产业政策制定提供决策参考。具体目标包括：（1）阐明汇率不对称变动对贸易结构演进的作用机理和途径；（2）构建体现对外贸易结构及其演进规律的指标体系与分析方法；（3）提出汇率不对称变动影响国际贸易结构的假设并进行实证检验；（4）提出优化对外贸易结构实现外贸高质量发展的汇率、贸易和产业政策。

基于上述目标，从分析汇率变动影响国际贸易结构演进的理论和机理出发，本书以国际货币体系中主要货币汇率不对称变动和异质性传导引致的国际贸易结构演进为研究主线，提出研究假设，基于时间维度、空间维度和出口技术结构维度，实证检验了汇率变动（汇率波动和汇率错配两种情形）如何影响中国对外贸易结构演进，测算了中国出口产品技术结构并考察了汇率变动对出口技术结构演进的影响，最后探讨了进口产品质量提升和进口产品种类多样化带来的国际贸易福利收益。研究内容和整体框架如图1—2所示。

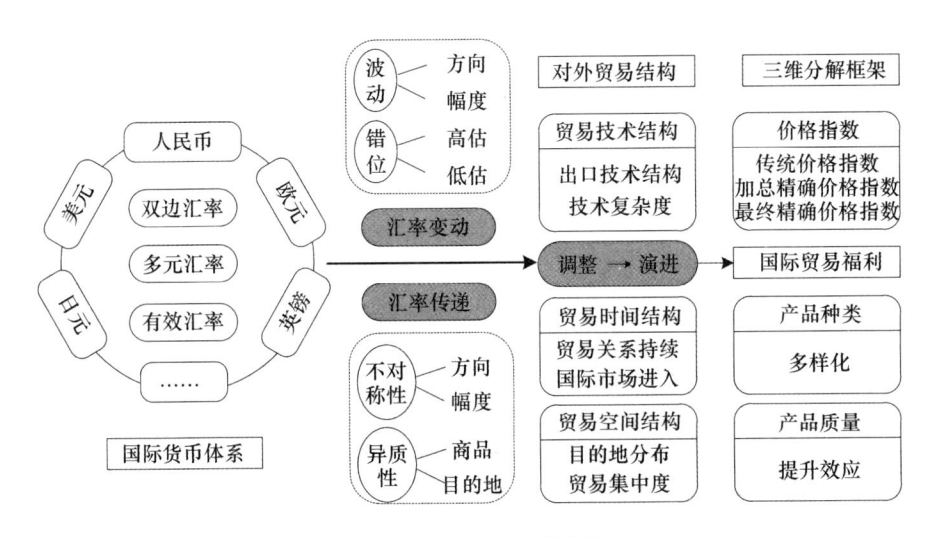

图1—2 研究内容整体框架

基于上述研究思路和内容框架，本书共设计为八章，结构安排及主要内容如下：

第一章导论。导论在介绍研究背景与意义的基础上，对本书涉及的主要概念做了界定和相关辨析，然后阐述了主要研究思路和技术路线，归纳了主要研究内容与所采用的主要研究方法，并对可能的创新点进行了表述，最后给出了本书具体的结构编排。

第二章汇率变动与传递的非对称性。本章在中国对外贸易出现"汇率调节之谜"的背景下，梳理了汇率变动影响进出口价格的理论和作用机制，然后从汇率变动方向和汇率变动幅度两个维度，提出待检验假设。实证研究部分选取联合国商品贸易数据库中1999—2015年中国出口到137个国家和地区的产品贸易数据，设定双向固定效应模型和门限向量自回归模型，考察了汇率不完全传递的非对称性以及非对称性视角下商品异质性对汇率不完全传递的影响。研究结论表明仅靠调整人民币汇率水平无助于改变贸易收支失衡的现状，保持相对稳定的人民币汇率水平，减少汇率波动对出口产品价格的冲击是非常有必要的。

第三章汇率变动与传递的异质性。本章延续了第二章的研究，考察了汇率变动与传递的异质性。在现有研究基础上，推导出产品异质性条件下汇率不完全传递理论模型，提出待检验假设。实证部分选取联合国商品贸易数据库1999—2015年中国出口到137个国家产品层面的出口贸易数据，考察了汇率不完全传递效应的异质性。回归结果确认了汇率传递不完全性和异质性特征，产品质量对于汇率传递效应具有显著影响。

第四章汇率变动与贸易空间效应。本章在汇率变动的基础上，融入了贸易空间邻近效应，并以"一带一路"沿线国家作为样本，采用空间计量方法，研究了汇率变动和邻近效应分别对中国与"一带一路"沿线国家出口和进口贸易的影响。此外，本章还运用面板门限方法，考察了汇率变动对进出口贸易产生的不对称性效应。

第五章汇率变动与贸易持续时间。本章基于时间维度考察了汇率变动对于贸易关系持续时间的影响。首先，运用生存分析方法考察了中国出口贸易关系持续时间特征，然后分别构建双边汇率波动、第三方汇率波动变量和异质性产品有效汇率变量，检验了汇率波动对于中国出口持续时间的影响。

第六章汇率变动与贸易技术结构。本章以技术复杂度指标衡量中国出口产品的技术含量，基于相对值分割法对中国出口技术结构进行分类和对比，然后考察了汇率变动对出口品技术结构演进的影响以及出口技术复杂度对出口稳定性的影响。此外，本章还从国际市场进入方面，探讨了制度因素对出口贸易扩展边际的影响。

第七章贸易结构与贸易福利。本章运用嵌套Logit模型重新推导了可进行价格、种类与质量三维分解的价格指数，进而分析了1995—2014年间中国由于进口种类多样化和进口产品质量提升带来的贸易福利增长问题。同时，通过与两种传统使用固定替代弹性模型下的价格指数进行对比，全面探讨了更合理替代关系下嵌套结构的重要作用，以及进口种类多样化与产品质量升级对贸易福利的差异化影响。

第八章总结。本章在对主要研究结论进行归纳和总结的基础上，分别从政府决策层面和企业决策层面提出了政策建议,并说明了研究内容可供拓展之处以及进一步研究的方向。

二 主要研究方法与研究技术路线

我们在研究中注重理论分析与实证检验结合、定性研究与定量研究互补的研究范式,综合运用异质性企业贸易理论、依市定价与汇率传递理论、国际贸易福利分析模型等理论模型,以及大数据处理、生存分析、面板门限回归模型、空间计量模型、贸易引力模型等实证方法进行研究,既注重探究宏观和微观经济变量的作用机制,深入挖掘微观个体异质性特征对于宏观经济发展带来的影响,也注重分析外生政策冲击对于经济系统发展带来的改变,预测经济变量发展规律和演进趋势。

(一)主要研究方法

1. 理论和模型分析

(1)异质性企业贸易理论。自 Melitz 开始,近十几年来,新新贸易理论(new-new trade theory)一直处于国际贸易前沿研究领域。[①] 新新贸易理论主要包括异质性企业贸易理论(heterogeneous firms trade,HFT)和企业内生边界理论(endogenous boundary theory of the firm)两个分支。异质性企业理论将国际贸易的研究范畴从传统贸易产业间贸易和产业内贸易转变为同一产业内部异质性企业在国际贸易中所做出的差异化行为选择,基于企业层面解释国际贸易和国际投资现象,挖掘异质性企业决策规律。尽管本书大部分内容基于产品层面进行分析,但是产品与企业密不可分,我们甚至可以假设每种产品由单独一个企业生产,则产品层面特征可以部分反映出企业异质性特征。因此,我们进行理论和模型分析时借鉴异质性企业贸易理论框架和有关模型,阐释汇率变动时异质性企业在产品层面的理性选择和差异化行为,基于贸易增长边际(集约边际和扩展边际)分析来把握国际贸易结构演进特点和规律。

(2)结构化贸易引力模型。贸易引力模型渊源于物理学家牛顿提出

---

① Melitz M. J., "The Impact of Trade on Intra-Industry Reallocations and Aggregate Industry Productivity", *Econometrica*, Vol. 71, No. 6, 2003, pp. 1695 – 1725.

的万有引力定律,即两个物体之间的相互引力与它们的质量呈正比,与它们之间的距离呈反比。荷兰经济学家简·丁伯根于1962年将引力模型引入国际贸易领域,研究国际贸易流量及其决定因素,认为两国双边贸易流量与其经济规模呈正比,而与两国之间的距离成反比,依据该关系设定的模型被称为"贸易引力模型"。Anderson 在阿明顿假设(Armington Assumption)基础上推导出贸易与产出的关系,赋予了贸易引力模型一种简单的粗糙的理论解释。Anderson 和 van Wincoop 进一步完善了贸易引力模型的理论基础,提出结构化贸易引力模型(the structural gravity model):[1]

$$X_{ij}^k = c x_i^k m_j^k \ (t_{ij}^k)^{1-\sigma_k} + \varepsilon_{ij}^k \tag{1—1}$$

其中,X_{ij}^k 为 k 产业中由起运国 i 运输至目的国 j 的双边贸易额;c 是常数项,用来控制 k 产业世界贸易总额和 i 与 j 双边贸易测量误差;x_i^k 和 m_j^k 分别为出口国和进口国的固定效应,分别表示出口国的供给潜力和进口国的需求潜力;σ_k 是 k 产业内产品的替代弹性;ε_{ij}^k 为服从泊松分布的随机误差项;t_{ij}^k 为双边贸易成本乘数,代表双边贸易阻力,通常被称为"冰山成本",在文献中一般是指传统贸易引力模型变量的对数线性函数,如两国距离(distance)、是否毗邻(contiguity)、是否拥有共同边界(the presence or absence of a border between the buyer and seller)等。[2] Anderson 等在 Anderson 和 van Wincoop "冰山"成本基础上增加了汇率传递(exchange rate pssthrough)和规模效应(volume)两个双边贸易阻力项:[3]

$$t_{ij} = \tau_{ij} \ (r_i/r_j)^{\rho_j} V_{ij}^{\phi_{ij}} \tag{1—2}$$

其中,τ_{ij} 为标准的贸易"冰山"成本;$(r_i/r_j)^{\rho_j}$ 是汇率传递阻力项,

---

[1] Anderson J. E., "A Theoretical Foundation for the Gravity Equation", *American Economic Review*, Vol. 69, No. 1, 1979, pp. 106 – 116; Anderson J. E., and E. van Wincoop, "Gravity with Gravitas: A Solution to the Border Puzzle", *American Economic Review*, Vol. 93, No. 1, 2003, pp. 170 – 192.

[2] 丁剑平、刘敏:《中欧双边贸易的规模效应研究:一个引力模型的扩展应用》,《世界经济》2016年第6期。

[3] Anderson J. E., M. Vesselovsky, and Y. V. Yotov, "Gravity, Scale and Exchange Rates", *NBER Working Paper*, No. 18807, 2013; Anderson J. E., and E. van Wincoop, "Gravity with Gravitas: A Solution to the Border Puzzle", *American Economic Review*, Vol. 93, No. 1, 2003, pp. 170 – 192.

r_i/r_j 为起运国 i 与目的国 j 双边汇率变动（升值或贬值）；ρ_j 为汇率传递系数，表示两国货币汇率变动的传递比例；$V_{ij}^{\phi_{ij}}$ 为规模效应阻力项，V_{ij} 表示国家 i 对目的国 j 的出口数量，ϕ_{ij} 为规模弹性系数，表示出口量变化对贸易成本的影响。

汇率变动改变国际相对价格，构成贸易成本，因而影响国际贸易开展。结构化贸易引力模型融入汇率传递和规模效应贸易阻力项，是汇率变动影响国际贸易的相关经验研究中计量模型设定和变量选取的重要理论基础。

2. 实证分析

（1）大数据处理。本书主要基于微观产品层面的贸易数据进行研究，笔者从联合国商品贸易数据库、国际货币基金组织 IFS 数据库、世界银行 WITS 数据库、法国经济研究中心（CEPII）等机构采集了大量的研究数据。数据的采集、存储、处理、统计和预测等环节对于数据处理技能要求较高，往往需要编写大量程序代码才能完成对于数据的采集和整理工作。笔者系统地学习和掌握了数据采集和处理技巧，实现了研究中原始数据到可视化呈现再到认知分析的全过程，清晰呈现数据规律，充分挖掘数据在时间和空间维度上所蕴含的丰富信息。

（2）生存分析方法。生存分析是研究事物生存现象和响应时间数据规律的一种统计方法，最先应用于生物学和医学领域，后来在保险学、人口学、社会学和经济学领域也取得了广泛的应用。由于风险特性不同，没有一个完全适合所有风险的定义。[①] 国际贸易关系风险主要是指维持一定时间的贸易关系在某一时刻面临失败风险的概率，失败风险越大，生存概率越小。本书主要利用生存分析方法分析贸易关系生存状况，采用生存函数（生存率）或危险函数（危险率）来描述生存时间的分布特征及趋势。生存函数反映的是一段已经延续到 t 期的贸易关系，在第 t 期之后能够继续生存下去的条件概率。令 T 为某一产品出口到某一特定目的

---

① 尹世久、高杨、吴林海：《构建中国特色食品安全社会共治体系》，人民出版社 2017 年版；尹世久、李锐、吴林海、陈秀娟：《中国食品安全发展报告 2018》，北京大学出版社 2018 年版。

地国家市场生存时间的长度,且假设 T 是离散型的随机变量,取值范围为 $t=1,2,3,\cdots\cdots$,i 是某个特定贸易关系的生存时间段。用 $S(t)$ 表示随机变量 T 的生存函数,即某一段出口贸易关系 i 持续时间超过 t 的概率:

$$S_i(t) = P(T_i > t) \tag{1—3}$$

该段贸易关系在 $(t, t+1]$ 时间段内终止的条件概率,即风险函数表示为:

$$H_i(t) = P(t < T_i \leq t+1 \mid T_i > t) = \frac{P(t < T_i \leq t+1)}{P(T_i > 1)} \tag{1—4}$$

生存函数和风险函数的非参数估计都是可由 $K-M$ 乘积限估计式给出。将观测样本按持续期由低到高排列,令 n_k 表示为 k 期置于风险状态的贸易关系总量,d_k 为 k 期终止的贸易关系。则生存函数 $S(t)$ 和风险函数 $H(t)$ 估计式分别为:

$$\hat{S}(t) = \prod_{k=1}^{t}\left(1 - \frac{d_k}{n_k}\right) \tag{1—5}$$

$$\hat{H}(t) = \frac{d_t}{n_t} \tag{1—6}$$

借助生存函数和风险函数,可以绘制生存函数曲线和风险函数曲线,并可以统计我国出口贸易关系的生存时间分布情况。例如,可以算出样本区间内出口贸易关系的平均生存时间,贸易关系在某一时间节点的生存率和风险率等,还可以结合目的国特征、产品特征等进行分类统计。

进一步,结合生存分析计量模型(例如连续时间 COX 比例风险模型和离散时间生存分析 Cloglog 模型),可以考察出口贸易关系持续时间的影响因素。

(3)空间计量方法。传统的贸易引力模型很好地诠释了双边贸易流量和贸易区块形成,并被广泛应用于推断如关税同盟、汇率机制等产生的贸易效应。然而,这些模型很少应用基于空间计量的空间滞后变量,因而其残差存在空间相关,导致参数估计有偏和无效率。Kelejian 等发现当采用纳入固定效应、空间和时间自相关误差项的空间计量模型进行回归时,估计结果要优于忽略上述因素的最小二乘法(OLS)估计结果,忽略"空间滞后"影响因素将会使估计结果有偏。①

空间计量方法诞生于20世纪70年代。得益于地理信息系统的快速发展和地理信息数据的日益增多,以及经济理论方面人们越来越关注经济主体之间的互动(例如同伴效应、相邻效应、溢出效应等),空间计量经济学近年来蓬勃发展。② 进行空间计量分析的前提是测度区域之间的空间距离,记空间区域i与区域j之间的距离为w_{ij},则可定义空间权重矩阵:

$$w = \begin{pmatrix} w_{11} & \cdots & w_{1m} \\ \vdots & \ddots & \vdots \\ w_{m1} & \cdots & w_{mm} \end{pmatrix} \tag{1—7}$$

其中,主对角线上元素$w_{11} = w_{22} = \cdots = w_{mm} = 0$。最常用的距离函数为"相邻",即如果区域$i$与区域$j$相邻,则$w_{ij} = 1$;否则$w_{ij} = 0$。当然,实证分析中也可运用经济变量(例如国内生产总值、双边贸易额等)来构建距离函数。

在确定是否应用空间计量模型时,首先要考察样本数据是否存在空间依赖性。"空间自相关"可理解为空间位置邻近的区域具有相似的变量取值,可分为"正空间自相关"和"负空间自相关"两种类型。空间自相关可用"莫兰指数"(Moran's Index)来度量:

$$I = \frac{\sum_{i=1}^{n}\sum_{j=1}^{n} w_{ij}(x_i - \bar{x})(x_j - \bar{x})}{\sum_{i=1}^{n}(x_i - \bar{x})^2} \tag{1—8}$$

莫兰指数取值一般介于-1和1之间,取值为正数时表示正空间自相关;取值为负数时表示负空间自相关;取值接近于0时则表明不存在空间自相关。

面板空间自回归模型可以设定为:

$$y_{it} = \rho w'_i y_t + x'_{it}\beta + u_i + \varepsilon_{it} \tag{1—9}$$

---

① Kelejian H., G. S. Tavlas, and P. Petroulas, "In the Neighborhood: The Trade Effects of the Euro in a Spatial Framework", *Regional Science & Urban Economics*, Vol. 42, No. 1-2, 2012, pp. 314-322.

② 陈强:《高级计量经济学及Stata应用》,高等教育出版社2014年版。

其中，$i=1, 2, \cdots, n$；$t=1, 2, \cdots, T$；$\rho w'_i y_t$ 为空间滞后项，w'_i 为空间权重矩阵 w 的第 i 行，$w'_i \cdot y_t = \sum_{j=1}^{n} w_{ij} y_{jt}$，$w_{ij}$ 为空间权重矩阵 w 的 (i,j) 元素；u_i 为区域 i 的个体效应。如果 u_i 与 x_{it} 相关，则模型为固定效应模型；否则为随机效应模型。倘若不考虑空间滞后项 $\rho w'_i y_t$，则为标准的静态面板模型。

（4）面板门限回归模型。Hansen 提出的面板门限方法，可以很好地处理变量的非线性效应。① 门限面板回归的基本模型是：

$$y_{it} = u_i + \boldsymbol{\beta}'_1 \boldsymbol{x}_{it} I(q_{it} < \gamma) + \boldsymbol{\beta}'_2 \boldsymbol{x}_{it} I(q_{it} \geq \gamma) + e_{it} \quad (1-10)$$

其中，y_{it} 是因变量；$\boldsymbol{x}_{it}$ 是外生解释变量向量；q_{it} 是用来划分样本的门限变量（threshold variable），可以是解释变量 x_{it} 的一部分；$I(\cdot)$ 为指示函数，如果括号内的表达式为真，则取值为 1，否则取值为 0；γ 是待估计的门限值；e_{it} 是随机扰动项。写成分段函数等价于：

$$y_{it} = \begin{cases} u_i + \boldsymbol{\beta}'_1 \boldsymbol{x}_{it} + e_{it}, & q_{it} < \gamma \\ u_i + \boldsymbol{\beta}'_2 \boldsymbol{x}_{it} + e_{it}, & q_{it} \geq \gamma \end{cases} \quad (1-11)$$

汇率变动有变动方向（升值或贬值）和变动幅度（大小不同）之分，不同的汇率变动方向和变动幅度，对于国际贸易的影响有所差异。本书主要运用门限面板模型估计汇率变动对国际贸易开展的非线性影响。

（二）研究技术路线

笔者基于图 1—2 所示的研究内容整体框架，遵循"理论和文献回顾提出研究问题—数据分析做出初步判断—理论模型提出研究假设—计量检验厘清关系—政策设计与检验修正"的研究思路，研究采用的技术路线如图 1—3 所示。

三 主要贡献与可能的创新

（一）拓展了对外贸易结构的内涵

经典的国际贸易教科书将对外贸易结构（composition of foreign trade）

---

① Hansen B. E., "Threshold Effects in Non-Dynamic Panels: Estimation, Testing, and Inference", *Journal of Econometrics*, Vol. 93, No. 2, 1999, pp. 345–368.

研究技术路线

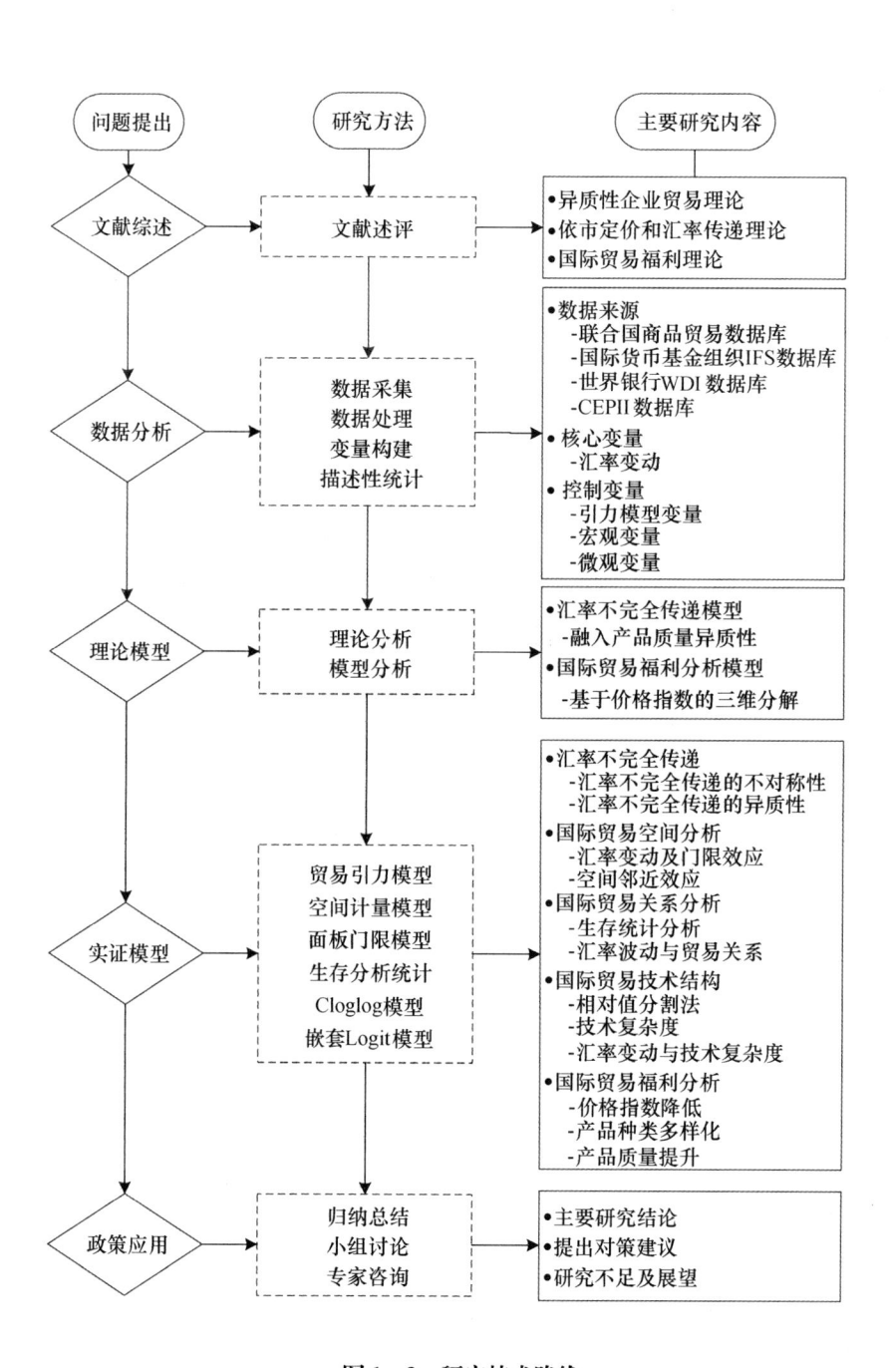

问题提出 → **研究方法** → **主要研究内容**

- 文献综述 → 文献述评 →
  - 异质性企业贸易理论
  - 依市定价和汇率传递理论
  - 国际贸易福利理论

- 数据分析 → 数据采集 / 数据处理 / 变量构建 / 描述性统计 →
  - 数据来源
    - 联合国商品贸易数据库
    - 国际货币基金组织IFS数据库
    - 世界银行WDI数据库
    - CEPII数据库
  - 核心变量
    - 汇率变动
  - 控制变量
    - 引力模型变量
    - 宏观变量
    - 微观变量

- 理论模型 → 理论分析 / 模型分析 →
  - 汇率不完全传递模型
    - 融入产品质量异质性
  - 国际贸易福利分析模型
    - 基于价格指数的三维分解

- 实证模型 → 贸易引力模型 / 空间计量模型 / 面板门限模型 / 生存分析统计 / Cloglog模型 / 嵌套Logit模型 →
  - 汇率不完全传递
    - 汇率不完全传递的不对称性
    - 汇率不完全传递的异质性
  - 国际贸易空间分析
    - 汇率变动及门限效应
    - 空间邻近效应
  - 国际贸易关系分析
    - 生存统计分析
    - 汇率波动与贸易关系
  - 国际贸易技术结构
    - 相对值分割法
    - 技术复杂度
    - 汇率变动与技术复杂度
  - 国际贸易福利分析
    - 价格指数降低
    - 产品种类多样化
    - 产品质量提升

- 政策应用 → 归纳总结 / 小组讨论 / 专家咨询 →
  - 主要研究结论
  - 提出对策建议
  - 研究不足及展望

图1—3 研究技术路线

区分为广义和狭义两个口径。广义的对外贸易结构包括进出口商品结构、进出口方式结构和进出口地理结构;狭义的对外贸易结构主要是指进出口商品结构,即一国在一定时期内各种类别商品的出口额、进口额或进出口总额分别占出口总额、进口总额或进出口总额的比重。

上述对外贸易结构的定义尤其是狭义的定义已被广为接受并在研究中得到广泛的应用。但是,采用狭义定义进行对外贸易结构分析至少存在三个问题:首先,该方法不能对国际贸易理论进行证伪,也不利于准确发掘驱动国际贸易的因素;其次,在当今世界贸易中产业内贸易甚至产品内贸易大量出现以及工业制成品贸易占主体的情形下,简单的产品分类统计和贸易余额分析不足以准确捕捉贸易结构的变化,尤其是贸易产品技术结构的变化;再次,尽管贸易统计产品分类越来越精细,但是迄今为止仍没有合适的方法来挖掘和利用这些统计数据所蕴含的丰富信息,而且据此撰写的贸易分析报告也只能依据产品大类进行说明。[①]

影响一国对外贸易结构的因素是多元的,针对一国对外贸易结构的分析也应是多视角的,就需要建立一个多维度的对外贸易结构分析框架。因此,我们在研究中并未严格区分广义和狭义的贸易结构,而是扩展了对外贸易结构的内涵,将对外贸易结构研究延伸至时间结构(生存分析)、空间结构(空间溢出效应分析)、技术结构(出口技术结构对比分析)和质量结构(国际贸易福利分析),并在时间和空间结构研究中融入了汇率变动因素,考察汇率变动对于国际贸易结构演进的影响。

(二) 丰富了汇率变动与国际贸易关系的相关研究

汇率变动与国际贸易关系的探讨始终是国际经济领域的重要话题。然而迄今为止,汇率变动对国际贸易的影响,不管是从理论还是实证研究领域,现有研究尚未得到一致性的结论。经典的汇率弹性调节理论不能诠释"汇率调节之谜",汇率不完全传递问题成为20世纪80年代以来关于汇率变动与国际贸易关系的热点话题。从异质性和非对称性两个视角探讨汇率不完全传递和诠释"汇率调节之谜",成为汇率传递研究领域

---

① 樊纲、关志雄、姚枝仲:《国际贸易结构分析:贸易品的技术分布》,《经济研究》2006年第8期。

重要的研究方向。① 我们基于产品层面研究了人民币汇率变动向出口价格传递的不完全性、非对称性和异质性，并进一步分析了中国出现"汇率调节之谜"的原因。

然后，我们运用空间计量模型，探讨了汇率变动和空间邻近效应分别对中国出口和进口贸易增长的影响，证实了汇率变动存在不对称性效应，而且忽略"空间滞后"因素将使估计结果有偏；此外，我们还构建了双边实际汇率波动、第三方实际汇率波动和异质性产品有效汇率变量，基于时间维度，探讨了汇率变动对于出口贸易关系持续时间的影响。

本书在现有研究基础上，将汇率变动区分为汇率波动和汇率错配两种情形，考察汇率传递的非对称性和异质性，以及汇率变动对国际贸易影响的非线性效应，是对现有汇率变动与国际贸易关系研究文献的整合，同时也是对相关文献的重要补充。

（三）基于产品层面测度出口品技术结构

对国际贸易结构进行分析，固定标准分类方法一直是国际贸易结构分析的基础，主流的做法是对贸易品按固定标准进行分类（例如 SITC、HS 等），然后考察和对比各个国家各类产品的出口额、进口额以及贸易平衡状况。在此基础上，部分学者对标准分类进一步归类，构建对外贸易商品结构分析框架，例如 Lall 按照要素投入、技术活动等标准将 SITC 第二版（SITC Rev. 2）3 位码下 230 余种产品分为初级产品、资源制成品、低技术制成品、中技术制成品以及高技术制成品 5 类，② 该种方法得到广泛应用。

固定标准分类方法在测算出口品技术含量方面功能不足；此外，一国出口品尤其是工业制成品的技术含量会随时间的推移产生变化，固定标准分类方法不足以体现技术含量的动态变化。学界开始尝试构建指标来衡量出口品技术结构的变化，例如构建技术复杂度指标对贸易品进行分类。技术复杂度指标赋予每种产品一个技术数值，然后按照数值大小

---

① 曹伟：《依市定价与汇率传递不完全：发展历史与研究进展评述》，《世界经济》2016 年第 9 期。

② Lall S., "The Technological Structure and Performance of Developing Country Manufactured Exports, 1985 - 1998", *Oxford Development Studies*, Vol. 28, No. 3, 2000, pp. 337 - 369.

对商品进行分类，构建方法有多种，所不同的是权重的赋值不同。

固定标准分类方法和技术复杂度分类方法指标侧重点不同，优缺点对比也比较明显，固定标准分类方法简单易行，但没有区分商品的技术属性；技术复杂度指标对于工业制成品比较适合，而对于技术特征不太明显的产品尤其是资源类产品和金属类产品则不太适合。① 与上述分类方法相比，魏浩和李晓庆利用有序样本聚类分析的最优分割法构建全新的分类框架，② 在客观性、准确性与科学性方面具有明显优势，但仍然有所欠缺。一方面，最优分割法测算十分繁杂，在多国、多指标和更精细的贸易分类等大数据处理方面稍显笨拙；另一方面，最优分割法致力于使损失函数最小，所以其分类最终结果稍显平均，从而忽略各工业制成品技术含量的相对差别，无法突出具有高技术含量的行业或种属。

鉴于此，在最优分割法的基础上，邓琳琳和侯敏重新构建形成一种新的分类方法——"相对值分割法"③。这种相对值分割法比最优分割法操作更为简捷，更注重各工业制成品之间技术含量的相对垂直差距，并且可以突出具有高技术含量的某几种行业或种属。最优分割法的基本原理是首先将数据进行有序排列，然后在损失函数最小的唯一分类判断标准下，根据需要确定分类总数。这种损失函数最小的判断标准所用到的平均化会人为缩小样本点之间的差异，继而无法突出高技术含量的工业制成品。相对值分割法借鉴最优分割法的思路，但与最优分割法的重要不同之处在于判断标准的不同。相对分割法的要义在于如何确定构成质变的量的大小，而这个量的数值与所分类总数呈反比例变化。换言之，如果将技术含量差别极大的工业制成品归为一类是不科学的，这也是相对值分割法的关键和精髓之所在。此外，相对值分割法操作更为简便，不必多次使用二分割法和进行复杂运算，一步到位，即不管分成3类、4类，或是k类，相对值分割法均能一次操作，无须反复运算和确认。

---

① 魏浩：《中国进口商品的国别结构及相互依赖程度研究》，《财贸经济》2014年第4期。
② 魏浩、李晓庆：《中国进口贸易的技术结构及其影响因素研究》，《世界经济》2015年第8期。
③ 邓琳琳、侯敏：《基于相对值分割法的中国工业制成品出口技术结构变化的测算》，《国际贸易问题》2017年第10期。

此外，基于产品层面研究，就非常有必要细化产品分类。相比现有出口技术分类文献，我们基于联合国商品贸易数据库《国际贸易标准分类》（SITC）第三版（Rev.3）5位码（简称为"SITC-5位码"）出口数据测算产品出口技术含量，SITC-5位码是目前为止国际贸易标准分类中最精细的分类。①

（四）拓展了国际贸易福利分析框架

国际贸易利得问题历来是国际贸易领域最受关注的核心内容。经典的国际贸易理论都强调一国可以通过开展国际贸易获取更多的差异化产品获得福利提升。价格因素很早就被纳入国际贸易福利研究范畴；Feenstra以及Broda和Weinstein将产品种类多样化纳入国际贸易福利分析，并做出了重要贡献；② 然而，产品质量因素却长期在国际贸易福利分析框架中被忽视。本书的重要贡献之一便是拓展了国际贸易福利分析框架，在已有框架基础上融入质量因素，拓展成集价格、种类和质量"三位一体"的国际贸易福利分析框架。

现阶段，消费者越来越重视产品质量提升带来的福利，质量因素逐渐成为消费者福利分析结构中不可或缺的维度。如果一国进口产品处于质量阶梯较长的部门或者存在质量升级情形，消费者将愿意付出更多的成本以获得更广泛的差异化进口产品。这意味着进口产品质量会影响消费者为了获得相同效用而在两期间付出的补偿性变化，进而影响国际贸易福利，忽视产品质量因素显然会造成传统价格指数在福利测算上的偏误。因此，在价格、种类与质量这三方面因素共同影响贸易利得的条件下，如何在理论与实证中识别出产品质量在进口种类福利中的重要作用，进而分析价格、种类与质量三者对贸易福利影响的差异性，具有重要的研究价值。

---

① 如无特别说明，后文SITC-5是指《国际贸易标准分类》第三版5位码层面；SITC-3是指《国际贸易标准分类》第三版3位码层面。

② Feenstra R. C., "New Product Varieties and the Measurement of International Prices", American Economic Review, Vol. 84, No. 1, 1994, pp. 157 - 177; Broda C., and D. E. Weinstein, "Globalization and the Gains from Variety", The Quarterly Journal of Economics, Vol. 121, No. 2, 2006, pp. 541 - 585.

本书通过建立三层嵌套 Logit 模型，真正把差异化产品的质量因素引入国际贸易福利测算指数，重新推导可进行价格、种类和质量三个维度分解的价格指数公式来衡量贸易福利，并在此基础上进一步推导出此框架下可用以估计产品质量的回归方程，使得以上量化分析都在一个统一框架下得以实现，一并解决了经验研究中产品质量特征引入福利分析、CES 框架不合理以及此框架下产品质量估计方法这三个难点问题。

四　学术价值和应用价值

汇率作为重要的国际经济变量，对于国际贸易的调节作用向来被政学两界所重视，人民币汇率对于我国对外贸易的调节作用和贸易结构优化的作用也应进行准确评估和客观分析。笔者研究人民币汇率不对称性变动和异质性传导条件下我国对外贸易结构演进的规律，具有重要的学术和应用价值。

（一）学术价值

本书构建了一个容纳汇率变动与国际贸易结构演进主要事实和客观规律的整体研究框架，旨在准确把握汇率变动特点及对外贸易结构演进规律，深入考察人民币汇率变动对于我国对外贸易结构演进的影响。首先，本书基于微观产品层面探讨确认了汇率不完全现象的存在，着重考察了汇率不完全传递的非对称性和异质性，并试图诠释中国"汇率调节之谜"。然后，本书基于时间维度，考察汇率波动对于出口贸易关系的影响，并纳入空间维度，探讨了汇率变动和空间溢出共同作用下我国进出口贸易增长问题。本书进一步测算了我国出口品技术结构，并对影响出口品技术结构升级的因素进行了实证检验。最后，本书拓展了国际贸易福利分析框架，构建了集价格、种类与质量"三位一体"的三维分解福利分析框架。

本书可为同行研究提供借鉴和进行拓展。体现在：（1）基于微观企业层面研究汇率传递的不对称性和异质性是汇率传递领域的重要研究方向；（2）研究双边汇率和双边贸易问题时，不应重视"第三方汇率"的作用，同时也应充分考虑空间溢出效应的影响；（3）本书从需求层面构建了三维分解国际贸易福利分析框架，而生产层面的贸易福利分析框架有待构建。基于异质性企业框架对贸易利得的分析必会对中国相关政策的制定提供重要支持,成为值得深入发掘的研究方向。

(二) 应用价值

当前我国经济处于高速增长阶段向高质量发展阶段的转变时期,供给侧结构性改革正有序推进。对外经济贸易领域正值转型升级以实现高质量发展的关键时期,优化对外贸易结构、提高出口品技术含量和实现价值链高端攀升是对外经济贸易领域的重要任务。本书以汇率变动对于国际贸易结构的影响为研究主线,在对现有文献进行充分综述的基础上,基于微观产品层面展开研究,力图把握我国对外贸易结构演进的特点、规律以及汇率变动对于贸易结构演进的影响。

本书研究结论为新时代"推动形成全面开放新格局"战略实施提供来自微观层面的直接经验证据,为政府部门和企业决策提供科学依据。具体体现在:(1) 本书研究内容涵盖汇率变动、出口技术结构优化、制度距离和贸易福利分析,研究结论可为汇率制度选择、贸易政策和产业政策的调整完善以及改善营商环境提供决策依据;(2) 研究内容还涉及贸易关系、国际市场进入以及汇率风险等,研究结论可望为进出口企业转型升级等发展战略以及经营产品种类、目的地选择、汇率避险金融工具选择等具体经营决策提供指导和参考。

第二章

汇率变动与传递的非对称性

20世纪70年代，布雷顿森林体系崩溃，国际货币体系转向浮动汇率时代。浮动汇率被认为能有效隔绝外部经济冲击，并且能更好地调节国际收支失衡。然而，随着时间的推移，尤其是20世纪八九十年代以来，世界主要发达国家出现了不同程度的"汇率调节之谜"，即汇率并没有如经济学家和政策制定者预期的那样发挥调整贸易收支使其自动达到均衡的作用。例如，广场协议后日元大幅度升值并没有有效减少日本对美国的贸易顺差。"汇率调节之谜"引起了学者浓厚的研究兴趣，学者们先是试图从"弹性悲观主义"来解释，判断进出口商品是否满足弹性条件，然而对于绝大多数工业发达国家而言，进出口产品多为弹性较高的工业制成品，因此很容易就满足"马歇尔—勒纳"条件中进出口需求弹性之和大于1的约束条件，因此弹性理论无法解释"汇率调节之谜"。学者们继而开始质疑弹性理论的假设是否成立，弹性理论暗含的假设之一是汇率变动会引起以目的国货币计价的产品价格等比例变动，即汇率是完全传递的，但现实中，汇率传递可能是不完全的，汇率不完全传递条件下，"汇率调节之谜"就可能出现。

汇率不完全传递问题自20世纪80年代以来一直是国际经济领域研究的热点之一。汇率传递（Exchange Rate Pass-through，ERPT）通常指汇率变动引起的以当地货币（产品出口目的国货币）计价的产品价格的变动程度，体现了名义汇率变动对进出口价格的影响程度。汇率变动直接作用于进出口商品价格，引起成交价格本币或外币调整（或者本币和外币价格同时调整），影响进出口商品成交数量，进而改变进出口贸易的流向和地理分布。汇率传递效应的大小影响汇率变动调节国际收支的效果，还会影响货币政策的传导效果和国内价格水平，从长期来看汇率变动及传递程度甚至会影响一国贸易和产业结构的变迁。

本章第一节梳理了汇率传递脉络，并着重综述了汇率非对称性传递的相关文献；第二节在对典型事实进行概述的基础上，提出研究假设；第三节设定回归模型，并选取和测算了解释变量；第四节对回归结果进行了分析；第五节为章节小结。

第一节 文献综述

一 汇率传递研究脉络

"汇率调节之谜"的出现，引起了学者对于"马歇尔—勒纳"弹性条件及其假设的检验，学者们意识到汇率不完全传递可能是汇率调节之谜的重要成因。此时的研究虽认可汇率传递是不完全的，但仅停留在关注贸易产品价格相对于汇率波动的反应和表现，没有触及汇率不完全传递的深层次原因。

汇率不完全传递原因的真正探究始于20世纪80年代的依市定价（PTM）理论，到目前为止，有关汇率传递问题的研究主要经历了三个阶段。第一阶段主要以依市定价理论为基础，采用局部均衡分析方法，基于微观层面从理论模型构建和实证检验两方面研究汇率不完全传递的大小及其影响因素。第二个研究阶段是在新开放宏观经济学框架之下，采用比较静态分析方法，从宏观层面寻找能够合理解释汇率不完全传递的原因，主要侧重于对通货膨胀、货币政策传导机制等影响因素的探究。第三个阶段以异质性企业理论模型为基础，基于企业和商品异质性视角，探究汇率不完全传递的原因及影响因素。

（一）局部均衡分析

PTM 理论最早由 Krugman 提出，作为对汇率不完全传递现象的一种解释，认为在汇率变动的情形下，出口商为了维持在目的国市场的份额会采取"依市定价"① 行为。所谓依市定价，一般是指汇率变动所引发的贸易产品在国际市场上的价格歧视现象，例如在本币升值时，出口商为维持自身的价格竞争优势或保持市场份额稳定，选择压缩其自身出口利润空间，而保持国外市场价格的相对稳定。Dornbusch 在 Krugman 研究的基础上，通过建立产业组织理论模型，考察不同商品价格变化的决定因素，结果发现产品同质和可替代程度、相对市场份额以及公司驻地等因素影响商品价格的变动。②

Krugman 和 Dornbusch 的研究为其他学者对汇率传递效应的研究提供了微观理论基础。汇率不完全传递问题的研究多以依市定价理论为基础，从产业组织角度出发，采用局部均衡模型基于供给和需求两个层面探究进、出口汇率不完全传递的影响因素。③ 例如，Marston 和 Yang 分别基于日本出口和美国进口产品贸易数据研究发现产品价格对汇率变动的反应存在依市定价行为，且不同产品之间的 PTM 行为存在较大差异。④ Kasa 认为出口企业不改变以进口国货币计价的产品价格的原因是为了维持原有的市场份额。⑤

（二）宏观总量分析

20 世纪 90 年代之后，新开放宏观经济学理论得到进一步发展，越来越多国家开始实施通货膨胀目标制，汇率传递研究也有了新的突破。宏观层面的研究多集中在对汇率不完全传递成因的探究上，影响汇率传递效应的宏观因素主要包括通货膨胀、货币政策、计价货币以及汇率变化特点等。大量学者的研究均认为汇率传递效应的下降是国家低通胀环境

---

① Krugman P., "Pricing to Market When the Exchange Rate Changes", *NBER Working Paper*, No. 1926, 1986.

② Dornbusch R., "Exchange Rates and Prices", *American Economic Review*, Vol. 77, No. 1, 1987, pp. 93 – 106.

③ 除了依市定价理论较完美地解释汇率不完全传递外，也有学者尝试从其他方面寻找汇率不完全传递的原因，这些原因包括：沉没成本和配送成本、价格黏性和公司内贸易等。

④ Marston R. C., "Pricing to Market in Japanese Manufacturing", *Journal of International Economics*, Vol. 29, No. 3 – 4, 1990, pp. 217 – 236; Yang J., "Exchange Rate Pass-Through in U. S. Manufacturing Industries", *Review of Economics & Statistics*, Vol. 79, No. 1, 1997, pp. 95 – 104.

⑤ Kasa K., "Adjustment Costs and Pricing-To-Market Theory and Evidence", *Journal of International Economics*, Vol. 32, No. 1 – 2, 2004, pp. 1 – 30.

导致的。① Devereux 和 Engel 则基于新开放宏观经济学框架下建立了福利货币政策模型，研究发现最优货币政策能够左右汇率传递效应的大小。② Ghosha 和 Rajanb 通过对泰国和韩国的对比研究发现，国家对外开放程度对汇率传递效应的大小存在一定的影响。③ Campa 和 Mínguez 对欧元区国家进口产品数据分析发现了同样的结论：对外开放程度不同是汇率传递效应存在差异的重要原因。④ Betts 和 Devereux 认为计价货币的选择（LCP还是 PCP）对汇率变动和宏观经济的传导都具有十分重要的作用。⑤ 还有学者认为汇率变化的特点也会影响汇率传递效应，例如 Froot 和 Klemperer 认为相对于当期汇率而言，进口产品价格对汇率预期的变动可能会更加敏感；⑥ Webber 研究发现汇率变动与汇率传递效应之间存在负向关系；⑦ 而 Devereux 和 Yetman 研究发现汇率变动与汇率传递效应之间存在正向关系。⑧

---

① Taylor J. B., "Low Inflation Pass-Through, and Pricing Power of Firms", *European Economic Review*, Vol. 44, No. 7, 2000, pp. 1389 – 1408; Choudhri E. U., and D. S. Hakura, "Exchange Rate Pass-Through to Domestic Prices: Does the Inflationary Environment Matter?", *Journal of International Money & Finance*, Vol. 25, No. 4, 2001, pp. 614 – 639; Campa J. M., and L. S. Goldberg, "Exchange Rate Pass-through Into Import Prices", *Review of Economics & Statistics*, Vol. 87, No. 4, 2005, pp. 679 – 690; Devereux M. B., and J. Yetman, "Price Setting and Exchange Rate Pass-Through: Theory and Evidence", *Social Science Electronic Publishing*, 2007; Goldberg L. S., and J. M. Campa, "The Sensitivity of the CPI to Exchange Rates: Distribution Margins, Imported Inputs, and Trade Exposure", *Review of Economics & Statistics*, Vol. 92, No. 2, 2010, pp. 392 – 407.

② Devereux M. B., and C. Engel, "Monetary Policy in the Open Economy Revisited: Price Setting and Exchange-Rate Flexibility", *Review of Economic Studies*, Vol. 70, No. 4, 2003, pp. 765 – 783.

③ Ghosha A., and R. S. Rajanb, "Exchange Rate Pass-Through in Korea and Thailand: Trends and Determinants", *Japan & the World Economy*, Vol. 21, No. 1, 2009, pp. 55 – 70.

④ Campa J. M., and J. M. G. Mínguez, "Differences in Exchange Rate Pass-Through in the Euro Area", *European Economic Review*, Vol. 50, No. 1, 2006, pp. 121 – 145.

⑤ Betts C., and M. B. Devereux, "Exchange Rate Dynamics in a Model of Pricing-To-Market", *Journal of International Economics*, Vol. 50, No. 1, 2000, pp. 215 – 244.

⑥ Froot K., and P. Klemperer, "Exchange Rate Pass-Through when Market Share Matters", *American Economic Review*, Vol. 79, No. 79, 1988, pp. 637 – 654.

⑦ Webber A. G., "Dynamic and Long Run Responses of Import Prices to the Exchange Rate in the Asia-Pacific", *Asian Economic Journal*, Vol. 13, No. 3, 1999, pp. 303 – 320.

⑧ Devereux M. B., and J. Yetman, "Price Setting and Exchange Rate Pass-Through: Theory and Evidence", *Social Science Electronic Publishing*, 2007.

国内研究中，许伟和傅雄广以及倪克勤和曹伟的研究均指出低通货膨胀环境是低汇率传递效应的主要原因。[1] 然而项后军和许磊则认为汇率传递效应与通胀之间的关系在中国具有某种独特的"本土特征"[2]。施建淮等考察了1994—2007年人民币汇率变动对中国进口价格、生产者价格以及消费者价格的传递效应，结论表明样本期间汇率变动对国内价格水平变动仅有适度解释力。[3] 邢予青认为在考虑计价货币因素后，人民币汇率升值向美国和日本进口商品价格的传递效应较小，人民币适度升值无助于改善中国对外贸易顺差过大的现状。[4] 王晋斌和李南的研究结果表明总体上我国进口价格指数的汇率传递系数较高，但进口品价格变化由于多种原因向国内消费者价格指数的传递效应不大，因此汇率制度改革有利于吸收国外物价水平变化对国内物价水平变化的冲击。[5] 部分学者认为垂直专业化对出口到不同国家产品依市定价行为的影响存在显著差异，且从理论层面分析得出垂直专业化对依市定价行为的影响受到进口产品来源以及产品计价货币的干扰。[6] 还有学者认为汇率预期通过价格效应和替代效应影响当期产品的出口价格。[7]

---

[1] 许伟、傅雄广：《人民币名义有效汇率对进口价格的传递效应研究》，《金融研究》2008年第9期；倪克勤、曹伟：《人民币汇率变动的不完全传递研究：理论及实证》，《金融研究》2009年第6期。

[2] 项后军、许磊：《汇率传递与通货膨胀之间的关系存在中国的"本土特征"吗？》，《金融研究》2011年第11期。

[3] 施建淮、傅雄广、许伟：《人民币汇率变动对我国价格水平的传递》，《经济研究》2008年第7期。

[4] 邢予青：《人民币汇率及其对日本美国进口价格的传递效应》，《金融研究》2010年第7期。

[5] 王晋斌、李南：《中国汇率传递效应的实证分析》，《经济研究》2009年第4期。

[6] 项后军、吴全奇：《垂直专业化视角下的中国出口依市定价问题研究》，《世界经济》2014年第11期；项后军、吴全奇：《垂直专业化、计价货币与出口依市定价（PTM）行为研究》，《管理世界》2015年第4期；赵仲匡、李殊琦、杨汝岱：《金融约束、对冲与出口汇率弹性》，《管理世界》2016年第6期。

[7] 李艳丽、彭红枫：《人民币汇率对出口价格的传递效应——考虑预期与结构变化的分析》，《金融研究》2014年第10期；李艳丽、彭红枫、胡利琴：《汇率预期对出口价格的传递效应——基于结构变化协整检验的分析》，《国际金融研究》2015年第11期。

(三) 微观异质性分析

随着异质性企业理论模型在国际贸易领域研究的不断深入,[①] 以及微观企业和产品层面数据的可得性越来越高,对于汇率不完全传递的研究从主要基于宏观层面考察汇率传递效应大小及其影响因素的研究,逐步深入到企业与产品微观层面,并积累了较为丰富的文献。

从异质性和非对称性两个视角探讨汇率不完全传递和诠释"汇率调节之谜",成为汇率传递研究领域重要的研究方向。[②] 本章主要侧重于研究汇率变动及传递的非对称性,第三章重点研究汇率变动及传递的异质性。因此,为避免论述重复,我们将与微观异质性相关的文献放在第三章进行综述,接下来对于汇率传递非对称性的相关研究进行综述。

二 汇率传递非对称性研究

大量研究通常假定汇率传递是对称的和线性的,因而没有考虑一国货币升值与贬值1个单位后对进出口商品价格的不同影响,也没有考虑一国货币较大幅度的变动与较小幅度的变动对于进出口价格水平的差异化影响。但现实中,进出口商对于货币升值和贬值的反应可能存在差异;对于较小幅度的汇率波动可能"置之不理",对于较大幅度的汇率波动较为关注。下面主要从理论分析和实证检验两个方面对汇率传递非对称性相关研究进行综述。

(一) 理论分析

忽略汇率传递的非对称性得到的研究结论可能与现实不符,基于非对称性视角研究汇率传递问题是对依市定价理论的推进。汇率传递不对称性的成因,学界已有多种理论解释,但较有代表性的理论假说包括市

[①] Melitz M. J., "The Impact of Trade on Intra-Industry Reallocations and Aggregate Industry Productivity", *Econometrica*, Vol. 71, No. 6, 2003, pp. 1695 – 1725; Melitz M. J., and G. I. P. Ottaviano, "Market Size, Trade, and Productivity", *Review of Economic Studies*, Vol. 75, No. 1, 2008, pp. 295 – 316.

[②] 曹伟:《依市定价与汇率传递不完全:发展历史与研究进展评述》,《世界经济》2016年第9期。

场份额说、产能限制说和菜单成本说。① 其中，市场份额说和产能限制说两种理论假说都认为汇率变动方向不同会引起汇率传递效应的非对称性，但是两种理论的有关货币升、贬值时汇率传递效应的大小比较存在差异。市场份额学说认为目的国货币升值情况下的汇率传递效应大于贬值时，然而产能限制学说认为目的国货币贬值时的汇率传递效应更高。在现有的实证研究文献中，也没有确凿的证据证明汇率变动方向不同时汇率传递效应存在的具体差异。② "菜单成本说"则从出口商调整价格的频率方面很好地解释了汇率变动幅度不同导致的汇率不完全传递现象，并得到了实证研究的支撑。

1. 市场份额说

市场份额说认为出口商为了维持目的国市场份额在面对升值和贬值时的不同反应，导致了汇率传递的不对称性。Marston 和 Knetter 认为，若厂商为了使出口产品在目的国家的市场份额保持不变甚至扩大，那么当目的国家货币贬值时，出口商通过调整成本加成，缓解以外币计价的出口产品价格的上涨，从而维持在目的国家的市场份额，假设汇率变动引发的出口产品价格变动由出口商完全吸收，则以目的国货币计价的出口产品价格不变，此时汇率完全不传递；然而，当目的国货币升值时，出口商则通过降低以目的国货币计价的出口产品价格以维持市场份额不变，假设以目的国货币计价的出口产品价格变动幅度与汇率变动幅度一致，此时汇率完全传递。③ 因此，汇率变动向出口产品价格的汇率传递效应因汇率变动的方向不同而存在差异。市场份额说认为在出口产品想要保持目的国的市场份额不变或扩大的前提下，外币升值条件下的汇率传递效

---

① Pollard P. S., and C. C. Coughlin, "Size Matters: Asymmetric Exchange Rate Pass-Through at the Industry Level", *Working Papers*, No. 2003 – 2029, 2004.

② Gil-Pareja S., "Exchange Rates and European Countries' Export Prices: An Empirical Test for Asymmetries in Pricing to Market Behavior", *Weltwirtschaftliches Archiv*, Vol. 136, No. 1, 2000, pp. 1 – 23.

③ Marston R. C., "Pricing to Market in Japanese Manufacturing", *Journal of International Economics*, Vol. 29, No. 3 – 4, 1990, pp. 217 – 236; Knetter M. M., "Is Export Price Adjustment Asymmetric? Evaluating the Market Share and Marketing Bottlenecks Hypotheses", *Journal of International Money and Finance*, Vol. 13, No. 1, 1994, pp. 55 – 70.

应要高于外币贬值下的汇率传递效应。

2. 产能限制说

产能限制说又称为数量限制说,认为出口商的产能在增长到一定程度之后由于自身或者出口目的国的限制其产能不再增加,即出口商出口产品面临产能或出口数量的限制。① 当出口目的国货币升值时,出口商将调低以目的国货币计价的产品价格以获得在目的国市场的价格竞争优势,然而,如果出口商产能已经达到自身可以承受的极限,产能受到限制或者在目的国市场的销售能力受到限制,那么出口商会通过调整成本加成获得更多的利润而不是调低以目的国货币计价的出口产品价格,如果出口商完全吸收汇率变动引起的产品价格变化,那么汇率完全不传递。同样,当出口目的国货币贬值且产能受到限制的情况下,出口商则提高以目的国货币计价的出口产品价格,当以外币计价的出口产品价格的变动与汇率变动幅度一致,那么汇率是完全传递的。由此可以看出,产能限制说认为在出口商产能一定或者受出口目的国市场限制销量的前提下,外币贬值情况下出口产品价格的汇率传递效应要高于外币升值情况下的汇率传递效应。

3. 菜单成本说

Ben Cheikh 认为出口商调整出口产品价格时会产生菜单成本,因而在汇率变动幅度较小情况下,出口商保持以目的国货币计价的产品价格不变,出口商完全吸收汇率变动引起的出口产品价格变化,此时汇率完全不传递;当汇率变动幅度超过一定程度时,出口商才有可能改变以目的国货币计价的产品价格,即汇率变动幅度越大,出口商调整以目的国货币计价的产品价格的可能性越大,如果以外币计价的出口产品价格变动

---

① Gil-Pareja S., "Exchange Rates and European Countries' Export Prices: An Empirical Test for Asymmetries in Pricing to Market Behavior", *Weltwirtschaftliches Archiv*, Vol. 136, No. 1, 2000, pp. 1 – 23; Knetter M. M., "Is Export Price Adjustment Asymmetric? Evaluating the Market Share and Marketing Bottlenecks Hypotheses", *Journal of International Money and Finance*, Vol. 13, No. 1, 1994, pp. 55 – 70.

与汇率变动的幅度一致，那么汇率传递效应是完全的。① 由此可以看出，出口产品在目的国市场以当地货币计价时，汇率变动幅度越大汇率传递效应越大。

（二）实证检验

以往相关研究大多认为汇率传递效应是线性的、具有对称性，但也有部分研究指出汇率传递效应存在不对称的情况。Gil-Pareja 指出汇率变动的方向不同，其汇率传递效应存在非对称性。② Pollard 和 Coughlin 认为不同程度的汇率变动也会引起汇率传递的非对称性；③ Ben Cheikh 以及 Caselli 和 Roitman 等人的研究也表明汇率传递存在非对称性。④ 汇率传递效应的非对称性主要表现在两个方面：汇率变动方向不同时汇率传递效应存在差异；汇率变动幅度大小不同时汇率传递效应存在差异。

Marston 通过探究日本出口产品的依市定价行为发现，日元升值时部分出口产品的 PTM 行为相较于日元贬值时更高，汇率传递效应更小。⑤ Knetter 利用高度细分的行业数据考察出口价格汇率传递效应的非对称性，结果显示市场份额说更能够解释汇率传递的非对称性，即本币（出口国货币）贬值时汇率传递效应大于升值时的汇率传递效应。⑥ Gil-Pareja 基

---

① Ben Cheikh N., "Asymmetric Exchange Rate Pass-Through in the Euro Area: New Evidence from Smooth Transition Models", *IFW Economics Discussion Papers*, No. 2012 – 361 – 28, 2012.

② Gil-Pareja S., "Exchange Rates and European Countries' Export Prices: An Empirical Test for Asymmetries in Pricing to Market Behavior", *Weltwirtschaftliches Archiv*, Vol. 136, No. 1, 2000, pp. 1 – 23.

③ Pollard P. S., and C. C. Coughlin, "Size Matters: Asymmetric Exchange Rate Pass-Through at the Industry Level", *Working Papers*, No. 2003 – 2029, 2004; Ben Cheikh N., "Asymmetric Exchange Rate Pass-Through in the Euro Area: New Evidence from Smooth Transition Models", *IFW Economics Discussion Papers*, No. 2012 – 361 – 28, 2012; Caselli F., and A. Roitman, "Non-Linear Exchange Rate Pass-Through in Emerging Markets", *Social Science Electronic Publishing*, Vol. 16, No. 1, 2016, p. 1.

④ Caselli F., and A. Roitman, "Non-Linear Exchange Rate Pass-Through in Emerging Markets", *IMF Working Paper*, No. 16/1, 2016.

⑤ Marston R. C., "Pricing to Market in Japanese Manufacturing", *Journal of International Economics*, Vol. 29, No. 3 – 4, 1990, pp. 217 – 236.

⑥ Knetter M. M., "Is Export Price Adjustment Asymmetric? Evaluating the Market Share and Marketing Bottlenecks Hypotheses", *Journal of International Money and Finance*, Vol. 13, No. 1, 1994, pp. 55 – 70.

于高度分类的出口产品数据考察出口产品价格汇率传递效应的非对称性，分析结果发现支持 Knetter 的结论。Pollard 和 Coughlin 基于美国进口数据发现超过半数的公司在汇率贬值和升值时的反应存在不对称性。Ben Cheikh 在 Pollard 和 Coughlin 研究的基础上总结了市场份额说、产能限制说等理论假说解释分析了汇率变动方向不同时汇率传递效应的非对称性，并通过实证分析发现不同国家汇率升贬值时传递效应的非对称性适用于不同的理论解释。

Pollard 和 Coughlin 以及 Ben Cheikh 均采用菜单成本说来解释产品价格面临不同幅度的汇率变动时反应程度的差异。Murase 基于门限回归模型探讨了汇率变动幅度不同时行业层面传递效应的非对称性，结果显示汇率变动幅度较高时，企业综合商品价格指数的汇率传递效应更高。[①] Bussiere 通过对 G7 集团国家进出口贸易数据分析发现，利润率对汇率传递效应的影响存在非对称性。[②] Caselli 和 Roitman 则基于 28 个新兴市场的面板数据研究发现汇率传递效应在汇率变动幅度不同时存在显著的不对称性。[③]

国内研究中，曹伟和倪克勤基于 1995—2008 年中国进口数据考察人民币汇率传递效应的非对称性，结果显示人民币贬值时存在更高的汇率传递效应，而且汇率变动较大时进口价格的汇率传递效应更大。[④] 曹伟等考察了我国石油进口价格汇率传递效应的非对称性，结果符合产能限制说的解释，即人民币贬值时具有更高的汇率传递系数。[⑤] 高伟刚的研究指出汇率变动方向不同时汇率传递效应是对称的，不存在非对称性。[⑥] 王哲

[①] Murase K., "Asymmetric Effects of the Exchange Rate on Domestic Corporate Goods Prices", *Japan and the World Economy*, 2013, pp. 80 – 89.

[②] Bussiere M., "Exchange Rate Pass-Through to Trade Prices: The Role of Nonlinearities and Asymmetries", *Oxford Bulletin of Economics and Statistics*, Vol. 75, No. 5, 2013, pp. 731 – 758.

[③] Caselli F., and A. Roitman, "Non-Linear Exchange Rate Pass-Through in Emerging Markets", *IMF Working Paper*, No. 16/1.

[④] 曹伟、倪克勤：《人民币汇率变动的不完全传递——基于非对称性视角的研究》，《数量经济技术经济研究》2010 年第 7 期。

[⑤] 曹伟、赵颖岚、倪克勤：《汇率传递与原油进口价格关系——基于非对称性视角的研究》，《金融研究》2012 年第 7 期。

[⑥] 高伟刚：《人民币汇率变动对中国贸易价格和通货膨胀的影响研究》，博士学位论文，南开大学，2014 年。

发现无论是人民币升值还是贬值情况下，进出口价格的汇率传递效应在长期是对称的，而短期非对称。① 此外，项后军和许磊通过实证分析发现通胀对汇率传递效应的影响存在非对称性。② 刘子寅和范科才采用门限向量自回归模型（TVAR）考察了汇率变动与通胀率的关系，发现汇率变动对通胀的影响存在"门限效应"，在不同的通胀环境下，汇率变动对通胀产生非对称性影响。③ 邹宏元等分析我国19个主要行业的汇率传递效应发现，只有车辆、航空器和船舶行业出现汇率传递的非对称现象。④

三 研究述评

传统的国际收支平衡调节理论和一价定律难以解释汇率变动在国际市场上的表现，从而使得汇率传递问题引起了广泛的关注。汇率传递问题的相关研究经历了由局部均衡分析到宏观比较静态分析再到微观异质性视角分析的过程，研究视角逐渐开阔，研究内容和结论日渐丰富。但是，目前国外对汇率传递的研究主体多集中在发达国家，关注发展中国家汇率传递效应的文献较少，而且相关研究大多基于宏观层面或行业层面，基于企业层面或产品层面的研究相对较少；国内大多数文献也是基于宏观层面探究人民币汇率传递效应的大小及其影响因素，虽然部分文献考察了汇率不完全传递效应在各个行业之间的表现，但研究仍不够细致。

有关汇率传递效应非对称性的研究以外文文献为主，其研究对象多为发达国家，且多基于宏观层面展开。国内研究则很少涉及人民币汇率传递效应的非对称性，而且几乎没有结合异质性和非对称性视角考察人民币汇率传递问题的。鉴于此，本章基于微观产品层面，探究人民币汇

---

① 王哲：《汇率变动与中国的贸易价格》，博士学位论文，对外经济贸易大学，2017年。
② 项后军、许磊：《汇率传递与通货膨胀之间的关系存在中国的"本土特征"吗？》，《金融研究》2011年第11期。
③ 刘子寅、范科才：《汇率传递与通货膨胀动态的非线性关系研究（1996—2009年）》，《世界经济研究》2015年第5期。
④ 邹宏元、张杰、王挺：《中国分行业的汇率传递机制——基于出口价格角度》，《财经科学》2017年第12期。

率不完全传递的非对称性特征及其影响因素，对于中国"汇率调节之谜"现象进行合理解释，在一定程度上可以丰富汇率传递的研究内容，并为研究其他发展中国家汇率传递问题提供借鉴和参考。

第二节 待检验假设

一 典型事实

20世纪90年代之后，我国对外贸易收支基本处于顺差状态，使得人民币汇率问题成为各界关注的焦点。1994年我国开始实施第一次汇率制度改革，废除汇率"双轨制"，实施单一汇率。2005年我国开始实施"以市场供求为基础、参考一揽子货币进行调节、有管理的浮动汇率制度"，人民币汇率从单一盯住美元转向参考一揽子货币进行调节。2005年7月到2016年12月，人民币对美元的汇率升幅为18.90%，人民币名义有效汇率统计累计升值30.63%。同期我国对外贸易收支不平衡程度却在不断增加，巨大贸易顺差并没有因为人民币升值而得到缓和。我国2016年货物贸易顺差为5099.6亿美元，相比于2005年增长了400.5%。图2—1是人民币名义有效汇率指数和人民币对美元间接标价法下的名义汇率的趋势图，[1] 图2—2是进出口额以及贸易顺差的趋势图。[2] 可以看出人民币汇率趋于不断上升态势，而贸易顺差增加趋势并没有因为人民币的升值而得到缓和。

一般而言，在汇率完全传递的条件下本币升值可以有效降低贸易顺差，然而基于中国现实数据的经验研究发现，人民币汇率升值期间中国对外贸易顺差却在扩大，这显然超出传统的汇率调节理论所能解释的范畴，出现"汇率调节之谜"。

---

[1] 人民币名义有效汇率指数数值变大表示人民币对一揽子货币升值；人民币对美元间接标价法下的名义汇率数值变大表示人民币对美元升值。人民币名义有效汇率数据资料来源：国际货币基金组织的金融数据库，网址：http：//www.imf.org/en/Data#standards；人民币/美元名义汇率数据资料来源：国际清算银行，网址：https：//www.bis.org/statistics/index.htm。

[2] 数据来源：中华人民共和国海关总署，网址：http：//www.customs.gov.cn/。

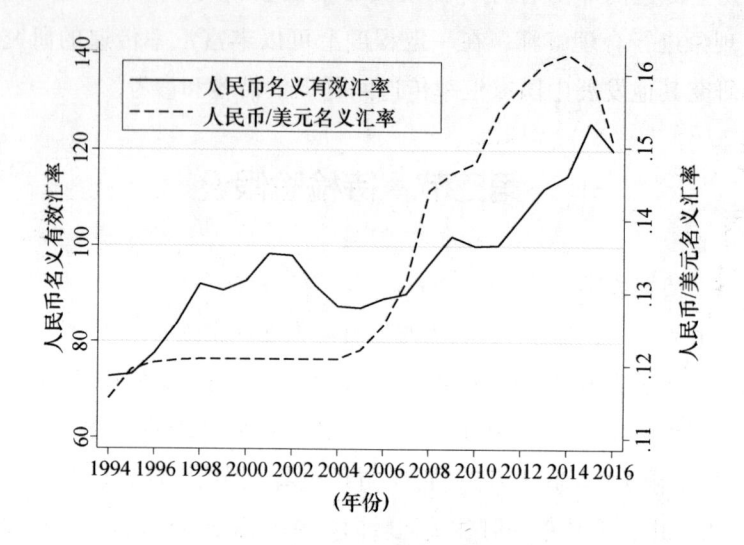

图 2—1　名义有效汇率指数和名义汇率趋势图

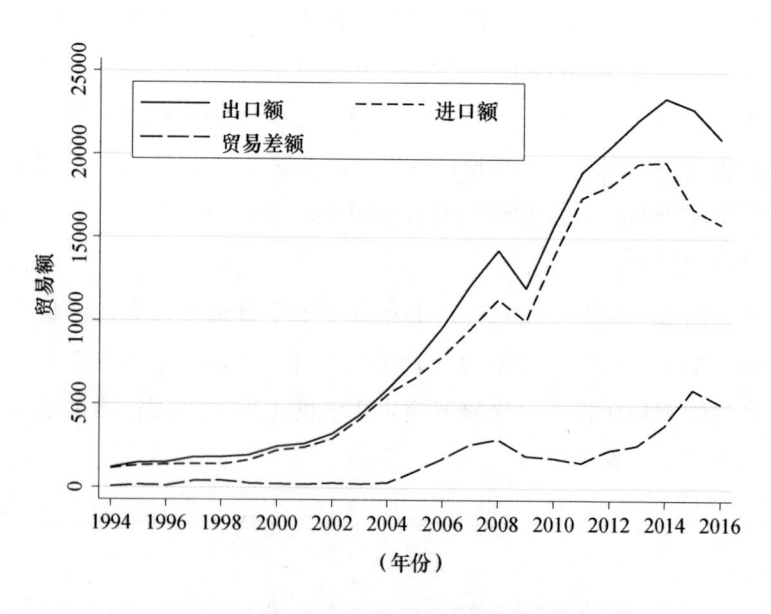

图 2—2　进出口贸易额和贸易差额趋势图

二 待检验假设

估计人民币汇率传递效应的非对称性，主要包括汇率传递效应的非对称性表现以及商品异质性指标对汇率传递效应影响的非对称性。从总体、目的市场分组以及产品分组等多个角度进行估计，能够更为全面地解析人民币汇率传递效应的非对称性，有利于政策当局正确把握不同产品对人民币汇率变动的敏感程度并针对具体问题提出相应的政策举措。本章主要分析两个问题：在非对称性视角下考察商品异质性指标对汇率不完全传递的影响是否存在差异；在非对称性视角下考察商品异质性对汇率不完全传递影响的具体表现。因此在现有理论假说和经验研究的基础上，提出以下三个待检验假设：

待检验假设一：人民币汇率变动的方向不同，汇率变动对出口产品价格的传递效应存在差异，即人民币升值和贬值情形下，汇率传递效应是非对称性的。

待检验假设二：人民币汇率变动幅度不同，汇率变动对出口产品价格的传递效应存在差异，即人民币汇率变动幅度较大和较小情形下，汇率传递效应是非对称性的。

待检验假设三：人民币汇率变动的价格传递效应的不对称性受商品异质性的影响，即汇率变动方向和幅度不同时，商品异质性对汇率传递效应的影响存在差异。

第三节 模型设定与变量处理

考虑到汇率传递效应的非对称性，本节在 Ben Cheikh 的市场份额和菜单成本等理论假说的基础上考察产品层面汇率传递效应的非对称性，并进一步探究商品异质性指标在非对称性视角下对汇率传递效应的影响。[1]

---

[1] Ben Cheikh N., "Asymmetric Exchange Rate Pass-Through in the Euro Area: New Evidence from Smooth Transition Models", *IFW Economics Discussion Papers*, No. 2012-361-28, 2012.

一 计量模型设定

结合理论分析、待检验假设以及现有相关研究,本节首先设定基础模型,然后设定两种情形下的计量模型进行实证检验,一是检验汇率变动方向不同时汇率不完全传递的非对称性,二是检验汇率变动大小不同时汇率不完全传递的非对称性。

(一)基础模型

$$ln p_{ijt} = \beta_0 + \beta_1 \ln RER_{jt} + \rho \ln GDP_{jt} + \varphi_{ij} + \zeta_t + \varepsilon_{ijt} \quad (2-1)$$

模型(2—1)是研究所用基础模型。其中,p_{ijt}表示 t 期出口到目的国 j 产品 i 的单位价格(人民币计价);RER_{jt}为 t 期人民币兑 j 国代币的实际汇率(直接标价法);GDP_{jt}表示 t 期目的国 j 的实际 GDP;φ_{ij}表示"国家—产品"组合的固定效应,ζ_t则表示时间固定效应,ε_{ijt}表示随机误差项。

(二)汇率变动方向与汇率传递的非对称性

$$\begin{aligned} ln p_{ijt} = &\alpha_0 + \alpha_1 \ln RER_{jt} + \alpha_2 \ln RER_{jt} \times d_{jt} + \alpha_3 \times d_{jt} \\ &+ \rho \ln GDP_{jt} + \varphi_{ij} + \zeta_t \times \varepsilon_{ijt} \end{aligned} \quad (2-2)$$

$$\begin{aligned} ln p_{ijt} = &\beta_0 + \beta_1 \ln RER_{jt} + \beta_2 \ln RER_{jt} \times X_{ijt} \\ &+ \beta_3 \ln RER_{jt} \times X_{ijt} \times d_{jt} + \beta_4 X_{ijt} \times d_{ij} \\ &+ \beta_5 d_{jt} + \beta_6 \ln RER_{jt} \times d_{jt} + \beta_7 X_{ijt} \\ &+ \rho \ln GDP_{jt} + \varphi_{ij} + \zeta_t + \varepsilon_{ijt} \end{aligned} \quad (2-3)$$

模型(2—2)和(2—3)是在模型(2—1)的基础上设定的双向固定效应模型,采用交互项的形式考察汇率变动方向不同时的汇率传递效应。其中,X_{ijt}表示产品的异质性指标;虚拟变量 d_{jt} 的取值对应 t 年人民币相对于出口目的国 j 货币的升/贬值状况,当 $\Delta \ln RER_{jt} > 0$ 时,人民币相对于 j 国货币贬值,此时 $d_{jt} = 1$,当 $\Delta \ln RER_{jt} \leq 0$ 时,人民币相对于 j 国货币升值,此时 $d_{jt} = 0$;其他变量的说明与模型(2—1)一致。

汇率变动不同幅度条件下汇率传递系数的不对称性由模型变量系数表达式来反映。其中,α_1 表示人民币相对于外币升值时出口产品价格的汇率弹性,$\alpha_1 + \alpha_2$ 为人民币相对于外币贬值时出口产品价格的汇率弹性。

若 $\alpha_2 > 0$，则表示在本币贬值情况下的汇率传递效应要小于升值情况下的汇率传递效应（符合产能限制学说）；若 $\alpha_2 \leq 0$，则表示在本币贬值情况下的汇率传递效应要大于升值情况下的汇率传递效应（符合市场份额说）；同理，β_2 和 $\beta_2 + \beta_3$ 则分别表示人民币相对于外币升值和贬值情况下商品异质性指标对出口产品价格汇率弹性的影响效应。

（三）汇率变动大小与汇率传递的非对称性

$$\ln p_{ijt} = \xi_0 + \xi_1 \ln RER_{jt} I(|\Delta \ln RER_{jt}| \leq \theta, |\Delta \ln RER_{jt}| > \theta) \\ + \rho \ln GDP_{jt} + \varphi_{jt} + \zeta_t + \varepsilon_{ijt} \quad (2\text{—}4)$$

$$\ln p_{ijt} = \gamma_0 + \gamma_1 \ln RER_{jt} \times X_{ijt} I(|\Delta \ln RER_{jt}| \leq \theta, |\Delta \ln RER_{jt}| > \theta) \\ + \gamma_2 \ln RER_{jt} + \gamma_3 X_{ijt} + \rho \ln GDP_{jt} + \varphi_{jt} + \zeta_t + \varepsilon_{ijt} \quad (2\text{—}5)$$

模型（2—4）和（2—5）是基于汇率变动大小的分组回归计量模型，以考察汇率变动幅度大小不同情形下的汇率传递效应。模型变量的含义与模型（2—2）和（2—3）相同。临界值（θ）有两种选取方法：一是使用汇率变动的中位值为临界值；二是利用面板门限回归（Fixed-effect Panel Threshold Model）获得的门槛值为临界值。当 $|\Delta \ln RER_{jt}| \leq \theta$ 时，汇率变动的幅度小于临界值，即汇率变动较小；当 $|\Delta \ln RER_{jt}| > \theta$ 时，汇率变动幅度大于临界值，即汇率变动较大。

模型（2—4）中，ζ_1 表示汇率变动幅度较大或较小情况下出口产品价格的汇率弹性，若 $\zeta_{1,L} < \zeta_{1,S}$（L 表示汇率变动较大，S 表示汇率变动较小），则汇率变动较大时汇率传递效应大于汇率变动较小时的汇率传递效应（符合菜单成本说）；若 $\zeta_{1,L} > \zeta_{1,S}$，则汇率变动较大时汇率传递效应小于汇率变动较小时的汇率传递效应（不符合菜单成本说）。模型（2—5）中，γ_1 表示汇率变动幅度较小或较大情况下商品异质性对汇率传递效应的影响。

有关门限回归模型门槛值的获取，我们首先参考 Hansen 固定效应门限回归模型，[1] 建立模型（2—4）和（2—5），基于 Wang 提出的与该计

---

[1] Hansen B. E.，"Threshold Effects in Non-Dynamic Panels: Estimation, Testing, and Inference"，*Journal of Econometrics*，Vol. 93，No. 2，1999，pp. 345 – 368.

量模型相关的命令对模型进行估计,① 然而该命令要求面板数据必须为平衡面板,鉴于我们选取的数据是非平衡面板,且使用平衡面板命令之后样本损失严重,因此借鉴滚动回归的思想,固定模型滚动回归的年数,利用门限回归方法依次以同样的年数滚动回归②,每次回归求得一个门槛值,对多个门槛值取平均作为样本最终的门槛值。

二 变量测算与数据处理

(一) 数据来源

微观产品层面数据来源于联合国商品贸易数据库(UN Comtrade)③,我们选用该数据库中1999—2015年SITC-5位码产品层面的中国出口贸易数据,其中每一条贸易观测都包含贸易产品代码、贸易伙伴国、年份、贸易流向、贸易额以及贸易数量等信息。基于该数据库可以获得产品单位价格、产品的异质性指标以及年份、出口目的国—产品固定效应等变量。

宏观层面的数据主要来自国际货币基金组织(International Monetary Fund, IMF)的国际金融数据库(International Financial Statistics, IFS)④。我们从中获取双边名义汇率(NER)⑤ 月度数据、消费者物价指数(CPI)月度数据、GDP以及GDP平减指数的年度数据。

(二) 变量设定

出口产品单位价格(UV)、双边实际汇率(RER)、实际GDP(GDP)、产品质量(Quality)、产品技术复杂度(RTV)以及产品出口市场集中度(HHI)等变量测算方法如下。

1. 出口产品单位价格

出口产品单位价格为被解释变量,通过计算联合国商品贸易数据库

---

① Wang Q., "Fixed-Effect Panel Threshold Model Using Stata", *Stata Journal*, Vol. 15, No. 1, 2015, pp. 121 - 134.

② 例如,设定回归年数为4,样本区间为2000—2015,以此滚动回归的样本时间范围为:2000—2003,2001—2004,2002—2005,2003—2006,…,2012—2015。

③ 联合国商品贸易数据库网址: https://comtrade.un.org/db/dqQuickQuery.aspx。

④ IFS 数据库网址: http://www.imf.org/en/Data#standards。

⑤ 双边名义汇率原始数据为月度数据,利用CPI数据对其进行调整之后得到月度实际汇率[公式(6—20)],取月均值得到实际汇率的年度数据。

中的出口额和出口数量的比值作为出口产品价格的替代变量。数据库中出口额以美元计价，我们首先利用美元兑人民币的名义汇率将出口额转换为以人民币计价的出口额，然后再计算出口产品的单位价格。

2. 双边实际汇率

双边实际汇率利用公式（2—6）计算：

$$RER_{jt} = \frac{NER_{jt} \times CPI_{jt}}{CPI_{ct}} \quad (2—6)$$

其中，NER_{jt} 为 t 年人民币与目的国货币的双边名义汇率（直接标价法）；CPI_{jt} 和 CPI_{ct} 分别表示 t 年目的国 j 和中国的消费者物价指数（以1999年为基期）。

此外，我们需要测算汇率变动变量以确定汇率变动的方向和大小，汇率变动测算公式如下：

$$\Delta \ln RER_{jt} = \ln RER_{jt} - \ln RER_{j,t-1} \quad (2—7)$$

3. 目的国实际 GDP

目的国实际 GDP 数据通过以 1999 年为基期的 GDP 平减指数调整各国的 GDP 获得［公式（2—8）］，其中，GDP_{jt} 表示 t 年 j 国的实际 GDP 水平，gdp_{jt} 表示 t 年 j 国名义 GDP，$GDPD_{jt}$ 和 $GDPD_{j,1999}$ 分别表示 j 国 t 年和 1999 年的 GDP 平减指数。

$$GDP_{jt} = gdp_{jt} \frac{GDPD_{jt}}{GDPD_{j,1999}} \quad (2—8)$$

4. 商品异质性指标

我们将产品质量、产品技术复杂度以及产品出口市场集中度作为商品异质性指标的替代变量。

（1）产品质量

我们参照施炳展和邵文波的方法测度产品质量，[①] 该方法假定某产品的出口价值、产品质量、消费支出以及目的国加总价格指数构成了产品的出口数量函数。虽然产品质量难以观测，但在有效控制产品价格和目

---

① 施炳展、邵文波：《中国企业出口产品质量测算及其决定因素——培育出口竞争新优势的微观视角》，《管理世界》2014 年第 9 期。

的国加总价格指数之后,剩余的部分可以视为产品质量,[①] 即认为在同一商品类别下,若多种产品的价格相同,销售量高的产品拥有较高的质量。

出口产品数量的函数表达式如下:

$$\ln x_{ijt} = \ln E_{jt} - \ln P_{jt} - \sigma \ln p_{ijt} + (\sigma - 1)\ln s_{ijt}(\varphi) \quad (2\text{—}9)$$

其中,x_{ijt} 表示 t 期产品 i 出口到目的国 j 的数量;E_{jt} 和 P_{jt} 分别表示 t 期 j 国的消费支出和加总价格指数,二者之差 $\ln E_{jt} - \ln P_{jt}$ 可用"进口国—时间"虚拟变量代替;$\varepsilon_{ijt} = (\sigma - 1)\ln s_{ijt}(\varphi)$ 为残差项,其中 $\ln s_{ijt}(\varphi)$ 表示出口产品质量,σ 为产品种类替代弹性;p_{ijt} 为出口产品的单位价格(人民币计价)。考虑到产品出口数量和单位价格之间存在同期相关性,易产生内生性问题,因此我们借鉴施炳展和邵文波的做法,选用产品 i 出口到其他目的国市场(除 j 外)单位价格的平均值作为出口到 j 国产品单位价格的工具变量。

基于产品层面对模型(2—9)进行参数估计后(共进行 2492 个回归[②]),得到包含出口产品质量的残差项 $\varepsilon_{ijt} = (\sigma - 1)\ln S_{ijt}(\varphi)$,通过公式(2—10)计算得到产品质量。

$$Quality_{ijt} = \ln s_{ijt}(\varphi) = \hat{\varepsilon}_{ijt}/(\sigma - 1) = (\ln x_{ijt} - \ln \hat{x}_{ijt})/(\sigma - 1) \quad (2\text{—}10)$$

测算出的变量数值越高表示产品质量越高,基于理论模型的分析与预测,我们认为产品质量越高,出口商相对来说具有较强的控价能力,从而出口产品价格的汇率弹性越大,汇率传递效应越低。

(2)产品技术复杂度

Hausmann 等提供了产品 i 技术复杂度的计算公式:[③]

[①] 张永亮、邹宗森:《进口种类、产品质量与贸易福利:基于价格指数的研究》,《世界经济》2018 年第 1 期。

[②] 本节参考施炳展数据处理过程,并结合本节的研究内容,在计算产品质量之前,需要对样本数据进行一定的处理,过程如下:(1)剔除出口贸易额小于 50 美元、出口数量小于 1 单位的观测样本;(2)剔除样本量小于 100 的产品;(3)剔除出口目的国数目小于 5 的产品。最终保留 2492 种 SITC 第三版 5 位编码的产品、共计 2597941 条观测记录来测算产品质量指标。施炳展:《中国企业出口产品质量异质性:测度与事实》,《经济学》(季刊)2014 年第 1 期。

[③] Hausmann R., J. Hwang, and D. Rodrik, "What You Export Matters", *Journal of Economic Growth*, Vol. 12, No. 1, 2007, pp. 1 – 25.

$$PRODUY_i = \sum_{j=1}^{n} \left(\frac{X_{ij}}{\sum_{i=1}^{m} X_{ij}} \bigg/ \sum_{j=1}^{n} \frac{X_{ij}}{\sum_{i=1}^{m} X_{ij}} \right) Y_j \qquad (2—11)$$

其中，X_{ij} 表示 j 国产品 i 的出口额，$\sum_{i=1}^{m} X_{ij}$ 表示 j 国所有产品的出口总额，Y_j 表示 j 国人均 GDP 水平，公式（2—11）本质上为各国人均 GDP 的加权平均值，权重为 $W_{ij} = \dfrac{X_{ij}}{\sum_{i=1}^{m} X_{ij}} \bigg/ \sum_{j=1}^{n} \dfrac{X_{ij}}{\sum_{i=1}^{m} X_{ij}}$。

$PRODUY_i$ 构建的核心理论在于如果发达国家出口该产品的比重较高，那么有充分的理由说明该产品需要较高的技术，即技术复杂度较高，处于国际分工链条的上游；反之，如果该产品的出口国多为低收入水平国家，那么其技术含量较低，即技术复杂度较低，在国际分工链条中处于下游。公式（2—11）的权重经过进一步推导可以转化为显示性比较优势指数（Revealed Comparative Advantage，RCA）权重，即 $W_{ij} = RCA_{ij} \big/ \sum_{j=1}^{n} RCA_{ij}$，其中，

$$RCA_{ij} = \frac{X_{ij} \big/ \sum_{j=1}^{n} X_{ij}}{\sum_{i=1}^{m} X_{ij} \big/ \sum_{i=1}^{m} \sum_{j=1}^{n} X_{ij}} \qquad (2—12)$$

产品技术复杂度公式经过推导，可以表示为樊纲、关志雄和姚枝仲构建的产品技术附加值指数（Revealed Technological Value-added，RTV），[①] 与他们的文献一致，我们将产品 i 的技术复杂度表示为 RTV，公式为：

$$RTV_i = \sum_{j=1}^{n} W_{ij} Y_j \qquad (2—13)$$

RTV 数值越大表示产品技术复杂度水平越高，基于前文阐述的构建出口产品技术复杂度指标的理论基础，与产品质量的预测结果一致，我

[①] 樊纲、关志雄、姚枝仲：《国际贸易结构分析：贸易品的技术分布》，《经济研究》2006 年第 8 期。

们认为出口产品技术复杂度越高,产品出口价格的汇率弹性越大,汇率传递系效应越低。

(3) 产品出口市场集中度

我们用赫芬达尔—赫希曼指数(Herfindahl-Hirschman Index, HHI,简称赫芬达尔指数)衡量产品出口市场集中度,表达式为:

$$HHI_{it} = \sum_{j=1}^{n} S_{ijt}^2 = \sum_{j=1}^{n} \left(\frac{V_{ijt}}{V_{it}}\right)^2 \qquad (2—14)$$

其中,V_{ijt} 为产品 i 在 t 年出口到目的地 j 的贸易额;V_{it} 为 t 年出口国产品 i 的出口总额。该指标取值范围为0—1,越接近1表明产品的出口市场越集中。我们认为HHI越接近1,出口商越容易处于被动地位,出口贸易关系越容易受到国际市场同行业产品的贸易冲击,难以占据主导权,汇率传递效应就越高,出口产品价格的汇率弹性就会减小;反之,该指标越接近于0,说明产品的出口市场越分散,产品出口分布越均匀,产品退出国际市场的风险可以分散分布,出口商则易占据主导地位,汇率传递效应就会降低,出口产品价格的汇率弹性也会增大。

(三) 数据处理

我们从联合国商品贸易数据库中获取的1999—2015年出口贸易数据包含3062种产品出口到217个国家和地区,共计3420399条观测。首先,数据初步统计发现,贸易关系段[①]存在只有一年出口记录的情况,我们认为可能的原因是出口商在出口"试错"[②] 过程中发现该产品不能适应目的国市场,从而第二年退出该市场;同时我们认为该部分贸易关系段属于偶然性因素出口的可能性也比较大,且只有一年的数据难以确定汇率

---

① 此处参考王秀玲等生存分析相关处理过程:产品层面的贸易关系是指某一产品出口到特定目的国家直至退出该市场的状态。某一出口产品会出现多次进入退出同一目的国市场的情况,从而贸易关系可能存在多个时间段的记录。例如,产品1自2000年出口到美国,并于2005年退出该市场,2005年之后的某一年份再次进入该市场,以此类推,同一贸易关系产生了多段记录。王秀玲、邹宗森、冯等田:《实际汇率波动对中国出口持续时间的影响研究》,《国际贸易问题》2018年第6期。

② 杨汝岱和李艳认为企业实际出口中存在"试错"过程,即企业在出口的第一年会出口少量产品,然后根据产品在出口市场的表现决定继续出口还是中断出口,企业一旦发现产品难以适应出口市场,便会逐步退出该市场。杨汝岱、李艳:《移民网络与企业出口边界动态演变》,《经济研究》2016年第3期。

变动对出口产品价格的具体影响，鉴于上述两种情况都会干扰回归结果的准确性，因此对只存在一年的贸易关系段予以剔除。其次，为了使得回归结果更具代表性，对 2011—2015 年中国出口到 217 个国家和地区的出口额进行汇总，对出口额进行排序之后保留前 70% 的国家样本。再次，与其他解释变量（实际汇率、目的国实际 GDP）数据匹配之后，剔除数据缺失严重的观测，保留 3026 种产品出口到 137 个国家和地区，共计 2528437 条观测，用处理合并之后的样本数据估计微观产品层面汇率不完全传递的非对称性。最后，再与商品异质性指标的数据进行合并，最终保留 2492 种产品出口到 137 个国家和地区，共计 2336909 条观测，用以考察在非对称性视角下商品异质性对汇率不完全传递的影响。与分组变量匹配之后，样本观测数分别为 2528437（国家收入水平分组[①]）、2315056（Lall 产品技术水平分组[②]）、2264284（Rauch 产品差异化分组[③]）。

（四）变量描述性统计

在对数据进行整理后，依据变量构建公式生成了产品单位价格、实

[①] 世界银行依据人均国民总收入水平将世界各国分为高收入国家、中高等收入国家、中等收入国家和低收入国家四个类别。本节依据世界银行 2011—2015 年的国家收入水平分类，取每个国家在该时间区间内收入组别的众数，并将样本按目的国收入水平分为高收入、中等收入和低收入三个子样本。

[②] Lall 按技术水平将产品分为初级产品（Primary Products，PP）、资源制成品（Resource-based Manufactures，RB）、低技术制成品（Low-technology Manufactures，LT）、中技术制成品（Medium-technology Manufactures，MT）以及高技术制成品（High-technologyNanufactures，HT）。Lall 分组基于 SITC 第二版 3 位码的产品代码分类，需要与本节样本进行匹配，多次匹配之后，共计可用观测记录 2392392 条，包含出口到 137 个国家的 2808 种产品。Lall S.，"The Technological Structure and Performance of Developing Country Manufactured Exports，1985 – 1998"，*Oxford Development Studies*，Vol. 28，No. 3，2000，pp. 337 – 369.

[③] Rauch 将产品按差异化程度分为同质产品和差异产品，前者包括商品交易所交易的产品价格和定期在某个专业贸易出版物或行业研究报告发布的产品。Rauch 采用了保守分类（Conservative Classification）和自由分类（Liberal Classificartion）两种分类标准对产品进行分组。我们采用 2014 年更新的 Rauch 分类数据标准（产品代码为 SITC 第二版 4 位码），与样本数据匹配之后，共计可用观测记录 2340412 条，包含出口到 137 个国家的 2690 种产品。本节在后文的经验分析中分别就保守分类和自由分类样本进行回归，鉴于两种分类方法的结果差异较小，只分析自由分类标准分组下的估计结果。Rauch J. E.，"Networks Versus Markets in International Trade"，*Journal of International Economics*，Vol. 1，No. 48，1999，pp. 7 – 35.

际汇率、实际汇率变动以及产品质量等异质性变量。变量的描述性统计如表2—1所示。

表2—1　　　　　　　　　变量的描述性统计

变量	变量名称	样本量	均值	标准差	最小值	最大值
lnUV	产品单位价格	2528437	4.0059	2.5703	-8.8803	21.883
lnRER	实际汇率	2528437	-0.3726	2.7996	-7.5087	6.5353
ΔlnRER	实际汇率变动	2528437	-0.005	0.2848	-3.7175	9.9976
lnGDP	目的国实际GDP	2528437	11.2467	2.1079	2.2658	16.4013
Quality	产品质量	2336909	-0.0001	0.3171	-46.7811	34.81
RTV	产品技术复杂度	2336909	1.3754	0.7383	0.0100	6.354
HHI	产品出口市场集中度	2336909	0.1497	0.1168	0.0205	1.000

第四节　结果分析

我们首先考察人民币汇率不完全传递现象是否存在，以及在不同目的国收入水平分组和不同分类标准的产品分组中是否存在差异，确认了汇率不完全传递现象存在后，再基于汇率变动方向和汇率变动幅度两个方面着重考察人民币汇率传递的非对称性。

一　汇率不完全传递效应

（一）基准回归

基于模型（2—1）估计汇率不完全传递效应，基准结果列于表2—2中前两列，其中第1列模型只引入了核心解释变量实际汇率，第二列参考宋超和谢一青的研究在第1列的基础上加入目的国实际GDP作为控制变量，[①] 对比两列的结果来看，引入控制变量之后，模型的有效性、核心

[①] 宋超、谢一青：《人民币汇率对中国企业出口的影响：加工贸易与一般贸易》，《世界经济》2017年第8期。

变量的解释力度都有极大的提高，后文的回归中均引入目的国实际 GDP 以增强结果的可靠性。

由第 2 列基准回归结果来看，汇率系数在 1% 的水平下为正，人民币每升值 10%（汇率数值下降），出口产品价格（以人民币计价）平均降低 0.28%，以外币表示的出口产品价格会上涨 9.72%，汇率传递效应为 97.2%（1−0.028）[1]，相较于王雅琦等（出口价格弹性为 0.071，汇率传递效应为 93%）、向训勇等（出口价格汇率弹性为 0.098，汇率传递效应为 90.2%）等基于企业层级数据的汇率传递效应要高。[2]

表2—2　　　　出口价格汇率弹性：总体和收入水平差异

	(1)	(2)	(3)	(4)	(5)
	全样本		高收入	中收入	低收入
lnRER	0.001 (0.002)	0.028*** (0.005)	0.013* (0.007)	0.078*** (0.028)	0.034*** (0.007)
lnGDP		−0.028*** (0.005)	−0.025*** (0.007)	−0.082*** (0.029)	−0.008 (0.007)
常数项	3.628*** (0.005)	3.946*** (0.060)	3.880*** (0.076)	4.528*** (0.313)	3.849*** (0.086)
固定效应					
年份	YES	YES	YES	YES	YES
国家—产品	YES	YES	YES	YES	YES
样本量	2613030	2613030	1190278	568081	854671

注：*、**、*** 分别表示估计结果在 10%、5% 和 1% 的水平上显著；括号内报告的数值是标准差；"YES" 表示控制了个体固定效应，包括年份固定效应和"国家—产品"组合的固定效应。

---

[1] 结合本节设定的模型以及选用的变量，出口产品价格的汇率传递效应在数值上等于 1 减去汇率弹性。

[2] 王雅琦、戴觅、徐建炜：《汇率、产品质量与出口价格》，《世界经济》2015 年第 5 期；向训勇、陈婷、陈飞翔：《进口中间投入、企业生产率与人民币汇率传递——基于我国出口企业微观数据的实证研究》，《金融研究》2016 年第 9 期。

（二）分组回归

为了更深入地考察产品分组，我们首先将"出口产品—目的地"组合定义为出口贸易关系，并按收入水平和产品异质性进行分组统计了出口贸易关系（见表2—3、表2—4）。目的国按收入水平参考世界银行分组标准，分为高收入、中收入和低收入三个组别；产品异质性分组主要依据Lall产品技术分类和Rauch产品差异性分类。

表2—3　　　　　出口贸易关系分布：按Lall和Rauch分组

	Lall					Rauch	
	初级产品	资源制品	低技术	中技术	高技术	同质产品	差异产品
高收入	6913	18075	29159	30244	9395	26364	64775
中收入	2826	9461	16896	18247	5334	13595	37794
低收入	3749	13859	25798	28113	8184	20116	57724
总计	13488	41395	71853	76604	22913	60075	160293

表2—4　　　　　出口贸易关系分布：按出口产品异质性分组

		收入水平			Lall					Rauch	
		高收入	中收入	低收入	初级产品	资源制品	低技术	中技术	高技术	同质产品	差异产品
Quality	高	43256	22688	31297	5556	17618	31375	26449	7066	243483	60755
	低	39052	22792	32367	2526	12213	28017	33339	11091	16445	70003
RTV	高	41354	23154	32303	1970	13591	16237	42264	15039	20353	67934
	低	40954	22326	31361	6112	16240	43155	17524	3118	20440	62824
HHI	高	45142	22832	30369	6137	15259	32988	24409	11727	22414	65847
	低	37166	22648	33295	1945	14572	26404	35379	6430	18379	64911

从出口贸易关系的分布情况可以看出，我国与高收入国家之间的出口贸易关系占全部出口贸易关系的比重较大，且出口到不同目的国家的产品组成也存在明显差异。因此，为了更为详细地描述微观产品层面出口产品价格的汇率不完全传递效应，我们分别对按收入水平分组和产品

异质性分组的子样本进行估计。

1. 按国家收入水平分组

表2—2中第（3）—（5）列为基于国家收入水平分组的估计结果，分组估计与总体估计结果一致，汇率系数符号均显著为正。出口产品价格的汇率弹性系数在不同国家之间存在差异，出口到高收入国家产品价格的汇率传递效应最高（98.7%），其次依次为低收入国家（96.6%）和中收入国家（92.2%），说明相对于高收入国家而言，我国出口产品在中低收入国家具有更强的依市定价能力。

为了更为形象地表述出口产品价格汇率弹性在不同国家之间的大小差异，本节基于模型（2—1），分别基于样本内出口到每一个国家的产品贸易数据进行回归估计（共计137个回归），对应每个出口目的国家得到一个汇率弹性系数，并用图2—3表示出来，图中颜色越深表示出口价格汇率弹性越大，汇率传递效应越低。与分组回归估计的结果一致，出口到东南亚、西亚、中亚以及非洲部分地区产品的汇率传递效应低于出口到欧洲和北美等高收入国家的汇率传递效应。

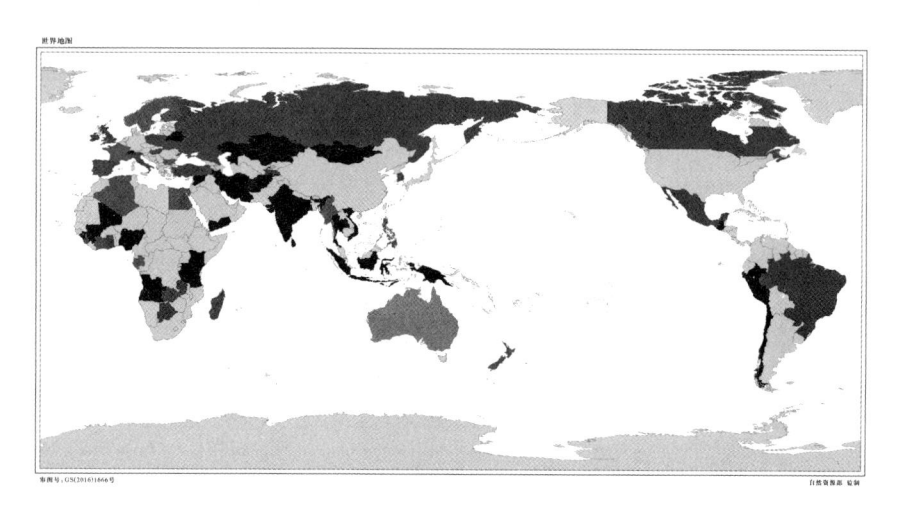

图2—3 出口价格汇率弹性大小分布图

2. 按产品技术水平分组

表2—5为不同产品分组的估计结果，结果显示不同产品之间出口价格的汇率弹性存在显著差异。第（1）—（5）列为基于产品技术层级分

组的估计结果。① 初级产品和高技术产品分组的汇率系数为正但不显著，从出口贸易关系数量上来说（表2—4），中国这两类产品的出口贸易关系相较于其他类别要少很多，可能由于样本量相对较少的关系造成系数不显著。从数值大小来看，资源制成品价格的汇率弹性最高，其次依次为高技术产品、初级产品、中技术产品和低技术产品，说明我国出口产品中资源制成品的依市定价能力最强，汇率传递效应最低，低技术制成品的依市定价能力最弱，汇率传递效应最高。

表2—5　　　　　　出口价格汇率弹性：不同产品分组

	(1)	(2)	(3)	(4)	(5)	(6)	(7)
	Lall					Rauch	
	初级产品	资源制品	低技术	中技术	高技术	同质产品	差异产品
lnRER	0.034 (0.023)	0.050*** (0.011)	0.014** (0.007)	0.029*** (0.011)	0.035 (0.025)	0.045*** (0.008)	0.024*** (0.007)
lnGDP	-0.051** (0.024)	-0.054*** (0.011)	-0.013* (0.007)	-0.029*** (0.011)	-0.030 (0.025)	-0.047*** (0.009)	-0.024*** (0.007)
常数项	2.661*** (0.280)	3.156*** (0.128)	2.961*** (0.077)	5.507*** (0.119)	5.053*** (0.284)	3.106*** (0.102)	4.357*** (0.078)
年份	YES	YES	YES	YES	YES	YES	YES
产品—国家	YES	YES	YES	YES	YES	YES	YES
样本量	119744	411387	819047	792881	249333	561296	1779116

注：*、**、*** 分别表示估计结果在10%、5%和1%的水平上显著；括号内报告的数值是标准差；"YES"表示控制了个体固定效应。

第（6）—（7）列为基于 Rauch 产品差异化分组的估计结果。同质产品的价格汇率弹性要高于差异产品，同质产品和差异产品的汇率传递

---

① Lall S., "The Technological Structure and Performance of Developing Country Manufactured Exports, 1985–1998", *Oxford Development Studies*, Vol. 28, No. 3, 2000, pp. 337–369.

效应分别为95.5%和97.6%。一般情况下，假设同质产品的市场是完全竞争的，差异化产品的市场是垄断竞争的，因此汇率变化对同质产品的影响应该小于差异化产品，但本节估计的结果却与之相反。通过分析发现可能的原因如下：从表2—4中贸易关系分布可以看出，同质产品贸易关系中高质量产品贸易关系占60%左右，而差异产品出口贸易关系中高质量产品贸易关系占比不到50%，进一步分析发现出口产品质量越高，产品的依市定价能力越强，汇率传递效应越低，因此我们认为高质量产品在同质产品占比高于差异产品时使得同质产品价格汇率弹性高于差异产品价格汇率弹性；另一种可能的原因在于我国出口同质化产品的企业可能是具有较强定价能力的垄断型或寡头型企业，而非完全竞争的出口商；出口差异产品的出口商也未必具有垄断势力，而是面临较高程度的市场竞争，因此同质产品的出口价格汇率弹性相对较大。

二 汇率变动方向与汇率传递的非对称性

（一）汇率传递的非对称性

基于计量模型（2—2）考察人民币升、贬值时汇率传递效应的大小及差异，结果列于表2—6中。其中第（1）列是全体样本的估计结果，第（2）—（4）列是根据国家收入水平分组的估计结果，第（5）—（6）列是根据Rauch产品差异化分组的估计结果，第（7）—（11）列是根据Lall产品技术水平分组的估计结果。

由全样本的回归结果来看，从汇率和升、贬值虚拟变量交互项系数的估计结果可以看出，人民币贬值情况下的出口价格汇率弹性在1%的显著性水平下要显著高于升值情况下的汇率弹性，即人民币贬值时的汇率传递效应要低于升值情况下的汇率传递效应，符合产能限制说。总体估计结果说明中国出口产品价格的汇率传递效应存在非对称性，即便估计系数数值较小，但显著性表明这种不对称性是存在的。人民币贬值时出口产品价格的汇率传递效应为97.6%，而人民币升值时出口产品价格的汇率传递效应为97.8%。

由基于国家收入水平分组的回归结果来看，汇率传递效应的非对称性在不同国家之间的表现是不同的。在中收入和高收入国家分组中，出口产品价格的汇率传递效应在人民币升、贬值情形下不存在显著差异，即汇率传递效应是对称的，而低收入国家样本与全体样本的结果一致，即人民币贬值的汇率传递效应要低于升值情况下的汇率传递效应。基于产品分组估计结果来看，Lall 分组中资源制品和高技术制成品的汇率传递效应在人民币变动方向不同时不存在显著差异，而初级产品和中、低技术产品的估计结果符合产能限制说，即人民币贬值时出口产品价格的汇率传递效应小于人民币升值时的汇率传递效应；Rauch 产品差异化分组中，同质产品样本的估计结果不显著，差异产品的估计结果与总体估计结果一致，符合产能限制说的理论解释。

表2—6　　　　汇率传递的估计结果：汇率变动方向不同

	(1)	(2)	(3)	(4)	(5)	(6)
		收入水平			Rauch	
	全体	高收入	中收入	低收入	同质产品	差异产品
lnRER * d	0.002 ***	0.000	0.001	0.004 ***	0.001	0.002 ***
	(0.000)	(0.001)	(0.001)	(0.001)	(0.001)	(0.001)
lnRER	0.024 ***	0.008	0.094 ***	0.028 ***	0.037 ***	0.021 ***
	(0.005)	(0.007)	(0.031)	(0.007)	(0.008)	(0.007)
d	0.011 ***	0.022 ***	0.003	0.011 ***	0.009 ***	0.011 ***
	(0.001)	(0.002)	(0.003)	(0.003)	(0.003)	(0.002)
lnGDP	−0.026 ***	−0.023 ***	−0.101 ***	−0.005	−0.039 ***	−0.022 ***
	(0.005)	(0.007)	(0.029)	(0.007)	(0.009)	(0.007)
常数项	4.134 ***	4.062 ***	4.973 ***	4.009 ***	3.011 ***	4.593 ***
	(0.059)	(0.076)	(0.310)	(0.085)	(0.100)	(0.077)
固定效应	YES	YES	YES	YES	YES	YES
样本量	2528437	1146378	550346	831713	544309	1719975

续表

	(7)	(8)	(9)	(10)	(11)
	Lall 分类				
	初级产品	资源制品	低技术	中技术	高技术
lnRER*d	0.006*** (0.002)	0.000 (0.001)	0.003*** (0.001)	0.002** (0.001)	0.001 (0.002)
lnRER	0.022 (0.023)	0.045*** (0.011)	0.009 (0.007)	0.024** (0.011)	0.029 (0.025)
d	0.018*** (0.005)	0.011*** (0.003)	0.013*** (0.002)	0.008*** (0.003)	-0.000 (0.006)
lnGDP	-0.045* (0.023)	-0.047*** (0.011)	-0.007 (0.007)	-0.027*** (0.010)	-0.023 (0.025)
常数项	2.605*** (0.277)	3.096*** (0.126)	3.348*** (0.078)	5.509*** (0.116)	4.897*** (0.277)
固定效应	YES	YES	YES	YES	YES
样本量	115332	398267	788690	771814	240953

注：*、**、*** 分别表示估计结果在10%、5%和1%的水平上显著；括号内报告的数值是标准差；"YES"表示控制了个体固定效应，包括年份固定效应和"国家—产品"组合的固定效应；d 表示人民币升贬值的虚拟变量，d=1 表示人民币贬值，d=0 表示人民币升值。

（二）非对称性视角下商品异质性对汇率传递的影响效应

表2—7是基于计量模型（2—3）考察人民币升贬值情形下商品异质性对出口产品价格汇率弹性的影响。X 表示产品的异质性指标，d 为人民币升贬值的虚拟变量。从全体样本估计结果来看，在人民币汇率变动不同向的情况下商品异质性指标对汇率传递效应的影响不存在显著差异。然而，我们通过细分出口目的国家样本进行回归估计发现，人民币汇率变动方向不同时商品异质性的影响效应在不同目的国家之间存在显著差异。

表2—7 引入商品异质性时汇率传递的估计结果：汇率变动方向不同

	(1)	(2)	(3)	(4)	(5)	(6)
	全体			高收入		
	Q1	RTV	HHI	Q1	RTV	HHI
lnRER*X*d	-0.006 (0.007)	-0.001 (0.001)	-0.001 (0.001)	-0.026* (0.014)	-0.005*** (0.001)	0.003* (0.001)
lnRER*X	0.015*** (0.006)	0.002* (0.001)	0.000 (0.001)	0.031*** (0.012)	0.004** (0.002)	-0.002 (0.002)
lnRER	0.020*** (0.005)	0.026*** (0.005)	0.026*** (0.006)	-0.001 (0.007)	0.007 (0.007)	0.003 (0.008)
固定效应	YES	YES	YES	YES	YES	YES
样本量	2336909	2336909	2336909	1072929	1072929	1072929
	(7)	(8)	(9)	(10)	(11)	(12)
	中收入			低收入		
	Q1	RTV	HHI	Q1	RTV	HHI
lnRER*X*d	0.003 (0.013)	-0.000 (0.001)	-0.004** (0.002)	-0.004 (0.011)	0.005*** (0.001)	-0.001 (0.001)
lnRER*X	0.010 (0.012)	0.002 (0.002)	-0.005** (0.002)	0.005 (0.010)	0.001 (0.002)	0.010*** (0.002)
lnRER	0.093*** (0.031)	0.097*** (0.032)	0.085*** (0.032)	0.029*** (0.007)	0.032*** (0.007)	0.057*** (0.008)
固定效应	YES	YES	YES	YES	YES	YES
样本量	510336	510336	510336	753644	753644	753644

注：表格中只显示汇率、其他变量与汇率交互项的结果，其他变量的一次项、与虚拟变量的交互项和控制变量参与回归但均不显示在表格中；*、**、*** 分别表示估计结果在10%、5%和1%的水平上显著；括号内报告的数值是标准差；"YES"表示控制了个体固定效应，固定效应包括年份固定效应和"国家—产品"组合固定效应；X 表示商品异质性指标；d 表示人民币升贬值的虚拟变量，d=1 表示人民币贬值，d=0 表示人民币升值。

对于高收入国家而言，当人民币贬值时，产品质量越高、技术复杂度越高的产品，其出口价格的汇率弹性要低于人民币升值时的汇率弹性，即人民币贬值时，产品质量和产品技术复杂度对人民币汇率传递效应的抑制作用要低于人民币升值时的抑制作用。而产品出口市场集中度对汇率传递效应的促进作用在人民币贬值时相对更有效。

对于中等收入国家而言，在汇率变动方向不同时产品质量和技术复杂度对出口产品价格弹性的影响不存在显著差异。而产品集中度则在人民币贬值情况下对汇率弹性的抑制作用更加有效，即产品市场集中度越高在人民币贬值时越会增大产品价格的汇率传递效应。

对于低收入国家而言，产品质量和出口市场集中度对出口产品价格汇率弹性的影响不受汇率升贬值的影响。产品技术复杂度则在人民币贬值时对出口产品价格汇率弹性的促进作用更强，降低了出口产品价格的汇率传递效应。

三 汇率变动幅度与汇率传递的非对称性

基于汇率变动幅度不同情况下汇率不完全传递的非对称性研究，需要界定汇率变动大小的范围，我们参考现有文献的做法，选用汇率变动的中位数和门限回归模型获得的门槛值作为区分汇率变动大小的临界值。

（一）汇率传递的非对称性

基于计量模型（2—4）考察汇率变动幅度大小不同时汇率不完全传递非对称的表现。估计结果如表2—8所示，表上半部分是基于汇率变动中位值为临界值的估计结果，下半部分是以面板门限回归门槛值作为临界值的估计结果，第（1）—（2）列是全样本的估计结果，第（3）—（8）列则是根据出口目的国家收入水平分组的估计结果。

基于中位值（$\theta = 0.04036$）为临界值的回归结果。总体估计结果显示汇率变动较大时汇率传递弹性更大一些，这与菜单成本说理论的分析结论是一致的，即汇率变动幅度越大，汇率传递效应越大。

从目的国收入水平分组的估计结果来看，各子样本估计结果数值上与总体估计结果一致，即与较小汇率变动情形相比，汇率变动较大时的汇率传递效应要更高一些。然而从显著性水平来看，汇率变动较大时高收入国家样本的汇率估计系数并没有通过显著性检验。

表 2—8　　　　　　汇率传递的估计结果：汇率变动幅度不同

	(1)	(2)	(3)	(4)	(5)	(6)	(7)	(8)
	全样本		高收入		中收入		低收入	
	L	S	L	S	L	S	L	S
	中位数为门槛值（0.04036）							
lnRER	0.016***	0.108***	0.003	0.064***	0.065*	0.274***	0.013*	0.060*
	(0.005)	(0.016)	(0.007)	(0.023)	(0.040)	(0.045)	(0.007)	(0.031)
固定效应	YES	YES	YES	YES	YES	YES	YES	YES
样本量	1263803	1264634	570833	575545	284479	265867	408491	423222
	门限回归门槛值（0.0189）							
lnRER	0.026***	0.031	0.007	-0.034	0.092***	0.101	0.025***	0.126**
	(0.005)	(0.021)	(0.007)	(0.030)	(0.034)	(0.069)	(0.007)	(0.051)
固定效应	YES	YES	YES	YES	YES	YES	YES	YES
样本量	1848939	679498	842976	303402	396309	154037	609654	222059

注：表格中只显示汇率、其他变量与汇率交互项的结果，其他变量的一次项、与虚拟变量的交互项和控制变量参与回归但均不显示在表格中；*、**、*** 分别表示估计结果在10%、5%和1%的水平上显著；括号内报告的数值是标准差；"YES"表示控制了个体固定效应，固定效应包括年份固定效应和"国家—产品"组合固定效应；L表示汇率变动较大，S表示汇率变动较小。

基于门限回归门槛值（$\theta=0.0189$①）的估计结果。从数值上看，无论是总体还是分样本估计结果，都与以中位值为临界值的结果一样，即汇率变动幅度越大，出口产品价格的汇率传递效应越大。从显著性程度上来看，汇率变动较小情形下的全样本和中收入水平国家的估计结果并不显著，且在高收入水平下，汇率变动大小对汇率传递效应的影响不存在显著差异。

（二）非对称性视角下商品异质性对汇率不完全传递的影响效应

表 2—9 是基于非对称性视角下商品异质性对汇率不完全传递影响的

---

① 滚动回归年数为14，即对 2000—2014、2001—2015 两个时间区间样本回归得到的门槛值取平均。不同收入水平样本可能由于矩阵的问题无法在上述两个时间区间内得到具体门槛值，因此均使用总体层面测算的门槛值；同时也正是由于此原因，在后文基于非对称性视角下考察商品异质性对汇率不完全传递效应的影响时没有考虑分样本的情况。基于产品的分组样本同样考虑到门槛值的问题没有纳入经验分析。

估计结果［计量模型为（2—5）］。表2—9上半部分是以汇率变动中位值为临界值的估计结果，下半部分是以面板门限回归门槛值作为临界值的估计结果。第（1）—（2）列是产品质量的影响效应的估计结果；第（3）—（4）列是产品技术复杂度的估计结果；第（5）—（6）列是产品出口市场集中度的估计结果。

以中位值（$\theta = 0.04036$）为临界值的估计结果表明，不论汇率变动幅度大小如何，出口产品技术复杂度和出口产品市场集中度对汇率传递的影响效应均不存在显著差异。在汇率变动较小的情况下，产品质量对汇率传递效应的影响并不显著，但在汇率变动较大时显著，即在汇率变动较大的情况下，产品质量越高，出口产品价格的汇率传递效应越小。

表2—9　引入商品异质性时汇率传递的估计结果：汇率变动幅度不同

	（1）	（2）	（3）	（4）	（5）	（6）
	Q1		RTV		HHI	
	L	S	L	S	L	S
	中位数为门槛值（0.04036）					
lnRER	0.015***	0.092***	0.018***	0.113***	0.016***	0.117***
	(0.005)	(0.016)	(0.005)	(0.016)	(0.006)	(0.016)
lnRER*X	0.019***	0.008	0.001	0.002	-0.001	0.001
	(0.007)	(0.006)	(0.001)	(0.001)	(0.001)	(0.001)
固定效应	YES	YES	YES	YES	YES	YES
样本量	1173598	1163311	1173598	1163311	1173598	1163311
	门限回归门槛值（0.0558、0.0753、0.0779）					
lnRER	0.012**	0.046***	0.002	0.091***	0.005	0.096***
	(0.005)	(0.015)	(0.006)	(0.014)	(0.006)	(0.014)
lnRER*X	0.015*	0.013**	0.001	0.001	0.001	0.001
	(0.009)	(0.006)	(0.002)	(0.001)	(0.001)	(0.001)
固定效应	YES	YES	YES	YES	YES	YES
样本量	897273	1439636	650414	1686495	614979	1721930

注：表格中只显示汇率、商品异质性变量与汇率交互项的结果，其他变量的一次项、与虚拟变量的交互项和控制变量参与回归但均不显示在表格中；*、**、*** 分别表示估计结果在10%、5%和1%的水平上显著；括号内报告的数值是标准差；"YES"表示控制了个体固定效应，固定效应包括年份固定效应和"国家—产品"组合固定效应；X表示商品异质性指标；L表示汇率变动较大；S表示汇率变动较小。

利用门限面板回归模型估计门槛值时，考虑到模型本身以及本节研究的内容，考察不同商品异质性指标的影响效应时会获得不同的门槛值（$\theta_{Q1} = 0.0558$，$\theta_{RTV} = 0.0753$，$\theta_{HHI} = 0.0779$），即不同商品异质性对应汇率变动的门槛值不同，因此利用计量模型（2—5）估计结果（表2—9下半部分）时需要使用不同的门槛值。以门槛值为临界值的估计结果与以中位值为临界值的估计结果一致，产品技术复杂度与产品出口市场集中度对汇率传递的影响不存在显著差异且不显著；在汇率变动较大的情况下，产品质量越高对汇率传递效应的抑制作用越大。

第五节　本章小结

自20世纪90年代开始，我国贸易收支基本处于顺差状态。经历一系列汇率制度改革之后，人民币已大幅升值，但持续扩大的贸易顺差仍没有得到缓解，出现了所谓的"汇率调节之谜"。人民币汇率不完全传递是导致我国"汇率调节之谜"的重要原因。人民币汇率传递的非对称性是对依市定价理论研究的延伸。

本章参考现有学者对汇率传递非对称性的研究，[①]结合相应理论分析提出待检验假设，实证研究部分选取联合国商品贸易数据库中1999—2015年中国出口到137个国家和地区的产品贸易数据，设定含有交互项的双向固定效应模型并结合面板门限回归模型方法，主要从汇率变动的方向和大小两个方面考察了汇率不完全传递的非对称性以及非对称性视角下商品异质性对汇率不完全传递的影响。主要得到如下结论：

第一，汇率变动具有不完全传递特性。本章基于总体样本、不同目的地国家以及不同产品的样本分别进行估计发现，微观产品层面人民币

---

① Gil‐Pareja S., "Exchange Rates and European Countries' Export Prices: An Empirical Test for Asymmetries in Pricing to Market Behavior", *Weltwirtschaftliches Archiv*, Vol. 136, No. 1, 2000, pp. 1 - 23; Pollard P. S., and C. C. Coughlin, "Size Matters: Asymmetric Exchange Rate Pass‐Through at the Industry Level", *Working Papers*, No. 2003 - 2029, 2004; Ben Cheikh N., "Asymmetric Exchange Rate Pass‐Through in the Euro Area: New Evidence from Smooth Transition Models", *IFW Economics Discussion Papers*, No. 2012 - 361 - 28, 2012.

汇率传递不完全效应是普遍存在的，且在不同细分样本下汇率不完全传递效应存在显著差异。总体产品层面的估计结果显示，出口产品价格的汇率传递系数为97.2%，与现有企业层级的研究相比数值较大。由基于国家分组的估计结果来看，出口到高收入国家产品的价格汇率传递效应最高（98.7%），其次依次为低收入国家（96.6%）和中收入国家（92.2%）。不同产品分组的估计结果也存在显著差异：相对于技术制成品，初级产品和资源制成品的出口商具有相对较强的控价能力，汇率传递效应较小；同质产品价格的汇率传递效应要低于差异产品的汇率传递效应。

第二，汇率变动方向不同时汇率传递效应具有非对称性特征。总体估计结果符合产能限制说的理论分析，即人民币贬值时的汇率传递效应（97.6%）低于升值时的汇率传递效应（97.8%）。国家收入水平分组估计结果显示，汇率升贬值时只有低收入国家的汇率传递效应存在显著差异，且结果与总体结果一致；产品分组估计结果显示，中、低技术产品以及差异化产品价格的汇率传递效应与产能限制理论分析相符。人民币升值和贬值情况下商品异质性对汇率传递效应的影响在总体样本中不存在显著差异，但对于出口至不同收入水平的目的地国家的产品而言，商品异质性对汇率传递效应的影响存在显著差异。

第三，汇率变动大小不同时汇率传递效应也具有非对称性特征。无论是选用中位值还是门槛值作为临界值，总体估计结果符合菜单成本说的理论分析，即汇率变动幅度较大时的汇率传递效应（98.4%）大于汇率变动较小时的汇率传递效应（89.2%）。分国别估计仍然支持上述回归结果。商品异质性对汇率传递的影响，无论使用哪种临界值，在汇率变动幅度不同时，有且只有产品质量对汇率传递的影响效应存在显著差异，且汇率变动越大时高质量产品对汇率传递效应的抑制作用要高于汇率变动较小时的抑制作用。

人民币汇率变动方向和幅度不同，汇率传递效应大小存在差异，因而汇率变动调节贸易收支的效果也会有所不同。政策启示在于，保持相对稳定的人民币汇率水平，减少汇率波动对出口产品价格的冲击是非常有必要的。此外，仅靠调整人民币汇率水平无助于改变贸易收支失衡的现状，改善贸易收支失衡需要多种经济政策并举，例如，制定合理的鼓励高技术产业发展的产业政策；灵活运用关税政策和出口退税政策调整和改善进出口贸易结构；引导企业注重出口产品质量提升，经营理念由薄利多销转向由以质取胜，赚取高附加值。

第三章

汇率变动与传递的异质性

汇率不完全传递问题自20世纪80年代以来成为国际经济领域的重要研究内容，相关研究经历了由局部均衡分析到宏观比较静态分析再到微观异质性分析的过程。早期局部均衡分析主要着眼于贸易企业发展的微观外部环境（市场价格、价格歧视等），基于企业利润最大化假设，研究汇率变动时微观主体如何对进出口产品定价的问题；宏观比较静态分析则主要着眼于宏观外部环境（通货膨胀、对外开放程度等），探讨汇率变动及不完全传递如何通过影响进出口产品价格水平和成交数量进而影响汇率变动调节国际收支的成效；此外，汇率变动还会向国内价格水平传导，从而影响货币政策实践效果。近十几年来，随着异质性企业贸易理论的不断发展和微观企业层面数据可获得性的增加，学界以"依市定价"理论为研究基石，探讨企业自身异质性特征和产品属性对于汇率不完全传递的影响，推动了汇率传递研究的进展。

从汇率传递研究内容上来看，无论哪个阶段的研究，都主要围绕汇率传递效应的大小（汇率传递不完全程度）及汇率传递影响因素（汇率传递因何而不完全）两个方面进行，其中对汇率不完全传递成因的探讨是汇率传递问题研究的重点。基于产品和企业异质性视角考察汇率传递效应，是从微观层面出发的更深层次的研究。

本章主要基于产品层面考察汇率变动与传递的异质性。第一节从企业异质性和商品异质性两个方面对相关研究进行了综述；第二节在推导理论模型的基础上提出待检验假设；第三节设定计量模型和构建变量；第四节为回归结果及分析；第五节为章节小结。

第一节 文献综述

汇率传递因产品属性不同而存在较大差异的现象称为汇率传递的"产品异质性"[1];汇率传递因企业不同而存在较大差异的现象称为汇率传递的"企业异质性"[2]。产品异质性主要体现在产品质量、技术含量、中间品投入、市场竞争程度等方面,而企业异质性则主要体现在企业生产率水平、多产品决策、经营绩效和经营模式等方面。在实证研究中,企业异质性和产品异质性经常结合在一起进行分析。

一 企业异质性与汇率不完全传递研究

Berman 等在 Melitz 和 Ottaviano、Corsetti 和 Dedola 理论模型基础上,[3]采用法国单产品生产企业数据考察企业异质性对汇率传递效应的影响,发现在汇率变动时生产率较高的企业具有较强的依市定价能力,高生产率企业在本币贬值时能够在一定程度上吸收汇率变动引起的产品价格变动。Chatterjee 等在 Berman 等研究的基础上探究巴西多产品企业汇率传递效应,实证研究证明生产率较高的企业拥有较强的依市定价能力。[4]

国内研究中,Li 等基于中国企业层面的贸易数据分析出口产品价格对人民币汇率变动的反应程度,[5] 结果同 Berman 等一样认为生产率较高

---

[1] Gaulier G., and I. Mejean, "Import Prices, Variety and the Extensive Margin of Trade", *CEPII Working Paper*, No. 2006 – 17, 2006.

[2] 曹伟:《依市定价与汇率传递不完全:发展历史与研究进展评述》,《世界经济》2016 年第 9 期。

[3] Berman N., P. Martin, and T. Mayer, "How Do Different Exporters React to Exchange Rate Changes?", *The Quarterly Journal of Economics*, Vol. 127, No. 1, 2012, pp. 437 – 492; Melitz M. J., and G. I. P. Ottaviano, "Market Size, Trade, and Productivity", *Review of Economic Studies*, Vol. 75, No. 1, 2008, pp. 295 – 316; Corsetti G., and L. Dedola, "A Macroeconomic Model of International Price Discrimination", *Journal of International Economics*, Vol. 67, No. 1, 2005, pp. 129 – 155.

[4] Chatterjee A., R. Dix – Carneiro, and J. Vichyanond, "Multi – Product Firms and Exchange Rate Fluctuations", *American Economic Journal Economic Policy*, Vol. 5, No. 2, 2013, pp. 77 – 110.

[5] Li H., H. Ma, and Y. Xu, "How Do Exchange Rate Movements Affect Chinese Exports? A Firm – Level Investigation", *Journal of International Economics*, Vol. 97, No. 1, 2015, pp. 148 – 161.

企业的汇率传递效应较小。赵仲匡等基于企业层面分析金融约束和对冲对出口汇率弹性的影响，从微观层面解释宏观"出口汇率调节之谜"。宋超和谢一青在全球价值链体系下，考察汇率传递效应是否因企业出口模式的不同而存在差异，分析结果发现相对于一般贸易来说，加工贸易出口价格的汇率弹性较大，而出口量的汇率弹性较小。①

二 产品异质性与汇率不完全传递研究

Auer 和 Chaney 建立完全竞争条件下的质量定价模型，并假定出口商根据不同消费者的需求出口不同质量的产品，实证分析发现低质量产品的价格更容易受到汇率变动冲击。② Auer 等进而利用博弈论模型进行分析，认为相较于低质量产品而言，高质量产品的相对价格更容易随着目的地市场的收入而增加。Zaniboni 选用阿拉伯门店销售快消产品的进口贸易数据进行实证分析，结果显示汇率传递效应与产品质量之间存在负向关系。③ Amiti 等学者通过实证研究发现进口中间投入比例直接影响汇率传递效应的大小，进口中间投入份额越大的企业其出口产品定价受汇率变动的影响越小，而没有进口中间投入的企业的汇率传递几乎是完全的，而出口商企业的定价能力相对较强。④ Chen 和 Juvenal 基于理论层面分析实际汇率变化对不同质量产品依市定价行为的影响，并基于阿根廷红酒出口贸易数据实证分析发现高质量产品的价格对实际汇率变动的反应程度更小一些，高质量产品出口企业具有更强的控价能力。⑤

国内研究中，王雅琦等基于"企业—产品"层面高度细化的海关出

---

① 宋超、谢一青：《人民币汇率对中国企业出口的影响：加工贸易与一般贸易》，《世界经济》2017 年第 8 期。

② Auer R., and T. Chaney, "Exchange Rate Pass‐Through in a Competitive Model of Pricing‐to‐Market", *Journal of Money Credit & Banking*, Vol. 41, No. S1, 2009, pp. 151–175.

③ Zaniboni A. A. Y. N., "Retailer Pass‐Through and its Determinants Using Scanner Data", *Working Paper*, 2012.

④ Amiti M., O. Itskhoki, and J. Konings, "Importers, Exporters, and Exchange Rate Disconnect", *American Economic Review*, Vol. 104, No. 7, 2014, pp. 1942–1978.

⑤ Chen N., and L. Juvenal, "Quality, Trade, and Exchange Rate Pass‐Through", *Journal of International Economics*, Vol. 100, 2016, pp. 61–80.

口交易数据，考察了人民币汇率变动对产品出口价格的传递效应，发现企业出口产品定价基本采用生产者货币定价原则（PCP），汇率变动几乎完全传递，还发现汇率传递效应受产品质量的影响，产品质量越高汇率传递效应越低，与其他异质性指标相比，产品质量对汇率传递效应的变化具有更强的解释力。[1] 向训勇等基于企业异质性视角考察中国企业出口产品价格汇率传递效应的影响因素，实证研究发现进口中间投入份额越大且企业生产率水平越高，汇率传递效应越低。[2] 韩剑等在 Berman 等以及 Chen 和 Juvenal 等研究的基础上，基于多产品企业出口贸易数据，从总体和国别层面考察产品异质性指标（产品质量、相对市场份额、产品绝对销售量）对汇率不完全传递的影响。[3]

部分文献基于国际贸易统计分类进行研究，根据贸易统计分类的精细程度，可以将此类研究归于基于产品层面或行业层面。例如，文争为基于 SITC–5 位码的制造业出口数据分析发现不同行业之间的依市定价能力存在差异。[4] 胡冬梅等采用高度分解的产品层面的出口贸易数据发现了同样的结论，且认为边际成本、汇率变化和汇率制度改革对部分出口企业的定价能力均有影响。[5] 此外，国内也有部分学者基于行业层面的数据分析人民币汇率传递效应，他们均以依市定价理论为基础分析行业层面的汇率传递效应，结果显示汇率不完全传递效应在行业之间存在显著差异。[6]

---

[1] 王雅琦、戴觅、徐建炜：《汇率、产品质量与出口价格》，《世界经济》2015 年第 5 期。

[2] 向训勇、陈婷、陈飞翔：《进口中间投入、企业生产率与人民币汇率传递——基于我国出口企业微观数据的实证研究》，《金融研究》2016 年第 9 期。

[3] 韩剑、郑秋玲、邵军：《多产品企业、汇率变动与出口价格传递》，《管理世界》2017 年第 8 期。

[4] 文争为：《中国制造业出口中 PTM 行为的经验研究》，《世界经济》2010 年第 7 期。

[5] 胡冬梅、郑尊信、潘世明：《汇率传递与出口商品价格决定：基于深圳港 2000—2008 年高度分解面板数据的经验分析》，《世界经济》2010 年第 6 期。

[6] 例如，陈学彬、李世刚、芦东：《中国出口汇率传递率和盯市能力的实证研究》，《经济研究》2007 年第 12 期；毕玉江、朱钟棣：《人民币汇率变动对中国商品出口价格的传递效应》，《世界经济》2007 年第 5 期；万晓莉、陈斌开、傅雄广：《人民币进口汇率传递效应及国外出口商定价能力——产业视角下的实证研究》，《国际金融研究》2011 年第 4 期；曹伟、申宇：《人民币汇率传递、行业进口价格与通货膨胀：1996—2011》，《金融研究》2013 年第 10 期。

三 研究述评

总结现有文献，我们发现当前阶段对汇率传递研究主要有如下几个特点：(1) 研究对象逐渐深入。汇率传递研究不再只局限于总体宏观层面的研究，而是逐步深入至不同企业和不同产品。(2) 研究视角逐渐开拓。随着研究的开展，汇率传递效应的不对称性和异质性引起了学者的兴趣，并逐渐成为汇率传递研究较新的视角。(3) 研究内容逐渐细化。对于汇率不完全传递成因的研究，已经细化到生产率、中间品投入、产品质量、多产品决策等异质性特征。

我们以 Chen 和 Juvenal 的理论模型为基础，选用联合国商品贸易数据库中 SITC-5 位码微观产品层面的出口贸易数据，基于出口产品质量、出口产品技术复杂度和出口产品市场集中度三个异质性指标，考察汇率变动向出口产品价格的传递程度。

第二节 理论模型

本节首先通过理论推导梳理出口价格汇率弹性和出口价格汇率传递效应之间的关系，然后对 Chen 和 Juvenal、韩剑等的理论模型进行拓展，建立商品异质性视角下汇率不完全传递的理论模型。

一 出口商品价格的汇率弹性和汇率传递效应

基于利润最大化假设，参考现有相关文献给定产品最优定价策略如下：[①]

$$P^* = [\eta/(\eta-1)] \times MC \qquad (3—1)$$

其中，P^* 为以目的国货币表示的出口产品价格，MC 为出口产品的边际成本函数，η 为目的国需求弹性。以本币计价的出口产品价格的汇率弹性和以目的国货币计价的出口产品价格的汇率弹性分别表示如下：

---

① Krugman P., "Pricing To Market When The Exchange Rate Changes", *NBER Working Paper*, No.1926, 1986; Goldberg P. K., and M. M. Knetter, "Goods Prices and Exchange Rates: What Have We Learned?", *Journal of Economic Literature*, Vol.35, No.3, 1997, pp.1243-1272; 陈学彬、李世刚、芦东：《中国出口汇率传递率和盯市能力的实证研究》，《经济研究》2007年第12期。

$$\varepsilon = \frac{dP}{de} \times \frac{e}{P}; \varepsilon^* = \frac{dP^*}{de} \times \frac{e}{P^*} \qquad (3-2)$$

其中，P 表示以本币计价的出口产品价格；e 为直接标价法下的双边汇率（单位外币可兑换本币的数量，数值增大则本币贬值）；ε 和 ε^* 分别表示以本币计价和以目的国货币计价的产品出口价格的汇率弹性，也可分别称为产品出口价格的汇率吸收弹性和汇率传递弹性，① 依市定价理论（PTM）把两者分别称为出口产品价格的依市定价程度和汇率传递程度。

在本币升值条件下，出口商通过降低以本币计价的出口产品价格以缓解产品外币价格的上涨，本币计价的出口产品价格汇率弹性数值越大，即出口产品价格的汇率吸收弹性越大，价格传递到目的国货币进口价格的部分就越少；然而，当本币升值时，即便出口商通过调整本币计价的出口产品价格以缓解外币价格的上涨，但当本币价格调整的幅度与汇率变动幅度不能相互对应时，无法抵消的部分则传递到以外币计价的出口价格，那么以外币计价的出口产品价格的汇率弹性越大，即出口产品价格的汇率传递弹性越大时，以本币计价的出口产品价格吸收的部分就越少。

根据一价定律 $eP^* = P$，以本币计价的出口产品价格的汇率弹性可化简为：

$$\varepsilon = \frac{dP^*}{de} \times \frac{e}{P^*} + 1 \qquad (3-3)$$

ε 和 ε^* 之间存在以下的数量关系：

$$\varepsilon - \varepsilon^* = 1 \qquad (3-4)$$

一般情况下 $\varepsilon \geq 0, \varepsilon^* \leq 0$，因此，$|\varepsilon| + |\varepsilon^*| = 1$ ②。通过（3—4）

---

① 高伟刚：《人民币汇率变动对中国贸易价格和通货膨胀的影响研究》，博士学位论文，南开大学，2014 年。

② 高伟刚在其博士论文中基于供需均衡建立了一个简单的出口价格传递理论模型，假设在本币计价供给和外币计价需求平衡以及符合一价定律（$ep^* = p$）的前提下，dp/de 和 dp^*/de 经由推导可分别表示为：$dp/de = -(p\eta)/[e(\eta - \eta^*)]$；其中，$\eta$ 和 η^* 分别表示本国出口供给弹性和目的国进口需求弹性，一般情况下，$\eta > 0$，$\eta^* < 0$，ε 和 ε^* 简化为 $\varepsilon = -\eta^*/(\eta - \eta^*) \geq 0$；$\varepsilon^* = \eta/(\eta^* - \eta) \leq 0$ 可得 $|\varepsilon| + |\varepsilon^*| = 1$。高伟刚：《人民币汇率变动对中国贸易价格和通货膨胀的影响研究》，博士学位论文，南开大学，2014 年。

可以看出,当汇率完全传递时,出口产品价格的汇率弹性为0,汇率变动引起的价格变化完全传递到以目的国货币计价的出口产品价格上;汇率完全不传递时,汇率变动引起的价格变化完全由出口商吸收;多数情况下,汇率处于不完全传递状态,由于出口商的控价能力有限,由汇率变动引发的出口价格变动既不能完全由出口商吸收,又不能完全传递给进口商,此时产品出口价格的汇率弹性越大,汇率传递效应就越小;反之,产品出口价格的汇率弹性越小,汇率传递效应就越大,二者存在此消彼长的关系。此外,汇率传递还存在两种极端情况:逆汇率传递和汇率过度传递。我们举例说明,假如 CNY1 = USD1/6 为初始汇率,人民币升值后,新的汇率水平为 CNY1 = USD1/5,人民币升值幅度为(1/5 - 1/6)/(1/6) = 1/5,美元贬值幅度为(1/5 - 1/6)/(1/5) = 1/6;假设进口商进口某商品的初始价格为 USD1 美元(即 CNY6 元),则人民币升值后,出口商的本币和外币报价可能出现如表3—1所示的五种情形。

表3—1　　　　　　　　出口商依市定价行为举例

情形	Pd	ERPT	Pf	Pd 变化幅度	PTM 定价能力	汇率风险承担
a	4.5	< -1	0.9	(4.5 - 6)/6 = -1.5/6	超强:本币价格下降幅度大于美元贬值幅度	出口商完全承担
b	5	= 0	1	(5 - 6)/6 = -1/6	强:本币价格下降幅度等于美元贬值幅度	出口商完全承担
c	5.5	(-1, 0)	1.1	(5.5 - 6)/6 = -0.5/6	部分:本币价格下降幅度小于美元贬值幅度	进口商和出口商共同承担
d	6	= 0	1.2	0	弱:本币价格不变,外国价格上涨	进口商完全承担
e	7	> 0	1.4	(7 - 6)/6 = 1/6	没有:本币价格提高,外国价格上涨	进口商完全承担

表3—1中情形a,人民币升值后,出口商同时调低本币价格和外币价格,本币价格调降幅度大于人民币升值幅度,此时表现出逆汇率传递,出口商承担全部汇率变动风险,表现出超强的依市定价能力;情形b中,

人民币升值后，出口商调低本币价格但保持外币价格不变，本币价格调降幅度等于人民币升值幅度，此时汇率完全不传递，出口商承担全部汇率变动风险，表现出较强的依市定价能力；情形 c 中，人民币升值后，出口商调低本币价格但调升外币价格，本币调降和外币调升的幅度均小于人民币升值幅度，此时汇率不完全传递，出口商和进口商共同承担汇率变动风险，出口商具有部分依市定价能力；情形 d 中，人民币升值后，出口商调升外币价格但保持本币价格不变，此时汇率完全传递，进口商承担全部汇率变动风险，出口商的依市定价能力较弱；情形 e 中，人民币升值后，出口商同时调升本币价格和外币价格，外币价格调升幅度大于人民币升值幅度，此时汇率过度传递，进口商承担全部汇率变动风险，出口商完全没有依市定价能力。[①]

二 考虑商品异质性的汇率不完全传递

我们重点考察的是商品异质性对汇率不完全传递的影响，需要建立包含商品异质性指标的汇率与产品价格的理论模型，因此本节参考 Corsetti 和 Dedola、Berman 等学者包含配送成本的异质性企业理论模型，以及 Chen 和 Juvenal、宋超和谢一青、韩剑等学者的理论模型，根据研究对象和主体数据的特征建立相应的理论模型。与上述研究不同的是我们是基于产品层面进行研究，不考虑企业出口多产品选择的问题。

（一）需求函数和成本函数

目的国市场 j 的消费者效用函数为：

$$U(C_j) = \left[\int_\Omega \left[s(\varphi) x_j(\varphi) \right]^{\frac{\sigma-1}{\sigma}} d\varphi \right]^{\frac{\sigma}{\sigma-1}} \quad (3—5)$$

φ 对应不同的产品，Ω 是所有产品 φ 的集合；$s(\varphi)$ 表示产品 φ 的质量；$x_j(\varphi)$ 表示目的国 j 对产品 φ 的需求量；$\sigma > 1$ 则是出口产品间的替代

[①] 这里仅仅根据本外币价格调升或调降的数值来判断出口商的依市定价能力和汇率传递率，而忽略现实中的极端情形。例如情形 a，假如市场行情突变时，出口商为了保持市场份额或挽留住国外客户，而"被迫"在牺牲己方利润的情况下同时调降本币价格和外币价格，此时认为出口商具有较强的依市定价能力是欠妥的。

弹性。

出口产品的离岸价格 $p_j(\varphi)$ 和到岸价格 $p_j^c(\varphi)$ 之间存在的差异主要由双边名义汇率（ε_j）和交易成本造成。出口过程中面临的交易成本有以下三种：冰山成本（$\tau_j > 1$）、出口固定成本（F_j）以及在目的国 j 的配送成本。其中，假设出口到同一目的国的任一种产品的 F_j 都是一样的，它只取决于不同的出口目的国 j。配送成本包括批发和零售成本（在销售、存储、广告以及与运输相关各环节产生的成本），由于配送成本是以目的国货币计价，所以不受汇率变动的影响。假设高质量的产品拥有较高的配送成本，如果目的国 j 的工资水平为 ω_j，那么使用 n_j 单位的劳动力需要的配送成本是 $n_j \omega_j s(\varphi)$。综上，出口产品的到岸价格可表示为：

$$p_j^c(\varphi) = \frac{p_j(\varphi)\tau_j}{\varepsilon_j} + n_j \omega_j s(\varphi) \qquad (3-6)$$

目的国 j 对产品 φ 的需求函数 $x_j(\varphi)$ 为：

$$x_j(\varphi) = Y_j P_j^{\sigma-1}\left[\frac{p_j(\varphi)\tau_j}{s(\varphi)\varepsilon_j} + n_j \omega_j\right]^{-\sigma} = Y_j P_j^{\sigma-1} s(\varphi)^{\sigma}[p_j^c(\varphi)]^{-\sigma} \qquad (3-7)$$

其中，Y_j 是目的国 j 的国民收入水平，P_j 为目的国 j 的物价水平。

产品出口到目的国 j 的成本函数为：

$$c_j(\varphi) = \frac{\omega x_j(\varphi)\tau_j}{\varphi} + F_j(\varphi) \qquad (3-8)$$

（二）出口价格的汇率弹性

产品 φ 出口到目的国 j 的利润函数如下：

$$\pi_j(\varphi) = p_j(\varphi) x_j(\varphi) - c_j(\varphi)$$

$$= p_j(\varphi) x_j(\varphi) - \frac{\omega x_j(\varphi)\tau_j}{\varphi} - F_j(\varphi) \qquad (3-9)$$

产品 φ 的离岸价格由公式（3—6）可表示为：

$$p_j(\varphi) = \frac{p_j^c(\varphi) - n_j \omega_j s(\varphi)}{\tau_j}\varepsilon_j \qquad (3-10)$$

由公式（3—6）（3—7）（3—10）可将利润函数（3—9）整理为需求量 $x_j(\varphi)$ 的函数：

$$\pi_j(\varphi) = \frac{\left[\dfrac{x_j(\varphi)}{Y_j P_j^{\sigma-1} s(\varphi)^\sigma}\right]^{\frac{1}{\sigma}} \varepsilon_j - n_j \omega_j s(\varphi) \varepsilon_j}{\tau_j} x_j(\varphi) - \frac{\omega x_j(\varphi) \tau_j}{\varphi} - F_j(\varphi)$$

(3—11)

利用上式对 $x_j(\varphi)$ 求一阶最优，并根据实际汇率与名义汇率的转化公式 $q_j = \dfrac{\varepsilon_j \omega_j}{\omega}$，从而可得 j 国消费者对产品 φ 的需求函数如下：

$$x_j(\varphi) = \left(\frac{\sigma-1}{\sigma}\right)^\sigma Y_j P_j^{\sigma-1} s(\varphi)^\sigma \left(\frac{\tau_j^2 \omega_j}{\varphi q_j} + n_j \omega_j s(\varphi)\right)^{-\sigma} \quad (3—12)$$

由公式（3—7）（3—12）可得出口产品的到岸价格为：

$$p_j^c(\varphi) = \frac{\sigma}{\sigma-1}\left(\frac{\tau_j^2 \omega_j}{\varphi q_j} + n_j \omega_j s(\varphi)\right) \quad (3—13)$$

进而由（3—10）（3—13）和 $q_j = \dfrac{\varepsilon_j \omega_j}{\omega}$ 得到出口产品的离岸价格：

$$p_j(\varphi) = \frac{\sigma}{\sigma-1}\left(1 + \frac{\varphi q_j n_j s(\varphi)}{\sigma \tau_j^2}\right)\tau_j \frac{\omega}{\varphi} = m_j(\varphi)\frac{\omega}{\varphi} \quad (3—14)$$

$m_j(\varphi)$ 是出口产品的成本加成。由上式可以看出，出口产品的成本加成随着产品质量的提高、实际汇率的上升以及企业生产率提高而增加。

公式（3—14）等式两边对实际汇率求偏导可以得到出口产品价格的汇率弹性：

$$e_{p_j} = \left|\frac{\partial p_j(\varphi)}{\partial q_j}\frac{q_j}{p_j(\varphi)}\right| = \frac{n_j q_j \varphi s(\varphi)}{\sigma \tau_j^2 + n_j q_j \varphi s(\varphi)} \quad (3—15)$$

待检验假设一：在其他条件不变的情况下，当实际汇率发生变动时，出口价格的汇率弹性随着产品质量的提高而增加，汇率传递效应随着产品质量的提高而降低。

（三）模型扩展

考虑到不同目的国家对产品质量的偏好可能存在差异，且已有证据表明消费者偏好与国家人均收入水平有密切的关系，即一般情况下收入水平越高的国家对进口产品质量的要求也越高。因此我们参考 Chen 和

Juvenal 的研究，对效用函数进行如下调整：

$$U(C_j) = \left[\int_\Omega \left[s(\varphi, y_j) x_j(\varphi) \right]^{\frac{\sigma-1}{\sigma}} d\varphi \right]^{\frac{\sigma}{\sigma-1}} \quad (3—16)$$

其中，y_j 表示目的国 j 的人均收入水平。相应的产品出口价格汇率弹性也因目的国收入水平的不同而发生了变化。

$$e_{p_j} = \left| \frac{\partial p_j(\varphi)}{\partial q_j} \frac{q_j}{p_j(\varphi)} \right| = \frac{n_j q_j \varphi s(\varphi, y_j)}{\sigma \tau_j^2 + n_j q_j \varphi s(\varphi, y_j)} \quad (3—17)$$

据公式（3—17），可以提出如下待检验假设。

待检验假设二：在其他条件不变的情况下，当实际汇率发生变动时，出口价格的汇率弹性因目的国收入水平的不同而存在差异，且产品质量对汇率传递效应的影响也会因目的国收入水平的不同而不同。

第三节 实证模型

一 计量模型设定

结合前文的理论模型以及现有文献资料，设定如下计量模型：

$$\ln p_{ijt} = \beta_0 + \beta_1 \ln RER_{jt} + \rho \ln GDP_{jt} + \varphi_{ij} + \zeta_t + \varepsilon_{ijt} \quad (3—18)$$

$$\ln p_{ijt} = \beta_0 + \beta_1 \ln RER_{jt} + \beta_2 \ln RER_{jt} \times X_{ijt} + \beta_3 X_{ijt}$$
$$+ \rho \ln GDP_{jt} + \varphi_{ij} + \zeta_t + \varepsilon_{ijt} \quad (3—19)$$

本章基于微观产品层级的数据进行研究，模型（3—18）是未纳入产品异质性的基础模型；模型（3—19）是在（3—18）的基础上引入商品异质性指标与汇率的交互项，以考察商品异质性对汇率不完全传递的影响程度。

下标 i、j、t 分别表示出口产品、出口目的国家、出口年份。计量模型中 p_{ijt} 表示 t 期中国出口到目的国 j 产品 i 的价格，我们用产品的单位价格①（人民币计价）作为产品价格的替代变量；RER_{jt} 为 t 期 j 国对中国的

---

① 本节中使用的出口单位价格是离岸价格，不考虑运输成本、关税以及进口国家的分销和零售成本。

实际汇率（直接标价法，单位 j 国货币可以兑换人民币的数量，汇率数值上升表示人民币相对于 j 国货币贬值）；X_{ijt} 表示产品的异质性指标，本章选用产品质量（Quality）、出口产品技术复杂度（RTV）和产品出口市场集中度（HHI）作为商品异质性指标的替代变量；GDP_{jt} 表示 t 期目的国 j 的实际 GDP；φ_{ij} 表示国家—产品层面的固定效应，主要控制不随时间变化的国家—产品层面的特征；ζ_t 则表示时间固定效应，主要控制宏观政策等因素对产品的冲击；ε_{ijt} 表示随机误差项。

β_1 是出口产品价格的汇率弹性，出口产品价格的汇率传递效应在数值上可表述为 $1-\beta_1$；β_2 表示商品异质性对出口产品价格汇率弹性的影响；β_3 表示商品异质性指标对出口产品价格的影响；ρ 表示目的国实际 GDP 对出口产品价格的影响。本章重点关注的系数是 β_1 和 β_2。根据相关研究以及本章理论模型的设定与相关预测，系数预测结果如下：β_1 为正（且在收入水平越高的国家，β_1 越大），β_2 据不同的商品异质性指标有不同的预测（X_{ijt} 为产品质量时，β_2 为正；X_{ijt} 为产品技术复杂度时，β_2 为正；X_{ijt} 为产品出口市场集中度时，β_2 为负）。

二 变量设定

本章选用的变量涉及出口产品单位价格（UV）、双边实际汇率（RER）、实际 GDP（GDP）、产品质量（Quality）、产品技术复杂度（RTV）以及产品出口市场集中度（HHI），各变量具体测算方法如下。

（一）出口产品单位价格

出口产品单位价格（UV）为被解释变量，通过计算联合国商品贸易数据库中的出口额和出口数量的比值作为出口产品价格的代理变量。数据库中出口额以美元计价，我们首先利用美元兑人民币的名义汇率将出口额转换为以人民币计价，然后再计算出口产品的单位价格。

（二）双边实际汇率

双边实际汇率（RER）利用公式（3—20）计算：

$$RER_{jt} = \frac{NER_{jt} \times CPI_{jt}}{CPI_{ct}} \quad (3-20)$$

其中，NER_{jt} 为 t 年人民币与目的国货币的名义汇率（直接标价法）；

CPI_{jt} 和 NER_{ct} 分别表示 t 年目的国 j 和中国的消费者物价指数（以 1999 年为基期）。

此外，我们需要测算汇率变动变量以确定汇率变动的方向和大小，汇率变动测算公式如下：

$$\Delta \ln RER_{jt} = \ln RER_{jt} - \ln RER_{j,t-1} \tag{3—21}$$

（三）目的国实际 GDP

目的国实际 GDP 数据通过以 1999 年为基期的 GDP 平减指数调整各国的 GDP 获得 [公式（3—22）]，其中，GDP_{jt} 表示 t 年 j 国的实际 GDP 水平，gdp_{jt} 表示 t 年 j 国名义 GDP，$GDPD_{jt}$ 和 $GDPD_{j,1999}$ 分别表示 j 国 t 年和 1999 年的 GDP 平减指数。

$$GDP_{jt} = gdp_{jt} \frac{GDPD_{jt}}{GDPD_{j,1999}} \tag{3—22}$$

（四）商品异质性指标

我们将产品质量（$Quality$）、产品技术复杂度（RTV）以及产品出口市场集中度（HHI）作为商品异质性指标的替代变量。

1. 产品质量

我们参照施炳展和邵文波的方法测度产品质量，该方法假定某产品的出口价值、产品质量、消费支出以及目的国加总价格指数构成了产品的出口数量函数。[①] 虽然产品质量难以观测，但在有效控制产品价格和目的国加总价格指数之后，剩余的部分可以视为产品质量，即认为在同一商品类别下，若多种产品的价格相同，销售量高的产品拥有较高的质量。出口产品数量的函数表达式如下：

$$\ln x_{ijt} = \ln E_{jt} - \ln P_{jt} - \sigma \ln p_{ijt} + (\sigma - 1) \ln s_{ijt}(\varphi) \tag{3—23}$$

其中，x_{ijt} 表示 t 期产品 i 出口到目的国 j 的数量；E_{jt} 和 P_{jt} 分别表示 t 期 j 国的消费支出和加总价格指数，二者之差 $\ln E_{jt} - \ln P_{jt}$ 可用"进口国—时间"虚拟变量代替；$\varepsilon_{ijt} = (\sigma - 1) \ln s_{ijt}(\varphi)$ 为残差项，其中 $\ln s_{ijt}(\varphi)$ 表示出口产品质量，σ 为产品种类替代弹性；p_{ijt} 为出口产品的单位

[①] 施炳展、邵文波：《中国企业出口产品质量测算及其决定因素——培育出口竞争新优势的微观视角》，《管理世界》2014 年第 9 期。

价格（人民币计价）。考虑到产品出口数量和单位价格之间存在同期相关性，易产生内生性问题，因此我们借鉴施炳展和邵文波的做法，选用产品 i 出口到其他目的国市场（除 j 外）单位价格的平均值作为出口到 j 国产品单位价格的工具变量。

基于产品层面对模型（3—23）进行参数估计后（共进行 2492 个回归），得到包含出口产品质量的残差项 $\varepsilon_{ijt} = (\sigma - 1)\ln S_{ijt}(\varphi)$，通过公式（3—24）计算得到产品质量。

$$Quality_{ijt} = \ln s_{ijt}(\varphi) = \hat{\varepsilon}_{ijt}/(\sigma-1) = (\ln x_{ijt} - \ln \hat{x}_{ijt})/(\sigma-1) \qquad (3-24)$$

测算出的变量数值越高表示产品质量越高，基于理论模型的分析与预测，我们认为产品质量越高，出口商相对来说越具有较强的控价能力，从而出口产品价格的汇率弹性越大，汇率传递效应越低。

2. 产品技术复杂度

产品技术复杂度采用 Hausmann 等学者提出的公式计算，[①] 产品 i 技术复杂度可表示为：

$$PRODUY_i = \sum_{j=1}^{n}\left(\frac{X_{ij}}{\sum_{i=1}^{m}X_{ij}} \Big/ \sum_{j=1}^{n}\frac{X_{ij}}{\sum_{i=1}^{m}X_{ij}}\right)Y_j \qquad (3-25)$$

其中，X_{ij} 表示 j 国产品 i 的出口额，$\sum_{i=1}^{m}X_{ij}$ 表示 j 国所有产品的出口总额，Y_j 表示 j 国人均 GDP 水平。$PRODUY_i$ 构建的核心理论在于如果发达国家出口该产品的比重较高，那么有充分的理由说明该产品需要较高的技术，即技术复杂度较高，处于国际分工链条的上游；反之，如果该产品的出口国多为低收入水平国家，那么其技术含量较低，即技术复杂度较低，在国际分工链条中处于下游。公式（3—25）的权重经过进一步推导可以转化为显示性比较优势指数（RCA）权重，即 $W_{ij} = RCA_{ij}\Big/\sum_{j=1}^{n}RCA_{ij}$。产品技术复杂度公式经过进一步推导，可以表示为樊纲等学者构建的产品技

[①] Hausmann R., J. Hwang, and D. Rodrik, "What You Export Matters", *Journal of Economic Growth*, Vol. 12, No. 1, 2007, pp. 1–25.

附加值指数（Revealed Technological Value - added，RTV），① 我们将产品 i 的技术复杂度表示为 RTV，公式为：

$$RTV_i = \sum_{j=1}^{n} W_{ij} Y_j \qquad (3-26)$$

RTV 数值越大表示产品技术复杂度水平越高，基于前文阐述的构建出口产品技术复杂度指标的理论基础，与产品质量的预测结果一致，我们认为出口产品技术复杂度越高，产品出口价格的汇率弹性越大，汇率传递系效应越低。

3. 产品出口市场集中度

我们用赫芬达尔指数（HHI）衡量产品出口市场集中度，表达式为：

$$HHI_{it} = \sum_{j=1}^{n} S_{ijt}^2 = \sum_{j=1}^{n} \left(\frac{V_{ijt}}{V_{it}} \right)^2 \qquad (3-27)$$

其中，V_{ijt} 为产品 i 在 t 年出口到目的地 j 的贸易额；V_{it} 为 t 年出口国产品 i 的出口总额。该指标取值范围为 0—1，越接近 1 表明产品的出口市场越集中。我们认为 HHI 越接近 1，出口商越容易处于被动地位，出口贸易关系越容易受到国际市场同行业产品的贸易冲击，难以占据主导权，汇率传递效应就越高，出口产品价格的汇率弹性就会减小；反之，该指标越接近于 0，说明产品的出口市场越分散，产品出口分布越均匀，产品退出国际市场的风险可以分散分布，出口商则易占据主导地位，汇率传递效应就会降低，出口产品价格的汇率弹性也会增大。

三　数据来源及处理

研究所用宏观数据来源于国际货币基金组织的 IFS 数据库，微观产品贸易数据来源于联合国商品贸易数据库。我们获取的出口贸易数据包含 3062 种产品出口到 217 个国家和地区，共计 3420399 条观测。首先，剔除只有一年出口记录的贸易关系段；其次，对 2011—2015 年中国出口到 217 个国家和地区的出口额进行汇总，对出口额进行排序之后保留前 70%

---

① 樊纲、关志雄、姚枝仲：《国际贸易结构分析：贸易品的技术分布》，《经济研究》2006 年第 8 期。

的国家样本；再次，与其他解释变量（实际汇率、目的国实际 GDP）数据进行匹配，剔除缺失值严重的观测，保留 3026 种产品出口到 137 个国家和地区，共计 2613030 条观测，用以估计微观产品层面汇率的不完全传递；之后再与商品异质性指标的数据进行合并，最终保留 2492 种产品出口到 137 个国家和地区，共计 2418628 条观测，用以考察商品异质性指标对汇率不完全传递的影响。

样本数据中产品出口目的国包含 52 个高收入国家、32 个中收入国家和 53 个低收入国家。出口贸易关系总计 246182 个，其中与高收入国家之间存在 101885 个贸易关系，中收入国家 57476 个，低收入国家 86821 个，考虑到不同国家之间的汇率变动不同，对出口贸易产生的成本和风险不一致，导致出口产品价格的汇率弹性也存在差异，同时考虑到理论模型部分〔第二节二（二）〕的相关分析与预测，我们在经验分析中也估计不同收入水平国家样本并进行分析。

鉴于我们重点考察的是微观产品层面的汇率不完全传递行为，因此从不同产品维度探究汇率不完全传递效应以及商品异质性对汇率不完全传递效应的影响是十分有必要的。我们基于产品层级的分组标准主要包括 Lall 产品技术水平分组和 Rauch 产品差异性分组。

四 变量描述性统计

在对数据进行整理后，依据变量构建公式生成了产品单位价格、实际汇率、实际汇率变动以及产品质量等异质性变量。变量的描述性统计如表 3—2 所示。

表 3—2　　　　　　　　变量的描述性统计

变量	变量名称	样本量	均值	标准差	最小值	最大值
lnUV	产品单位价格	2613030	3.9850	2.5656	-8.8803	21.8830
lnRER	实际汇率	2613030	-0.3757	2.7979	-7.5087	6.5353
lnGDP	目的国实际 GDP	2613030	11.2499	2.1141	0.5157	16.4013
Quality	产品质量	2418628	-0.0001	0.3162	-46.7811	34.8100
RTV	产品技术复杂度	2418628	1.3772	0.7397	0.0100	6.3540
HHI	产品出口市场集中度	2418628	0.1524	0.1188	0.0205	1.0000

第四节 结果分析

一 商品异质性对汇率不完全传递的影响

（一）基准回归

基于模型（3—19）考察商品异质性指标对汇率不完全传递的影响。全体回归结果列于表3—3上半部分前三列，X表示商品异质性指标。从商品异质性变量的一次项系数估计结果可以得出，产品的质量越高、产品技术复杂度越高以及产品出口市场集中度越低，则产品的出口价格越高。从交互项系数来看：产品质量与汇率的交互项系数显著为正，产品质量每提高一单位，产品出口价格的汇率弹性增加0.012，汇率传递效应降低1.2%，说明产品质量越高，出口价格的汇率弹性系数越大，汇率传递效应越小，该结果与模型预测结果一致；出口产品技术复杂度和产品出口市场集中度的系数符号估计结果均不显著。

表3—3 商品异质性对汇率不完全传递的影响：总体和按收入分组

	（1）	（2）	（3）	（4）	（5）	（6）
	全样本			高收入		
	Q1	RTV	HHI	Q1	RTV	HHI
lnRER*X	0.012**	0.000	-0.000	0.019*	0.001	-0.001
	(0.005)	(0.001)	(0.001)	(0.011)	(0.002)	(0.002)
lnRER	0.023***	0.030***	0.029***	0.003	0.012*	0.011
	(0.005)	(0.005)	(0.006)	(0.007)	(0.007)	(0.007)
X	0.381***	0.026***	-0.006***	0.386***	0.025***	0.008**
	(0.020)	(0.003)	(0.003)	(0.034)	(0.004)	(0.004)
lnGDP	-0.021***	-0.030***	-0.030***	-0.011	-0.025***	-0.025***
	(0.005)	(0.005)	(0.005)	(0.007)	(0.007)	(0.007)
常数项	3.856***	3.952***	3.948***	3.716***	3.868***	3.889***
	(0.061)	(0.061)	(0.061)	(0.077)	(0.078)	(0.078)
固定效应	YES	YES	YES	YES	YES	YES
样本量	2418628	2418628	2418628	1115266	1115266	1115266

续表

	(7)	(8)	(9)	(10)	(11)	(12)
	中收入			低收入		
	Q1	RTV	HHI	Q1	RTV	HHI
lnRER * X	0.011	0.001	−0.008 ***	0.003	0.003 *	0.010 ***
	(0.012)	(0.002)	(0.002)	(0.009)	(0.002)	(0.001)
lnRER	0.073 ***	0.080 ***	0.063 **	0.035 ***	0.037 ***	0.064 ***
	(0.028)	(0.029)	(0.029)	(0.007)	(0.007)	(0.008)
X	0.377 ***	0.017 ***	−0.014 **	0.352 ***	0.037 ***	−0.006
	(0.040)	(0.006)	(0.006)	(0.036)	(0.006)	(0.006)
lnGDP	−0.075 **	−0.083 ***	−0.082 ***	−0.009	−0.012	−0.016 **
	(0.030)	(0.030)	(0.030)	(0.007)	(0.007)	(0.007)
常数项	4.439 ***	4.536 ***	4.508 ***	3.851 ***	3.879 ***	3.937 ***
	(0.321)	(0.322)	(0.322)	(0.086)	(0.087)	(0.088)
固定效应	YES	YES	YES	YES	YES	YES
样本量	527621	527621	527621	775741	775741	775741

注：*、**、*** 分别表示估计结果在10%、5%和1%的水平上显著；括号内报告的数值是标准差；"YES"表示控制了个体固定效应，包括年份固定效应和"国家—产品"组合的固定效应；X表示商品异质性指标。

(二) 分组回归

基于目的国收入水平分组的估计结果列于表3—3上半部分后3列和下半部分。首先，从产品质量来看，其与汇率交互项系数的数值在各个分组样本中均为正，与总体估计结果一致，即产品出口质量越高，出口价格的汇率弹性就越大，汇率传递效应越低，说明高质量产品出口商的控价能力相对越强。但交互项系数只在高收入样本中显著，且相对于中、低收入国家而言，出口到高收入国家的产品质量对价格汇率弹性的影响更为有效，与扩展理论模型的预测相符，即收入水平越高，产品质量的影响效应越强。

其次，从产品技术复杂度来看，其与汇率的交互项系数只有在低收入国家样本中显著为正，说明出口到低收入国家的产品技术复杂度越高，出口价格的汇率弹性就越大，汇率传递效应越低。与高、中收入国家样本回归结果相比，出口到低收入国家的产品技术复杂度影响效应更高。

再次，从产品出口市场集中度来看，其与汇率的交互项系数在高收入和中收入国家中为负，在中收入国家显著，在低收入国家为正且显著，说明相对于中、高收入国家而言，出口到低收入国家的产品市场集中度对汇率传递效应的抑制作用更大。一般而言，产品出口市场集中度越高，进口商越容易控制产品的价格。

综上所述，可以看出产品质量对汇率传递效应的抑制作用在高收入国家较为突出，而出口产品技术复杂度对汇率传递效应的抑制作用则在低收入国家中更为明显。说明对于技术水平较高的高收入国家而言，进口产品的质量问题更受重视，而低收入国家则更倾向于技术型产品，以便通过进口学习效应提升本国产品的技术含量。

二　稳健性检验

现有研究中产品质量的测度方法有多种，参考王雅琦等学者对产品质量测度方法的介绍，[1] 本章基于以下两个公式重新测度该指标[2]：

$$Q_{ijt} = (p_{ijt} - mean(p_i))/sd(p_i) \quad (3—28)$$

$$Q_{ijt} = log(p_{ijt}/mean(p_i)) \quad (3—29)$$

其中，p_{ijt} 表示 t 年出口到目的国 j 产品 i 的单位价格，$mean(p_i)$、$sd(p_i)$ 分别表示某产品 i 单位价格在全体样本范围内的均值和标准差。Q_{ijt} 为 t 年出口到目的国 j 产品 i 的产品质量，数值越大，表示产品质量越高。

替换重新测度的产品质量变量进行回归，结果列于表3—4前两列，Q2、Q3分别表示利用公式（3—28）和（3—29）测算的产品质量，产品质量与汇率交互项系数显著为正，与表3—3中基准回归结果一致，即出口产品质量越高，出口商越具有较强的控价能力，产品出口价格的汇率弹性就越高，汇率传递效应越低。

---

[1]　王雅琦、戴觅、徐建炜：《汇率、产品质量与出口价格》，《世界经济》2015年第5期。
[2]　本节采用的样本数据为产品层面的数据，因此与现有企业层面产品质量指标的测度存在差异。

表3—4　　　　　　　　　稳健性检验

	(1)	(2)
	Q2	Q3
lnRER	0.007***	0.037***
	(0.001)	(0.004)
lnRER * X	0.002***	0.033***
	(0.000)	(0.003)
固定效应	YES	YES
样本量	2416127	2416128

注：表格中只显示汇率、其他变量与汇率交互项的结果，其他变量的一次项和控制变量参与回归但均不显示在表格中；*、**、***分别表示估计结果在10%、5%和1%的水平上显著；括号内报告的数值是标准差；"YES"表示控制了个体固定效应，包括年份固定效应和"国家—产品"组合的固定效应；X表示商品异质性指标。

三　扩展性分析

我们基于出口产品层面的研究发现，人民币汇率传递率普遍较高，意味着在样本期间人民币升值背景下，我国出口产品的外币报价随之提高并吸收大部分汇率变动冲击，而本币报价下降幅度较小。出现较高汇率传递率的可能性主要有两种情形：其一是出口商有很强的控价能力，在提升外币价格的条件下仍然能够避免出口量的下滑，多在产品供不应求、出口商垄断市场能够赚取超额利润的条件下出现；另一种情形便是出口商的本币利润已经极其微薄，已经没有本币降价空间，在本币升值的条件下，出口商面临"降低本币价格（维持外币价格不变）以保住客户但面临亏损"或者"提高外币价格（保持本币价格不变）以保证利润但可能丢失客户"的"二难选择"。① 结合金融危机以来我国出口企业的生存状况，基本可以判断属于后面一种情形，出口商在面临人民币升值时，迫不得已提高外币价格，虽然能够转嫁汇率升值冲击，但因此可能

---

① 为了简化分析，我们讨论了汇率完全传递和汇率完全不传递两种情形，至于汇率不完全传递的情形，需要结合出口商和进口商承担汇率变动的比例分析。

丢失国外订单，甚至退出国际市场。

人民币升值后出口厂商退出国际市场，那么为何出口额和贸易顺差却有增无减而出现"汇率调节之谜"？原因可能在于：（1）中国入世之后出口门槛降低，在部分企业退出国际市场的同时，有大量新出口企业进入国际市场并贡献了大量的出口额；（2）人民币升值时在出口价格和进口价格方面的汇率传递可能是不对称的，当出口价格的汇率传递率较高，而进口价格的汇率传递接近于不完全，即进口的本币价格没有充分下降，此时不会带来进口量的明显增长，进口额增长就会缓慢。出口额的快速增长和进口额的缓慢增长双重因素的作用使国际贸易顺差扩大，人民币升值对于国际贸易顺差的调节作用由于汇率传递的商品异质性受到一定影响。

出口产品质量对于汇率传递具有明显的抑制作用，出口至高收入目的国时汇率传递效应也会降低，意味着当产品质量提升以及更多产品出口至高收入国家时，出口商具有更高的依市定价能力。政策含义在于，我们应改革目前不合理的出口鼓励政策，产业政策也应致力于鼓励企业创新和支持企业研发，引导企业在国际市场规范竞争，避免低价和无序竞争产生逆向选择迫使高质量产品生产企业退出国际市场；同时鼓励出口企业在供给侧结构性改革之机，积极开发国内市场，扩大国内高质量产品供给，不但有利于改善国际贸易失衡现状，也有助于加快国内经济转型升级。

出口目的地收入水平影响汇率传递效应，按照"产品—目的地"组合定义的贸易关系统计表明，我国与高收入国家之间的贸易关系占比较高，现实中受到高收入国家"反倾销"和"反补贴"调查的案件数量也最多。美国甚至借"贸易逆差"之由，启用"301"条款，发动中美贸易战。我们应当在产品质量升级后出口目的国转换的同时，注重高收入目的国的多元化，一方面可以通过转换出口目的地抑制汇率传递效应，另一方面可以避免出口目的地过于集中产生贸易摩擦，争取有利于我国出口贸易健康平稳发展的国际环境。

第五节 本章小结

本章在现有研究基础上,推导出产品异质性条件下的汇率不完全传递理论模型,并提出研究假设。然后,选取联合国商品贸易数据库1999—2015年中国出口到137个国家产品层面的出口贸易数据,考察了汇率不完全传递效应的具体表现,并在此基础上进一步探究了商品异质性对汇率传递效应的影响。

研究发现商品异质性对汇率传递程度具有重要影响。商品异质性指标主要选取了产品质量、产品技术复杂度和产品出口市场集中度。总体结果显示,有且只有产品质量对汇率传递效应产生显著影响,即在汇率变动时,产品质量越高的出口商具有更强的控价能力,高质量出口产品的汇率传递效应更小。基于国别分组的估计结果存在较大的差异:出口到收入水平越高国家的产品,其汇率传递效应越容易受产品质量的影响;而相对于技术复杂度对汇率传递效应的影响在低收入国家样本中作用更加显著;出口市场集中度则更容易影响对出口到中、低收入国家产品的汇率传递效应。

基于本章的研究结果可以看出,出口产品价格的汇率传递效应是不完全的,且无论是在总体样本还是细分样本的情况下,商品异质性对汇率不完全传递效应的影响都存在显著的差异。通过对汇率不完全传递的具体表现以及影响因素的分析得出的上述结论,在一定程度上能够为缓解贸易顺差不断扩大的现状提供解决思路。

第 四 章

汇率变动与贸易空间效应

虽然近几年中国对外贸易增速有所放缓，但从一个长周期看，中国近几十年对外贸易的快速增长是中国经济发展的一大特点，也是拉动中国国内生产总值增长的三驾马车之一。1978—2015年中国出口年均增长19.54%，远高于同期中国经济年均增长速度。然而在中国出口快速增长的同时，一个不容忽视的现象是，中国对不同国家的出口存在明显的差异性。例如，1978—2015年中国对"一带一路"国家的出口年均增长16.83%，而同期中国对其他国家的出口年均增长13.14%；在中国对"一带一路"国家的出口中，对发达国家的出口年均增速为14.15%，而对中等收入国家的出口年均增速则为17.33%。

同时，中国的进口近几十年也取得了快速增长。1978—2015年中国进口年均增长19.17%，在进口快速增长的同时，中国从不同国家（地区）的进口也存在较大差异。1978—2015年中国从"一带一路"沿线国家的进口年均增长率高达20%，而从其他国家的进口年均增长17.54%；中国从"一带一路"国家的进口中，从发达国家的进口年均增长15.15%，而从中等收入国家的进口年均增长18.33%。

为什么中国与不同国家（地区）的进出口贸易存在明显的差异？国际经济经典理论认为汇率变动对于国际贸易具有重要的调节作用，双边汇率变动改变了国际相对价格和比较优势，因而影响国际贸易布局、流向和规模。除了汇率变量外，空间邻近效应也是重要的影响因素，尤其在解释国际贸易的空间差异方面。空间邻近效应表现出"集聚性"还是"竞争性"，即表现为"互利共赢"还是"竞争抑制"，对于区域经济合作和区域贸易开展会产生不同影响。在国家积极推进"一带一路"倡议的背景下,研究中国与"一带一路"沿线国家双边汇率变动和空间邻近效应的区域差异性,具有重要的理论意义和现实价值。此外,2015 年 8 月 11 日第三次人民币汇率形成机制改革开启以来,人民币汇率单边走势被打破,双向波动加大,人民币汇率变动对于中国与"一带一路"沿线国家的双边贸易是否产生非对称性效应,同样值得研究。

本章的研究意义在于:首先,在国家大力推进"一带一路"倡议的背景下,我们选择"一带一路"沿线国家为样本,着重研究中国对"一带一路"沿线国家的进出口贸易,而"贸易畅通"是"五通"建设的重要内容;其次,"一带一路"沿线国家汇率制度安排不同,汇率波动程度不一,汇率变动对于中国与"一带一路"沿线国家双边贸易产生何种影响,有必要进行实证分析;再次,"一带一路"沿线国家分布区域广泛,经济实力和经济发展水平差异较大,中国与"一带一路"沿线国家的贸易是否存在邻近效应,以及邻近效应表现出"集聚性"还是"竞争性",研究这些问题有助于平衡"一带一路"倡议推进过程中不同国家的贸易利益。通过实证研究,厘清上述问题,能够为"一带一路"倡议实施提供政策参考。

本章第一节针对汇率变动和空间邻近效应如何影响进出口贸易进行了文献综述;第二节研究了汇率变动和邻近效应对于我国向"一带一路"沿线国家出口贸易的影响;第三节探讨了汇率变动和邻近效应对于我国从"一带一路"沿线国家进口贸易的影响;第四节为本章小结。

第一节 文献综述

一 汇率变动与国际贸易

(一)汇率变动与国际贸易关系的理论和机理分析

在当今国际货币体系中汇率波动明显加剧的背景下,相关文献就汇率变动对于国际贸易的作用至今仍存争议。传统的贸易理论认为出口厂商多属于风险厌恶型,他们希望规避汇率波动等不确定性风险以获取稳定的国际贸易收益,因此汇率波动对出口贸易具有负面影响;[①]但也有学者认为汇率波动能够促进国际贸易的开展;[②]当然,也有一部分研究认为汇率波动对出口贸易的影响是不确定的,例如 Baldwin 和 Krugman 假定出口企业在进入出口市场前已经支付了沉没成本,当出口国汇率大幅贬值时(或者当沉没成本较小、出口国汇率连续小幅贬值时),出口企业就会进入国际市场并获利;一旦进入国际市场后,出口国汇率升值对出口企业的影响则相对有限,这是因为企业发现一旦企业支付了沉没成本,即便短期亏损,留在国际市场仍有利可图。[③]因此,只有较大的汇率冲击才会影响到企业贸易决策,并持久地影响贸易水平。

(二)汇率变动与国际贸易关系的实证检验

1. 汇率变动对国际贸易的线性影响

目前,大多数探讨汇率变动与国际贸易关系的文献以线性研究为主,可以分为三类:汇率变动对进出口贸易总额(或差额)的影响、汇率变动对出口贸易的影响、汇率变动对进口贸易的影响。

就汇率变动对进出口贸易的影响来看,这类文献主要强调汇率变动对于贸易收支差额的影响。Flam 和 Nordström 在引力模型中引入双边汇率变量,研究了欧元汇率变动对 20 个 OECD 国家 1990—2002 年的进出口的影响,发现出口的双边汇率弹性接近 1。[④] 卢向前和戴国强运用 VAR 方法检验了 1994—2003 年间人民币实际汇率波动对我国进出口贸易的影响,发现我国"马歇尔—勒纳"条件成立且存在"J 曲线"效应。[⑤] Ahmed 等

---

① Clark P. B., "Uncertainty, Exchange Risk, and the Level of International Trade", *Economic Inquiry*, Vol. 11, No. 3, 1973, pp. 302 – 313.

② Dellas H., and B. Zilberfarb, "Real Exchange Rate Volatility and International Trade: A Reexamination of the Theory", *Southern Economic Journal*, Vol. 59, No. 4, 1993, pp. 641 – 647.

③ Baldwin R., and P. Krugman, "Persistent Trade Effects of Large Exchange Rate Shocks", *Quarterly Journal of Economics*, Vol. 104, No. 4, 1989, pp. 635 – 654.

④ Flam H., and H. Nordström, "Trade Volume Effects of the Euro: Aggregate and Sector Estimates", Seminar Papers 746, Stockholm University, Institute for International Economic Studies, 2003.

⑤ 卢向前、戴国强:《人民币实际汇率波动对我国进出口的影响:1994—2003》,《经济研究》2005 年第 5 期。

文献发现人民币汇率的贸易弹性大于1，大于利用发达国家数据得到的结果。①

从有关汇率变动影响出口贸易的研究来看，大多数文献测算了出口国出口总量的实际汇率弹性。Li 等学者认为，出口国的汇率变动可通过影响目的地国家消费者价格水平进而影响出口国向该目的国的出口额。② Chinn 利用美国商品和服务的出口数据，用三种方法测度了实际有效汇率，并测算了实际有效汇率变动的效应，发现实际汇率升值对出口有显著的负效应（弹性系数接近2）。③ 徐瑜佳发现2005年人民币"汇改"后，中国出口额与实际汇率变动存在长期均衡关系，人民币汇率升值对出口存在着显著的抑制作用；④ 孙刚和谷宇发现人民币汇率升值对大连市出口企业存在一定的负向冲击效应。⑤

从有关汇率变动影响进口贸易的研究来看，大多数文献也主要侧重于研究汇率变动与进口总量的关系。于峰和孙洪波选取中国与114个国家（地区）在1995年至2008年期间的双边贸易面板数据，实证发现汇率变动是中国对外双边贸易的重要影响因素。⑥ 冯永琦和裴祥宇利用2005年7月至2013年1月的月度数据，发现人民币实际有效汇率波动不利于最终产品的进口，与黄锦明的研究结论相似。⑦ 苏海峰和陈浪南通过对比2005

---

① Ahmed S., "Are Chinese Exports Sensitive to Changes in the Exchange Rate?", *International Finance Discussion Papers*, No. 987, 2009.

② Li H., H. Ma, and Y. Xu, "How Do Exchange Rate Movements Affect Chinese Exports? A Firm–Level Investigation", *Journal of International Economics*, Vol. 97, No. 1, 2015, pp. 148 – 161.

③ Chinn M. D., "A Primer on Real Effective Exchange Rates: Determinants, Overvaluation, Trade Flows and Competitive Devaluation", *Open Economies Review*, Vol. 17, No. 1, 2006, pp. 115 – 143.

④ 徐瑜佳：《人民币汇率对进出口贸易的影响研究——基于汇改前后的比较分析》，《特区经济》2010年第12期。

⑤ 孙刚、谷宇：《人民币汇率变动的宏观经济效应分析——来自大连市的经验证据》，《财经问题研究》2012年第7期。

⑥ 于峰、孙洪波：《中国对外双边贸易均衡影响因素的实证分析——基于中国与114国的相关面板数据》，《世界经济研究》2011年第10期。

⑦ 冯永琦、裴祥宇：《人民币实际有效汇率变动的进口贸易转型效应》，《世界经济研究》2014年第3期；黄锦明：《人民币实际有效汇率变动对中国进出口贸易的影响——基于1995—2009年季度数据的实证研究》，《国际贸易问题》2010年第9期。

年汇率制度改革前后中国进口贸易的变化，发现汇率变动对进口强度影响变化不大。①

2. 汇率变动对国际贸易的非线性影响

由于出口贸易涉及不同目的地国家，出口产品涉及各类行业，这些属性的差异势必会使汇率变动对于出口贸易的影响呈现差异性。因此，汇率变动与出口贸易的关系可能是非线性的，使用非线性模型才能更准确地反映汇率变动与出口贸易的关系。然而，目前仅有少部分学者尝试从非线性关系视角分析汇率变动与出口贸易的关系，例如，Júnior发现巴西的出口具有非线性行为特征。② 封福育使用门限回归模型的研究表明人民币汇率波动对我国出口的影响具有不对称性效应，当汇率波动低于门限值（1.26%）时，人民币实际汇率贬值促进出口，而当实际汇率波动幅度大于门限值时，实际汇率波动与出口贸易之间的关系不显著，呈现出非对称性效应，实际汇率的贬值并不能改善我国出口状况。③ 姜昱等以中国17个主要贸易伙伴为样本，研究了1985—2008年人民币汇率不同区间和不同波动幅度对我国进出口贸易的非线性影响，发现不同的汇率区间内，不存在门限效应；而不同的汇率波动幅度下，存在门限效应，人民币升值率高于门限值（11.78%）时，"马歇尔—勒纳"条件成立。④

二 邻近效应与国际贸易

关于地理和区位因素对国际贸易的影响，应用非常广泛的贸易引力模型（gravity model）将双边贸易流量与GDP、地理距离和其他影响贸易壁垒的因素联系起来，成功地诠释了双边贸易流量和贸易区块的形

---

① 苏海峰、陈浪南：《人民币汇率变动对中国贸易收支时变性影响的实证研究——基于半参数函数化系数模型》，《国际金融研究》2014年第2期。

② Júnior S. K. , "Tests for the Hysteresis Hypothesis in Brazilian Industrialized Exports: A Threshold Cointegration Analysis", *Economic Modelling*, Vol. 25, No. 2, 2008, pp. 171 – 190.

③ 封福育：《人民币汇率波动对出口贸易的不对称影响——基于门限回归模型经验分析》，《世界经济文汇》2010年第2期。

④ 姜昱、邢曙光、杨胜刚：《汇率波动对我国进出口影响的门限效应》，《世界经济研究》2011年第7期。

成,并被广泛运用于推断如关税同盟、汇率机制等的贸易流动效应①。然而,这些模型很少应用基于空间计量的空间滞后变量,因而其残差存在空间相关,导致参数估计有偏和无效率,因此可应用空间计量方法做进一步推断。② Kelejian 等学者发现当设定纳入"国家对"固定效应、空间和时间自相关误差项的空间计量模型时,欧元的引入对于欧元区国家双边贸易的影响为 4.3%,而倘若不考虑空间因素直接采用最小二乘法(OLS)进行回归,则欧元的引入对于欧元区国家双边贸易的影响为 6.4%。③ 因此,忽略"空间滞后"影响因素将会高估货币联盟对于贸易的作用。曹伟等学者基于 2002—2014 年 27 个国家面板数据,运用空间面板模型,发现邻国效应对双边贸易的影响普遍大于汇率变动的影响。④ 许家云等运用空间面板模型,考察了制度距离和邻近效应对于中国与"一带一路"沿线国家贸易的影响,发现相邻效应表现为竞争关系,即中国与"一带一路"沿线某国的双边贸易受中国与该国邻近国家贸易的影响。⑤

本节将"邻近效应"定义为中国自某一国家进口增长是否受中国自其他"一带一路"国家进口增长的影响。邻近效应表现为促进作用还是抑制作用的实证研究存在争议,Wei 发现在控制了距离和其他因素后,OECD 国家的内部贸易大约是其国际贸易的 2—3 倍,空间相邻性促进了

---

① Chaney T., "The Network Structure of International Trade", *American Economic Review*, Vol. 104, No. 11, 2014, pp. 3600 – 3634; Baldwin R., and D. Taglioni, "Gravity for Dummies and Dummies for Gravity Equations", *NBER Working Paper*, No. 12516, 2006.

② Anselin L., and D. A. Griffith, "Do Spatial Effects Really Matter in Regression Analysis?", *Papers in Regional Science*, Vol. 65, No. 1, 1988, pp. 11 – 34.

③ Kelejian H., G. S. Tavlas, and P. Petroulas, "In the Neighborhood: The Trade Effects of the Euro in a Spatial Framework", *Regional Science & Urban Economics*, Vol. 42, No. 1 – 2, 2012, pp. 314 – 322.

④ 曹伟、言方荣、鲍曙明:《人民币汇率变动、邻国效应与双边贸易——基于中国与"一带一路"沿线国家空间面板模型的实证研究》,《金融研究》2016 年第 9 期。

⑤ 许家云、周绍杰、胡鞍钢:《制度距离、相邻效应与双边贸易——基于"一带一路"国家空间面板模型的实证分析》,《财经研究》2017 年第 1 期。

国际贸易的增长，叶建亮和方萃也得出了相似的结论；① 但是叶宁华等学者基于2000—2007年中国工业企业数据库研究发现我国出口企业的过度地理集聚与行业集中产生竞争抑制效应，因而不利于邻近企业的出口。曹伟等学者运用空间面板数据，研究邻国效应对中国与"一带一路"国家双边贸易的影响，发现邻国效应的影响是竞争性的。②

三　研究述评

综上，已有相关文献有四个特点：一是大多数文献研究进出口贸易总量的实际汇率弹性，而研究双边汇率弹性的文献很少；二是相关文献大多研究汇率变动与进出口贸易的线性关系，非线性关系研究较少；三是研究汇率变动与国际贸易关系的文献得到的结论并不统一；四是相关文献多以贸易引力模型为基础，大都忽略了贸易的空间效应，即便有少量文献关注了空间效应，但是这些文献研究边界相邻的多，研究空间邻近的少。

我们利用"一带一路"国家分国别（地区）汇率和贸易数据来构建模型，运用工具变量法、差分 GMM、空间计量模型以及面板门限回归模型进行估计，探讨双边实际汇率变动和空间邻近效应对于中国与"一带一路"沿线国家进出口贸易的影响，对于评价、制定和完汇率政策、贸易政策和产业政策，以及优化我国对外贸易的地理布局具有十分重要的理论和现实意义。

第二节　汇率变动、邻近效应与出口贸易

一　特征性事实

（一）中国与"一带一路"国家双边实际汇率变动

"一带一路"沿线64个国家，共使用58种货币，中国与"一带一

---

① Wei S., "Intra-National versus International Trade: How Stubborn are Nations in Global Integration?", *NBER Working Paper*, No. 5531, 1996; 叶建亮、方萃:《邻近效应与企业出口行为：基于中国制造业出口企业的实证研究》,《国际贸易问题》2017 年第 3 期。

② 叶宁华、包群、邵敏:《空间集聚、市场拥挤与我国出口企业的过度扩张》,《管理世界》2014 年第 1 期；曹伟、言方荣、鲍曙明:《人民币汇率变动、邻国效应与双边贸易——基于中国与"一带一路"沿线国家空间面板模型的实证研究》,《金融研究》2016 年第 9 期。

路"沿线国家的双边汇率大多变动频繁且剧烈。我们首先计算了间接标价法下的双边实际汇率（real exchange rate，RE）①，然后分别统一基期为2010年以消除量纲因素的影响②，绘制年度散点图和拟合线（见图4—1）。可以发现，自1992年以来，中国与"一带一路"沿线国家的双边实际汇率呈现明显的规律性演变。拟合线斜率为正，说明从变化趋势来看，人民币对"一带一路"沿线国家一篮子货币呈升值趋势。

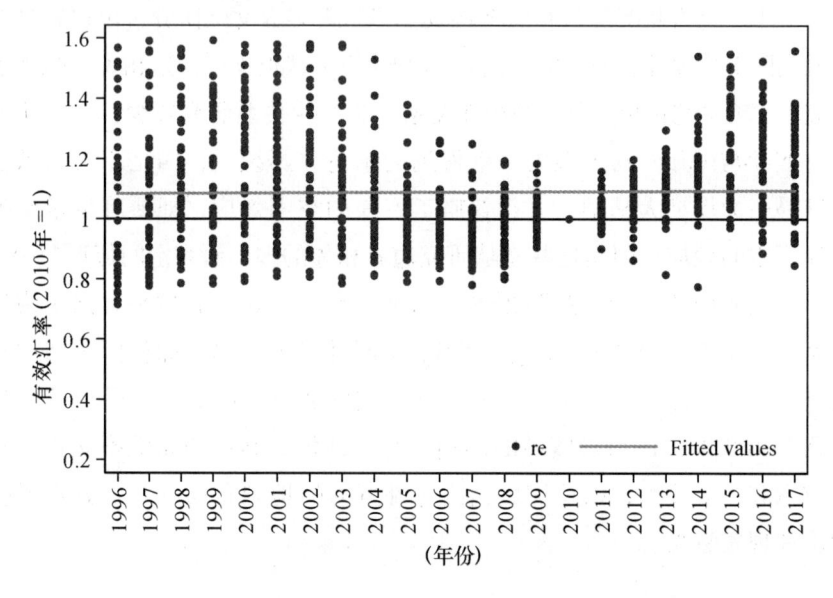

图4—1 中国与"一带一路"国家双边实际汇率

我们基于"一带一路"沿线国家样本自行计算了1992—2017年人民

---

① 计算公式为 $RE = E_{jt}p_t/p_{jt}$，其中，E_{jt}为间接标价法表示的双边名义汇率（1单位人民币折合外币的数量），P_t和P_{jt}分别为t时期中国与j国的消费者价格指数。数值变大表示人民币相对j货币实际升值，数值变小表示人民币相对j货币贬值。

② 由于双边实际汇率数值量纲差距较大，我们选择2010年为基期，计算每个国家每年实际汇率数值除以该国2010年的实际汇率数值，得到以2010年为基期的相对汇率数值。相对汇率数值消除了量纲因素的影响，但不改变汇率变化的特征和趋势。

币实际有效汇率指数[①]和中国对"一带一路"沿线国家出口额，并绘制了二者的关系图（图4—2）。从实际有效汇率指数来看，拟合线斜率为正，实际有效汇率呈波动上升趋势，表明人民币在此期间相对于"一带一路"沿线国家货币整体是升值的。分周期波段来看，从1994年人民币第一次汇率制度改革起，人民币实际有效汇率升值至2001年中国入世，此后人民币实际有效汇率贬值至2007年本轮金融危机爆发，然后人民币实际有效汇率又再度升值至2015年高位，近两年实际有效汇率小幅贬值。

从出口额来看，1992—2017年中国对"一带一路"国家的出口总额呈增加趋势，峰值出现在2014年。受金融危机的影响，2009年出口额出现一个小的"波谷"；受世界复苏不确定性和中国国内结构性改革影响，2016年出口额出现第二个"波谷"。但与实际有效汇率相比，中国自"一带一路"沿线国家进口总额的上升趋势更为明显。

人民币实际有效汇率变动的周期性波动特征明显大于中国对"一带一路"沿线国家出口额的周期性波动特征。区间2001—2007年以及2014—2017年人民币实际有效汇率贬值时，中国对"一带一路"沿线国家的出口总额增加，符合汇率变动调节贸易收支的理论，即货币贬值促进出口贸易；但是，2008—2013年人民币实际有效汇率升值时，中国对"一带一路"沿线国家的出口总额也增加，说明人民币升值和贬值时，中国对"一带一路"沿线国家的出口总额的影响可能是非线性的。因此，有必要采用非线性模型进行研究。

（二）空间邻近效应

在全球化的开放进程中，邻近效应（或称第三国经济空间溢出效应）成为国际经济分析中的重要因素。一国的经济增长可以通过边界毗邻、

[①] 该实际有效汇率指数为笔者自行计算，计算公式为：$REER = \prod_{j=1}^{n}((E_{jt}/E_{j0})*(p_t/p_{jt}))^{w_{jt}}$。其中，国家样本选择"一带一路"沿线国家；基期为2010年，取值为1；j为"一带一路"沿线国家；E_{jt}和E_{j0}分别为t时期和2010年中国与j国间接标价法下的双边名义汇率；P_t和P_{jt}分别为t时期中国与j国的消费者价格指数；w_{jt}为基期固定权重，为2010年中国对j国出口额占同期中国对"一带一路"沿线国家出口总额的比重。该指数上升表示人民币对"一带一路"样本国家货币整体升值，指数下降表示人民币对"一带一路"样本国家货币整体贬值。

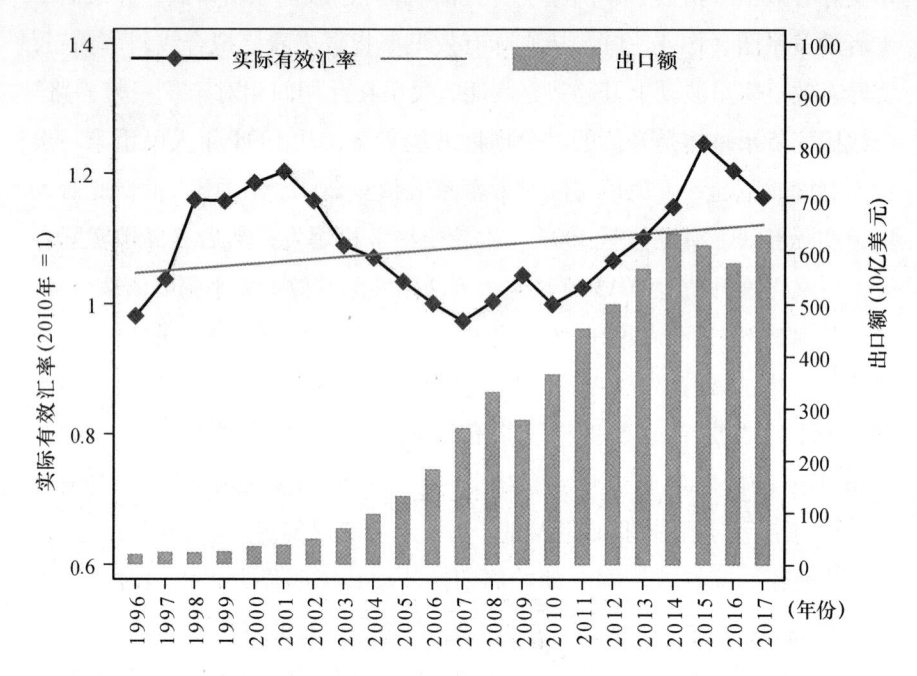

图4—2　人民币实际有效汇率指数与中国对"一带一路"沿线国家出口额

地理距离、航空距离和经济距离等溢出渠道对周围国家经济增长产生正向或负向溢出效应。同理，一国的出口贸易增长不仅源于其自身的经济规模，还会受到其邻近国家经济和贸易溢出的影响；此外，邻近国家还有可能是贸易中转国，因此不应忽视贸易的邻近效应。部分文献在研究人民币汇率变动、邻国效应与双边贸易时，设定中国与"一带一路"沿线国家空间面板模型时就采用了二进制式的邻接性概念（由0和1两个值表达）。其实，采用二进制式的邻接性表述空间交互是一种非常有限的表达方式，因为它认为只有相邻的空间单元之间才有空间交互作用。一般地，由于地理距离的增加会对双边贸易扩张形成一定的制约力量，导致邻近效应存在距离衰减（distance decay）现象（即随着距离的增长，溢出效应相应减弱）。

为更有效地反映运输成本对贸易的影响，我们以各经济体几何中心间距离的倒数为权重，用莫兰指数来刻画邻近效应。经计算，1992—

2015年中国对"一带一路"出口平均增长率的全局 Moran 指数在1%的置信水平下显著为正,说明中国对"一带一路"沿线国家的出口存在显著空间溢出效应。图4—3所示为中国对"一带一路"沿线国家出口增长率分布,图中颜色越深,增长率越高。

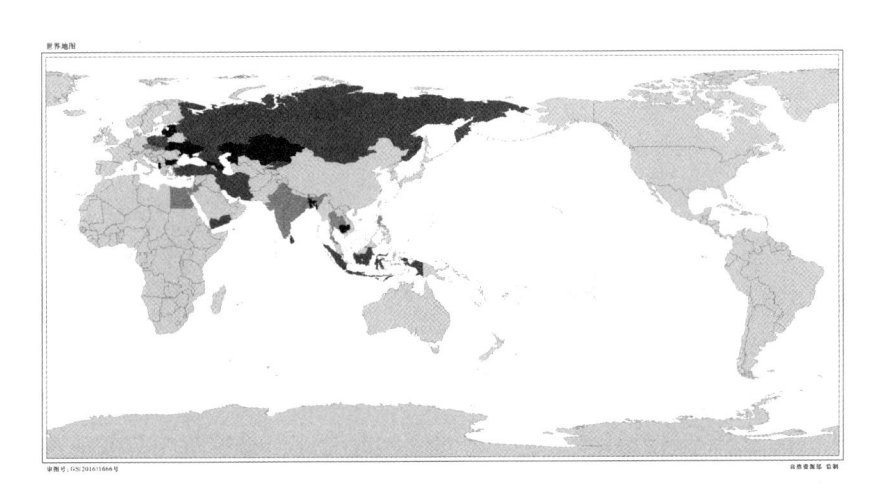

图4—3 中国对"一带一路"沿线国家出口增长率

图4—4为莫兰指数。分区域看,中国对蒙古、俄罗斯、克罗地亚、捷克、尼泊尔、约旦、新加坡、泰国、老挝等国家的出口存在溢出效应,对匈牙利、越南、埃及、波兰、菲律宾、土耳其等国家的出口存在竞争效应。

二 回归模型设定

为分析汇率变动对出口增长的影响,我们借鉴现有相关研究设定汇率变动影响出口贸易的函数:[①]

$$ex = ex(rer, \pmb{x}) \tag{4—1}$$

其中,ex 是中国对"一带一路"沿线国家的出口额;rer 是中国与出

[①] Baek J., "Does the Exchange Rate Matter to Bilateral Trade Between Korea and Japan? Evidence from Commodity Trade Data", *Economic Modelling*, Vol. 30, No. 1, 2013, pp. 856–862;曹伟、言方荣、鲍曙明:《人民币汇率变动、邻国效应与双边贸易——基于中国与"一带一路"沿线国家空间面板模型的实证研究》,《金融研究》2016年第9期。

图 4—4 莫兰指数

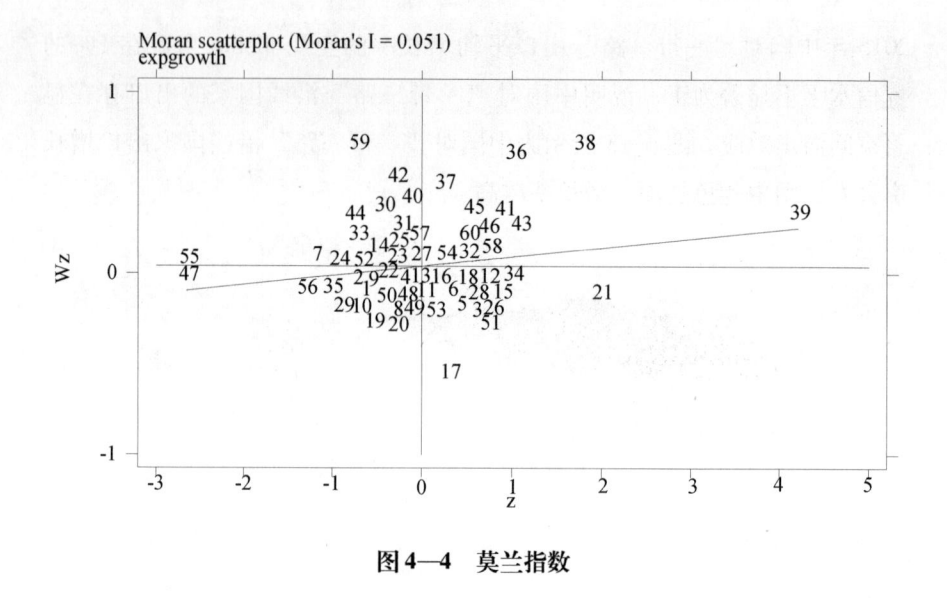

口目的地国家的双边实际汇率,由间接标价法(一单位本币折合 x 单位外币)下的名义汇率换算而来(实际汇率=名义汇率*本国价格水平/外国价格水平);x 为控制变量向量,包括国内生产总值(gdp)增长率和经济自由度指数($econfree$)。

我们进一步将邻近效应引入以上出口贸易函数,得到"一带一路"沿线国家汇率变动和邻近效应对出口增长影响的函数如下:

$$ex = ex\,(rer,\ wex,\ x) \qquad (4-2)$$

其中,$wex = w * ex$ 为变量 ex 的空间滞后,用来考察邻近效应,w 为中国对"一带一路"沿线 j 国出口受到中国对"一带一路"沿线其他国家出口影响的空间权重矩阵,定义如下:

$$w = \begin{pmatrix} w_{11} & \cdots & w_{1m} \\ \vdots & \ddots & \vdots \\ w_{m1} & \cdots & w_{mm} \end{pmatrix} \qquad (4-3)$$

w 为空间权重矩阵,是 m*m 的对称方阵;m 表示"一带一路"沿线样本国家数量;w_{ij} 为国家 i 和国家 j 首都之间距离的倒数(inverse distance);曹伟等学者采用了国家相邻与否体现"一带一路"沿线国家之间的邻近效应,鉴于"一带一路"沿线国家有一部分为沿海国家甚至为海岛国家，以 0 和 1 刻画的相邻与否不能有效地表示"一带一路"沿线国家之间的邻近效应，但是各个国家之间的距离能够有效地反映运输成本，因此我们将国家首都之间的距离引入空间权重矩阵能更合理地研究邻近效应、汇率变动与出口增长之间的关系。

考虑到中国对"一带一路"沿线国家当期出口额受出口滞后一期以及空间邻近效应的影响，同时考虑其他解释变量（rer 和 gdp）滞后期的影响，我们建立"一带一路"沿线国家汇率变动、邻近效应和出口增长的空间计量模型如下：

$$\ln ex_{it} = a_0 + b_1 \ln ex_{i,t-1} + \sum_{l=0}^{1} c_l \ln rer_{i,t-l} + \sum_{l=0}^{1} d_l \ln gdp_{i,t-l} \\ + \sum_{l=0}^{1} e_l \ln wex_{i,t-l} + f_0 \ln econfree_{it} + u_{it} \quad (4-4)$$

其中，i 表示"一带一路"沿线某国，t 表示某年；l 表示滞后期。进一步，考虑到中国与目的地国家双边实际汇率超过某一特定临界值时，对中国向该国出口产生的影响与不超过临界值相比时可能存在差异，而且汇率对出口贸易的影响主要是由于滞后一期所致，我们采用 Hansen 的面板门限方法，① 考察实际汇率变动的非线性影响。门限面板回归基本模型是：

$$y_{it} = u_i + \boldsymbol{\beta}'_1 \boldsymbol{x}_{it} I(q_{it} < \gamma) + \boldsymbol{\beta}'_2 \boldsymbol{x}_{it} I(q_{it} \geq \gamma) + e_{it} \quad (4-5)$$

其中，y_{it} 是因变量；$\boldsymbol{x}_{it}$ 是外生解释变量向量；q_{it} 是用来划分样本的门限变量（threshold variable），可以是解释变量 $\boldsymbol{x}_{it}$ 的一部分；$I(\cdot)$ 为指示函数，如果括号内的表达式为真，则取值为 1，否则取值为 0；γ 是待估计的门限值；e_{it} 是随机扰动项。模型（4—5）写成分段函数等价于：

$$y_{it} = \begin{cases} u_i + \boldsymbol{\beta}'_1 \boldsymbol{x}_{it} + e_{it}, & q_{it} < \gamma \\ u_i + \boldsymbol{\beta}'_2 \boldsymbol{x}_{it} + e_{it}, & q_{it} \geq \gamma \end{cases} \quad (4-6)$$

我们依据结合空间自回归模型的差分 GMM 模型（FD - GMM）以及

---

① Hansen B. E., "Threshold Effects in Non - Dynamic Panels: Estimation, Testing, and Inference", *Journal of Econometrics*, Vol. 93, No. 2, 1999, pp. 345 - 368.

现有相关文献,[①] 建立面板门限模型如下：

$$\ln ex_{it} = a_0 + b_1 \ln ex_{i,t-1} + c_0 \ln rer_{i,t} + c_{1a} \ln rer_{i,t-1} * I(g < thres)$$
$$+ c_{1b} \ln rer_{i,t-1} * I(g \geq thres) + \sum_{l=0}^{1} d_l \ln gdp_{i,t-l} \quad (4—7)$$
$$+ \sum_{l=0}^{1} e_l \ln wex_{i,t-l} + f_0 \ln econfree_{it} + u_{it}$$

thres 代表门限值，将"一带一路"沿线国家经济增长率 g 设为门限变量，实际有效汇率（lnrer）为门限效应变量，I（·）是一个指示函数，当括号里的内容为真时取值为 1，否则取值为 0。

三　变量选取与数据来源

本节研究样本包括 50 个国家：东亚 12 国（中国、蒙古国、新加坡、马来西亚、印度尼西亚、缅甸、泰国、老挝、柬埔寨、越南、文莱、菲律宾）；西亚 10 国（伊朗、伊拉克、约旦、黎巴嫩、以色列、沙特阿拉伯、阿拉伯联合酋长国、卡塔尔、科威特、埃及）；南亚 8 国（印度、巴基斯坦、孟加拉国、阿富汗、斯里兰卡、马尔代夫、尼泊尔、不丹）；中亚 5 国（哈萨克斯坦、乌兹别克斯坦、土库曼斯坦、塔吉克斯坦、吉尔吉斯斯坦）；独联体 4 国（俄罗斯、乌克兰、白俄罗斯、摩尔多瓦）；中东欧 11 国（波兰、立陶宛、拉脱维亚、捷克、斯洛伐克、匈牙利、斯洛文尼亚、阿尔巴尼亚、罗马尼亚、保加利亚、马其顿）。

变量、数据来源及处理过程说明如下：（1）中国对"一带一路"沿线国家出口额（ex），数据来源于联合国商品贸易数据库，时间跨度为 1992—2015 年，共 24 年。（2）双边实际汇率（rer），为剔除通货膨胀因素后的按间接标价法计算的双边实际汇率[②]，数值变大表示人民币对该国货币实际升值，反之则实际贬值，数据来源于国际货币基金组织

---

① 封福育：《人民币汇率波动对出口贸易的不对称影响——基于门限回归模型经验分析》，《世界经济文汇》2010 年第 2 期；张伯伟、田朔：《汇率波动对出口贸易的非线性影响——基于国别面板数据的研究》，《国际贸易问题》2014 年第 6 期。

② 实际汇率 $rer_{j,t}$ 通过公式 $rer_{j,t} = er_{j,t} * p_{chn,t} / p_{j,t}$ 计算获得，其中 $er_{j,t}$ 表示 t 年中国与贸易伙伴国 j 间接标价法下的双边名义汇率，即一单位人民币折合目的国 j 的货币的数量，$p_{j,t}$ 为贸易伙伴国 j 的价格指数，$P_{chn,t}$ 为中国价格指数。

(IMF)。(3) 国内生产总值 (gdp)，数据来源于世界银行经济发展指标库。(4) "一带一路" 沿线国家经济自由度指数 (econfree)，数据来源于 The Heritage Foundation 数据库。各变量的描述性统计如表 4—1 所示。

表 4—1　　　　　　　　变量的描述性统计

变量	含义及构建方法	样本量	均值	标准误	最小值	最大值
lnexp	出口额，取对数	1039	12.6	2.6	0.0	17.8
lnrer	实际汇率，取对数	851	-0.1	1.4	-7.2	5.5
lngdp	经济增长率	1010	4.9	6.8	-33.1	89.0
lneconfree	经济自由度指数	953	59.3	10.8	15.6	89.4

四　结果分析

(一) 汇率变动和邻近效应对于出口增长的影响

经典的国际金融和贸易理论认为本国货币升值（贬值）能够抑制（促进）本国商品出口，但汇率变动发挥作用存在一定的时滞，遵循 "J 曲线" 效应，即当期出口更易受到滞后期次汇率变动的影响。由于模型中实际汇率已转换为间接标价法，数值变大为本币升值，因此，我们预期 lnrer 滞后期次的符号为负，即本币升值抑制产品出口。

我们分别采用空间自回归模型（SAR）和结合空间自回归模型的差分广义矩（FD - GMM）进行估计。表 4—2 中，第（1）—（2）列为 SAR 估计结果，第（3）—（4）列为 FD - GMM 估计结果，第（1）列和第（3）列未加入控制变量，而第（4）列加入了控制变量。加入控制变量后，汇率变动和邻近效应变量均显著，且模型的拟合优度得到了提高。此外，鉴于引入因变量滞后一期以及同时引入变量当期和滞后一期值很容易产生内生性问题，所以我们在 FD - GMM 模型中采用工具变量法来解决，选取变量的滞后二期和滞后三期作为滞后一期的工具变量。采用 Kleibergen - Paap rk LM 统计量进行检验，发现 p 值为 0.00，强烈拒绝 "工具变量不可识别" 的原假设，服从 $\chi^2(2)$ 分布的 C 统计量对应的 p 值为 0.00，强烈拒绝 "工具变量满足外生性" 的原假设，因此工具变量的选取是合理的。FD - GMM 模型是基于空间作用视角下分析汇率变动和邻近效应对出口增长的影响，且消除了解释变量的内生性问题，因而更能准确考察中国对"一带一路"沿线国家出口增长之间的邻近效应。

由于 FD-GMM 模型的拟合效果优于只采用 SAR 模型得到的结果，因此我们基于 FD-GMM 的估计结果［第（4）列］进行解释。汇率变动和邻近效应作为回归模型的核心解释变量，其系数估计结果符合预期且都通过了 5% 水平的显著性检验。考虑到实际汇率变动对出口贸易存在滞后影响，我们重点关注滞后一期实际汇率变化情况，滞后一期实际汇率的系数为 -0.0244，在 5% 的水平上显著，表明人民币对出口目的国货币滞后一期汇率每升值 1 个单位，中国对其出口将减少 0.0244 个单位；滞后一期出口额的系数为 0.9996，且在 1% 的水平上显著，表明中国对目的国的出口受滞后期的影响，表现出很强的惯性；邻近效应的系数为 0.0364，且在 1% 的水平上显著，表明中国对"一带一路"相邻国家的出口增加 1 个单位，会引发双边贸易增加 0.0364 个单位，邻近效应表现出集聚性，但效应较小。对比来看，邻近效应对出口增长的影响要大于汇率变动对出口增长的影响。此外，目的国经济制度质量对于中国向"一带一路"沿线国家出口没有显著作用；国内生产总值当期值和滞后一期值对于中国向"一带一路"沿线国家出口的作用方向相反，但不显著。

表4—2 空间自回归模型和结合空间自回归模型的差分 GMM 回归结果

变量	含义	SAR		FD-GMM	
		（1）	（2）	（3）	（4）
lnex（1）	滞后一期出口额	0.9940***	0.9899***	1.0056***	0.9996***
		（0.0066）	（0.0082）	（0.0115）	（0.0147）
lnwex	邻近效应	0.0632***	0.0709***	0.0243	0.0364**
		（0.0137）	（0.0128）	（0.0159）	（0.0155）
lnrer	双边实际汇率	-0.0058	0.0249**	-0.0065	0.0261**
		（0.0137）	（0.0126）	（0.0351）	（0.0115）
lnrer（1）	滞后一期双边实际汇率	0.0080	-0.0213*	0.0072	-0.0244**
		（0.0138）	（0.0128）	（0.0352）	（0.0109）
lngdp	国内生产总值		0.1316**		0.1193
			（0.0570）		（0.1859）

续表

变量	含义	SAR		FD-GMM	
		(1)	(2)	(3)	(4)
lngdp (1)	滞后一期国内生产总值		-0.1257**		-0.1168
			(0.0572)		(0.1873)
lneconfree	经济制度质量		0.0009		0.0010
			(0.0014)		(0.0017)
常数项		-1.7220***	-2.0504***	-0.9057***	-1.2407***
		(0.3122)	(0.3816)	(0.3433)	(0.4791)
Observations	观测值	825	743	727	651
R^2		0.9744	0.9770	0.9723	0.9753

注:"(1)"表示变量的滞后一期值;*、**、***分别表示估计结果在10%、5%和1%的水平上显著;括号内报告的数值是标准差;SAR 模型 $R^2=0.977$,FD-GMM 模型 $R^2=0.975$。

(二)分地区邻近效应、汇率变动对出口增长的影响

考虑到结合空间自回归模型的 FD—GMM 各个变量拟合效果更好,在分地区研究邻近效应、汇率变动对出口增长的影响中依然采用结合空间自回归模型的 FD—GMM,结果列于表 4—3 中。结果表明,邻近效应对出口增长的影响存在地区差异性,南亚地区、西亚地区、中东欧地区、独联体四国及蒙古和埃及的邻近效应表现为集聚性,东南亚及中亚地区的邻近效应表现为竞争性。分区域的汇率变动效应只有东南亚地区显著,且该地区汇率变动的效应要大于邻近效应,其余地区均不显著。

表4—3 "一带一路"各亚区域邻近效应、汇率变动对出口增长的影响

变量	东南亚	南亚	中亚	西亚	中东欧各国	独联体四国及蒙古、埃及
lnwex	-0.35*	1.16*	-1.30*	1.41*	0.78*	1.13*
lnrer	2.37*	-1.5	1.58	-1.11	-0.22	-0.45

(三)门限回归分析

基于模型(4—7)估计汇率变动的门限值及其95%渐近置信区间,估计结果如表4—4所示。

表4—4　　　　　　　　　门限估计值及置信区间

门限值	门限估计值	95%渐近置信区间
γ	10.2	[10.08, 10.25]

在99%的显著性水平下，F统计量拒绝了不存在1个门限的零假设。因此，可以运用面板门限模型进行统计推断，并且门限值置信区间较窄也反映出依据门限值划分的体制较准确。

表4—5　　　　　　　　　面板门限模型的估计结果

系数	估计值	Std. Err.	t值	系数	估计值	Std. Err.	t值
c_{1a}	−0.1698767**	0.0718875	−2.36	e_1	0.2825137***	0.0754803	3.74
c_{1b}	−1.19359***	0.4010123	−2.98	f_0	−0.015146***	0.0043692	−3.47

注：*、**、***分别表示估计值在10%、5%、1%水平上显著。

由表4—4和表4—5的估计结果可得到以下结论：（1）出口目的国实际汇率变动与中国对其出口增长之间存在显著的非线性关系，取决于出口目的国的经济增长率。就中国对目的国出口增长而言，双边实际汇率变动对出口贸易的动态影响过程可以划分为两个不同的体制：当出口目的国经济增长率不高于10.2%时，人民币实际汇率升值会轻微抑制中国对其出口增长，人民币实际汇率每升值1%，中国对其出口下降约0.17%；当出口目的国经济增长率高于10.2%时，人民币实际汇率升值将严重抑制中国对其出口增长，此时人民币实际汇率每升值1%，中国对其出口约下降1.19%。（2）邻近效应系数估计值为0.28，且在1%的水平上显著；目的国的经济自由度指数系数估计值为−0.015，且在1%的水平上显著。

五　主要结论及启示

本节以"一带一路"沿线49个国家为研究对象，应用空间自回归和面板门限回归模型，研究了人民币汇率变动和邻近效应对中国向"一带一路"沿线国家出口的影响。研究发现：（1）整体而言，中国对"一带一路"沿线国家出口受双边实际汇率变动的影响,当期双边实际汇率变动的回归系数显著为正,而滞后一期双边实际汇率变动的系数显著为负,说明人民币升贬值的调节效应需要经过一段时间才能体现出来,存在"J曲线"效应,但是,当期和滞后期符号相反,意味着长期来看,汇率变动调节贸易收支的效果可能被弱化;此外,中国对"一带一路"沿线国家出口与双边实际汇率变动受目的国经济增长率的影响而存在显著的非线性关系,只有当目的国经济增长率较高时,人民币汇率变动的调节作用才会充分体现出来。(2)整体来看,中国对"一带一路"沿线国家出口受邻近效应的影响,且邻近效应表现出集聚性。(3)分区域来看,邻近效应均显著,但不同区域表现各异,有的区域邻近效应表现出集聚性,有的区域表现出竞争性,而分区域的实际汇率变动效应只有东南亚地区显著。

根据实证结果和研究结论,提出如下对策建议:(1)我们要客观认识双边实际汇率变动对中国向"一带一路"沿线国家出口贸易的调节作用,汇率变动的调节效果受目的国经济增长率的影响且具有非对称性效应,但在长期内调节效果可能被弱化。(2)分区域的邻近效应表现出集聚性和竞争性两类,宜进一步结合出口贸易结构、目的国产业结构等方面综合分析,尤其是加强对竞争性邻近效应地区的分析;在推进"一带一路"倡议时,可考虑制定配套政策来平衡区域贸易开展,以促进双边贸易关系良性发展,减弱竞争效应。(3)注重优化区域产业布局和资源配置,实现与"一带一路"沿线国家经济的协同发展。

第三节 汇率变动、邻近效应与进口贸易

一 特征性事实

(一)中国自"一带一路"沿线国家的进口贸易

中国自"一带一路"沿线国家的进口额由1996年的218亿美元快速上涨至2017年的4427亿美元,年均增长率高达14.34%,而同期中国进口总额由1996年的1388亿美元增长至2017年的1.83万亿美元,年均增长率为12.28%,中国自"一带一路"沿线国家进口额占同期中国进口总

额的比重也由 1996 年的 15.68% 上升至 2017 年的 24.21%，年均占比为 21.17%。图 4—5 柱状图浅色部分为 1996—2017 年中国进口总额；深色部分为 1996—2017 年中国自"一带一路"沿线国家进口额总和；折线图为中国自"一带一路"沿线国家进口额占同期中国总进口额的比重。可以看出，中国自"一带一路"沿线国家进口额占同期中国进口总额的比重明显呈上升趋势。

图 4—5　中国进口总额与自"一带一路"沿线国家进口额

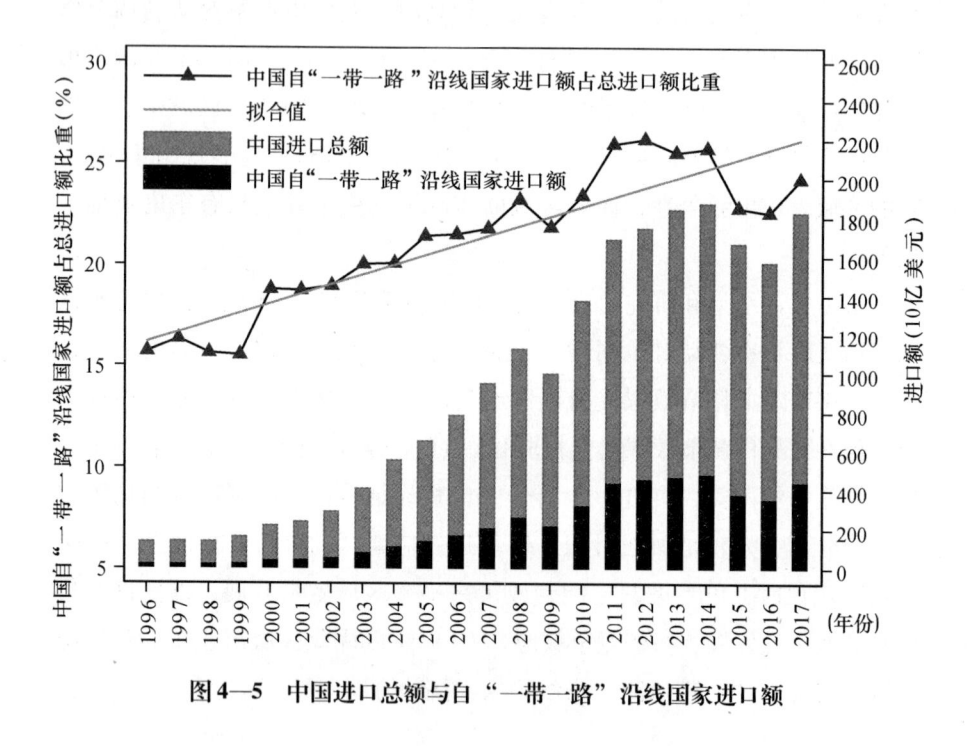

图 4—6 绘制了 1996—2017 年中国进口总额年度增长率和中国自"一带一路"沿线国家进口增长率的折线图。可以看出，大部分时间内，中国自"一带一路"沿线国家进口年度增长率要高于同期中国进口总额年度增长率。2007 年国际金融危机爆发后，国际市场需求持续低迷，中国自"一带一路"沿线国家进口额增长率和中国进口总额增长率均受到一定影响，且前者一度低于后者。但是，在 2015 年增长率出现低谷后，中国自"一带一路"沿线国家进口额增长率和中国进口总额增长率均快速攀升，且前者已超越后者。

图 4—6 进口增长率（%）

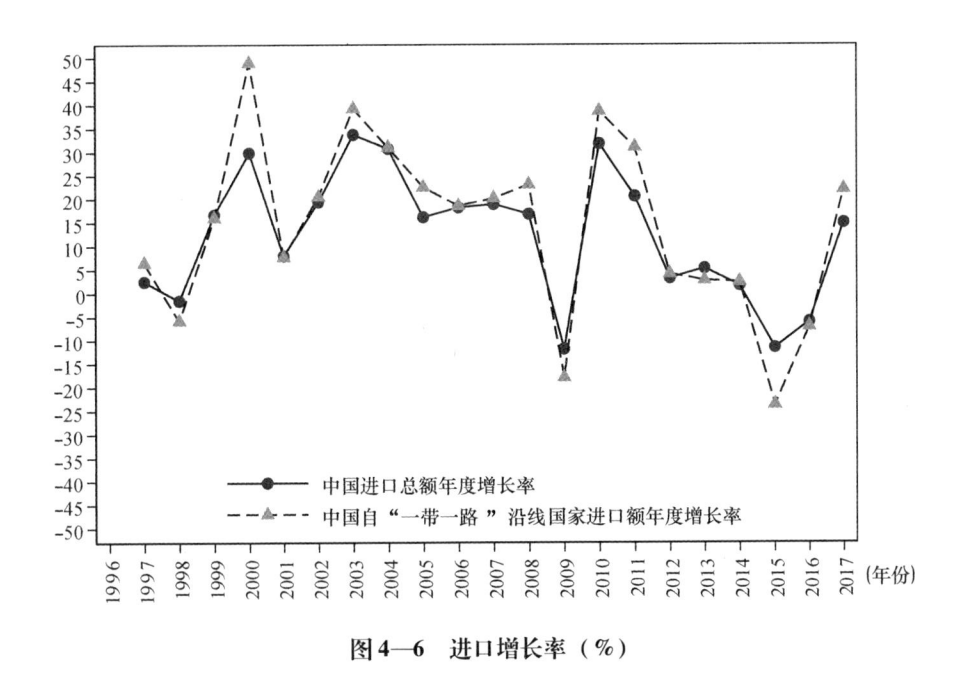

图4—7绘制了中国从"一带一路"沿线 49 个国家进口增长率 1996—2017 年的算数均值。图中颜色越深，进口增长率均值越高。

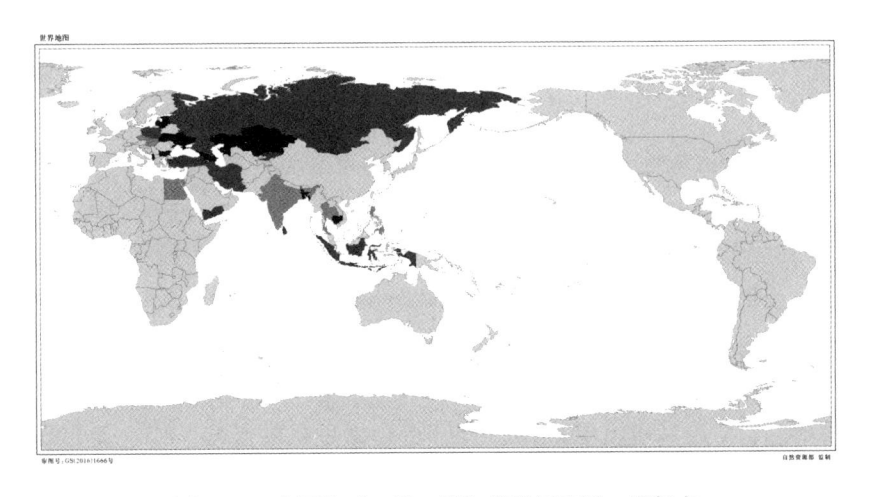

图 4—7 中国从"一带一路"沿线国家进口增长率

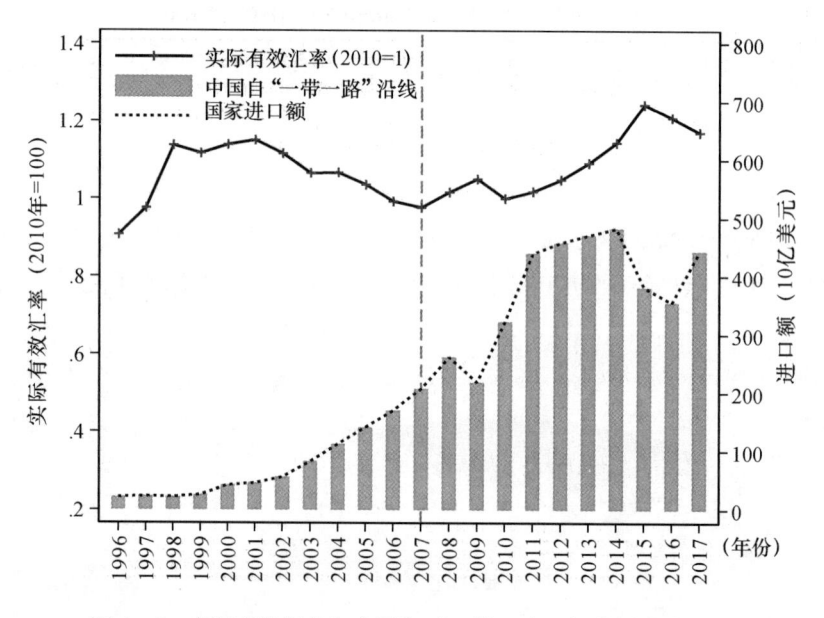

(二) 实际有效汇率与中国自"一带一路"沿线国家进口额

我们基于"一带一路"沿线国家样本自行计算了1996—2017年人民币实际有效汇率指数和中国自"一带一路"沿线国家的进口额，并绘制了二者的关系图（见图4—8）。从实际有效汇率指数来看，实际有效汇率呈波动上升趋势，表明人民币在此期间相对于"一带一路"沿线国家货币整体是升值的。分周期波段来看，1996—1998年期间，基于"一带一路"沿线国家样本计算的人民币实际有效汇率处于上升阶段；1998—2007年，人民币实际有效汇率处于下降阶段；2007—2015年，人民币实际有效汇率再度上升至2015年的高位；2015—2017年，人民币实际有效汇率小幅下降。

图4—8 实际有效汇率与中国自"一带一路"沿线国家进口额

从进口额来看，1996—2017年中国自"一带一路"沿线国家的进口额呈增加趋势，峰值出现在2014年。受金融危机的影响，2009年出现第一个"波谷"；受世界经济复苏不确定性和中国国内结构性改革影响，2016年出现第二个"波谷"。但与实际有效汇率相比，中国自"一带一路"沿线国家进口额的上升趋势更为明显。

人民币实际有效汇率周期性波动明显大于中国自"一带一路"沿线国家进口额的周期性波动。2007—2015 年人民币实际有效汇率上升（即人民币相对于"一带一路"沿线国家货币整体升值），中国自"一带一路"沿线国家的进口总额增加，符合汇率变动调节国际贸易收支的经典理论，即本国货币升值有利于增加进口；然而，1998—2007 年，人民币实际有效汇率下降时，中国自"一带一路"沿线国家的进口额却在增加，与汇率变动调节国际收支的经典理论不符；此外，2015—2017 年，人民币实际有效汇率下降时，中国自"一带一路"沿线国家进口总额先降低后增加。上述特征性事实一方面说明人民币汇率变动对中国自"一带一路"沿线国家进口贸易的影响并非完全遵循经典的国际收支调节理论，另一方面说明人民币汇率变动对中国自"一带一路"沿线国家进口的影响可能是非线性的。因此，有必要采用非线性模型进行研究。

（三）邻近效应对中国自"一带一路"沿线国家进口贸易的影响

借鉴 Anderson 和 van Wincoop 关于"第三国效应"的定义，以及曹伟等学者关于"邻国效应"的定义，[1] 我们将"邻近效应"定义为中国从"一带一路"沿线某一特定国家的进口受到中国自该国家所有"一带一路"沿线竞争性国家进口的影响程度。中国从"一带一路"沿线 49 个国家进口中，邻近效应可用莫兰（Moran）指数来刻画。表 4—6 是中国从"一带一路"沿线 49 个国家进口的全局 Moran 指数，说明整体来看中国从"一带一路"沿线国家进口存在明显的空间相关性。表 4—7 是中国从"一带一路"沿线国家分区域的全局 Moran 指数，可以看出，中国从东亚、中亚、中东欧分区域的进口存在空间相关性，而从南亚、西亚、独联体四国的进口负相关，但是 p 值不显著。

---

[1] Anderson J. E., and E. van Wincoop, "Gravity with Gravitas: A Solution to the Border Puzzle", *American Economic Review*, Vol. 93, No. 1, 2003, pp. 170 – 192；曹伟、言方荣、鲍曙明：《人民币汇率变动、邻邦效应与双边贸易——基于中国与"一带一路"沿线国家空间面板模型的实证研究》，《金融研究》2016 年第 9 期。

表4—6　　　　　　　　　全局 Moran 指数

	I	E (I)	sd (I)	z	p–value
"一带一路"国家	0.089	-0.021	0.031	3.489	0.000

表4—7　　　　　　　　　局部 Moran 指数

地区	Ii	E (Ii)	sd (Ii)	z	p–value
东亚	0.279	-0.021	0.157	1.478	0.127
南亚	-0.018	-0.021	0.127	-0.045	0.336
中亚	0.05067	0.051	-0.021	0.134	0.470
西亚	-0.023	-0.021	0.158	-0.119	0.316
中东欧	0.163	-0.021	0.2	0.923	0.179
独联体四国	-0.080	-0.021	0.155	-0.767	0.148

二　模型构建

现有研究表明，产品进口首先受价格水平变动的影响，而价格水平与汇率水平密切相关，汇率变动影响到国际相对价格。此外，进口还受到收入水平等因素的影响。因此我们首先建立汇率变动影响进口增长的函数：

$$im = im\ (rer,\ x) \qquad (4—8)$$

其中，im 是本国的进口需求；rer 是中国与进口来源国的双边实际汇率，由间接标价法下名义汇率换算而来（实际汇率＝名义汇率×本国价格水平/外国价格水平），数值变大表示本币升值，数值变小表示本币贬值；x 为一组控制变量，包括进口来源国的国内生产总值（GDP）、人均国内生产总值（pGDP）、居民消费价格指数（cpi）、总人口数（pop）、经济制度质量（instq）。

考虑到中国自"一带一路"国家进口之间的邻近效应，借鉴 Mao 和 Wang 的思路，[①] 将邻近效应引入以上建立的进口贸易函数，构造汇率变

---

① Mao Q., and F. Wang, "Will Decline in Foreign Trade Reshape Internal Economic Geography Simulations in an Estimated Model of the Chinese Space–Economy", *Business and Management Studies*, Vol. 2, No. 4, 2016, pp. 54–69.

动、邻近效应影响进口增长的函数如下：

$$im = im(rer, wim, \boldsymbol{x}) \tag{4—9}$$

其中，wim 表示中国从"一带一路"沿线某国的进口受到中国从"一带一路"沿线其他国家进口的影响，即邻近效应。向量 $wim = \boldsymbol{w} * \boldsymbol{im}$ 用来考察邻近效应，其中 w 为空间权重矩阵，为 $m * m$ 的对称方阵；m 为"一带一路"沿线国家数量；$\boldsymbol{im}$ 为中国自"一带一路"沿线国家进口额，矩阵元素 w_{ij} 为国家之间距离的倒数。曹伟等学者采用了国家相邻与否反映"一带一路"沿线国家之间的邻近效应，鉴于"一带一路"国家有一部分为沿海国家甚至为海岛国家，以 0 和 1 刻画的相邻与否不能有效地表示"一带一路"国家之间的邻近效应，但是各个国家之间的距离能够有效地反映运输成本，因此我们将国家首都之间的距离引入空间权重矩阵能更好研究邻近效应、汇率变动与进口增长之间的关系。

考虑到进口行为表现出一定的惯性，受上期进口额的影响较大，同时进口当期主要受到汇率滞后一期的影响。依据所设定的进口增长影响因素函数，建立汇率变动和邻近效应对中国自"一带一路"沿线国家进口增长影响的空间自相关模型如下

$$\ln im_{it} = a_0 + b_1 \ln im_{i,t-1} + \sum_{l=0}^{1} c_l \ln rer_{i,t-l} + \sum_{l=0}^{1} d_0 \ln GDP_{it} + e_0 \ln wim_{it} \\ + f_0 \ln instq_{it} + g_0 \ln cpi_{it} + h_0 \ln pGDP_{it} + i_0 \ln pop_{it} + u_{it}$$

$$\tag{4—10}$$

其中，i 表示"一带一路"沿线某个国家；t 表示年份，$t-1$ 表示滞后一期；im 表示中国自某一国家进口贸易额；rer 表示中国与"一带一路"沿线国家双边实际汇率，采用间接标价法表示，数值变小表示人民币贬值，数值变大表示人民币升值；wim 表示邻近效应；GDP 和 pGDP 分别表示"一带一路"沿线国家国内生产总值和人均国内生产总值；cpi 表示"一带一路"沿线国家消费者价格指数；$instq$ 表示"一带一路"沿线国家的制度质量；pop 为"一带一路"沿线国家的人口总数。

三　数据来源与变量处理

本节实证研究数据来源及变量处理过程说明如下：（1）中国自"一

带一路"沿线国家分国别进口贸易额（im），数据来源于联合国商品贸易数据库（HS1996 版本）。（2）双边实际汇率（rer），数据来源于国际货币基金组织（IMF），原始数据为各国货币对美元的年度双边名义汇率，依据同期人民币与美元双边名义汇率换算为间接标价法下的人民币与"一带一路"沿线国家的双边名义汇率，然后根据公式 $rer_{i,t} = er_{i,t} * p_{chn,t}/p_{i,t}$ 获得中国与国家 i 的双边实际汇率，其中 $p_{chn,t}$ 和 $p_{i,t}$ 分别表示以 2010 年为基期的中国和国家 i 的消费者价格指数。（3）"一带一路"沿线国家国内生产总值（GDP）、人均国内生产总值（$pGDP$）和人口总数（pop）数据来源于世界银行世界发展指标数据库。（4）空间权重矩阵，数据来源于 GPS_{SPG}。（5）经济制度质量（$instq$），数据来源于 The Heritage Foundation 数据库。本节选取的"一带一路"沿线进口来源国共有 49 个国家，包括东亚 11 国（蒙古国、新加坡、马来西亚、印度尼西亚、缅甸、泰国、老挝、柬埔寨、越南、文莱、菲律宾）；西亚 10 国（伊朗、伊拉克、约旦、黎巴嫩、以色列、沙特阿拉伯、阿拉伯联合酋长国、卡塔尔、科威特、埃及）；南亚 8 国（印度、巴基斯坦、孟加拉国、阿富汗、斯里兰卡、马尔代夫、尼泊尔、不丹）；中亚 5 国（哈萨克斯坦、乌兹别克斯坦、土库曼斯坦、塔吉克斯坦、吉尔吉斯斯坦）；独联体 4 国（俄罗斯、乌克兰、白俄罗斯、摩尔多瓦）；中东欧 11 国（波兰、立陶宛、拉脱维亚、捷克、斯洛伐克、匈牙利、斯洛文尼亚、阿尔巴尼亚、罗马尼亚、保加利亚、马其顿），其他"一带一路"沿线国家由于与中国贸易量太小或部分变量数据不可得等原因未被纳入研究。

四 结果分析

（一）邻近效应、汇率变动对进口增长的平均影响

表 4—8 的第（1）—（2）列为采用空间自回归模型（SAR）的估计结果，其中第（1）列未加入实际 GDP 等控制变量，第（2）列加入了控制变量。第（3）—（4）列为采用结合 SAR 模型的差分广义矩模型（FD – GMM）的估计结果，第（3）列未加入控制变量，第（4）列加入了控制变量。就核心解释变量来看，空间邻近效应、实际汇率及其滞后一期值、进口额及其滞后一期值的回归结果符号及显著性基本一致。同时，

鉴于引入因变量滞后一期以及同时引入变量当期和滞后一期值很容易产生内生性问题，所以我们在 FD-GMM 模型中采用工具变量法来解决，选取变量的滞后二期和滞后三期作为滞后一期的工具变量。采用 Kleibergen-Paap rk LM 统计量进行检验，发现 p 值为 0.00，强烈拒绝"工具变量不可识别"的原假设，服从 $\chi^2(2)$ 分布的 C 统计量对应的 p 值为 0.00，强烈拒绝"工具变量满足外生性"的原假设，因此工具变量的选取是合理的。FD-GMM 模型是基于空间作用视角下分析汇率变动和邻近效应对进口增长的影响，且消除了解释变量的内生性问题，方程的拟合效果要优于只采用空间自回归模型得到的结果，因而更能准确反映中国从"一带一路"沿线国家进口增长之间的邻近效应。

我们基于第（4）列的回归结果进行分析。（1）整体而言，邻近效应影响显著，中国从"一带一路"沿线某国的邻近国家进口增加 1%，则从该国的进口就会减少 0.536%，进口增长的邻近效应在"一带一路"沿线国家整体层面表现出竞争性，这与曹伟等学者的研究结果一致。（2）人民币对"一带一路"沿线某国货币当期每升值 1%，进口便会增加 0.472%，而滞后一期人民币每升值 1%，中国从该国家的进口便会减少 0.44%，说明人民币当期升值对于当期进口具有一定的促进效应，而滞后一期升值则对当期进口产生抑制效应，考虑到人民币当期升值和滞后一期升值的综合效应为正，即人民币升值增加进口。这也与中国自入世以来尤其是 2005 年第二次"汇改"至 2015 年人民币第三次"汇改"期间，人民币名义有效汇率和实际有效汇率均处于升值通道且同期中国的进口额增长较快的实际相吻合。（3）进口滞后一期每上升 1%，当期出口增加 0.43%，说明中国自"一带一路"沿线国家的进口具有一定的惯性，滞后一期进口对当期进口产生促进作用，但惯性不大，这可能与邻近效应表现出竞争性有一定关系，因此中国自"一带一路"沿线国家进口尚有很大上升空间。（4）其他控制变量方面，进口来源国的 GDP 和人均 GDP 越高、国家人口数越多，中国自这些国家进口越多；进口来源国的消费者价格指数越高，中国从这些国家进口额越高；进口来源国的制度质量越高，中国自这些国家的进口越多。

表4—8　空间自回归模型和结合空间自回归模型的差分 GMM 回归结果

变量	含义	SAR		FD – GMM	
		(1)	(2)	(3)	(4)
lnwim	邻近效应，取对数	-0.742*** (0.120)	-0.532*** (0.0676)	-0.731*** (0.0894)	-0.536*** (0.0669)
lnim (1)	滞后一期进口金额，取对数	0.663*** (0.0783)	0.441*** (0.0483)	0.665*** (0.0429)	0.425*** (0.0482)
lnrer	实际汇率，取对数	0.652* (0.333)	0.486*** (0.156)	0.668*** (0.211)	0.472*** (0.15)
lnrer (1)	滞后一期实际汇率，取对数	-0.711** (0.354)	-0.458*** (0.163)	-0.726*** (0.214)	-0.440*** (0.157)
lnGDP	实际 GDP，取对数		0.361*** (0.0633)		0.372*** (0.0618)
lnpGDP	人均 GDP，取对数		0.431*** (0.0752)		0.443*** (0.0766)
lncpi	居民价格消费指数，取对数		0.0175 (0.0399)		0.0175 (0.0385)
lnpop	国家人口总数，取对数		0.475*** (0.0788)		0.485*** (0.0796)
lninstq	经济制度质量，取对数		0.258*** (0.0624)		0.264*** (0.0629)
cons	常数项	-14.78*** (2.389)	-28.85*** (2.506)	-14.51*** (1.869)	-29.36*** (2.44)
Observations		882	882	882	882
R^2				0.646	0.749

注："(1)"表示变量的滞后一期值；*、**、*** 分别表示估计结果在10%、5%和1%的水平上显著；括号内报告的数值是标准差。

对影响进口增长的因素进行综合分析发现，当期邻近效应对进口增长的影响略大于当期汇率变动对进口增长的影响，邻近效应表现出竞争性，由于中国从"一带一路"沿线国家进口产品的相似性，使得整体邻近效应表现出竞争性。

（二）分地区邻近效应、汇率变动对进口增长的影响

考虑到对全样本进行研究时，结合 SAR 模型的 FD-GMM 模型拟合效果更好，因此在分区域研究汇率变动和空间溢出效应对中国自"一带一路"沿线国家进口贸易的影响时依然采用 FD-GMM 模型。表4—9 是分区域双边实际汇率变动和空间溢出效应对中国自这些区域进口贸易影响的回归结果。结果表明，除独联体国家以外的其他区域双边实际汇率当期和滞后一期的回归系数与全样本结果基本一致，即当期双边实际汇率升值有利于增加当期进口额，而滞后一期双边实际汇率升值则会抑制当期进口额增长；东亚、南亚、西亚和中东欧分区域的空间溢出效应系数显著为正，表现出集聚性，中亚和独联体分区域的空间溢出效应不显著，分区域空间溢出效应与全样本空间溢出效应回归系数存在差异，可能的原因在于溢出效应的竞争性主要体现在各分区域之间；进口额滞后一期系数符号和显著性与全样本回归结果类似，说明中国自分区域的进口也具有一定惯性。

表4—9 "一带一路"分地区邻近效应、汇率变动对进口增长的影响

变量	东亚	南亚	中亚	西亚	中东欧	独联体
lnrer	0.287*	0.294	0.413	0.141	0.782***	0.053*
	(1.812)	(0.687)	(1.336)	(1.117)	(2.741)	(1.809)
L.lnrer	-0.476***	-1.260***	-0.876***	-0.359***	-1.078***	0.069**
	(-3.157)	(-5.149)	(-3.514)	(-2.844)	(-4.106)	(2.380)
lnwim	0.200**	0.499***	0.093	0.700***	0.222**	-0.348
	(2.009)	(3.550)	(0.669)	(5.532)	(2.023)	(-1.433)
L.lnim	0.230**	0.540***	0.395***	0.148*	0.424***	-0.063
	(2.433)	(4.808)	(3.205)	(1.749)	(3.575)	(-1.293)
观测值	198	144	90	180	198	72

注：表格中仅报告了空间溢出效应、汇率变动当期及滞后一期和进口额滞后一期变量的回归结果，其他变量参与回归但未显示在表中；* 表示 $p<0.1$；** 表示 $p<0.05$；*** 表示 $p<0.01$；括号内为 t 统计量。

(三) 人民币汇率变动的门限效应

人民币升值促进产品的进口,随着人民币汇率形成机制改革的推进,在人民币汇率走势打破单边升值预期,进入双向波动且汇率波动幅度增加的背景下,当人民币汇率变动超过临界值时与人民币汇率变动不超过临界值时对进口的影响相比,存在怎样的差异?影响方向是否一致?抑或当影响方向一致时,影响幅度是否存在显著差异?针对这个问题的研究,对中国从"一带一路"沿线国家进口贸易由双边零和博弈转化为多边相互作用下的正和博弈具有重要的现实意义和研究价值。

采用 Hansen 提出的门限面板回归模型 (threshold panel regression model) 来对门限值进行参数估计与假设检验。① 公式 (4—5) 和 (4—6) 是门限面板回归的基本模型。我们结合空间自回归模型的差分 GMM 以及现有相关文献,② 设定如下门限面板模型:

$$\ln im_{it} = a + b \ln im_{i,t-1} + c_0 \ln rer_{i,t} + c_1 \ln rer_{i,t-1} I(d \ln rer_{i,t-1} < \gamma) \\ + c_2 \ln rer_{i,t-1} I(d \ln rer_{i,t-1} \geq \gamma) + d \ln wim_{it} + e \ln GDP_{it} \quad (4—11) \\ + f \ln instq_{it} + g \ln cpi_{it} + h \ln pGDP_{it} + j \ln pop + u_i + \varepsilon_{it}$$

其中,$dlnrer$ 是人民币双边汇率变动幅度。基于模型 (4—11) 估计门限值 γ 及其 95% 渐近置信区间,所得结果如表 4—10 和表 4—11 所示。在 5% 的显著性水平下,F 统计量拒绝了"不存在 1 个门限"的原假设。我们进行了 500 次抽样得到结果,门限值 $\gamma = 0.0916$。因此,可以运用面板数据门限模型进行回归分析。

表 4—10　　　　　　　　　门限估计值及置信区间

门限值	门限估计值	95% 置信区间
γ	0.0916	[-0.5260, 0.2059]

---

① Hansen B. E., "Threshold Effects in Non-Dynamic Panels: Estimation, Testing, and Inference", *Journal of Econometrics*, Vol. 93, No. 2, 1999, pp. 345-368.

② 封福育:《人民币汇率波动对出口贸易的不对称影响——基于门限回归模型经验分析》,《世界经济文汇》2010 年第 2 期;张伯伟、田朔:《汇率波动对出口贸易的非线性影响——基于国别面板数据的研究》,《国际贸易问题》2014 年第 6 期。

运用 Stata 软件对于模型（4—11）进行估计，结果列在表 4—11 中。当滞后一期实际汇率变动小于门限值 0.0916 时，人民币滞后一期每升值 1%，进口增加 0.272%；当滞后一期实际汇率变动大于门限值 0.0916 时，人民币滞后一期每升值 1%，进口减少 0.356%，说明滞后一期实际汇率变动超过门限值时，[①] 实际汇率升值程度已经较高，中国进口商会产生实际汇率贬值的预期，于是会调整和压缩进口规模，因此高于门限值时滞后一期实际汇率的系数符号为负；当滞后一期实际汇率变动低于门限值时，实际汇率升值仍未到位，中国进口商会产生实际汇率进一步升值的预期，于是会调整和扩大进口规模，从而增加进口，因此低于门限值时滞后一期实际汇率的系数为正。

采用面板门限模型的回归结果仍然表明中国从"一带一路"沿线国家进口的邻近效应影响远大于汇率变动的影响，这与前文的实证研究结果具有一致性。

表 4—11　　　　　　　　门限模型回归结果

变量	含义	TH – GMM
lnrer（1）*I（0）	低于门限值的滞后一期实际汇率，取对数	0.272 *** (0.0797)
lnrer（1）*I（1）	高于门限值的滞后一期实际汇率，取对数	– 0.356 *** (0.0413)
wim	邻近效应	– 0.906 *** (0.0992)
rer	实际汇率	0.0885 (0.0587)
GDP	国内生产总值	– 0.233 * (0.123)

[①] 本节实际汇率采用间接标价法表示，汇率数值变大表示人民币升值；汇率数值变小表示人民币贬值。

续表

变量	含义	TH – GMM
lnim1	滞后一期进口金额	0.170 ***
		(0.0175)
lninstq	经济制度质量	– 0.147 **
		(0.0722)
cpi	居民价格消费指数	0.0615
		(0.0774)
pGDP	人均 GDP	0.471 ***
		(0.159)
pop	国家人口总数	0.483
		(0.328)
C	常数项	– 18.95 ***
		(5.026)

注：（1）$N = 882$；$R^2 = 0.65$。（2）* 表示 $p < 0.1$；** 表示 $p < 0.05$；*** 表示 $p < 0.01$。（3）括号内数值为标准差。

五　主要结论及启示

我们以"一带一路"沿线 49 个国家为样本，运用空间自回归模型和结合空间自回归模型的 FD—GMM 模型研究了人民币汇率变动和空间邻近效应对中国从"一带一路"沿线 49 个国家进口的影响，并进一步运用面板门限模型研究了汇率变动对于中国进口增长的非线性影响。研究结论表明：

第一，整体而言，中国从"一带一路"沿线国家进口产品的相似性使得中国自"一带一路"国家的进口的邻近效应表现出竞争性，分地区研究邻近效应过程中发现进口的产品种类的相似性（互补性）及进口是否饱和对不同国家邻近效应的影响不同，中国自东亚、西亚、中亚和中东欧地区的进口表现出竞争性，即中国自这些地区的某国邻近国家进口增加，则中国从该国的进口会减少；中国自南亚地区和独联体四国的进口表现出集聚性，即中国自这些地区的某国邻近国家进口增加，则中国从该国的进口也会增加。

第二，实际汇率变动对中国从"一带一路"沿线国家进口贸易产生影响且存在门限效应，人民币滞后一期升值幅度低于门限值时，进口商会预期人民币进一步升值，因此会增加以后（当期）的进口；而当人民币滞后一期升值幅度高于门限值时，进口商会预期人民币贬值，于是会减少以后（当期）的进口。

第三，整体而言，汇率变动对进口增长的影响要小于邻近效应的影响，但分地区研究表明南亚地区、中亚地区和中东欧地区汇率变动对进口增长的影响要高于邻近效应的影响。

鉴于此，本节提出以下两条对策建议：一是，我们在推进"一带一路"倡议时，应重视区域发展的不平衡性，充分考虑邻近效应对中国自"一带一路"沿线国家进口的差异化影响，可以通过进口产品种类多样化、进口产品质量调整等方面影响"一带一路"沿线国家出口贸易结构，进而优化区域产业布局和资源配置，实现与"一带一路"沿线国家经济的协同发展；二是，研究表明人民币实际汇率适度升值能够促进中国自"一带一路"国家进口额的增长，因而有利于缓解中国贸易顺差；但同时也应注意到，人民币汇率过度升值反而导致中国自"一带一路"沿线国家进口额的下降，过度升值产生的贬值预期影响进口水平，因此保持人民币汇率在合理的水平上基本稳定有利于引导贸易主体预期，稳定进口贸易。

第四节 本章小结

改革开放以来，中国出口额和进口额实现快速增长，增长速度远高于同期中国经济年均增长速度。然而，中国进出口在快速增长的同时，对不同区域的贸易呈现明显的差异性，中国对"一带一路"沿线国家的出口额和进口额增长率要明显高于对发达国家的出口和进口增长率。如何解释这种进出口增长的区域差异？除了双边货币汇率这一解释国际贸易重要的变量外，我们认为空间邻近效应对于贸易的区域差异产生重要的作用。在国家积极推进"一带一路"倡议的背景下，空间邻近效应表现出集聚性还是竞争性，对于区域贸易的开展是促进作用还是抑制作用，具有重要的研究意义和价值。本章采用空间计量模型和方法，分别从出口和进口两个方面进行研究，发现中国对"一带一路"沿线国家的出口和进口均同时受汇率变动和邻近效应的影响。

第一，中国对"一带一路"沿线国家的出口受双边实际汇率变动和邻近效应的影响。双边实际汇率变动对出口贸易的调节效应需要经过一段时间才能体现出来，存在"J曲线"效应，汇率当期值和滞后一期值的作用方向相反，意味着长期来看，汇率变动调节贸易收支的效果可能被弱化。中国对"一带一路"沿线国家出口受邻近效应的影响，整体来看邻近效应表现出集聚性；分区域来看，邻近效应均显著，但不同区域表现各异，即分别表现出竞争性和集聚性。中国对"一带一路"沿线国家出口与双边实际汇率变动受目的国经济增长率的影响而存在显著的非线性特征，只有当目的国经济增长率较高时，人民币汇率变动的调节作用才会充分体现出来。

第二，中国对"一带一路"沿线国家的进口受双边实际汇率变动和邻近效应的影响，双边实际汇率变动的当期值对于进口没有影响，滞后一期值影响显著，但存在门限效应，当汇率滞后一期升值幅度低于门限值时，对于进口具有促进作用，当超过门限值时，对于进口产生抑制作用。整体来看，中国从"一带一路"沿线国家进口的邻近效应表现出竞争性；分地区研究邻近效应过程中发现中国自东南亚、西亚、中亚和中东欧地区的进口表现出竞争性，自南亚地区和独联体四国的进口表现出集聚性。

我国在推进"一带一路"倡议时，区域贸易平衡和区域经济协同发展具有重要意义。双边实际汇率变动对于中国与"一带一路"沿线国家的贸易存在"J曲线"效应和门限效应，调节效果在长期内可能会被弱化。因此，汇率不能作为平衡贸易收支的首要工具，"一带一路"倡议实施过程中宜稳定汇率水平以降低国际贸易不确定性风险。中国与"一带一路"沿线国家的贸易受邻近效应的影响，邻近效应可能表现出集聚性，也有可能表现出竞争性。在开展贸易过程中应注重改善和调整贸易结构，包括贸易产品结构、目的地分布等，以平衡区域贸易发展，进而优化区域产业布局和资源配置，实现与"一带一路"沿线国家经济的协同发展。

第五章

汇率变动与贸易持续时间

改革开放以来尤其是加入WTO以后，中国对外贸易得到快速发展，出口总额先后超过日本、美国和德国，现已连续多年稳居世界第一。通过参与全球贸易和分工，中国已深度融入全球价值链体系，当面临金融危机冲击时，中国出口不可避免地受到影响。在外需疲弱条件下，如何保持中国出口的稳定增长成为亟须解决的问题。现有研究更多关注如何开拓新市场以实施出口市场多元化战略，而忽视了贸易关系持续时间的重要性。营销学知识揭示开发一个新客户的成本远远高于维系一个老客户的成本，对于国际贸易而言，维持出口贸易关系亦是如此。多元化的国际市场固然有助于促进出口贸易增长，但如果贸易产品频繁进入和退出国际市场，也很难保证出口贸易的持续增长。

出口贸易持续时间从时间维度量化贸易关系的存续，是贸易增长边际分析领域新近发展起来较为重要的研究分支。研究出口贸易关系持续时间，把握贸易关系生存和演变规律及其影响因素，既有利于从出口增长的"集约边际"稳定和深化现有出口贸易关系，也有利于从"扩展边际"角度开发新的贸易关系。出口贸易持续时间分析对研究出口增长有重要价值，为深化出口贸易关系和开拓更广阔的国际市场提供依据，而且在一定程度上可以推动市场多元化战略的有效实施。因此，基于时间维度探讨贸易关系持续时间具有重要意义。

从中国汇率制度改革发展进程来看，尤其是2015年8月11日开启的第三次人民币汇率形成机制改革以来，人民币汇率双向波动加剧、定价机制更为灵活、汇率变动更富于弹性。人民币汇率变动的新常态将对国民经济运行、国际贸易开展及国际贸易关系的稳定产生新的重要影响。传统的加总分析方法掩盖了经济主体在中观和微观层面上的异质性,容易导致"加总谬误"。因此,建立更科学、更能体现行业特征和产业差异的人民币汇率波动指标体系,评估人民币汇率变动对贸易关系稳定性的影响,具有重要意义,这正是本章旨在探讨的重要问题。

本章第一节采用生存统计方法对中国出口贸易关系进行了统计分析;第二节基于产品层面出口数据,构建了双边汇率波动变量,研究了双边汇率波动对于中国出口贸易关系的影响;第三节以中国向"一带一路"沿线国家的出口数据为样本,构建第三方汇率波动变量并探讨了第三方汇率波动如何影响双边贸易关系;第四节构建了更加细化的产品层面异质性有效汇率,考察了有效汇率变动对出口贸易持续时间的影响;第五节为章节总结。

第一节 贸易关系生存统计分析

经典贸易理论假定贸易关系一旦建立,就会长时间持续下去。然而,Besedeš 和 Prusa 对美国进口贸易持续时间的研究发现美国进口贸易的平均生存时间为 2—4 年,且大多数贸易关系都存在多个持续时间段,同时发现如果一个贸易关系在最初几年能够持续存在,那么风险率将大幅下降。[1] 此后,贸易关系生存分析方兴未艾。

Nitsch 利用 1995—2005 年 CN-8 位数的产品数据研究德国进口贸易关系的持续时间,发现大多数贸易关系生存时间少于 3 年;[2] Brenton 等基于 82 个发展中国家 1985—2005 年 SITC-5 位码层面的贸易数据,研究

---

[1] Besedeš T., and T. J. Prusa, "Product Differentiation and Duration of US Import Trade", *Journal of International Economics*, Vol. 70, No. 2, 2006, pp. 339–358.

[2] Nitsch V., "Die Another Day: Duration in German Import Trade", *Review of World Economics*, Vol. 145, No. 1, 2009, pp. 133–154.

发现大多数贸易关系的生存时间不超过 5 年;① Besedes 和 Blyde 在 SITC – 4 位码产品层面的研究结果表明拉丁美洲出口贸易持续期较短,其生存率与美国欧盟地区相比较低;② Besedeš 和 Prusa 基于 1975—2003 年 SITC – 4 位码产品层面的数据,研究不同国家和地区出口贸易关系的生存特点和生存率,发现发达国家和较为成功的发展中国家贸易关系生存率明显偏高;③ Esteve – Pérez 等学者通过对 1997—2006 年西班牙企业层面的研究发现西班牙企业出口贸易关系的中位持续时间仅为 2 年。④

国内有关贸易关系持续时间的研究出现得较晚。何树全和张秀霞利用 1989—2008 年中国对美国农产品出口贸易数据的研究结果表明,农产品出口平均生存时间只有 3.9 年;邵军基于 1995—2007 年 HS – 6 位数编码的出口贸易细分数据研究中国出口贸易持续期限,结果显示中位生存时间为 2 年,总体 K – M 估计生存率下降趋势较快;⑤ 陈勇兵等学者研究了 2000—2005 年中国企业出口持续时间,并对出口生存函数做了总体估计、分区域估计和分企业所有制估计,估计结果显示中国企业出口贸易关系持续期存在以下特点:持续时间短、出口贸易分布地区集聚以及不同所有制企业的贸易关系持续期存在显著的差异;⑥ 周世民、许昌平、逯宇铎等学者也分别对中国不同年份的企业出口数据进行生存分析并得出

---

① Brenton P. , C. Saborowski, and E. V. Uexkull, "What Explains the Low Survival Rate of Developing Country Export Flows?", *Policy Research Working Paper*, Vol. 24, No. 3, 2013, pp. 474 – 499.

② Besedes T. , and J. Blyde, "What Drives Export Survival? An Analysis of Export Duration in Latin America", Inter – American Development Bank, Mimeo183 – 192, 2010.

③ Besedeš T. , and T. J. Prusa , "The Role of Extensive and Intensive Margins and Export Growth", *Journal of Development Economics*, Vol. 96, No. 2, 2011, pp. 371 – 379.

④ Esteve – Pérez S. , F. Requena – Silvente, and V. J. Pallardó – Lopez, "The Duration of Firm-Destination Export Relationships:Evidence from Spain, 1997 – 2006", *Economic Inquiry*, Vol. 51, No. 1, 2013, pp. 159 – 180.

⑤ 何树全、张秀霞:《中国对美国农产品出口持续时间研究》,《统计研究》2011 年第 2 期;邵军:《中国出口贸易联系持续期及影响因素分析——出口贸易稳定发展的新视角》,《管理世界》2011 年第 6 期。

⑥ 陈勇兵、李燕、周世民:《中国企业出口持续时间及其决定因素》,《经济研究》2012 年第 7 期。

了相近的结果；① 杜运苏和杨玲、杜运苏和王丽丽则基于产品层面的贸易数据分析出口贸易关系持续时间，研究发现中国出口关系持续时间较短且大都存在多个持续时间段；② 陈勇兵、冯伟、杜运苏等学者分析中国农产品出口贸易关系的生存时间，得出了一致的结果：中国农产品出口贸易关系存在明显的动态变化，而且总体上出口持续时间较短。③

现有文献为我们深入研究出口贸易关系持续时间奠定了良好基础。但就目前研究来看，样本区间普遍较短，涵盖2010年及以后区间的相关分析更少，难以保证相关结论的稳健性和时效性；针对SITC-5位码层面的分析相对匮乏；对于子样本分类的划分和分类估计不够深入。本节基于1992—2015年SITC-5位码产品层面中国出口贸易的细分数据，运用生存分析方法对中国出口生存函数进行总体估计，按照目的国收入水平进行分类估计，进一步计算出产品层面的技术复杂度并进行分类估计，最后绘制了长、短期贸易关系的区域分布图。通过深入展开对比研究，以期更准确、更细致地把握中国出口贸易关系现状，提出针对性建议。

一　中国出口贸易关系持续时间的分布特征

（一）数据来源及变量定义

本节选用联合国商品贸易数据库1992—2015年中国对世界各国SITC-5位码层面的产品出口数据，研究中国出口贸易关系的持续时间。5位码是目前能够获得的SITC最精细的分类。

出口贸易关系是指中国某产品出口到特定目的国市场到退出该市场

---

① 周世民、孙瑾、陈勇兵：《中国企业出口生存率估计：2000—2005》，《财贸经济》2013年第2期；许昌平：《中国企业进出口市场的持续时间及其决定因素》，《当代经济科学》2013年第5期；逯宇铎、陈金平、陈阵：《中国企业进口贸易持续时间的决定因素研究》，《世界经济研究》2015年第5期。

② 杜运苏、杨玲：《中国出口贸易关系的生存分析：1995—2010》，《国际贸易问题》2013年第11期；杜运苏、王丽丽：《中国出口贸易持续时间及其影响因素研究——基于Cloglog模型》，《科研管理》2015年第7期。

③ 陈勇兵、蒋灵多、曹亮：《中国农产品出口持续时间及其影响因素分析》，《农业经济问题》2012年第11期；冯伟、邵军、徐康宁：《我国农产品出口贸易联系持续期及其影响因素：基于生存模型的实证研究》，《世界经济研究》2013年第6期；杜运苏、陈小文：《我国农产品出口贸易关系的生存分析——基于Cox PH模型》，《农业技术经济》2014年第5期。

的状态，出口贸易关系的持续时间就是以产品从进入目的国市场直至退出该市场所经历的时间（没有间断）。在一定时期内，某一个商品出口到某一特定目的国市场持续存在一段时间，并在某一时点退出该市场之后（至少一年），可能又重新进入该市场，因此一个出口贸易关系可能会存在多个持续时间段。为了更好地理解上述定义，表5—1给出了部分出口贸易关系生存时间的分布情况。可以看出，ABW55411、ABW58211和ABW84324这三个贸易关系就存在多个持续时间段。

表5—1　　　　　　　　出口贸易关系生存时间举例

TRID	92	93	94	95	96	97	98	99	00	01	02	03	04	05	06	07	08	09	10	11	12	13	14	15	Nos
ABW55411	*	*						*	*	*															2
AFG07412	*	*	*	*	*	*	*	*	*	*	*	*	*	*	*	*	*	*	*	*	*	*	*	*	1
ABW01235					*	*	*	*	*	*	*	*	*	*											1
ABW58211											*	*	*					*			*			*	4
ABW84324	*	*					*					*								*	*	*		*	5

注：贸易关系代码TRID是由"目的国ISO3代码＋SITC－5位码"构成，例如"ABW55411"表示中国出口至阿鲁巴（ISO3代码为ABW）的"肥皂和做肥皂用的条状、块状、模片状或模制状的有机表面活性产品及制品以及供盥洗用的浸渍过、涂过或涂抹了肥皂或去垢剂的纸、填料、毛布和非纺织物（包括药用制品）"产品（SITC－5位码编号为55411）；Nos表示持续时间段数量。

生存分析总是会碰到数据删失情况。本节样本选取时间段为1992—2015年，但1992年之前和2015年之后贸易关系状况未知，造成数据删失。例如表5—1中贸易关系ABW55411如果在1991年就存在，那么该关系的持续时间至少是3年，这属于数据的左删失；贸易关系AFG07412和ABW84324在2015年仍然存在，如果这两个贸易关系在2016年仍存在，就属于数据的右删失。对于左删失问题，我们删除了起始时间为1992年的贸易关系持续时间段，贸易关系最长持续时间为22年，而对于右删失问题，生存分析方法可以很好地解决。

（二）数据统计描述

对数据经过上述处理之后，1992—2015年间总共有3019809个有效观测记录，有731344个持续时间段，贸易关系（产品—目的国组合）个数为344077，其中只有一个持续时间段的贸易关系数为150985，也就是有近56%的贸易关系存在至少两个持续时间段，体现出我国出口产品频繁地进入和退出目的国市场。

表5—2统计了贸易关系持续时间及分布情况。可以看出，40.94%的出口关系持续时间仅为1年，能够持续6年及以上的时间段仅占总量的22.72%，且截至每年末中断的贸易关系段数基本保持稳定，说明我国产品出口持续时间存在负时间依存性，即随着贸易持续时间的增长，贸易关系终止的风险逐渐降低。

表5—2 产品出口持续时间描述性统计

持续时间	时间段个数	百分比	累积百分比	持续时间	时间段个数	百分比	累积百分比
1	299448	40.94	40.94	12	11724	1.60	90.62
2	143705	19.65	60.59	13	10790	1.48	92.10
3	63732	8.71	69.31	14	10087	1.38	93.48
4	35407	4.84	74.15	15	9288	1.27	94.75
5	22902	3.13	77.28	16	9251	1.26	96.01
6	18360	2.51	79.79	17	6811	0.93	96.94
7	14835	2.03	81.82	18	5139	0.70	97.65
8	14277	1.95	83.77	19	4148	0.57	98.21
9	12809	1.75	85.52	20	3345	0.46	98.67
10	12824	1.75	87.28	21	3563	0.49	99.16
11	12749	1.74	89.02	22	6150	0.84	100.00
				合计	731344	100.00	

二 中国出口贸易关系生存函数估计

（一）生存分析模型

生存分析多用生存函数（生存率）或危险函数（危险率）来描述生存时间的分布特征及趋势。生存函数反映的是一段已经延续到 t 期的贸易关系，在第 t 期之后能够继续生存下去的条件概率。为了构建中国出口贸易关系持续时间的生存函数，令 T 为某一产品出口到某一特定目的地国家市场生存时间的长度，且假设 T 是离散型的随机变量，取值范围为 $t=1,2,3,\cdots\cdots$，i 是某个特定贸易关系的生存时间段。用 S_{it} 表示随机变量 T 的生存函数，即某一段出口贸易关系 i 持续时间超过 t 的概率：

$$S_{it} = P\,(T_i > t) \tag{5—1}$$

该段贸易关系在 $(t-1, t]$ 时间段内终止的条件概率，即风险函数表示为：

$$H_{it} = P\,(t-1 < T_i \leqslant t \mid T_i > t-1) = \frac{P\,(t-1 < T_i \leqslant t)}{P\,(T_i > t-1)} \tag{5—2}$$

生存函数和风险函数的非参数估计都是由 K-M 乘积限估计式给出的，具体而言，将观测样本按持续期由低到高排列，令 n_k 表示为 k 期置于风险状态的贸易关系总量，d_k 为 k 期终止的贸易关系。则生存函数 $S(t)$ 和风险函数 $H(t)$ 估计式分别为：

$$\hat{S}(t) = \prod_{k=1}^{t}\left(1 - \frac{d_k}{n_k}\right) \tag{5—3}$$

$$\hat{H}(t) = \frac{d_t}{n_t} \tag{5—4}$$

(二) 生存函数估计

基于式 (5—1) 至 (5—4)，构造生存函数和风险函数，从整体上分析我国出口贸易关系持续时间段在全球范围内的分布情况，并进一步从目的国收入水平和出口产品的技术复杂度两个方面分类估计我国出口贸易关系持续时间的特点。

1. 总体估计

在估计总体生存函数时，我们给出了全部样本 (Full Sample)、第一个持续时间段 (First Spell) 以及只有一个持续时间段 (Only One Spell) 三种样本下的生存函数估计结果 (见表 5—3 中总体估计部分)。

表5—3　　　　　　　　　生存函数估计

		生存时间		K-M估计法生存率					持续时间			持续时间段个数	贸易关系个数
		均值	中位值	1年	5年	10年	20年	22年	25%	50%	75%		
样本	Full sample	4.13	2	0.620	0.349	0.268	0.226	0.224	1	3	13	731344	344077
	First Spell	3.54	1	0.431	0.192	0.162	0.148	0.147	1	1	3	321874	321874
	Only One Spell	5.70	2	0.686	0.559	0.530	0.505	0.502	1	.	.	150985	150985
收入水平	High income: OECD	5.14	2	0.661	0.397	0.312	0.267	0.264	1	3	.	128656	60568
	High Income: NON-OECD	4.05	2	0.616	0.348	0.266	0.223	0.218	1	3	13	105082	50157
	Upper Middle Income	4.26	2	0.628	0.361	0.283	0.247	0.246	1	3	19	182308	85641
	Low Middle Income	4.04	2	0.618	0.346	0.267	0.221	0.220	1	3	13	183163	84015
	Low Income	3.19	2	0.578	0.294	0.213	0.172	0.170	1	2	7	105196	48051
	Others	3.04	2	0.561	0.257	0.159	0.120	0.118	1	2	6	26939	15645
技术水平	低技术	3.35	2	0.579	0.290	0.203	0.153	0.152	1	2	7	147935	70711
	中低技术	4.05	2	0.619	0.354	0.282	0.25	0.248	1	3	20	214223	102582
	中等技术	3.94	2	0.617	0.351	0.278	0.244	0.242	1	3	17	41828	20260
	中高技术	4.31	2	0.632	0.355	0.266	0.217	0.213	1	3	12	186829	84086
	高技术	4.88	2	0.650	0.393	0.316	0.277	0.275	1	3	.	135851	64107
	特高技术	4.82	2	0.638	0.379	0.293	0.25	0.242	1	3	21	4678	2331

从表5—3中可以看出我国产品出口贸易关系的持续时间存在以下特点：首先，总体来看，中国出口贸易持续时间普遍较短，22年的观测期平均生存时间仅为4.13年，绝大多数出口贸易关系在5年内终止，而且第一年的失败率高达38%，持续时间6年及以上的贸易关系生存率才开始趋于平稳；其次，56%的贸易关系存在两个及两个以上的持续时间段，平均每个贸易关系有2.13个持续时间段；再次，中国出口贸易关系在建立初期持续的时间普遍较短，贸易关系的第一个持续时间段平均生存时间和中位数分别为3.54和1，都低于全体样本的估计结果，而且贸易关

系在建立后第一年的失败率高达56.9%；最后，只有一个持续时间段的贸易关系在中位数上与全样本无异，但平均生存时间5.7年要高于其他两个样本，而且在建立初期的失败率要小于全样本，生存时间持续22年的贸易关系生存率高达50.2%。

图5—1中左图和右图分别是三个样本估计的生存函数和风险函数，更加直观地展现出不同样本贸易关系随生存时间增加时生存率（风险）的变化情况。由左图看出，中国出口贸易关系在建立初期的生存率较低，而且持续时间存在负的依存性，生存5年以上的贸易关系生存率处于平稳状态。右图从贸易关系风险的角度给出了与左图同样的结论，即在贸易关系建立初期风险上升速度较快，随着生存时间的延长风险逐渐降低，并趋于平稳。

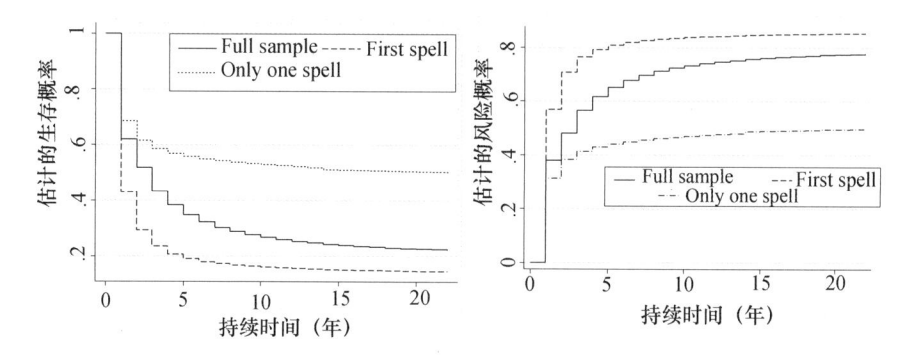

图5—1 生存函数和风险函数的总体估计

注：生存函数总体估计（左），风险函数总体估计（右）。

2. 基于目的国收入水平的分类估计

从表5—3目的国收入水平的分类估计结果来看，目的国收入水平的高低与贸易关系持续时间的长短呈正相关关系。除其他部分岛国（Others）外，出口到低收入水平国家（Low Income）的贸易关系生存率较其他收入分类要低很多，平均生存时间仅为3.19年。出口到经合组织高收入国家（High Income：OECD）的贸易关系生存率最高，平均生存时间为5.14年，高于全体样本平均水平，持续时间为20年以上的贸易关系生存率高于其他样本。出口到非经合组织高收入国家（High Income：NON -

OECD)的贸易关系平均生存时间和生存率都要低于中高收入国家（Upper Middle Income），与中低收入国家（Lower Middle Income）基本持平。

从失败率来看，与亚太经合组织的高收入国家贸易关系持续时间的失败率最低，不超过75%；其余依次分别为中高收入国家、中低收入国家、非亚太经合组织的高收入国家、低收入国家。说明目的国收入水平越高，出口贸易风险越小，出口贸易关系的生存率越高，持续时间越长。

3. 基于出口产品技术复杂度的分类估计

我们进一步计算出口产品的技术复杂度作为产品分类估计的标准。技术复杂度计算公式如下：

$$RTV_j = \sum_{i=1}^{n} W_{ij} Y_i \tag{5—5}$$

其中，RTV_j 代表 j 产品的技术复杂度指数，Y_i 为 i 国人均 GDP，n 表示国家总数，W_{ij} 表示权重，计算表达式为 $W_{ij} = RCA_{ij} / \sum_{i=1}^{n} RCA_{ij}$，$RCA_{ij}$ 为 i 国出口产品 j 在国际上的比较优势，计算公式为：

$$RCA_{ij} = \frac{X_{ij}}{\sum_{j=1}^{m} X_{ij}} \Bigg/ \frac{\sum_{i=1}^{n} X_{ij}}{\sum_{j=1}^{m} \sum_{i=1}^{n} X_{ij}} \tag{5—6}$$

其中，m 为产品数目。经过上述运算处理后，我们参考魏浩的做法，将产品依据技术复杂度划分为较低技术（低技术、中低技术、中等技术）和较高技术（中高技术、高技术、特高技术）两大类。6个子类产品中位生存时间都为2年，但是生存率和贸易关系个数存在明显差异（图5—2）。①

在表5—3较低技术产品类别中，中低技术产品是中国出口贸易中竞争优势较为明显的类别，虽然生存率与中等低技术产品基本持平，但其平均生存时间为4.05年，要明显高于其他两个类别，主要原因是这部分产品大都属于我国具有竞争优势的劳动密集型产品，而且中低技术产品

---

① 魏浩：《进口定价权、进口价格与不同类型商品的进口战略——基于微观产品数据的实证分析》，《世界经济与政治论坛》2016年第1期。

的贸易关系总数也是最高的。从失败率的角度来看，75%的中低技术产品贸易关系在20年内终止，其持续时间高于其他样本。

在表5—3较高技术产品类别中，三个子类别样本之间生存率的估计结果差距不是很大，而且较高技术产品的生存率普遍高于较低技术产品的生存率，说明高技术产品的贸易关系更容易持续。从失败率来看，高技术产品贸易关系失败率不足75%。

从总体贸易关系数量上来看，较高技术类别贸易关系个数要远少于较低技术产品类别，说明我国出口产品多属于中低技术水平。由图5—2也可以直观看出各子类别之间生存率存在差异，但其门槛效应差别不大，生存率基本都在5年之后趋于稳定。

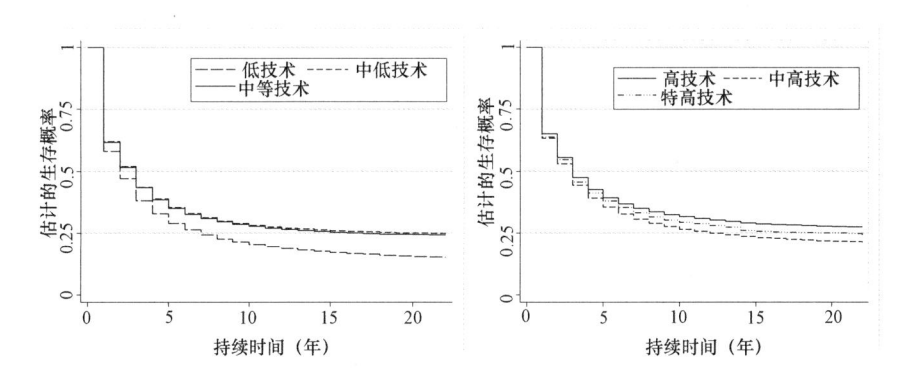

图5—2　不同技术复杂度类别产品的生存函数

注：较低技术产品生存函数（左），较高技术产品生存函数（右）。

（三）贸易关系持续时间的地域分布

图5—2说明中国出口贸易关系在1—5年期间面临终止的风险较大，而一旦贸易关系超过5年，其面临终止的风险迅速降低。鉴于样本观测期为1992—2015年，去掉左删失数据后最长观测时间为22年，我们把中国出口贸易关系根据持续时间长短分为3个层段：短期（1—5年）、中长期（6—20）、长期（20年及以上），从而能够直观分析中国出口贸易持续时间段数量的地域分布情况。

图5—3和图5—4中颜色越深的区域，表示贸易关系分布数量越多。

图5—3反映了短期贸易关系的分布区域,图5—4反映了长期贸易关系的分布区域。可以看出,中国短期出口贸易关系主要集中在中亚、东南亚太平洋地区、非洲部分国家、拉丁美洲、加拿大、俄罗斯以及部分东欧国家;中国出口长期贸易关系与短期贸易关系的分布存在明显差别,出口长期贸易关系主要集中于北美、西欧、南美以及环太平洋地区。

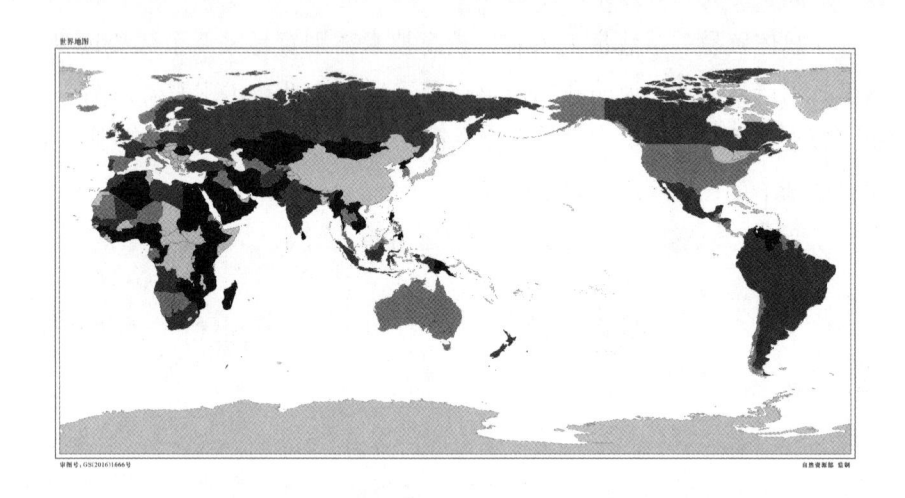

图5—3 中国短期出口贸易关系持续时间分布图

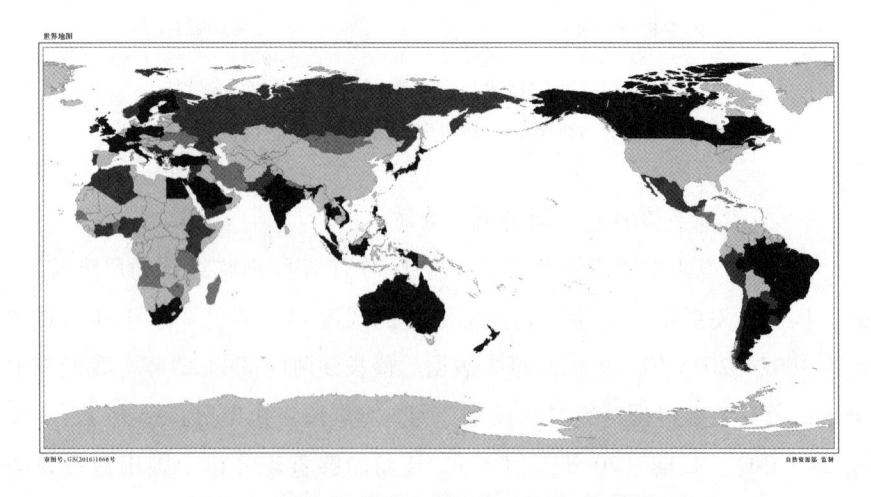

图5—4 中国长期出口贸易关系持续时间分布图

三　主要结论与启示

本节采用非参数 K – M 方法估计中国 1992—2015 年出口贸易关系的生存率以及分布情况，主要得出以下结论：（1）从总体上看，中国出口贸易关系普遍存在多个持续时间段，而且持续时间较短，平均生存时间仅为 4.13 年，贸易关系建立初期风险率快速上升，随着持续时间的延长，风险函数呈负时间依存性。（2）通过分类估计发现，各子类别之间贸易关系持续时间的生存率也存在显著的差异：目的地国家收入水平越高，中国对其出口产品贸易关系的持续时间越长，生存率越高；产品的技术复杂度越高，出口贸易关系的持续时间越长。（3）短期和长期贸易关系的分布地域明显不同，长期贸易关系主要分布于西欧、北美和南美，短期贸易关系则主要分布于中国近邻区域、南美地区和加拿大。基于上述分析，我们提出如下政策建议：

首先，重视出口贸易集约增长，深化现有贸易关系。产品层面贸易关系的动态变化由贸易企业进入或退出国际市场等微观主体行为所体现出来，企业频繁进出国际市场影响企业通过出口获得"学习效应"，影响企业出口绩效，[①] 也事关中国出口持续稳定地发展。因此，我们应鼓励出口企业巩固长期贸易关系，发展短期贸易关系，推动出口集约增长。

其次，注重改善贸易结构，促进贸易结构升级。中国以出口中低技术复杂度产品为主，产品需求弹性低，替代性强，贸易关系不易维持，而高技术复杂度产品出口贸易关系持续时间更长。因此，国家应通过实施战略性贸易政策，助力高技术产品企业在国际市场上赢得竞争优势，促进比较优势的升级转换和贸易结构的改善提升。

再次，建立目的国贸易风险评估系统，提高贸易关系生存概率。研究表明，出口贸易关系在建立初期面临较高的风险，持续大约 5 年之后风险迅速降低，而且目的地收入水平显著影响贸易关系的持续时间。企业如果缺乏对目的国政治、经济和文化的充分了解，首次出口必然面临

---

① 原磊、邹宗森：《中国制造业出口企业是否存在绩效优势——基于不同产业类型的检验》，《财贸经济》2017 年第 5 期。

较大的市场风险,微观企业通常难以收集足够的信息来识别和评估目的国贸易风险。国家层面就有必要及时采集和量化评估国别贸易风险,通过信息平台及时发布相关信息,供企业出口决策所用。

第二节 双边汇率波动与贸易持续时间

出口贸易一直是我国经济增长的重要引擎。受金融危机影响,近年我国出口贸易增长趋缓甚至出现负增长。汇率作为一个重要的国际经济变量,是由宏观经济、金融和贸易因素交互作用内生决定的,但对于微观贸易主体而言,汇率变动则是外生的,[①] 汇率变动意味着微观层面产品国际相对价格的调整,是进出口贸易的重要影响因素。同时,汇率是开放经济国家重要的宏观调控政策工具,对于平衡国际收支,促进经济增长,稳定物价以及扩大就业具有重要意义。

2005年7月21日,中国人民银行(以下简称"央行")宣布实施"以市场供求为基础、参考一篮子货币进行调节、有管理的浮动汇率制度",我国加快了汇率改革步伐。2007年5月21日,央行宣布将人民币兑美元汇率日波动区间从0.3%扩大至0.5%。随着2007年国际金融危机爆发和经济形势的恶化,央行一度将人民币汇率重新盯住美元作为稳定国内经济的汇率政策,人民币汇率形成机制改革有所停滞。2010年6月19日,央行宣布提高人民币汇率弹性,增强人民币交易的灵活性,结束了人民币与美元事实上挂钩的制度,重新参考一篮子货币进行调节。2012年4月14日,央行发布公告将人民币对美元汇率浮动区间由±0.5%扩大到±1%。2014年3月15日,央行宣布将人民币兑美元汇率浮动区间由±1%扩大到±2%。2015年8月11日,央行宣布实施人民币汇率形成机制改革,是"里程碑"事件,改革内容包括中间价参考依据上个交易日收盘价以及允许汇率日浮动区间±2%等。2015年12月11日,央行推出"收盘价+一篮子货币"的新中间价定价机制,试图改善人民

---

① Auboin M., and M. Ruta, "The Relationship Between Exchange Rates and International Trade: A Literature Review", *World Trade Review*, Vol. 12, No. 3, 2013, pp. 577 – 605.

币汇率变动预期。人民币汇率形成机制一系列改革意图比较明显，即打破人民币汇率单边升贬值预期，增强汇率双向浮动弹性；不再紧盯美元，而是转向参考一篮子货币定价。2017年5月26日，央行修改人民币对美元中间价定价机制，在原来基础上，添加"逆周期调节"因子，以本国经济金融状况为锚，意在削弱美元对人民币汇率的牵制和影响，分散全球货币风险。

2015年8月11日至今，央行不断调整和完善人民币汇率中间价定价机制，彰显了央行关于人民币汇率形成机制改革的决心。人民币汇率的大幅波动使人民币汇率问题从政府和学术热点变为公众和媒体关注的焦点。① 人民币汇率双向浮动区间扩大，意味着人民币汇率波动放大且将成常态，而汇率波动对于进出口贸易的影响也应谨慎评估。在国际市场需求低迷和人民币汇率波动加大的背景下，探究汇率波动对出口贸易关系持续时间的影响，对于完善和优化汇率政策，稳定现有贸易关系以保持出口贸易集约边际的增长，以及开拓新贸易关系进而实现出口贸易扩展边际的增长，均具有十分重要的意义。

一 文献综述

汇率波动与贸易关系理论方面的探讨始于20世纪70年代，然而迄今为止，汇率波动对国际贸易的影响，不管是理论还是实证研究领域，现有研究都尚未得到一致性的结论。Clark 基于风险厌恶假设，认为汇率波动对贸易产生负向影响；② 然而 De Grauwe 指出汇率波动对出口的影响取决于收入效应和替代效应的共同作用，因而是不确定的，两种观点均得到了广泛支持。③ 实证研究方面，也尚未形成共识，研究结论存在负向影响、正向影响抑或没有影响三种情形。针对中国的研究中，李广众和

---

① 周远游、刘莉亚、盛世杰：《基于汇改视角的人民币汇率异常波动研究》，《国际金融研究》2017年第5期。

② Clark P. B., "Uncertainty, Exchange Risk, and the Level of International Trade", *Economic Inquiry*, Vol. 11, No. 3, 1973, pp. 302–313.

③ De Grauwe P., "Exchange Rate Variability and the Slowdown in Growth of International Trade", *IMF Economic Review*, Vol. 35, No. 1, 1988, pp. 63–84.

Voon Lan P. 的研究表明汇率波动对中国制造业各行业的影响存在差异，并非都呈现负向效应；① 黄锦明发现人民币汇率变动对进出口的影响在长期和短期内是不同的；② 范祚军和陆晓琴以中国对东盟国家出口数据为样本，发现人民币汇率变动对出口贸易的影响因出口目的地不同而存在差异。③

随着异质性企业贸易理论的兴起，学者对于汇率波动与贸易关系的理论分析和实证研究日渐深入。汇率波动增大出口企业经营风险，降低出口绩效，当企业感知汇率风险变化，会做出进入或退出国际市场的决策；汇率波动可能会产生出口沉没成本，本币的后期升值也可能降低前期投入的回报率，因而企业不愿意进入汇率剧烈波动的出口市场；④ 汇率波动构成可变贸易成本，显著影响多产品出口企业的出口决策，包括改变出口目的地以及选择合理的出口产品种类。⑤

企业进入和退出国际市场的动态决策，影响贸易关系存续。贸易关系持续时间是分析贸易关系的一个重要维度，Besedeš 和 Prusa 首次定义了贸易关系持续时间，并运用生存分析方法研究了美国进口贸易持续时间的分布特点。⑥ Nitsch 分析德国进口贸易持续时间及其影响因素，发现引力模型变量对进口贸易关系持续时间产生十分显著的影响。⑦ 陈勇兵、

---

① 李广众、Voon Lan P.：《实际汇率错位、汇率波动性及其对制造业出口贸易影响的实证分析：1978—1998 年平行数据研究》，《管理世界》2004 年第 11 期。

② 黄锦明：《人民币实际有效汇率变动对中国进出口贸易的影响——基于 1995—2009 年季度数据的实证研究》，《国际贸易问题》2010 年第 9 期。

③ 范祚军、陆晓琴：《人民币汇率变动对中国—东盟的贸易效应的实证检验》，《国际贸易问题》2013 年第 9 期。

④ Héricourt J. M., and C. Nedoncelle, "How Multi-Destination Firms Shape the Effect of Exchange Rate Volatility on Trade: Micro Evidence and Aggregate Implications", *CEPII Working Paper*, No. 2016-05, 2016.

⑤ Bernard A. B., S. J. Redding, and P. K. Schott, "Multiproduct Firms and Trade Liberalization", *The Quarterly Journal of Economics*, Vol. 126, No. 3, 2011, pp. 1271-1318.

⑥ Besedeš T., and T. J. Prusa, "Product Differentiation and Duration of US Import Trade", *Journal of International Economics*, Vol. 70, No. 2, 2006, pp. 339-358.

⑦ Nitsch V., "Die Another Day: Duration in German Import Trade", *Review of World Economics*, Vol. 145, No. 1, 2009, pp. 133-154.

李燕和周世民的研究表明企业特征显著影响出口持续时间。① 苏振东等认为企业金融健康和融资约束状况影响企业出口贸易关系持续时间。② 邵军、李永等学者发现传统引力模型变量、初始贸易额和单位价格等产品层面变量以及有效汇率等因素对产品出口持续时间都存在较为显著的影响。③ 此外，也有部分学者针对特定行业进行研究，行业涉及农产品、制造业和文化产业等。

在现有研究基础上，本节首先采用联合国商品贸易数据库 SITC - 5 位码细化产品层面数据，产品分类更细，样本国家更广，时间跨度更长，因而可以避免使用加总数据弱化汇率波动与出口贸易的关系，获得稳健性结论；其次，现有文献大多考察汇率波动对出口价格、成交数量及金额的影响，本节则选择了一个新的视角，即基于时间维度，采用生存分析方法研究汇率波动对中国出口贸易关系持续时间的影响；最后，本节不仅考察了双边实际汇率波动对中国出口贸易关系持续时间的直接影响，还构建第三方实际汇率波动变量考察了其对中国出口贸易关系持续时间的间接影响。

二 出口贸易关系生存统计

本节定义"出口贸易关系"为中国出口某一特定产品到特定目的地（即"产品—目的地"组合）直到退出该市场的状态，出口贸易关系的持续时间则是该产品从进入市场到退出市场所经历的时间。④ 本节数据来源

---

① 陈勇兵、李燕、周世民：《中国企业出口持续时间及其决定因素》，《经济研究》2012 年第 7 期。

② 苏振东、刘淼、赵文涛：《微观金融健康可以提高企业的生存率吗？——"新常态"背景下经济持续健康发展的微观视角解读》，《数量经济技术经济研究》2016 年第 4 期。

③ 邵军：《中国出口贸易联系持续期及影响因素分析——出口贸易稳定发展的新视角》，《管理世界》2011 年第 6 期；李永、金珂、孟祥月：《中国出口贸易联系是否稳定?》，《数量经济技术经济研究》2013 年第 12 期。

④ 需要说明，在数据整理时，我们参考冯等田等学者的做法：若出口时间仅间隔一年仍被视为一个贸易关系持续时间段，原因是联合国商品贸易数据库仅统计贸易额超过 1000 美元的交易记录，若偶然出现一年的间隔，有理由认为是贸易额临时低于 1000 美元而未被统计，但实际上贸易关系可能仍是连续的，这也是对现有大多数基于产品层面贸易关系定义的一个合理改进。冯等田、王秀玲、张义强：《中国出口贸易关系生存分析：1992—2015》，《青海社会科学》2017 年第 3 期。

于联合国商品贸易数据库 SITC-5 位码细分中国的出口贸易数据,每条原始记录包含报告国(即中国)、产品编码、目的国(地区)、年份、贸易流向、贸易额、贸易量等信息。我们将样本区间设定为 1999—2015 年,[①] 共有 3889411 条观测记录,共出口 3063 种产品,出口至 217 个目的国(地区)。为了获得具有代表性的样本,我们对 2011—2015 年中国出口到各个目的国家的出口额进行汇总,并按出口额排序后保留前 80% 的国家样本,最终参与分析的样本有 3706211 条观测记录,中国在 1999—2015 年间出口 3063 种产品至 170 个目的国(地区)。

为了初步了解出口贸易关系的动态变化,我们首先删除样本中左删失数据[②],然后借助 Kaplan-Meier(K-M)生存统计方法考察出口持续时间的分布特征。统计结果显示我国出口贸易关系持续时间的平均值为 4.87 年,而本节研究的时间区间为 1999—2015 年,显然我国出口贸易持续时间普遍较短。然后,我们依据生存函数和危险函数来绘制出口贸易关系持续时间分布图(见图 5—5)。左侧为生存函数,出口贸易关系在建立初期的生存率为 66%,第 5 年末的生存率为 45.2%;右侧为累积风险函数,第 3 年末累积风险概率为 57.3%,第 5 年末的累积风险达到了 74%,说明大多数贸易关系在 5 年内终止。

生存统计仅是对中国出口贸易关系特征的一个直观分析和初步判断,若要考察其影响因素,则需要借助生存分析计量模型,进行深入分析。现有文献多采用连续时间 COX 比例风险模型和离散时间生存分析模型进行贸易持续时间分析。Hess 和 Persson 指出 COX 模型存在三个严重缺陷:生存时间节点问题、难以控制不可观测的异质性以及风险比例模型设定不合理的问题,离散时间生存分析模型可以解决 COX 模型上述不足。因此,本节

[①] 欧元区是中国重要的贸易伙伴,欧元于 1999 年 1 月 1 日正式启用,考虑到欧元区成员国的汇率数据衔接问题,本节设定样本区间为 1999—2015 年。

[②] 1999 年以前和 2015 年以后的数据为删失数据,左删失数据为 1999 年存在出口统计记录的贸易关系,K-M 方法不能有效处理,目前普遍做法是删除左删失数据,但 K-M 可以有效地处理右删失数据。在回归分析部分,Clogclog 模型可以有效处理删失数据。

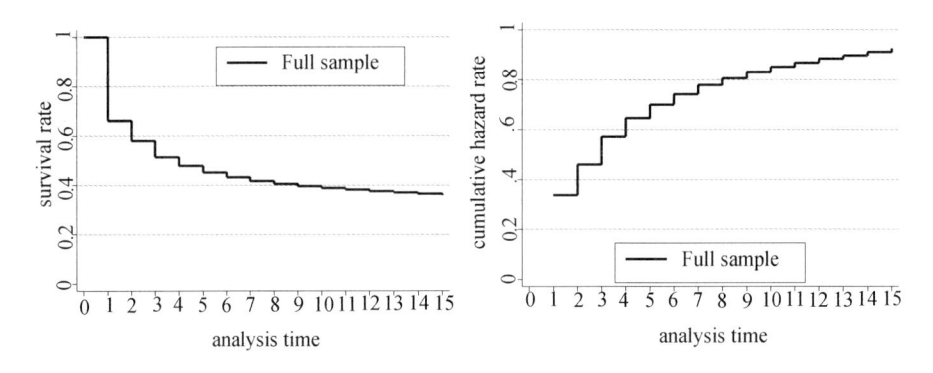

图5—5 生存函数和累积风险函数

第三和第四部分基于离散时间生存分析模型进行实证分析。①

三 计量模型与变量

(一) 模型设定

令 T_i 表示贸易关系 i 持续时间的长度，离散时间模型中，贸易关系持续生存时间研究的重点在于某一特定贸易关系在 $[t_{k-1}, t_k]$ 时间范围内终止的概率，其中 $k=1, 2, \cdots, t_1=0$，我们称这一概率为离散时间风险概率，基本形式如下：

$$h_{ik} = P(t_{k-1} < T_i \leq t_k \mid T_i > t_{k-1}) = \frac{P(t_{k-1} < T_i \leq t_k)}{P(T_i > t_{k-1})} = F(x'_{ik}\boldsymbol{\beta} + \boldsymbol{\gamma}_k) \tag{5—7}$$

其中，i 表示一个特定的贸易关系持续时间段（$i=1, \cdots, n$），x_{ik} 表示时间依存协变量向量，$\boldsymbol{\gamma}_k$ 是基准风险函数，且在不同的时间区间内有不同的形式，因此，h_{ik} 也随着时间区间的不同发生相应的变化。$F(\cdot)$ 表示 h_{ik} 的分布函数，且 $0 \leq h_{ik} \leq 1$ 在 i 和 k 取任意值的情况下都成立。引入二元变量 y_{ik}，如果某一持续时间段在第 k 年停止则 y_{ik} 取1，否则取0。根据Jenkins 可得：②

---

① Hess W., and M. Persson, "Exploring the Duration of EU Imports", *Review of World Economics*, Vol. 147, No. 4, 2011, p. 665.

② Jenkins S. P., "Easy Estimation Methods for Discrete-Time Duration Models", *Oxford Bulletin of Economics and Statistics*, Vol. 57, No. 1, 1995, pp. 129–138.

$$\ln L = \sum_{i=1}^{n} \sum_{k=1}^{k_i} [y_{ik} \ln(h_{ik}) + (1 - y_{ik}) \ln(1 - h_{ik})] \quad (5—8)$$

因此，离散时间生存分析模型可以采用二元因变量的方法进行估计。进行参数估计之前首先要设定 h_{ik} 的函数形式，通常设为正态分布、逻辑斯蒂分布和极值分布，分别对应的离散时间模型为 Probit 模型、Logit 模型和 Cloglog 模型，它们都具有 COX 模型的优点，能有效解决右删失问题和基准风险函数的非参数估计。[①] 在贸易关系持续时间影响因素的分析中多采用 Cloglog 模型，我们建立中国出口贸易关系持续时间的 Cloglog 模型如下：

$$\text{Cloglog} [1 - h_{ik}(x_{ik} | \nu)] \equiv \log\{-\log[1 - h_i(x_{ik} | \nu)]\}$$
$$= x'_{ik}\beta + \gamma_k + u \quad (5—9)$$

其中，γ_k 为随时间而变的基准危险率；x_{ik} 为解释变量集合，包括汇率变动和控制变量集；β 为待估系数向量；$u = \log(v)$；v 表示不可观测的异质性；u 用来控制产品—目的国组合的不可观测异质性。

Cloglog 离散时间模型为二值选择模型，被解释变量取值为 0 或 1。结合贸易关系的定义，如果一个贸易关系在观察期内是完整的，那么该贸易关系最后一年的被解释变量取值为 1，其余年份取 0；如果一个贸易关系在观察期内是删失的，那么该贸易关系每年的被解释变量均取值为 0。

(二) 变量构建

1. 汇率波动变量

本节核心解释变量为汇率波动，目前汇率波动的测度方法并没有统一，[②] 现有文献主要基于变异系数、标准差方法和广义自回归条件异方差模型 (GARCH) 计算汇率波动变量。我们首先采用变异系数法计算汇率波动变量进行基准回归，然后利用标准差法和 GARCH 模型获得的汇率波动变量进行稳健性检验。汇率波动变量包括两个：双边实际汇率波动和第三方实际汇率波动。

(1) 双边实际汇率波动 (Bilateral Real Exchange Rate Volatility,

[①] Sueyoshi G. T., "A Class of Binary Response Models for Grouped Duration Data", *Journal of Applied Econometrics*, Vol. 10, No. 4, 1995, pp. 411–431.

[②] Huchet-bourdon M., and J. Korinek, "To What Extent Do Exchange Rates and their Volatility Affect Trade?", *OECD Trade Policy Working Paper Series*, No. 1191–36, 2011.

BRERV）。双边实际汇率月度数据通过公式 $rer_j = e_j p_j / p$ 计算获得，其中，e_j 为人民币与目的国（地区）货币以直接标价法计价的月度名义汇率（名义汇率同一月度的日均值）；p_j 和 p 分别为目的地和中国的月度同比消费者价格指数。所需数据来自国际货币基金组织的 IFS 数据库。

双边实际汇率波动，以双边实际汇率月度数据在同年度的变异系数来测度，即用标准差除以月度平均值，以消除双边实际汇率数值量纲不同带来的影响，构建公式为：

$$BRERV_{j,t} = Std.\ Dev\ (BRER_{j,m}) / Mean\ (BRER_{j,m}) \quad (5—10)$$

（2）第三方汇率波动（External Real Exchange Rate Volatility，ERERV）。第三方汇率波动同样可以影响双边贸易，Cushman 提出了"第三方汇率效应"，认为双边贸易不仅受双边汇率波动的直接影响，还受第三方汇率波动的间接影响，在估计双边贸易时倘若忽视第三方汇率影响将导致汇率变动的贸易效应在不同时期被低估或高估，使结果有偏。[①] 国内学者王雪等研究了中国与美国、日本和欧洲的双边出口贸易受第三方汇率效应的影响大小及其特性，结果显示中国双边贸易同时受双边汇率波动和第三方汇率波动的影响，其中双边汇率波动对贸易产生负向效应，而第三方汇率波动产生正向影响。[②] 我们扩展了第三方汇率波动的含义，将出口目的地 j 以外的其他所有目的地视为中国对 j 双边出口贸易的"第三方"，然后以出口贸易额占比为权数得到加权平均的汇率波动视为第三方汇率波动，即：

$$ERERV_{j,t} = \sum_{1, c \neq j}^{n} w_{c,t} BRERV_{c,t} \quad (5—11)$$

其中，c 表示除 j 外的其他出口目的地，$w_{c,t}$ 为 t 年中国出口至 c 的出口额占总出口额的比重，满足 $\sum_{1, c \neq j}^{n} w_{c,t} = 1$。

[①] Cushman D. O., "Has Exchange Risk Depressed International Trade? The Impact of Third-Country Exchange Risk", *Journal of International Money and Finance*, Vol. 5, No. 3, 1986, pp. 361–379.

[②] 王雪、胡未名、杨海生：《汇率波动与我国双边出口贸易：存在第三国汇率效应吗?》，《金融研究》2016 年第 7 期。

2. 引力模型变量

国际贸易研究中广泛使用引力模型变量，用来诠释双边贸易流量影响因素。张凤基于中国制造业29个产业2004—2007年面板数据，研究发现大部分产业结构引力模型系数估计结果符合理论预期。① 本节引力模型变量包括目的国人均实际国内生产总值（GDP）、两国距离（Distcap）、是否有共同语言（Comlang）、目的地是否为内陆国家（Landlocked）以及目的地是否与中国接壤（Contiguity）五个变量，其中GDP数据来源于世界银行数据库，其余四个变量均来源于法国国际经济研究中心（CEPII）。Comlang为虚拟变量，中国与出口目的国至少各有9%以上的人口讲同一种语言，则取值为1，否则为0；Landlocked为虚拟变量，如果目的国为内陆国家则取值为1，否则为0；Contiguity为虚拟变量，如果中国与目的国家接壤则取值为1，否则取值为0。

结合已有文献，我们预期两国之间的距离越短、两国有共同语言以及两国之间接壤可以降低出口贸易关系失败的风险，目的国如果为内陆国则会由于贸易成本因素增加贸易关系失败的风险。

3. 产品层面变量

产品层面特征变量依据SITC-5位码层面数据计算获得，包括产品单位价格（UV）、初始贸易额（Exp）、产品多样性（Num）、目的地多样性（NC）和产品质量（Quality）五个变量。其中，产品初始贸易额为每段贸易关系第一年的出口额，倘若交易双方对贸易关系发展前景看好，一开始便会以较大的金额成交，一般而言，初始出口额越大，贸易关系就会越稳定；Nitsch的研究表明产品单位价格能够反映产品的复杂程度，产品单位价格越高，市场竞争越弱，越难以找到替代品，因而能够很好地稳定出口贸易关系，② 但是Khandelwal指出并非所有行业中价格均是质量较好的代理变量，③ 鉴于价格变量可观测且容易获取，已在文献中大量应

---

① 张凤：《结构参数、出口固定投入成本与贸易扩展边际》，《统计研究》2015年第3期。

② Nitsch V., "Die Another Day: Duration in German Import Trade", *Review of World Economics*, Vol. 145, No. 1, 2009, pp. 133 – 154.

③ Khandelwal A., "The Long and Short of Quality Ladders", *Review of Economic Studies*, Vol. 77, No. 4, 2010, pp. 1450 – 1476.

用，例如 Hummels 和 Skiba、Baldwin 和 Harrigan，[1] 我们引入价格变量，但是价格是否是质量较好的代理变量，取决于行业差异和研究样本的选择，因此该变量的符号是不确定的；产品多样性定义为中国出口至同一目的国的产品种类，种类越多，意味着与该国的贸易交往越密切，贸易关系失败的风险越小；目的地多样性是指同一产品出口目的地的数量，目的地越多越有利于分散贸易风险，因而贸易关系失败的风险越小。我们参照现有学者的做法测度产品质量（Quality），[2] 基本思想是假定某一产品的出口数量是出口单位价格、产品质量、消费支出以及加总价格指数的函数，产品质量不可观测，但在有效控制出口单位价格与目的国加总价格指数之后，余下的便是产品质量。首先，构建出口产品数量需求的回归模型：

$$\ln q_{ijt} = \ln E_{jt} - \ln P_{jt} - \sigma \ln p_{ijt} + (\sigma - 1) \ln \lambda_{ijt} \quad (5—12)$$

其中，q_{ijt} 表示产品 i 在 t 时期对 j 国的出口数量，p_{ijt} 表示出口单位价格，E_{jt} 和 P_{jt} 分别表示 t 时期 j 国的消费支出和加总价格指数，二者之差 $\ln E_{jt} - \ln P_{jt}$ 可设置为"进口国—时间"虚拟变量，σ 为产品种类替代弹性。鉴于出口数量和出口价格之间存在同期相关关系而产生内生性问题，我们借鉴施炳展和邵文波的做法采用产品 i 出口到其他市场的平均价格作为出口到 j 国价格的工具变量。对模型（5—12）进行参数估计后，得到包含出口产品质量的残差项 $\varepsilon_{ijt} = (\sigma - 1) \ln \lambda_{ijt}$，进而可以通过公式（5—13）计算得到 SITC–5 位码层面产品质量。

$$quality_{ijt} = \ln \hat{\lambda}_{ijt} = \hat{\varepsilon}_{ijt} / (\sigma - 1) \quad (5—13)$$

对产品质量在三位码层面上进行标准化，得到出口产品质量指数：

$$quality\_normalizaiton_{ijt} = \frac{quality_{ijt} - quality_{i\_3d,t}^{\min}}{quality_{i\_3d,t}^{\max} - quality_{i\_3d,t}^{\min}} \quad (5—14)$$

---

[1] Hummels D., and A. Skiba, "Shipping the Good Apples Out? An Empirical Confirmation of the Alchian-Allen Conjecture", *Journal of Political Economy*, Vol. 112, No. 6, 2004, pp. 1384 – 1402; Baldwin R., and J. Harrigan, "Zeros, Quality, and Space: Trade Theory and Trade Evidence", *American Economic Journal: Microeconomics*, Vol. 3, No. 2, 2011, pp. 60 – 88.

[2] 施炳展、邵文波：《中国企业出口产品质量测算及其决定因素——培育出口竞争新优势的微观视角》，《管理世界》2014 年第 9 期；王明益：《要素价格扭曲会阻碍出口产品质量升级吗——基于中国的经验证据》，《国际贸易问题》2016 年第 8 期。

其中，$quality_{i\_3d,t}^{\min}$和$quality_{i\_3d,t}^{\max}$分别为i所属三位码行业中产品质量的最小值和最大值。

（三）变量描述性统计

除虚拟变量外，其余变量均采用对数形式进入回归模型，考虑到标准化后的质量存在零值情形，质量变量（lnQuality）通过计算"ln（1 + quality_normalization）"获得；同时，考虑到某种产品可能仅出口一个目的地的特殊情形，产品多样性（lnNum）和目的地多样性（lnNC）分别通过计算"ln（1 + Num）"和"ln（1 + NC）"获得。各变量的描述性统计见表5—4。

表5—4　　　　　　　　　变量描述性统计

变量	含义及构建方法	样本量	均值	标准误	最小值	最大值
lnBRERV	双边实际汇率波动，取对数	3149500	-2.5922	1.1056	-5.5188	1.2420
lnERERV	第三方实际汇率波动，取对数	3419440	-3.9637	1.5299	-10.8482	1.1293
lnGDP	目的国人均GDP，取对数	3165385	-0.6089	1.5043	-4.3328	2.1368
landlocked	虚拟变量，目的国为内陆国取1，否则为0	3618007	0.1313	0.3377	0	1
Contiguity	虚拟变量，与目的国接壤取1，否则取0	3618007	0.1136	0.3173	0	1
Comlang	虚拟变量，语言相同取1，否则为0	3618007	0.0428	0.2023	0	1
lnDistcap	两国首都距离，取对数	3618007	8.8742	0.6155	6.6965	9.8677
lnQuality	产品质量，取对数	3516962	3.7418	0.7797	-14.6858	4.6052
lnUV	产品单位价格，取对数	3706211	-4.9293	2.5643	-14.8010	12.1077
lnExp	初始贸易额，取对数	3706211	2.8569	2.7339	-6.9078	17.4975
lnNum	产品多样性，取对数	3706211	7.3125	0.4515	1.7918	7.9183
lnNC	目的地多样性，取对数	3706211	4.6505	0.5928	0.6931	5.3706

四　回归分析与稳健性检验

（一）基准回归

我们采用公式（5—9）所示的Cloglog模型估计并分析实际汇率波动

对我国出口贸易关系持续时间的影响。Cloglog 模型估计结果可输出普通系数和指数系数两种形式。若变量的普通系数小于 0，说明该变量与出口贸易关系的风险率负相关，能够降低出口贸易关系失败的风险，因而延长贸易关系持续时间；如果变量的普通系数大于 0，则该变量与出口贸易关系风险率正相关，会加剧贸易关系失败的风险，因而缩短贸易关系的持续时间。指数系数就是普通系数的指数形式，若指数系数大于 1，则该变量能够增加贸易关系失败的风险；若指数系数小于 1，则该变量能够降低贸易关系失败的风险。表 5—5 基准回归中输出了普通系数的结果。

表 5—5　　　　　　　　　　基准回归

	未控制不可观测异质性				控制不可观测异质性			
	(1)	(2)	(3)	(4)	(5)	(6)	(7)	(8)
lnRERV	0.132***	0.130***	0.039***	0.025***	0.131***	0.129***	0.034***	0.024***
	(0.002)	(0.002)	(0.003)	(0.003)	(0.003)	(0.003)	(0.004)	(0.003)
lnERERV		−0.006***	−0.024***	−0.009***		−0.003	−0.016***	−0.009***
		(0.002)	(0.002)	(0.002)		(0.002)	(0.002)	(0.002)
lnGDP			−0.104***	−0.043***			−0.109***	−0.041***
			(0.002)	(0.002)			(0.003)	(0.002)
landlocked			0.519***	0.091***			0.587***	0.111***
			(0.006)	(0.008)			(0.010)	(0.008)
Contiguity			−0.165***	−0.069***			−0.169***	−0.047***
			(0.010)	(0.011)			(0.016)	(0.013)
Comlang			−0.190***	−0.325***			−0.182***	−0.342***
			(0.015)	(0.016)			(0.022)	(0.019)
lnDistcap			0.279***	0.165***			0.314***	0.161***
			(0.005)	(0.006)			(0.008)	(0.007)
lnQuality				0.006*				−0.004
				(0.003)				(0.003)
lnUV				0.077***				0.091***
				(0.001)				(0.001)
lnExp				−0.130***				−0.142***
				(0.001)				(0.001)

续表

	未控制不可观测异质性				控制不可观测异质性			
	(1)	(2)	(3)	(4)	(5)	(6)	(7)	(8)
lnNum				-1.347***				-1.511***
				(0.009)				(0.008)
lnNC				-1.221***				-1.381***
				(0.005)				(0.005)
Constant	-1.512***	-1.534***	-4.387***	12.419***	-1.269***	-1.283***	-4.484***	-0.696***
	(0.012)	(0.013)	(0.048)	(0.106)	(0.017)	(0.018)	(0.713)***	14.605***
year	YES	YES	YES	YES	YES	YES	YES	YES
product	YES	YES	YES	YES	YES	YES	YES	YES
rho					0.564***	0.569***	0.554***	0.233***
					(0.000)	(0.000)	(0.000)	(0.000)
Observations	3052384	3050877	2785077	2651773	3052384	3050877	2785077	2651773
Log Likelihood	-702788.9	-698530.07	-611151.35	-516583.09	-674661.12	-669935.98	-589899.14	-512584.23

注：*、**、***分别表示估计结果在10%、5%和1%的水平上显著；括号内报告的数值是标准差；"YES"表示控制了个体固定效应，包括年份固定效应和产品固定效应；rho为不可观测异质性占总误差的比例，其下方括号内为P值。

表5—5中第（1）—（4）列是未控制不可观测异质性的回归结果，第（5）—（8）列是控制不可观测异质性的回归结果。从rho值的P值检验结果和似然比检验的结果来看，回归时控制不可观测异质性是十分有必要的；同时鉴于不管是否控制不可观测异质性，各变量的系数符号和显著性水平基本一致，我们着重分析第（5）—（8）列结果。其中，第（5）列是在控制SITC-1位码层面虚拟变量和年份虚拟变量的基础上，仅加入双边实际汇率波动的回归结果；第（6）列是在第（5）列的基础上加入了第三方实际汇率波动进行回归的结果；第（7）和第（8）列是在第（6）列的基础上逐步引入引力模型变量和产品层面变量进行回归得到的结果。

首先分析实际汇率波动变量对于产品出口持续时间的影响。双边实际汇率波动（ln$RERV$）变量在逐步引入第三方实际汇率波动（ln$ERERV$）

变量、引力模型变量和产品层面特征变量后，系数始终显著为正，而第三方实际汇率波动变量系数在第（6）列引入模型后始终显著为负。回归结果表明双边实际汇率波动幅度增大会加剧出口贸易关系失败的风险，双边实际汇率波动不利于中国出口贸易关系的稳定，双边实际汇率波动越大，贸易关系持续时间就越短；第三方实际汇率波动加剧会降低中国产品出口双边关系失败的风险。以第（8）列为例，双边实际汇率波动和第三方实际汇率波动的风险比率分别为 1.024① 和 0.991，即双边实际汇率波动每提高 1 倍，双边出口贸易关系失败的风险将提高 2.4%；第三方实际汇率波动每提高 1 倍，双边出口贸易关系失败的风险将降低 0.9%。

贸易创造和贸易转移理论认为关税同盟结盟后对内实行自由贸易促进同盟内部贸易开展，产生"贸易创造"效应，对外实行统一关税则使贸易流向由第三国转变为同盟伙伴国，产生"贸易转移"效应。关税本质上构成贸易成本，起到调节贸易流向的作用。同理，汇率波动增加国际贸易不确定性，也构成贸易成本，双边实际汇率波动越大，潜在出口成本越高。出口企业通常希望规避汇率波动风险，赚取合理利润，因而大部分是风险厌恶的。当双边实际汇率波动相对于第三方实际汇率波动剧烈时，出口企业可能会选择退出该市场，导致贸易关系暂时中断甚至消失；反之，出口商可能会增加现有产品出口甚至增加新产品种类的出口，产生"贸易创造"效应。当第三方实际汇率波动相对于双边实际汇率波动剧烈时，出口企业可能选择退出第三方市场，而转向双边贸易，产生"贸易移入"效应；反之，部分双边贸易可能会转向第三方市场，产生"贸易移出"效应。因此，双边实际汇率波动变量回归系数为正，而第三方实际汇率波动系数为负。

进一步分析引力模型变量和产品层面变量对出口持续时间的影响。从引力模型变量来看，人均 GDP（lnGDP）对风险率的影响显著为负，说明目的国家收入水平越高，中国产品出口贸易关系越稳固；目的国为内陆国家（$Landlocked$）时，出口贸易关系失败的风险率比非内陆国家要高

---

① 风险比率是表 2—5 中的回归系数指数运算。例如，实际汇率波动的风险系数 h = exp (0.024) = 1.024。

11%左右,这是因为产品出口内陆国家会增加运输成本;出口到与中国接壤的目的地国家(Contiguity),贸易关系失败的风险率要降低;如果目的国与中国有共同语言(Comlang),则出口贸易关系失败的风险率将会下降34%,说明相同的语言环境有利于出口贸易关系的稳定;两国之间距离($\ln Distcap$)的风险系数为正,说明两国之间距离越长,贸易关系越不容易保持,失败的风险率会相应地提高。

从产品特征变量来看,产品单位价格($\ln UV$)系数显著为正,说明出口产品的单位价格越高,出口贸易关系终止的风险越大,与 Nitsch 的研究结果相反,[1] 究其原因可能是中国出口产品在国际市场上品牌培育不足,面临激烈的竞争尤其是来自国内同行竞相压价的无序竞争,价格越高,出口贸易关系失败的风险越大;初始贸易额($\ln Exp$)系数符号显著为负,表明初始贸易额越大,出口贸易关系失败的风险越小;产品多样性($\ln Num$)的系数符号显著为负,表明出口产品多样性的扩大能够降低出口贸易关系失败的风险;目的地多样性($\ln NC$)的系数显著为负,表明同一产品出口目的地的个数越多,贸易关系失败的风险越小;第(8)列中产品质量($\ln Quality$)系数为负,但不显著,而表5—6 中第(1)(2)(5)(6)列系数显著为负,大致可以说明出口产品质量越高,出口贸易关系风险越低,这与施炳展关于产品质量与企业出口持续时间成正比的研究结论一致。[2]

(二)稳健性检验

稳健性检验主要从三个方面进行。首先,选用不同的离散时间模型(Probit 模型和 Logit 模型)对模型进行参数估计,结果分别列于表5—6中第(1)—(2)列,双边汇率波动、第三方汇率波动以及其他变量的参数估计结果与 Cloglog 模型基本一致。

其次,基准回归基于全样本(Full sample)进行估计,稳健性检验则分别对第一个贸易持续时间段(First spell)和只有一个持续时间段

---

[1] Nitsch V., "Die Another Day: Duration in German Import Trade", *Review of World Economics*, Vol. 145, No. 1, 2009, pp. 133 – 154.

[2] 施炳展:《中国企业出口产品质量异质性:测度与事实》,《经济学》(季刊)2014 年第1期。

(Only one spell)的子样本进行估计,结果列于表5—6中第(3)—(4)列,可以看出,无论是第一个贸易持续时间段的子样本还是只有一个持续时间段的子样本,汇率波动变量的系数符号与基准回归总体样本的结果基本一致。

最后,鉴于汇率波动变量测算方法并未统一,而汇率波动是本节的核心解释变量,为确保回归结果和研究结论稳健,我们继续利用标准差法和GARCH模型方法重新测算了汇率波动变量进行稳健性检验。其中标准差法测算步骤为:对双边实际汇率月度数据进行对数差分(dlnre);计算双边实际汇率同一年度12个月dlnre的标准差作为双边实际汇率波动变量;依据公式(5)计算第三方实际汇率波动,回归结果呈现于表5—6中第(5)列。我们采用GARCH(1,1)模型逐一对双边实际汇率进行回归,预测条件方差衡量双边实际汇率波动,然后依据公式(5)计算第三方实际汇率波动,回归结果列于表5—6中第(6)列。标准差方法和GARCH模型方法得到的回归结果与基准模型的回归结果一致。

一系列稳健性检验说明Cloglog模型的基准回归结果比较可靠,即双边实际汇率波动增加中国出口贸易关系失败的风险,而第三方实际汇率波动降低中国出口贸易关系失败的风险。

表5—6　　　　　　　　　稳健性检验

	Probit	Logit	First spell	Only one spell	标准差法	GARCH
	(1)	(2)	(3)	(4)	(5)	(6)
lnRERV	0.015***	0.030***	0.026***	0.039***	0.067***	0.045***
	(0.002)	(0.003)	(0.003)	(0.006)	(0.009)	(0.001)
lnERERV	-0.004***	-0.009***	-0.011***	-0.018***	-0.048***	-0.053***
	(0.001)	(0.002)	(0.002)	(0.005)	(0.010)	(0.001)
lnGDP	-0.021***	-0.045***	-0.050***	-0.018***	-0.053***	-0.065***
	(0.001)	(0.002)	(0.003)	(0.005)	(0.002)	(0.003)
Landlocked	0.068***	0.128***	0.128***	0.212***	0.106***	0.098***
	(0.005)	(0.010)	(0.010)	(0.018)	(0.009)	(0.009)
Contiguity	-0.022***	-0.051***	-0.055***	-0.181***	-0.042***	-0.079***
	(0.007)	(0.015)	(0.016)	(0.029)	(0.013)	(0.014)

续表

	Probit (1)	Logit (2)	First spell (3)	Only one spell (4)	标准差法 (5)	GARCH (6)
Comlang	-0.184***	-0.395***	-0.392***	-0.506***	-0.370***	-0.393***
	(0.010)	(0.021)	(0.023)	(0.041)	(0.019)	(0.019)
lnDistcap	0.081***	0.176***	0.195***	0.212***	0.166***	0.160***
	(0.004)	(0.008)	(0.008)	(0.015)	(0.007)	(0.008)
lnQuality	-0.009***	-0.013***	-0.004	0.079***	-0.005*	-0.009***
	(0.002)	(0.003)	(0.003)	(0.006)	(0.003)	(0.003)
lnUV	0.052***	0.102***	0.101***	0.185***	0.057***	0.056***
	(0.001)	(0.001)	(0.002)	(0.003)	(0.001)	(0.001)
lnExp	-0.080***	-0.160***	-0.155***	-0.154***	-0.144***	-0.145***
	(0.001)	(0.001)	(0.001)	(0.002)	(0.001)	(0.001)
lnNum	-0.999***	-1.846***	-1.492***	-2.243***	-1.563***	-1.584***
	(0.005)	(0.010)	(0.009)	(0.019)	(0.008)	(0.009)
lnNC	-0.926***	-1.709***	-1.426***	-2.012***	-1.419***	-1.489***
	(0.003)	(0.006)	(0.006)	(0.012)	(0.005)	(0.006)
Constant	10.164***	18.686***	14.174***	22.445***	15.230***	14.975***
	(0.063)	(0.121)	(0.119)	(0.235)	(0.112)	(0.111)
year	YES	YES	YES	YES	YES	YES
product	YES	YES	YES	YES	YES	YES
rho	0.161***	0.172***	0.234***	0.484***	0.235***	0.225***
	(0.000)	(0.000)	(0.000)	(0.000)	(0.000)	(0.000)
Observations	2651773	2651773	2130002	1981880	2645273	2401349
Log Likelihood	-500787.1	-506402.09	-366045.52	-161840.21	-498118.47	-446147.93

注：参数估计下括号内为标准差；***、**、*分别表示估计结果在1%、5%和10%的水平上显著；"YES"表示对该变量进行了控制；rho为不可观测异质性占总误差的比例，括号内为P值。

五 结论与政策建议

本节基于联合国商品贸易数据库1999—2015年SITC-5位码产品层面的中国出口贸易数据，采用生存分析方法估计出口贸易关系生存概率，考察其分布特点，并实证检验了汇率波动对出口贸易关系持续时间的影响。从生存分析估计结果来看，我国出口贸易关系持续时间普遍较短，且随着时间的推移，持续生存 5 年后贸易关系趋于平稳；双边实际汇率波动对出口贸易关系的风险具有显著的正向效应，即双边实际汇率波动幅度越大，出口贸易关系失败的风险概率越大，出口贸易关系持续时间越短；第三方实际汇率波动对出口贸易关系的风险存在显著的负向效应，即第三方实际汇率波动幅度越大，出口贸易关系失败的风险概率越小，贸易关系持续时间越长。此外，研究还发现，引力模型变量对于出口贸易关系持续时间的影响与现有研究关于引力模型变量对于贸易流量的影响相一致；单位价格、出口多样性、目的地多样性、产品质量等产品层面特征均对出口贸易关系持续时间产生显著影响。

伴随人民币汇率市场化改革的推进，央行的干预逐渐减少，人民币汇率弹性加大，汇率波动将成常态。汇率波动条件下保持出口贸易的持续增长和出口贸易关系的稳定具有重要意义。本节的研究结论具有以下政策含义：（1）避免人民币汇率的大幅过度波动。研究表明双边实际汇率波动对于出口贸易关系持续具有阻碍作用，而第三方汇率波动对于双边出口贸易关系持续具有促进作用。因此，央行应时刻关注国际金融市场，积极与其他国家央行进行沟通，加强货币政策协调，防止人民币外汇市场剧烈波动进而对出口贸易带来巨大冲击。（2）发展金融市场，抵御汇率波动风险。一方面，鼓励金融机构开发适应实体经济发展需要的避险产品，发展和完善外汇衍生品市场，扩大交易规模，增加交易品种；另一方面，帮助企业有效规避汇率风险，增强外向型企业尤其是中小型企业的汇率风险防范意识，推广套期保值、外汇期权、远期外汇等业务工具的使用，降低贸易外汇结算风险，减少汇兑损失。（3）加快推进人民币在跨境贸易结算和国际投资中的使用，进一步提高贸易便利化和结算便利化水平，扩大结算规模，推动人民币对其他货币直接交易市场发展，更好地为跨境贸易人民币结算服务。（4）多措并举，稳定出口贸易，规避汇率风险。例如提高出口产品质量；优化出口贸易结构；采用进口对冲汇率风险；推进人民币跨境结算；鼓励企业"走出去"；等等。

第三节　第三方汇率波动与贸易持续时间

2013年9月和10月，习近平总书记先后提出了要建设"新丝绸之路经济带"和"21世纪海上丝绸之路经济带"的重大倡议。2015年3月，国家发改委、外交部和商务部联合发布《推动共建丝绸之路经济带和21世纪海上丝绸之路的愿景与行动》，提出"政策沟通、设施联通、贸易畅通、资金融通、民心相通"（简称"五通"）的建设思路，积极推进"一带一路"建设，得到国际社会的广泛关注和积极响应。

近年，外需疲弱导致中国出口增速放缓甚至负增长，而中国对"一带一路"沿线国家贸易正稳步快速增长，出口总额由2001年入世之初的374亿美元，快速增长到2015年的5677亿美元。2013—2015年，中国[①]同"一带一路"沿线国家[②]出口总额超过1.6万亿美元，占同期中国出口总额的1/4。图5—6为1999—2015年中国向"一带一路"沿线国家分区域出口额，中国向东南亚11国的出口额居首，其余地区依次为西亚、南亚、中亚、中东欧、蒙古和独联体。从年均出口增长率来看，中国对"一带一路"沿线国家年均出口增长率为22.68%，其中对中亚区域出口年均增长率最高（30.54%），其余地区依次为蒙古和独联体国家、南亚、西亚、中东欧、东南亚，明显高于同期中国对外出口年均增长率（16.98%）。随着国家"一带一路"战略的深入推进，中国与"一带一

---

① 联合国商品贸易数据库对中国大陆、香港和台湾地区的贸易数据分开统计，本节出口数据仅指中国大陆对"一带一路"沿线国家的出口额，而没有包括中国香港和台湾地区；此外，双边汇率也仅指人民币与"一带一路"沿线国家货币的汇率。

② "一带一路"沿线国家名单动态更新，本节主要考察了以下64个国家：东南亚11国（新加坡、马来西亚、印度尼西亚、缅甸、泰国、老挝、柬埔寨、越南、文莱、菲律宾和东帝汶）；西亚16国（伊朗、伊拉克、土耳其、叙利亚、约旦、黎巴嫩、以色列、巴勒斯坦、沙特阿拉伯、也门、阿曼、阿联酋、卡塔尔、科威特、巴林、埃及）；南亚8国（印度、巴基斯坦、孟加拉国、阿富汗、斯里兰卡、马尔代夫、尼泊尔和不丹）；中亚5国（哈萨克斯坦、乌兹别克斯坦、土库曼斯坦、塔吉克斯坦和吉尔吉斯斯坦）；中东欧16国（波兰、立陶宛、爱沙尼亚、拉脱维亚、捷克、斯洛伐克、匈牙利、斯洛文尼亚、克罗地亚、波黑、黑山、塞尔维亚、阿尔巴尼亚、罗马尼亚、保加利亚和马其顿）；蒙古和独联体8国（蒙古、俄罗斯、乌克兰、白俄罗斯、格鲁吉亚、阿塞拜疆、亚美尼亚和摩尔多瓦）。

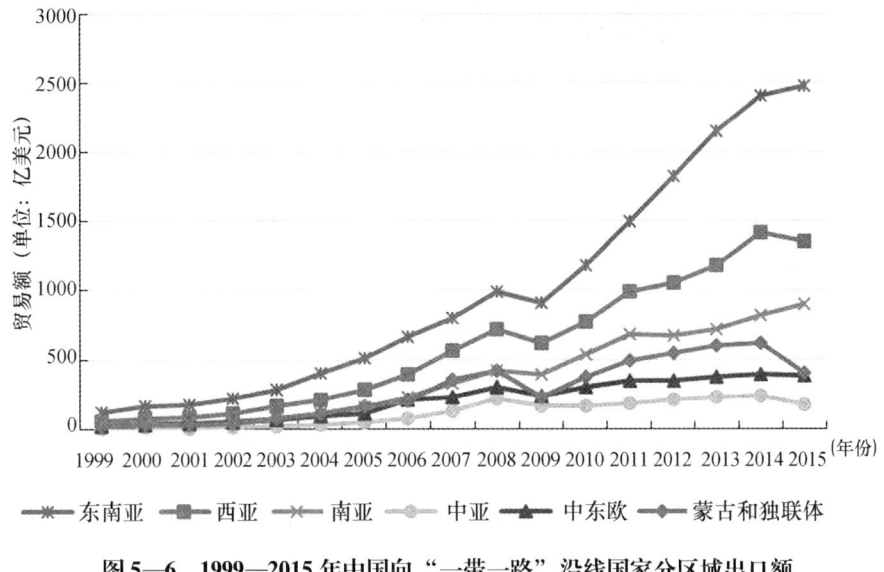

路"沿线国家的贸易往来将愈加频繁并成为中国对外贸易的重要增长点。

图5—6　1999—2015年中国向"一带一路"沿线国家分区域出口额

汇率作为国家宏观调控的重要政策工具之一，其与国际贸易之间的关系向来被政府部门和学界所重视，并成为开放型经济国家货币政策考虑的重要因素。汇率波动直接影响产品国际相对价格，是开展国际贸易面临的重要市场风险。汇率波动和币值扭曲可能引起国际金融和贸易领域摩擦，甚至引发贸易伙伴国的报复行为。"一带一路"沿线64个国家，共使用58种货币，双边汇率波动大多频繁剧烈，图5—7中颜色越深表示该国家货币与人民币双边实际汇率波动（本节第三部分对实际汇率波动指标及构建方法做了具体说明）越剧烈，可以看出，中亚、中东欧、蒙古和独联体以及东南亚的部分国家属于波动较为剧烈的地区，而波动相对缓和的国家主要分布在南亚、东南亚和西亚地区。

"一带一路"沿线国家以转型、新兴和发展中经济体为主，国家发展水平迥异，地缘政治复杂，且缺乏成熟的贸易和投资合作框架，因此，研究汇率波动如何影响双边贸易关系存续具有重要意义。现有研究大多关注双边汇率波动对双边贸易的影响，例如研究"美元/人民币"汇率波动如何影响中美贸易关系；然而，汇率多元化的国际货币体系中，中美

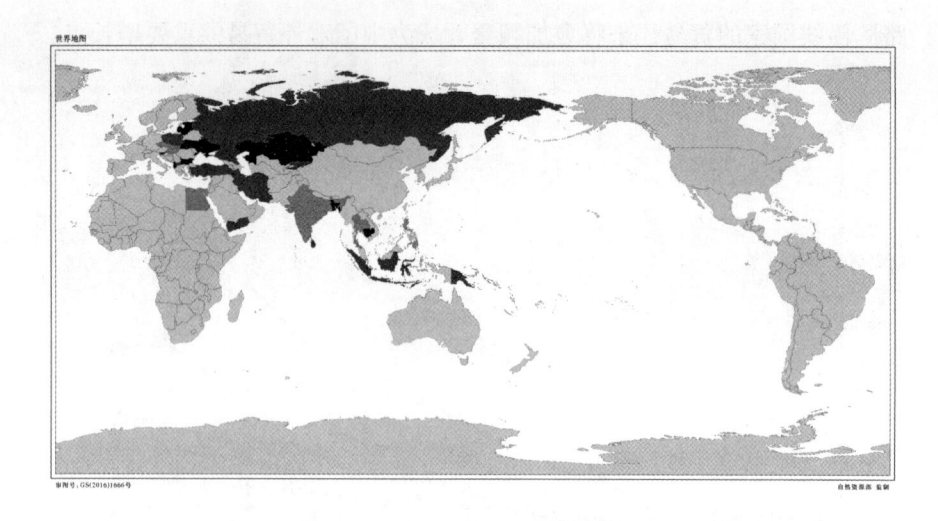

图5—7 中国与"一带一路"沿线国家双边汇率年均波动分布图

双边贸易不但受到"美元/人民币"汇率的直接影响,还必然会受到"欧元/人民币""人民币/日元"等"第三方汇率"的间接影响,忽视"第三方汇率"的作用将使研究结果有偏,① 遗憾的是,现有研究并未给予足够的重视。

一 文献综述

布雷顿森林体系崩溃后,汇率自由浮动和剧烈波动成为常态,学术界开始重视汇率波动与贸易关系的研究,无论理论层面还是实证层面,都形成了相对成熟的研究体系,获得重要的结论。理论层面,Clark 建立局部均衡模型得出汇率波动对贸易存在负向影响的结论,Vergil 也认为汇率波动阻碍国际贸易开展;② 然而,De Grauwe 认为汇率波动通过替代效

---

① Cushman D. O., "Has Exchange Risk Depressed International Trade? The Impact of Third - Country Exchange Risk", *Journal of International Money and Finance*, Vol. 5, No. 3, 1986, pp. 361 – 379.

② Clark P. B., "Uncertainty, Exchange Risk, and the Level of International Trade", *Economic Inquiry*, Vol. 11, No. 3, 1973, pp. 302 – 313; Vergil H., "Exchange Rate Volatility in Turkey and its Effect on Trade Flows", *Journal of Economic and Social Research*, Vol. 4, No. 1, 2002, pp. 83 – 99.

应和收入效应共同作用于出口,因而汇率波动对贸易的影响不确定;①Broll 和 Eckwert 甚至认为汇率波动能够增加国际贸易的潜在收益。② 异质性企业贸易理论兴起后,学者开始关注汇率波动对于异质性企业贸易决策的影响,Greenaway 等学者认为汇率波动可能导致出口沉没成本,企业持续收益难以得到保证,因此企业可能不愿意进入汇率波动剧烈的出口市场;③ Bernard 等学者针对多产品出口企业的研究发现,较高可变贸易成本(例如实际汇率波动增加)导致企业出口份额减少,每个产品出口目的地个数和对每个目的地产品出口个数也相应减少。④

实证方面也尚未取得一致性的研究结论。部分学者研究发现汇率波动对于国际贸易产生负向影响;⑤ 然而,也有部分研究认为汇率波动不影响国际贸易开展,⑥ 部分研究甚至发现汇率波动促进国际贸易。⑦ 针对中国的研究中,李广众和 Voon Lan P. 发现汇率波动对中国制造业各行业出

---

① De Grauwe P., "Exchange Rate Variability and the Slowdown in Growth of International Trade", *IMF Economic Review*, Vol. 35, No. 1, 1988, pp. 63 – 84.

② Broll U., and B. Eckwert, "Exchange Rate Volatility and International Trade", *Southern Economic Journal*, Vol. 66, No. 1, 1999, pp. 178 – 185.

③ Greenaway D., A. Guariglia, and R. Kneller, "Financial Factors and Exporting Decisions", *Journal of International Economics*, Vol. 73, No. 2, 2007, pp. 377 – 395.

④ Bernard A. B., S. J. Redding, and P. K. Schott, "Multiproduct Firms and Trade Liberalization", *The Quarterly Journal of Economics*, Vol. 126, No. 3, 2011, pp. 1271 – 1318.

⑤ Arize A. C., T. Osang, and D. J. Slottje, "Exchange – Rate Volatility and Foreign Trade: Evidence from Thirteen LDC's", *Journal of Business & Economic Statistics*, Vol. 18, No. 1, 2000, pp. 10 – 17; Aristotelous K., "Exchange – Rate Volatility, Exchange – Rate Regime, and Trade Volume: Evidence from the UK-US Export Function (1889 – 1999)", *Economics Letters*, Vol. 72, No. 1, 2001, pp. 87 – 94; Bahmani – Oskooee M., and H. Harvey, "Exchange – Rate Volatility and Industry Trade Between the U. S. And Malaysia", *Research in International Business and Finance*, Vol. 25, No. 2, 2011, pp. 127 – 155.

⑥ Klaassen F., "Why is It so Difficult to Find an Effect of Exchange Rate Risk on Trade?", *Journal of International Money and Finance*, Vol. 23, No. 5, 2004, pp. 817 – 839; Hall S., G. Hondroyiannis, P. A. V. B. Swamy, G. Tavlas, and M. Ulan, "Exchange – Rate Volatility and Export Performance: Do Emerging Market Economies Resemble Industrial Countries or Other Developing Countries?", *Economic Modelling*, Vol. 27, No. 6, 2010, pp. 1514 – 1521.

⑦ Kasman A., and S. Kasman, "Exchange Rate Uncertainty in Turkey and its Impact on Export Volume", *Metu Studies in Development*, Vol. 32, No. 6, 2005, pp. 41 – 58; Mckenzie M. D., "The Impact of Exchange Rate Volatility on International Trade Flows", *Journal of Economic Surveys*, Vol. 13, No. 1, 1999, pp. 71 – 106.

口的影响存在显著差异,并非都是负向效应。① 马君潞等的研究结果表明人民币汇率变动对出口贸易的影响不论长期还是短期均显著为负,但影响大小因出口产品分类有所差异。② 杨广青和杜海鹏以"一带一路"沿线国家为样本,发现人民币汇率水平及波动幅度对中国的出口贸易存在显著的负向效应。③ 戴金平等指出汇率波动通过价格效应和预期效应两个渠道影响国际贸易,总体来看,2008—2015年世界贸易规模增长率与汇率波动显著负相关。④

上述文献均忽视了第三方汇率波动对国际贸易的影响。Cushman 首次提出"第三方汇率效应",Bahmani‑Oskooee 和 Hegerty 强调了第三方汇率效应对于国际贸易的重要性。随后,Bahmani‑Oskooee 等学者在其一系列文章中确认了第三方汇率效应的存在。⑤ 国内学者仅有王雪等考察了中国对美国、日本和欧洲的双边出口贸易受第三方汇率效应的影响大小及特性,发现中国双边贸易同时受双边汇率波动和第三方汇率波动影响,双边汇率波动产生负向效应,第三方汇率波动促进双边贸易开展。⑥ 此外,现有研究汇率波动与国际贸易关系的文献,大都关注汇率波动对贸

---

① 李广众、Voon Lan P.:《实际汇率错位、汇率波动性及其对制造业出口贸易影响的实证分析:1978—1998年平行数据研究》,《管理世界》2004年第11期。

② 马君潞、王博、杨新铭:《人民币汇率变动对我国出口贸易结构的影响研究——基于SITC标准产业数据的实证分析》,《国际金融研究》2010年第12期。

③ 杨广青、杜海鹏:《人民币汇率变动对我国出口贸易的影响——基于"一带一路"沿线79个国家和地区面板数据的研究》,《经济学家》2015年第11期。

④ 戴金平、黎艳、刘东坡:《汇率波动对世界经济的影响》,《国际金融研究》2017年第5期。

⑤ Cushman D. O., "Has Exchange Risk Depressed International Trade? The Impact of Third‑Country Exchange Risk", *Journal of International Money and Finance*, Vol. 5, No. 3, 1986, pp. 361 ‑ 379; Bahmani‑Oskooee M., and S. W. Hegerty, "Exchange Rate Volatility and Trade Flows: A Review Article", *Journal of Economic Studies*, Vol. 34, No. 3, 2007, pp. 211 ‑ 255; Bahmani‑Oskooee M., H. Harvey, and S. W. Hegerty, "The Effects of Exchange‑Rate Volatility on Commodity Trade Between the U. S. And Brazil", *The North American Journal of Economics and Finance*, Vol. 25, 2013, pp. 70 ‑ 93; Bahmani‑Oskooee M., and M. Bolhassani, "Exchange Rate Uncertainty and Trade between U. S. And Canada: Is there Evidence of Third‑Country Effect?", *The International Trade Journal*, Vol. 28, No. 1, 2014, pp. 23 ‑ 44.

⑥ 王雪、胡未名、杨海生:《汇率波动与我国双边出口贸易:存在第三国汇率效应吗?》,《金融研究》2016年第7期。

易量或贸易价格的影响,极少探讨汇率波动和出口贸易持续时间的关系。贸易关系持续时间由 Besedeš 和 Prusa 首次系统提出,① 是近年国际贸易集约增长边际新兴起的重要研究分支。

在上述研究基础上,本节基于联合国商品贸易数据库 SITC-5 位码层面的产品贸易数据展开研究。首先,细分产品层面的研究能够有效避免因使用加总数据而弱化汇率波动与出口的关系从而产生"加总谬误"②;其次,本节基于时间维度,采用生存分析方法考察汇率波动对产品层面出口贸易关系持续时间的影响,为准确把握和理解汇率波动与双边贸易关系提供来自微观产品层面的直接证据;再次,本节研究样本基于"一带一路"沿线国家,对于"一带一路"战略推进过程中化解汇率风险,维系和发展双边贸易关系,实现"贸易畅通"具有重要的政策启示意义。

二 出口贸易关系生存统计

(一)数据来源

本节选用联合国商品贸易数据库中 1999—2015 年③中国出口至"一带一路"沿线国家 SITC-5 位码产品层面数据,每条原始记录包含报告国(即中国)、目的国(地区)、年份、产品编码、贸易额、贸易量、贸易流向等信息,初始样本共有 1225767 条观测记录,中国在 1999—2015 年间出口 3013 种产品到 50 个"一带一路"沿线国家。④

(二)生存统计

产品层面出口贸易关系被定义为"中国出口某一产品到特定目的地

---

① Besedeš T., and T. J. Prusa, "Product Differentiation and Duration of US Import Trade", *Journal of International Economics*, Vol. 70, No. 2, 2006, pp. 339–358.

② Mckenzie M. D., "The Impact of Exchange Rate Volatility on International Trade Flows", *Journal of Economic Surveys*, Vol. 13, No. 1, 1999, pp. 71–106.

③ "一带一路"沿线国家中有部分欧元区成员国,考虑到欧元区成员国启用欧元前后汇率数据的衔接问题,本节设定样本区间为 1999—2015 年。

④ 由于部分国家贸易、汇率等关键数据缺失,我们进一步筛选出其中 50 个国家作为实证研究样本(剔除了阿塞拜疆、白俄罗斯、黑山、巴勒斯坦、罗马尼亚、塞尔维亚、塔吉克斯坦、土库曼斯坦、东帝汶、乌兹别克斯坦、缅甸、老挝、叙利亚、阿富汗)。

市场并直到退出该市场的状态",出口贸易关系持续时间就是"该产品从进入市场到退出市场所经历的时间"。样本区间设置为 1999—2015 年,1999 年之前和 2015 年之后的出口贸易数据是"删失"的,生存分析方法可以很好地处理数据"右删失"问题,于是我们参考邵军的做法剔除初始年份为 1999 年的贸易关系时间段以解决数据的"左删失"问题,保留 688383 条观测记录进行生存估计。①

生存函数能够反映中国对"一带一路"沿线国家出口贸易关系生存时间的分布特征。令 T 为某一产品出口到某特定目的地市场持续生存的时间长度,且 T 是离散型的随机变量,取值范围为 $t=1,2,3,\cdots$,i 表示出口贸易关系时间段。用 S_{it} 表示随机变量 T 的生存函数,即某一段出口贸易关系 i 持续时间超过 t 的概率:

$$S_{it} = P(T_i > t) \tag{5—15}$$

生存函数的非参数估计可以用 K-M 乘积极限估计得到,令 n_k 表示第 k 期置于风险状态的贸易关系总量,d_k 为第 k 期终止的贸易关系。则生存函数 $S(t)$ 估计式为:

$$\hat{S}(t) = \prod_{k=1}^{t}(1 - d_k/n_k) \tag{5—16}$$

1. 总体估计

首先估计不同持续时间段样本的出口贸易关系生存函数,列于表 5—7 中总体估计部分。从全样本(Full sample)估计来看,出口贸易关系持续生存时间平均为 5.28 年,相较于 16 年的样本区间来说,生存时间较短,且近 51% 的贸易关系在 5 年之内终止;贸易关系的第一个持续时间段(Firstspell)和只有一个持续时间段(Only one spell)的贸易关系的平均生存时间分别为 5.63 年和 6.92 年,均高于全体样本估计结果,因此忽略多个贸易关系持续时间段的问题容易造成估计偏差;只有一个持续时间段的贸易关系平均生存时间和生存率明显高于

---

① 邵军:《中国出口贸易联系持续期及影响因素分析——出口贸易稳定发展的新视角》,《管理世界》2011 年第 6 期。

其他两个样本。①

表 5—7　　　　　　　　　生存估计

		生存时间		K-M估计法生存率				持续时间段个数	贸易关系个数	失败事件个数
		均值	中位值	1年	5年	10年	15年			
总体估计	Full sample	5.28	3	0.693	0.495	0.432	0.405	108526	78000	58584
	First spell	5.63	3	0.650	0.454	0.395	0.371	65523	65523	39205
	Only one spell	6.91	6	0.811	0.691	0.633	0.596	48322	48322	16702
东南亚		5.51	3	0.719	0.517	0.451	0.421	15080	10657	7843
西亚		5.41	3	0.697	0.499	0.437	0.406	31901	22770	17190
南亚		5.02	3	0.669	0.471	0.416	0.395	13623	9578	7526
中亚		5.22	3	0.684	0.500	0.440	0.409	5276	3792	2820
中东欧		5.24	3	0.688	0.487	0.422	0.399	28781	21101	15812
蒙古和独联体		5.14	3	0.689	0.495	0.438	0.414	13865	10102	7393

2. 分区域估计

从表 5—7 中分地区估计的结果来看，中国出口到各个地区的产品贸易关系的平均生存时间在 5 年左右，其中出口到东南亚国家的平均生存时间最高，其余依次为西亚、中东欧、中亚、蒙古和独联体、南亚。从失败率来看，中国出口到各个地区的贸易关系第一年的失败率基本保持在 60% 左右，与总体基本保持一致。

三　回归分析

（一）模型设定

假设某一产品 l 在第 t_1 年进入某一目的国市场 j，则我们称产品 l 在持续生存 $k-1$ 年之后，在 $(t_{k-1}, t_k]$ 时间范围内终止的概率为离散时间风险比率，基本形式如下：

---

① 原因可能在于我们在数据整理时，若贸易关系中断间隔仅一年的仍视为同一个贸易关系持续时间段，因为联合国商品贸易数据库仅统计贸易额超过 1000 美元的交易记录，若偶然出现一年的间隔，有理由认为是贸易额临时低于 1000 美元而未被统计，但实际上贸易关系仍是连续的，这也是对现有大多数基于产品层面贸易关系定义的一个合理改进。

$$h_{ik} = P\left(t_{k-1} < T_i \leq t_k \mid T_i > t_{k-1}\right) = \frac{P\left(t_{k-1} < T_i \leq t_k\right)}{P\left(T_i > t_{k-1}\right)} = F\left(\boldsymbol{x}'_{ik}\boldsymbol{\beta} + \gamma_k\right)$$

(5—17)

其中，i 表示贸易关系持续时间段（$i=1, 2, 3, \cdots n$）；T_i 表示贸易关系 i 持续时间的长度；$\boldsymbol{x}_{ik}$ 为时间依存协变量向量；γ_k 为基准风险函数，由于在不同的时间区间内函数形式有所不同，h_{ik} 会随着时间区间的不同发生相应变化。$F(\cdot)$ 为 h_{ik} 的分布函数，$0 \leq h_{ik} \leq 1$ 在 i 和 k 取任意值的情况下都成立。

引入二元因变量 y_{ik}，如果某一特定贸易关系 i 出现后于第 k 年终止，则 y_{ik} 取值为 1，y_{i1}，y_{i2}，$\cdots$，y_{ik-1} 均取值为 0。依据 Jenkins，[①] 样本的对数似然函数如下式：

$$\ln L = \sum_{i=1}^{n}\sum_{k=1}^{k_i}[y_{ik}\ln(h_{ik}) + (1-y_{ik})\ln(1-h_{ik})]$$

(5—18)

式（5—18）可用二值选择模型的方法进行估计。参数估计之前需要设定 h_{ik} 的函数形式，通常设定 h_{ik} 服从正态分布、逻辑斯蒂分布和极值分布三种形式，分别对应 Probit 模型、Logit 模型和 Cloglog 模型。在离散时间生存分析中，Cloglog 模型应用较多。Cloglog 模型设定如下：

$$\text{Cloglog}\left[1 - h_{ik}\left(\boldsymbol{x}_{ik} \mid \nu\right)\right] \equiv \log\left\{-\log\left[1 - h_{ik}\left(\boldsymbol{x}_{ik} \mid \nu\right)\right]\right\}$$
$$= \boldsymbol{x}'_{ik}\boldsymbol{\beta} + \gamma_k + u$$

(5—19)

其中，γ_k 为基准危险率，$\boldsymbol{x}_{ik}$ 为解释变量集合，包括第三方汇率波动和控制变量集，$\boldsymbol{\beta}$ 为待估系数向量，$u = \log(v)$，v 表示不可观测的异质性，u 用来控制"产品—目的国"组合不可观测的异质性。

（二）变量选取

Cloglog 模型的被解释变量为二值变量，根据出口贸易关系 i 是否退出目的地市场 j 设定。若贸易关系是完整的，即在观测期内终止，那么该贸易关系最后一年的被解释变量取值为 1，其余存在的年份取 0；若贸易关系在观测期内是"右删失"的，即在 2015 年仍存活于目的地市场，则该

[①] Jenkins S. P., "Easy Estimation Methods for Discrete-Time Duration Models", *Oxford Bulletin of Economics and Statistics*, Vol. 57, No. 1, 1995, pp. 129–138.

贸易关系被解释变量存在的所有年份均取值为0。

本节重点考察汇率波动尤其是第三方汇率波动对产品出口持续时间的影响。为此，我们构建了第三方实际汇率波动（Third-Party Real Exchange Rate Volatility，TPRERV）变量，将出口目的市场 j 以外的其他所有目的地市场视为中国对 j 国出口贸易的"第三方"，以出口贸易额占比为权重，对双边实际汇率波动（Bilateral Real Exchange Rate Volatility，BLRERV）进行加权平均作为"第三方实际汇率波动"，即：

$$TPRERV_{j,t} = \sum_{1,c\neq j}^{n} w_{c,t} BLRERV_{c,t} \qquad (5—20)$$

其中，c 表示中国除 j 外的其他出口目的地，$w_{c,t}$ 为 t 年中国出口至 c 的出口额占该年中国总出口额的权重，满足 $\sum_{1,c\neq j}^{n} w_{c,t} = 1$。$BLRERV_{c,t}$ 为中国与 j 国双边实际汇率波动变量，用月度双边实际汇率波动①在同年度的变异系数表示：

$$BLRERV_{j,t} = Std.\ Dev(BLRER_{j,m})/Mean(BLRER_{j,m}) \qquad (5—21)$$

控制变量集合包括目的国特征变量和产品层面特征变量。目的国特征变量主要包括出口目的地人均国内生产总值（lnGDP）、双边距离（ln$Distcap$）、双方是否使用共同语言（$Comlang$）、出口目的地是否为内陆国家（$Landlocked$）以及目的地是否与中国相邻（$Contiguity$），其中GDP数据来源于世界银行数据库，其余四个变量均来源于法国国际经济研究中心（CEPII）。我们预期人均国内生产总值越高、两国之间的距离越短、有共同语言以及相邻都可以降低出口贸易关系失败的风险，而目的国如果为内陆国则会增加贸易关系失败的风险。

产品特征变量依据联合国商品贸易数据库计算获得，包括产品单位价格（lnUV）、初始贸易额（lnExp）、产品质量（ln$Quality$）、产品比较优势指数（lnRCA）以及产品的市场集中度（lnHHI）五个变量。其中产

---

① 实际汇率月度数据通过公式 $rer_j = e_j p_j / p$ 计算获得。其中，e_j 为人民币与目的国（地区）货币以直接标价法计价的月度名义汇率（名义汇率同一月度日均值）；p 和 p_j 分别为中国和出口目的地 j 的月度消费者价格指数。数据来自于国际货币基金组织IFS数据库。

品质量（$\ln Quality$）参考王明益计算，① 假定某一产品的出口数量（z_{lt}是其单位价格 p_{lt}、目的国消费支出（E_t）、目的国加总价格指数（P_t）以及产品自身质量的函数 [公式（5—22）]（为表达简洁，省略用于表示目的国的下标 j），虽然产品质量不易观测统计，但在有效控制其他变量后，剩下的便是产品质量。

$$z_{lt} = (E_t/P_t) \cdot p_{lt}^{-\sigma} \cdot \lambda_{lt}^{\sigma-1} \qquad (5\text{—}22)$$

公式（5—22）两边取自然对数，设定回归方程并进行参数估计，其中 $\ln E_t - \ln P_t$ 通过设定"进口国—时间"虚拟变量处理；σ 为产品种类替代弹性；由于采用产品价格 $\ln p_{lt}$ 直接回归存在内生性，我们借鉴施炳展和邵文波选择出口到其他目的国市场的同一产品的平均价格作为工具变量。② 回归后便可得到包含出口产品质量的残差项 $\varepsilon_{lt} = (\sigma-1)\ln\lambda_{lt}$，进而得到 SITC – 5 位码层面产品质量的表达式为：

$$quality_{lt} = \ln\hat{\lambda}_{lt} = \hat{\varepsilon}_{lt}/(\sigma-1) \qquad (5\text{—}23)$$

对公式（5—23）得到的产品质量在三位码层面上进行标准化，得到可用于产品间进行对比的质量指数，计算公式为：

$$quality\_normalizaiton_{lt} = \frac{quality_{lt} - quality_{l\_3d,t}^{\min}}{quality_{l\_3d,t}^{\max} - quality_{l\_3d,t}^{\min}} \qquad (5\text{—}24)$$

其中，$quality_{l\_3d,t}^{\min}$ 和 $quality_{l\_3d,t}^{\max}$ 分别表示产品 l 所在三位码行业的最大值和最小值。一般而言，产品质量越高，出口贸易关系失败的风险越低。

Balassa 提出了显示性比较优势指数（Revealed Comparative Advantage，RCA），③ 用于测算产品层面的比较优势：

$$RCA_l = \frac{X_l}{\sum_{l=1}^{m} X_l} \Bigg/ \frac{\sum_{j=1}^{n} X_{lj}}{\sum_{l=1}^{m} X_{lj} \sum_{j=1}^{n} X_{lj}} \qquad (5\text{—}25)$$

---

① 王明益：《要素价格扭曲会阻碍出口产品质量升级吗——基于中国的经验证据》，《国际贸易问题》2016 年第 8 期。

② 施炳展、邵文波：《中国企业出口产品质量测算及其决定因素——培育出口竞争新优势的微观视角》，《管理世界》2014 年第 9 期。

③ Balassa B., "Trade Liberalisation and 'Revealed' Comparative Advantage", *The Manchester School*, Vol. 33, No. 2, 1965, pp. 99 – 123.

其中，X_l 表示中国 l 产品的出口额，$\sum_{l=1}^{m} X_l$ 表示中国所有产品出口额；$\sum_{l=1}^{n} X_{lj}$ 表示世界 l 产品的出口额，$\sum_{l=1}^{m} X_{lj} \sum_{j=1}^{n} X_{lj}$ 为世界出口总额。当 RCA 指数大于 1 时，表明该国该产品具有显性比较优势；RCA 指数小于 1 时，表明该产品处于比较劣势。

赫芬达尔—赫希曼指数（Herfindahl-Hirschman Index，HHI），简称赫芬达尔指数，我们使用此指数来衡量产品的出口市场集中度。计算公式为：

$$HHI_{lt} = \sum_{j=1}^{n} S_{jlt}^2 \left(\frac{V_{jlt}}{V_{lt}}\right)^2 \qquad (5\text{—}26)$$

其中，V_{jlt} 为产品 l 在 t 年出口到目的地 j 的贸易额；V_{lt} 为产品 l 在 t 年的出口总额。该指数取值范围为 0—1，越接近 1 表明产品的出口市场越集中，越接近于 0，说明产品的出口市场越分散，产品出口分布越均匀。

我们采用随机效应模型控制不可观测异质性，同时加入年份虚拟变量和 SITC-1 位码层面的分类虚拟变量作为其他控制变量。各变量的描述性统计如表 5—8 所示。

表 5—8　　　　　　　　　变量描述性统计

变量	含义及构建方法	样本量	均值	标准误	最小值	最大值
lnTPRERV	第三方实际汇率波动，取对数	1222558	-4.24	1.72	-10.85	-1.03
lnBLRERV	双边实际汇率波动，取对数	1171818	-2.39	1.24	-5.52	1.24
lnGDP	目的国人均 GDP，取对数	1155093	-0.87	1.27	-3.57	1.95
Landlocked	虚拟变量，目的国为内陆国取 1，否则为 0	1225767	0.14	0.35	0	1
Contiguity	虚拟变量，与目的国接壤取 1，否则取 0	1225767	0.19	0.39	0	1
Comlang	虚拟变量，语言相同取 1，否则为 0	1225767	0.07	0.25	0	1
lnDistcap	两国首都距离，取对数	1225767	8.54	0.39	7.07	8.95
lnQuality	产品质量，取对数	1225767	3.81	0.84	-7.94	4.61
lnUV	产品单位价格，取对数	1225110	-4.97	2.56	-14.80	10.59
lnExp	初始贸易额，取对数	1225767	2.87	2.58	-6.91	13.50
lnRCA	显性比较优势，取对数	1223398	-0.09	1.44	-17.31	3.24
lnHHI	产品的市场集中度，取对数	1223398	-2.10	0.69	-3.95	0

(三) 回归结果

参数估计时，β 可以输出普通系数和指数系数①两种形式，本节输出为普通系数。若变量系数小于 0，说明该变量与出口贸易关系的风险率负相关，即变量数值的增加会降低贸易关系失败的风险，延长贸易关系持续时间；如果变量的系数大于 0，则该变量与出口贸易关系风险率正相关，变量数值增大会加剧贸易关系失败的风险，缩短贸易关系的持续时间。

表 5—9 中为基准回归结果，第（1）—（2）列没有控制不可观测异质性，第（3）—（8）列控制了不可观测异质性。由（3）—（4）列的 rho 值来看，由产品—目的国组合产生的不可观测异质性引起的误差占总误差的 25% 左右，且从似然比检验的结果来看，拒绝"不存在不可观测异质性"的原假设，因此，选择控制不可观测异质性是十分必要的。表 5—10 至表 5—11 中的回归结果均控制了不可观测异质性。

表 5—9　　　　　　　　　　　基准回归

	Full sample				First spell		Only one spell	
	(1)	(2)	(3)	(4)	(5)	(6)	(7)	(8)
lnTPRERV	-0.029***	-0.041***	-0.027***	-0.035***	-0.031***	-0.039***	-0.026***	-0.042***
	(0.003)	(0.003)	(0.003)	(0.004)	(0.004)	(0.004)	(0.008)	(0.009)
lnBLRERV		0.042***		0.040***		0.035***		0.039***
		(0.004)		(0.004)		(0.005)		(0.009)
lnGDP	-0.077***	-0.062***	-0.079***	-0.071***	-0.087***	-0.081***	-0.106***	-0.095***
	(0.005)	(0.005)	(0.005)	(0.006)	(0.006)	(0.007)	(0.011)	(0.012)
landlocked	0.465***	0.454***	0.508***	0.500***	0.535***	0.530***	0.817***	0.787***
	(0.012)	(0.012)	(0.014)	(0.014)	(0.018)	(0.018)	(0.031)	(0.031)
Contiguity	-0.314***	-0.325***	-0.355***	-0.365***	-0.412***	-0.429***	-0.575***	-0.619***
	(0.016)	(0.016)	(0.020)	(0.020)	(0.025)	(0.026)	(0.046)	(0.047)
Comlang	-0.510***	-0.499***	-0.569***	-0.542***	-0.671***	-0.646***	-0.949***	-0.930***
	(0.028)	(0.029)	(0.033)	(0.033)	(0.046)	(0.046)	(0.084)	(0.084)
lnDistcap	0.283***	0.273***	0.284***	0.282***	0.235***	0.240***	0.505***	0.527***
	(0.018)	(0.018)	(0.020)	(0.020)	(0.026)	(0.026)	(0.047)	(0.048)

---

① 指数形式即风险比率：e^β，分析过程中根据需要会把普通系数转换成指数系数。

续表

	Full sample				First spell		Only one spell	
	(1)	(2)	(3)	(4)	(5)	(6)	(7)	(8)
lnQuality	-0.316***	-0.317***	-0.307***	-0.310***	-0.314***	-0.319***	-0.420***	-0.422***
	(0.003)	(0.003)	(0.004)	(0.004)	(0.005)	(0.005)	(0.008)	(0.008)
lnUV	0.032***	0.033***	0.037***	0.038***	0.041***	0.042***	0.063***	0.065***
	(0.002)	(0.002)	(0.002)	(0.002)	(0.003)	(0.003)	(0.005)	(0.005)
lnExp	-0.008***	-0.007***	-0.018***	-0.016***	-0.006*	-0.003	0.016***	0.019***
	(0.002)	(0.002)	(0.002)	(0.002)	(0.003)	(0.003)	(0.005)	(0.005)
lnRCA	-0.154***	-0.158***	-0.171***	-0.175***	-0.171***	-0.176***	-0.241***	-0.246***
	(0.003)	(0.003)	(0.003)	(0.003)	(0.004)	(0.004)	(0.007)	(0.007)
lnHHI	0.426***	0.439***	0.454***	0.468***	0.463***	0.481***	0.777***	0.788***
	(0.007)	(0.007)	(0.008)	(0.008)	(0.010)	(0.010)	(0.017)	(0.017)
Constant	-2.286***	-2.087***	-2.142***	-2.000***	-1.710***	-1.631***	-2.719***	0.478***
	(0.158)	(0.163)	(0.176)	(0.179)	(0.230)	(0.235)	(0.509***	-2.831***
year	YES	YES	YES	YES	YES	YES	YES	YES
product	YES	YES	YES	YES	YES	YES	YES	YES
rho			0.257***	0.253***	0.285***	0.282***	0.502***	0.495***
			(0.000)	(0.000)	(0.000)	(0.000)	(0.000)	(0.000)
Observations	632078	610642	632078	610642	400523	384145	356236	343020
Log Likelihood	-164279.39	-157292.19	-163283.24	-156399.85	-107095.63	-101400.04	-49921.226	-48237.046

注：*、**、***分别表示估计结果在10%、5%和1%的水平上显著；括号内报告的数值是标准差；"YES"表示控制了个体固定效应，包括年份固定效应和产品固定效应；rho为不可观测异质性占总误差的比例，其下方括号内为P值。

表5—9中第（3）列纳入第三方实际汇率波动变量（ln*TPRERV*）作为解释变量，第（4）列同时纳入第三方实际汇率波动变量和双边实际汇率波动变量（ln*BLRERV*），理由在于仅纳入第三方实际汇率波动变量而忽视双边实际汇率波动变量同样可能使回归结果有偏。第（4）列中第三方实际汇率波动变量的系数绝对值要明显高于第（3）列该变量系数绝对值，证实了上述判断，说明忽视双边实际汇率波动的作用，将会低估第三方实际汇率波动的效应。

第（3）—（4）列中第三方实际汇率波动变量（ln*TPRERV*）的系数显著为负，表明第三方实际汇率波动幅度增大会降低双边出口贸易关系的风险率,延长双边出口贸易关系的持续时间;第(4)列的双边实际汇率波动变量($lnBLRERV$)的系数显著为正,表明双边实际汇率波动幅度增大会增加出口贸易关系的风险,不利于出口贸易关系的持续。因此,双边实际汇率波动对双边出口贸易产生负向影响,而第三方汇率波动对双边出口贸易具有正向影响。我们在对总体样本进行估计之后,又分别估计第一个贸易持续时间段(First spell)和只有一个持续时间段(Only one spell)的样本,结果列于表5—9中第(5)—(8)列,第三方实际汇率波动的系数符号以及显著性与总体回归的结果一致。

从目的国特征变量来看,目的国人均GDP($lnGDP$)回归系数显著为负,说明目的国发展水平越高,双边贸易关系越容易维持;产品出口到内陆国家(Landlocked)时,贸易关系失败的风险要比目的国为非内陆国家高50%左右;若贸易双方有共同语言(Comlang),贸易关系失败的风险率明显降低,说明共同的语言环境更有利于保持产品持续出口;贸易双方相邻(Contiguity)能够有效地减少贸易成本,也更容易保持贸易关系稳定。两国之间距离($lnDistcap$)的风险系数为正,每增加一单位距离,出口贸易关系的风险比率增加28%。

从产品层面的特征变量来看,产品质量($lnQuality$)的系数显著为负,说明高质量的产品有利于降低出口贸易关系失败的风险,这与施炳展认为产品质量与出口持续时间成正比的结论一致;[①] 产品单位价格($lnUV$)系数符号为正,说明出口产品的单位价格越高,出口贸易关系终止的风险越大,可能是中国出口产品在国际市场同质化现象严重,不但面临国外竞争者的激烈竞争,还可能面临来自国内同行的竞相压价,于是价格越高,产品出口贸易关系的风险率就越高;初始贸易额($lnExp$)系数符号显著为负,表明初始贸易额越大,贸易关系失败的风险越小;产品比较优势指数($lnRCA$)与贸易关系风险率显著负相关,说明在国际市场上占据优势的出口产品,更容易被出口目的国市场所接受,贸易关系失败的风险更小;产品的市场集中度($lnHHI$),反映了产品出口目的国家的数量的多少,其系数符号为正,说明出口市场分布越集中的产品,

---

① 施炳展:《中国企业出口产品质量异质性:测度与事实》,《经济学》(季刊)2014年第1期。

其出口目的国越容易占据主动权，且产品出口也越容易受到国际市场同行业产品的冲击，出口贸易关系失败的风险就越高。

（四）稳健性检验

1. 内生性问题和左删失问题

考虑到解释变量与被解释变量同期相关产生的内生性问题，以及解释变量对被解释变量的影响可能存在时滞现象进而降低估计结果的可信度，我们对虚拟变量以外的其他变量取滞后一期和滞后两期值进行回归，结果列于表5—10中第（1）—（4）列，可以看出，无论滞后一期还是两期，解释变量的系数符号以及显著性都没有发生变化。此外，在生存分析估计过程中，我们删掉了起始年份为1999年的数据，追加这部分左删失数据重新估计模型参数，结果列于表5—10中第（5）—（6）列，估计结果与基准回归基本一致。

表5—10　　　　　稳健性检验：内生性问题和左删失问题

	滞后一期		滞后二期		左删失数据		第三方汇率重新测算	
	（1）	（2）	（3）	（4）	（5）	（6）	（7）	（8）
lnERERV	-0.036***	-0.031***	-0.045***	-0.124***	-0.063***	-0.071***	-0.176***	-0.204***
	(0.005)	(0.006)	(0.006)	(0.012)	(0.008)	(0.008)	(0.006)	(0.007)
lnBRERV		0.078***		0.047***		0.188***		0.012***
		(0.008)		(0.009)		(0.016)		(0.004)
lnGDP	-0.153***	-0.172***	-0.115***	-0.124***	-0.203***	-0.167***	-0.060***	-0.042***
	(0.010)	(0.010)	(0.011)	(0.012)	(0.019)	(0.020)	(0.005)	(0.006)
Landlocked	0.935***	0.938***	0.692***	0.696***	1.557***	1.446***	0.431***	0.404***
	(0.029)	(0.029)	(0.033)	(0.033)	(0.075)	(0.068)	(0.014)	(0.014)
Contiguity	-0.596***	-0.624***	-0.589***	-0.606***	-0.313***	-0.273***	-0.327***	-0.331***
	(0.039)	(0.039)	(0.043)	(0.043)	(0.057)	(0.054)	(0.019)	(0.020)
Comlang	-0.846***	-0.668***	-0.429***	-0.343***	-0.924***	-0.694***	-0.535***	-0.555***
	(0.064)	(0.064)	(0.069)	(0.069)	(0.084)	(0.082)	(0.033)	(0.033)
lnDistcap	0.568***	0.578***	0.245***	0.261***	0.915***	0.875***	0.159***	0.134***
	(0.038)	(0.038)	(0.042)	(0.043)	(0.064)	(0.061)	(0.020)	(0.020)
lnQuality	-0.329***	-0.338***	-0.274***	-0.283***	-0.612***	-0.598***	-0.300***	-0.303***
	(0.006)	(0.007)	(0.008)	(0.008)	(0.016)	(0.015)	(0.004)	(0.004)
lnUV	0.097***	0.099***	0.067***	0.071***	0.101***	0.090***	0.040***	0.041***
	(0.005)	(0.005)	(0.005)	(0.005)	(0.010)	(0.009)	(0.002)	(0.002)

续表

	滞后一期		滞后二期		左删失数据		第三方汇率重新测算	
	(1)	(2)	(3)	(4)	(5)	(6)	(7)	(8)
lnExp	-0.141***	-0.129***	-0.033***	-0.029***	-0.233***	-0.208***	-0.015***	-0.013***
	(0.005)	(0.005)	(0.005)	(0.005)	(0.013)	(0.012)	(0.002)	(0.002)
lnRCA	-0.326***	-0.336***	-0.206***	-0.214***	-0.425***	-0.422***	-0.176***	-0.179***
	(0.006)	(0.006)	(0.007)	(0.007)	(0.019)	(0.017)	(0.003)	(0.003)
lnHHI	0.675***	0.700***	0.553***	0.575***	0.897***	0.922***	0.469***	0.481***
	(0.013)	(0.014)	(0.016)	(0.016)	(0.033)	(0.032)	(0.008)	(0.008)
Constant	-3.577***	-3.414***	-2.976***	-2.959***	-6.892***	-6.237***	0.008	0.471**
	(0.339)	(0.344)	(0.380)	(0.386)	(0.534)	(0.529)	(0.183)	(0.194)
year	YES	YES	YES	YES	YES	YES	YES	YES
product	YES	YES	YES	YES	YES	YES	YES	YES
rho	0.821***	0.816***	0.708***	0.703***	0.661***	0.634***	0.246***	0.243***
	(0.000)	(0.000)	(0.000)	(0.000)	(0.000)	(0.000)	(0.000)	(0.000)
Observations	540571	520589	441631	424565	473926	454314	633797	609587
Log Likelihood	-140128.85	-133751.55	-83333.264	-79656.095	-29421.912	-27392.238	-163626.18	-155946.35

注：*、**、*** 分别表示估计结果在10%、5%和1%的水平上显著；括号内报告的数值是标准差；"YES"表示控制了个体固定效应，包括年份固定效应和产品固定效应；rho 为不可观测异质性占总误差的比例，其下方括号内为 P 值。

2. 重新测算第三方实际汇率波动

基准回归中依据公式（5—20）计算第三方实际汇率波动变量时纳入了所有贸易伙伴。为了着重考察重要贸易伙伴和主流货币汇率波动的第三方效应，我们对1999—2015年中国与每个贸易伙伴的年平均出口额进行升序排列，保留60%的贸易伙伴样本，其中"一带一路"沿线国家43个，依据公式（5—20）重新计算第三方实际汇率波动变量，然后进行回归估计，结果列于表5—10中第（7）—（8）列。与基准回归相比，第三方实际汇率波动变量（ln$TPRERV$）和双边实际汇率波动变量（ln$BLRERV$）的系数符号和显著性未发生变化，从系数绝对值大小来看，第三方实际汇率波动对于双边出口贸易关系风险的降低效应得到了强化，而双边实际汇率波动对于双边出口贸易关系风险的负向效应有所减轻。

3. 不同离散时间模型的回归

常用离散时间模型包括 Cloglog 模型、Probit 模型和 Logit 模型，我们进一步采用 Probit 模型和 Logit 模型区分全样本、第一个贸易持续时间段和只有一个持续时间段的样本进行稳健性检验，结果分别列示于表 5—11 和表 5—12 中。Probit 模型和 Logit 模型的回归结果皆与 Cloglog 模型回归的结果一致。

上述一系列稳健性检验估计结果均支持基准回归的结论，即第三方实际汇率波动与贸易关系持续时间的失败风险负相关，第三方汇率波动幅度越大，出口贸易关系中断的概率越小，贸易关系越稳定。

表 5—11　　　　　　　　稳健性检验：Probit 模型

	Probit					
	Full sample	First spell	Only one spell	Full sample	First spell	Only one spell
lnERERV	-0.016***	-0.019***	-0.016***	-0.020***	-0.022***	-0.025***
	(0.002)	(0.002)	(0.005)	(0.002)	(0.003)	(0.005)
lnBRERV				0.023***	0.020***	0.021***
				(0.003)	(0.003)	(0.005)
lnGDP	-0.046***	-0.052***	-0.060***	-0.043***	-0.051***	-0.054***
	(0.003)	(0.004)	(0.006)	(0.003)	(0.004)	(0.007)
Landlocked	0.305***	0.328***	0.483***	0.300***	0.325***	0.463***
	(0.009)	(0.011)	(0.018)	(0.009)	(0.011)	(0.018)
Contiguity	-0.216***	-0.258***	-0.338***	-0.223***	-0.268***	-0.364***
	(0.012)	(0.016)	(0.027)	(0.012)	(0.016)	(0.027)
Comlang	-0.340***	-0.414***	-0.557***	-0.320***	-0.393***	-0.542***
	(0.020)	(0.028)	(0.048)	(0.020)	(0.028)	(0.047)
lnDistcap	0.164***	0.135***	0.288***	0.163***	0.139***	0.299***
	(0.012)	(0.016)	(0.027)	(0.012)	(0.016)	(0.027)
lnQuality	-0.214***	-0.223***	-0.271***	-0.217***	-0.227***	-0.272***
	(0.003)	(0.003)	(0.005)	(0.003)	(0.003)	(0.005)
lnUV	0.020***	0.023***	0.034***	0.021***	0.024***	0.035***
	(0.001)	(0.002)	(0.003)	(0.001)	(0.002)	(0.003)
lnExp	-0.011***	-0.004**	0.010***	-0.010***	-0.002	0.012***
	(0.001)	(0.002)	(0.003)	(0.001)	(0.002)	(0.003)
lnRCA	-0.113***	-0.116***	-0.151***	-0.115***	-0.119***	-0.154***
	(0.002)	(0.002)	(0.004)	(0.002)	(0.003)	(0.004)

续表

	Probit					
	Full sample	First spell	Only one spell	Full sample	First spell	Only one spell
lnHHI	0.273***	0.285***	0.454***	0.281***	0.296***	0.460***
	(0.005)	(0.006)	(0.010)	(0.005)	(0.006)	(0.010)
Constant	-1.006***	-0.695***	-1.336***	-0.926***	-0.656***	-1.388***
	(0.105)	(0.142)	(0.238)	(0.107)	(0.144)	(0.241)
year	YES	YES	YES	YES	YES	YES
product	YES	YES	YES	YES	YES	YES
rho	0.213***	0.244***	0.392***	0.209***	0.240***	0.380***
	(0.000)	(0.000)	(0.000)	(0.000)	(0.000)	(0.000)
Observations	632078	400523	356236	610642	384145	343020
Log Likelihood	-161553.6	-105694.62	-49139.781	-154738.17	-100065.41	-47477.836

表 5—12　　　　　稳健性检验：Logit 模型

	Logit					
	Full sample	First spell	Only one spell	Full sample	First spell	Only one spell
lnERERV	-0.029***	-0.036***	-0.031***	-0.039***	-0.043***	-0.048***
	(0.004)	(0.004)	(0.009)	(0.004)	(0.005)	(0.010)
lnBRERV				0.045***	0.038***	0.043***
				(0.005)	(0.006)	(0.010)
lnGDP	-0.088***	-0.099***	-0.121***	-0.081***	-0.095***	-0.109***
	(0.006)	(0.007)	(0.013)	(0.006)	(0.008)	(0.014)
Landlocked	0.575***	0.613***	0.945***	0.567***	0.609***	0.909***
	(0.016)	(0.021)	(0.036)	(0.017)	(0.021)	(0.036)
Contiguity	-0.406***	-0.480***	-0.665***	-0.418***	-0.499***	-0.716***
	(0.022)	(0.030)	(0.053)	(0.022)	(0.030)	(0.053)
Comlang	-0.651***	-0.780***	-1.096***	-0.616***	-0.745***	-1.070***
	(0.038)	(0.053)	(0.096)	(0.038)	(0.054)	(0.096)
lnDistcap	0.318***	0.260***	0.577***	0.315***	0.268***	0.601***
	(0.022)	(0.030)	(0.054)	(0.023)	(0.030)	(0.054)

续表

	Logit					
	Full sample	First spell	Only one spell	Full sample	First spell	Only one spell
lnQuality	-0.374***	-0.389***	-0.503***	-0.379***	-0.395***	-0.506***
	(0.005)	(0.006)	(0.010)	(0.005)	(0.006)	(0.010)
lnUV	0.040***	0.045***	0.070***	0.042***	0.047***	0.072***
	(0.003)	(0.003)	(0.006)	(0.003)	(0.004)	(0.006)
lnExp	-0.022***	-0.008**	0.016***	-0.019***	-0.006	0.020***
	(0.003)	(0.003)	(0.006)	(0.003)	(0.004)	(0.006)
lnRCA	-0.207***	-0.210***	-0.292***	-0.211***	-0.216***	-0.298***
	(0.004)	(0.005)	(0.008)	(0.004)	(0.005)	(0.008)
lnHHI	0.516***	0.534***	0.892***	0.532***	0.554***	0.904***
	(0.009)	(0.011)	(0.019)	(0.009)	(0.011)	(0.019)
Constant	-1.900***	-1.333***	-2.589***	-1.747***	-1.258***	-2.714***
	(0.200)	(0.266)	(0.476)	(0.203)	(0.272)	(0.484)
year	YES	YES	YES	YES	YES	YES
product	YES	YES	YES	YES	YES	YES
rho	0.209***	0.238***	0.420***	0.205***	0.235***	0.410***
	(0.000)	(0.000)	(0.000)	(0.000)	(0.000)	(0.000)
Observations	632078	400523	356236	610642	384145	343020
Log Likelihood	-162438.58	-106375.08	-49507.376	-155586.27	-100712.1	-47834.325

四 扩展性分析

（一）商品异质性

从可持续发展角度看，出口规模固然重要，出口结构的优化更不能忽视。技术层级和差异化程度是产品出口结构的重要属性，也是出口产品异质性的重要体现。不同技术层级和不同差异化程度的出口产品对于汇率波动的敏感度不同，就有必要基于产品异质性角度分类探讨实际汇率波动对于出口贸易关系的影响。

1. 区分产品技术层级

Lall 将产品按技术层级分为初级产品（primary products，PP）、资源

制成品 (resource-based manufactures, RB)、低技术制成品 (low-technology manufactures, LT)、中技术制成品 (medium-technology manufactures, MT) 和高技术制成品 (high-technology manufactures, HT) 5个层级。[①] 由于 Lall 选用的是 SITC 第二版 3 位码层面的产品数据，我们在对样本进行多次匹配之后，保留 633709 条观测，涵盖 50 个 "一带一路" 沿线国家，包括 2786 种产品。从表 5—13 生存统计结果来看，技术制成品的平均生存时间要普遍高于初级产品和资源制成品，技术制成品的生存率也相对较高。技术制成品之间的出口生存状况也存在差异，其中低技术制成品生存时间均值最高，其次是中技术制成品和高技术制成品；由生存率来看，中技术制成品 5 年、10 年和 15 年的生存率要高于低技术制成品和高技术制成品。

表 5—13　　　　　　　　　　　基准回归

		生存时间		K-M 估计法生存率				持续时间段个数	贸易关系个数	失败事件个数
		均值	中位值	1 年	5 年	10 年	15 年			
LALL 分类	PP	3.80	2	0.577	0.316	0.235	0.190	8802	6391	6397
	RB	4.66	3	0.641	0.416	0.337	0.306	20959	14862	13200
	LT	5.57	4	0.729	0.544	0.486	0.465	27176	19471	13138
	MT	5.65	4	0.712	0.534	0.479	0.455	34234	24693	17050
	HT	5.62	4	0.707	0.510	0.457	0.430	9160	6691	4793

采用 Cloglog 模型，对筛选后的样本分别进行分类估计，结果如表 5—14 所示。在考虑双边实际汇率波动的影响后 [第 (2)(4)(6)(8) 列]，第三方实际汇率波动 (ln$TPRERV$) 回归系数均显著为负，说明第三方实际汇率波动有利于维系双边出口贸易关系。由回归系数大小判断，技术制成品出口的风险率要明显低于初级产品和资源制成品，而高技术制成品风险率最低，结合双边实际汇率波动 (ln$BLRERV$) 高技术制成品的风险率最高的事实，可以判断，高技术制成品受实际汇率波动（双边和第三方）的影响最大。

---

① Lall S., "The Technological Structure and Performance of Developing Country Manufactured Exports, 1985 – 1998", *Oxford Development Studies*, Vol. 28, No. 3, 2000, pp. 337 – 369.

表 5—14 产品技术层级的分类生存估计

	PP		RB		LT		MT		HT	
	(1)	(2)	(3)	(4)	(5)	(6)	(7)	(8)	(9)	(10)
lnERERV	-0.007	-0.020*	-0.015**	-0.025***	-0.036***	-0.041***	-0.022***	-0.032***	-0.051***	-0.064***
	(0.009)	(0.010)	(0.007)	(0.008)	(0.007)	(0.008)	(0.006)	(0.007)	(0.011)	(0.013)
lnBRERV		0.050***		0.037***		0.028***		0.046***		0.057***
		(0.013)		(0.009)		(0.009)		(0.008)		(0.016)
lnGDP	-0.096***	-0.080***	-0.055***	-0.044***	-0.102***	-0.106***	-0.078***	-0.066***	-0.097***	-0.079***
	(0.015)	(0.016)	(0.011)	(0.011)	(0.011)	(0.012)	(0.010)	(0.010)	(0.019)	(0.020)
Landlocked	0.382***	0.366***	0.490***	0.484***	0.662***	0.655***	0.535***	0.528***	0.332***	0.324***
	(0.043)	(0.044)	(0.030)	(0.030)	(0.030)	(0.031)	(0.027)	(0.027)	(0.053)	(0.054)
Contiguity	-0.206***	-0.211***	-0.287***	-0.294***	-0.494***	-0.517***	-0.434***	-0.445***	-0.255***	-0.279***
	(0.047)	(0.047)	(0.038)	(0.038)	(0.045)	(0.046)	(0.038)	(0.038)	(0.075)	(0.076)
Comlang	-0.299***	-0.290***	-0.599***	-0.580***	-0.561***	-0.524***	-0.572***	-0.536***	-0.618***	-0.596***
	(0.068)	(0.069)	(0.060)	(0.061)	(0.086)	(0.086)	(0.067)	(0.067)	(0.145)	(0.147)
lnDistcap	0.414***	0.385***	0.351***	0.341***	0.157***	0.168***	0.336***	0.335***	0.093	0.073
	(0.052)	(0.053)	(0.039)	(0.040)	(0.043)	(0.043)	(0.038)	(0.039)	(0.072)	(0.074)
lnQuality	-0.211***	-0.217***	-0.256***	-0.258***	-0.330***	-0.334***	-0.327***	-0.331***	-0.341***	-0.348***
	(0.011)	(0.011)	(0.009)	(0.009)	(0.009)	(0.009)	(0.007)	(0.007)	(0.015)	(0.015)

续表

	PP		RB		LT		MT		HT	
	(1)	(2)	(3)	(4)	(5)	(6)	(7)	(8)	(9)	(10)
lnUV	0.019**	0.017*	-0.032***	-0.034***	0.036***	0.036***	0.054***	0.056***	0.041***	0.042***
	(0.009)	(0.009)	(0.007)	(0.007)	(0.008)	(0.009)	(0.004)	(0.004)	(0.008)	(0.008)
lnExp	-0.009	-0.006	-0.031***	-0.030***	-0.025***	-0.023***	-0.021***	-0.020***	-0.036***	-0.031***
	(0.006)	(0.006)	(0.005)	(0.005)	(0.005)	(0.005)	(0.004)	(0.005)	(0.009)	(0.009)
lnRCA	-0.119***	-0.122***	-0.145***	-0.146***	-0.253***	-0.262***	-0.204***	-0.209***	-0.206***	-0.215***
	(0.007)	(0.007)	(0.006)	(0.006)	(0.009)	(0.009)	(0.007)	(0.007)	(0.012)	(0.012)
lnHHI	0.394***	0.395***	0.460***	0.476***	0.446***	0.463***	0.472***	0.485***	0.476***	0.494***
	(0.024)	(0.025)	(0.016)	(0.016)	(0.018)	(0.019)	(0.014)	(0.014)	(0.030)	(0.030)
Constant	-3.772***	-1.864***	-1.011***	-1.047***	-3.355***	-3.401***	-2.105***	-0.373***	-0.314***	-0.309***
	(0.466)	(0.171)	(0.353)	(0.359)	(0.488)	(0.502)	(0.345)	(0.352)	(0.090)	(0.094)
year	YES	YES	YES	YES	YES	YES	YES	YES	YES	YES
product	YES	YES	YES	YES	YES	YES	YES	YES	YES	YES
rho	0.092***	0.086***	0.181***	0.176***	0.331***	0.332***	0.301***	0.295***	0.307***	0.308***
	(0.000)	(0.000)	(0.000)	(0.000)	(0.000)	(0.000)	(0.000)	(0.000)	(0.000)	(0.000)
Observations	39369	38014	110330	106796	164618	158937	211709	204692	55961	53922
Log Likelihood	-15425.685	-14877.247	-34653.597	-33366.893	-38047.562	-36322.443	-49522.132	-47449.32	-13093.14	-12429.484

2. 区分产品差异化程度

Rauch 根据产品的差异化程度,把产品分为同质产品和差异产品,前者又分为商品交易所交易的产品和定期在某个专业贸易出版物或行业研究报告发布的产品。[①] 在进行差异化程度分类时,Rauch 采用了保守分类(Conservative Classification)和自由分类(Liberal Classificartion)两种(见表 5—15)。我们采用 2014 年更新的 Rauch 分类数据标准(SITC 第二版 4 位码层面)与本节原始数据进行多次匹配,保留 618022 条观测记录,涵盖 50 个国家,包括 2686 种产品。保守分类和自由分类的估计结果无论是平均生存时间还是生存率都差异较小,差异化产品的平均生存时间和生存率要显著高于同质产品。

表 5—15　　　　　　　产品差异化程度的分类生存统计

			生存时间		K-M 估计法生存率				持续时间段个数	贸易关系个数	失败事件个数
			均值	中位值	1年	5年	10年	15年			
Rauch 分类	保守	同质	4.35	2	0.692	0.386	0.311	0.276	28755	20657	18791
		差异	5.70	4	0.723	0.542	0.492	0.460	68525	49258	33585
	自由	同质	4.48	2	0.634	0.400	0.327	0.293	32883	23645	20998
		差异	5.71	4	0.723	0.544	0.487	0.462	63902	45898	31192

采用 Cloglog 模型,对按 Rauch 差异化标准进行分类后的样本进行回归估计,结果如表 5—16 所示。不管是否加入双边实际汇率变量,也不管按 Rauch 保守分类还是 Rauch 自由分类,第三方实际汇率波动回归系数均显著为负,说明第三方实际汇率波动有利于降低双边贸易关系风险。由第三方实际汇率波动系数大小来看,Rauch 保守分类和 Rauch 自由分类回归结果基本一致。通过对比同质产品和差异产品的回归系数,发现在不考虑双边实际汇率波动时,第三方实际汇率波动对差异性产品出口风险的降低效应要显著高于同质性产品,而考虑双边实际汇率波动后,第

---

① Rauch J. E.,"Networks Versus Markets in International Trade", *Journal of International Economics*, Vol. 1, No. 48, 1999, pp. 7–35.

三方实际汇率波动的风险降低效应在差异性产品和同质性产品之间的区别较小，但双边实际汇率波动对于同质产品出口关系的负向影响要明显大于差异性产品。

表5—16　　　　　　　　产品差异化程度的分类估计

	Rauch 保守分类				Rauch 自由分类			
	同质	同质	差异	差异	同质	同质	差异	差异
	(1)	(2)	(3)	(4)	(5)	(6)	(7)	(8)
lnERERV	-0.014**	-0.032***	-0.015***	-0.032***	-0.033***	-0.034***	-0.035***	-0.032***
	(0.006)	(0.004)	(0.006)	(0.004)	(0.007)	(0.005)	(0.006)	(0.005)
lnBRERV					0.063***	0.027***	0.068***	0.021***
					(0.008)	(0.006)	(0.007)	(0.006)
lnGDP	-0.040***	-0.105***	-0.052***	-0.104***	-0.018*	-0.107***	-0.028***	-0.109***
	(0.009)	(0.007)	(0.008)	(0.007)	(0.009)	(0.008)	(0.009)	(0.008)
Landlocked	0.543***	0.511***	0.553***	0.503***	0.531***	0.503***	0.539***	0.497***
	(0.025)	(0.019)	(0.024)	(0.020)	(0.026)	(0.019)	(0.024)	(0.020)
Contiguity	-0.283***	-0.429***	-0.309***	-0.420***	-0.292***	-0.451***	-0.317***	-0.444***
	(0.030)	(0.028)	(0.029)	(0.029)	(0.030)	(0.028)	(0.029)	(0.029)
Comlang	-0.545***	-0.568***	-0.539***	-0.555***	-0.527***	-0.532***	-0.517***	-0.519***
	(0.046)	(0.052)	(0.045)	(0.054)	(0.047)	(0.052)	(0.046)	(0.054)
lnDistcap	0.384***	0.211***	0.385***	0.204***	0.356***	0.221***	0.355***	0.217***
	(0.032)	(0.027)	(0.031)	(0.028)	(0.033)	(0.027)	(0.031)	(0.028)
lnQuality	-0.238***	-0.335***	-0.246***	-0.334***	-0.240***	-0.341***	-0.249***	-0.339***
	(0.007)	(0.005)	(0.007)	(0.006)	(0.007)	(0.005)	(0.007)	(0.006)
lnUV	-0.019***	0.046***	-0.020***	0.050***	-0.021***	0.048***	-0.022***	0.052***
	(0.006)	(0.003)	(0.006)	(0.003)	(0.006)	(0.003)	(0.006)	(0.003)
LnExp	-0.027***	-0.027***	-0.026***	-0.030***	-0.025***	-0.025***	-0.024***	-0.029***
	(0.004)	(0.003)	(0.004)	(0.003)	(0.004)	(0.003)	(0.004)	(0.003)
lnRCA	-0.119***	-0.213***	-0.127***	-0.208***	-0.122***	-0.218***	-0.130***	-0.213***
	(0.005)	(0.005)	(0.005)	(0.005)	(0.005)	(0.005)	(0.005)	(0.005)
lnHHI	0.437***	0.452***	0.443***	0.450***	0.449***	0.467***	0.457***	0.463***
	(0.013)	(0.010)	(0.013)	(0.011)	(0.013)	(0.011)	(0.013)	(0.011)

续表

	Rauch 保守分类				Rauch 自由分类			
	同质	同质	差异	差异	同质	同质	差异	差异
	(1)	(2)	(3)	(4)	(5)	(6)	(7)	(8)
Constant	-3.433***	-1.521***	-3.403***	-1.466***	-3.076***	-1.502***	-3.030***	-1.475***
	(0.291)	(0.243)	(0.280)	(0.252)	(0.296)	(0.249)	(0.284)	(0.258)
year	YES	YES	YES	YES	YES	YES	YES	YES
product	YES	YES	YES	YES	YES	YES	YES	YES
rho	0.165***	0.309***	0.180***	0.310***	0.160***	0.307***	0.174***	0.309***
	(0.000)	(0.000)	(0.000)	(0.000)	(0.000)	(0.000)	(0.000)	(0.000)
Observations	143172	424295	167655	396579	139057	409146	162723	382346
Log Likelihood	-48299.056	-97102.245	-54503.68	-90429.167	-46718.986	-92482.838	-52677.531	-86068.514

(二) 人民币国际化政策的影响

本轮国际金融危机之后,中国积极推进实施人民币国际化和"一带一路"倡议。从2009年1月20日中国人民银行与香港金融管理局签署2000亿美元人民币和港元的双边本币互换协议这一标志性事件算起,人民币国际化经历了9年多的进程,成绩斐然。2017年,人民币继续保持全球第6大支付货币地位,全年经常项目和直接投资跨境结算近6万亿元人民币,其中货物贸易收付金额为4.36万亿元,较2016年增长5.8%。人民币跨境流动表现出巨大潜力,国际货币功能初现端倪。

人民币国际化进程中,更多贸易和金融交易采用人民币计价和结算,中国企业出口会面临更低的汇率风险,[1] 中国对"一带一路"沿线国家的出口也将面临更低的汇率波动冲击。此外,"一带一路"国家建设也会通过"五通"建设等途径有效降低贸易风险。由于"一带一路"国家倡议推出时间较短,对于出口贸易关系风险降低的效果有待观察,下面重点分析和评估人民币国际化战略对中国向"一带一路"沿线国家出口贸易关系持续时间的影响,同时也是对于本节核心结论的一个稳健性检验。

---

[1] 彭红枫、陈文博、谭小玉:《人民币国际化研究述评》,《国际金融研究》2015年第10期。

由于无法获得中国对"一带一路"沿线国家出口贸易采用人民币计价和结算数额的具体数据，而双边货币互换（Bilateral Currency Swap Agreements）的签署时间和规模可查询。截至 2017 年 6 月底，中国人民银行已与其他 36 个中央银行（或货币当局）开展双边本币互换，总金额超过 6.6 万亿人民币，有力推动了人民币国际化进程。

我们采用双重差分法（DID）评估人民币国际化对于中国与"一带一路"沿线国家出口贸易关系持续时间的影响，以样本国家是否与中国签署双边货币互换协议设置虚拟变量（BCSA），签署取值为 1，未签署取值为 0；同时以双边货币互换签署的时间节点设置时间虚拟变量（TDUM_BCSA），首次签署及续签覆盖年份设定为 1，其余年份设定为 0。我们关注的重点在于"一带一路"样本国家中与中国签订双边货币互换协议国家虚拟变量和时间节点的交互项（BCSA * TDUM_BCSA）的系数。

回归结果列于表 5—17 中。第（1）—（2）列为"一带一路"沿线国家样本，第（3）—（4）列将样本扩大至中国出口的 217 个目的地国家（地区）。第（1）—（4）列中交互项（BCSA * TDUM_BCSA）的系数显著为负，说明签订双边本币互换能够显著降低中国出口贸易关系失败的风险。此外，第三方实际汇率波动变量（lnTPRERV）和双边实际汇率波动变量（lnBLRERV）的系数符号和显著性未发生变化。

表 5—17　　　　　　　　人民币国际化政策影响及评估

	(1)	(2)	(3)	(4)
lnERERV	-0.025***	-0.034***	-0.033***	-0.031***
	(0.003)	(0.004)	(0.002)	(0.002)
lnRERV		0.045***		0.023***
		(0.004)		(0.003)
GD = time * treated	-0.152***	-0.169***	-0.146***	-0.141***
	(0.018)	(0.018)	(0.011)	(0.012)
LnpGDP	-0.075***	-0.065***	-0.135***	-0.115***
	(0.005)	(0.006)	(0.002)	(0.002)

续表

	（1）	（2）	（3）	（4）
Landlocked	0.512***	0.504***	0.484***	0.477***
	(0.014)	(0.014)	(0.008)	(0.008)
Contiguity	-0.350***	-0.359***	-0.205***	-0.149***
	(0.020)	(0.020)	(0.013)	(0.014)
Comlang	-0.525***	-0.491***	-0.341***	-0.318***
	(0.033)	(0.034)	(0.020)	(0.020)
lnDistcap	0.275***	0.268***	0.346***	0.399***
	(0.020)	(0.020)	(0.007)	(0.007)
lnQuality	-0.306***	-0.310***	-0.333***	-0.337***
	(0.004)	(0.004)	(0.002)	(0.002)
lnUV	0.037***	0.039***	0.064***	0.063***
	(0.002)	(0.002)	(0.001)	(0.001)
lnExp	-0.018***	-0.015***	-0.098***	-0.096***
	(0.002)	(0.002)	(0.001)	(0.001)
lnRCA	-0.172***	-0.176***	-0.197***	-0.198***
	(0.003)	(0.003)	(0.002)	(0.002)
lnHHI	0.456***	0.471***	0.454***	0.459***
	(0.008)	(0.008)	(0.004)	(0.004)
Constant	-1.991***	-1.795***	-2.593***	-2.982***
	(0.176)	(0.180)	(0.065)	(0.067)
year	YES	YES	YES	YES
product	YES	YES	YES	YES
rho	0.255***	0.251***	0.341***	0.336***
	(0.000)	(0.000)	(0.000)	(0.000)
Observations	632078	610642	3050033	2839505
Log Likelihood	-163247.56	-156356.32	-569546.55	-569546.55

五 结论与启示

准确判断汇率波动对于双边贸易关系的影响，关乎汇率政策的合理制定。本节基于联合国商品贸易数据库SITC-5位码产品层面数据，运用生存分析方法研究中国与"一带一路"沿线国家出口贸易关系持续期及影响因素，着重考察并确认了第三方实际汇率波动对于双边贸易关系存在显著影响。研究发现：(1) 1999—2015年共16年的样本区间内，中国产品对"一带一路"沿线国家出口持续时间普遍较短，平均持续时间为5.28年。(2) 第三方实际汇率波动有利于稳定双边贸易关系，延长贸易关系持续时间，而双边实际汇率波动则加剧双边贸易关系失败的风险。(3) 区分产品异质性进行分类回归不改变研究变量的符号和显著性，但相比初级产品和资源制成品，第三方实际汇率波动更有利于维系技术制成品的出口贸易关系，高技术制成品出口贸易关系受实际汇率波动（双边和第三方）的影响最大；第三方实际汇率波动对于同质产品和差异产品出口贸易关系的影响基本相同，但双边实际汇率波动对同质产品出口关系的负向影响要显著大于差异性产品。(4) 人民币国际化推进和双边货币互换规模的开展，有助于降低中国出口贸易关系失败风险。(5) 本节结论同时说明，研究双边汇率波动而忽视第三方汇率波动，或是只考虑第三方汇率波动而忽视双边汇率波动，会因遗漏重要变量使回归估计产生偏差。

"一带一路"建设过程中，不断会有新的国家参与进来，"贸易畅通"建设任重道远，平抑双边汇率波动对于开展国际贸易并巩固双边贸易关系尤为重要。双边实际汇率波动和第三方实际汇率波动对国际贸易具有相反作用，根源在于汇率波动是一种经营风险，规避汇率风险是多数出口企业尤其是风险厌恶型出口企业的理性选择，双边汇率波动加大对于双边贸易具有"挤出"效应，而第三方汇率波动加大对于双边贸易具有"挤入"效应。因此，我们建议：(1) 在人民币汇率市场化改革进程中，应循序渐进放宽汇率波动区间，避免人民币大幅波动和单向升贬值预期对中国与"一带一路"沿线国家对外贸易带来严重冲击。(2) 双边货币互换是国际金融领域货币合作深化的重要体现，有利于双边投资及贸易中使用本币，规避汇率风险，稳定贸易关系，应及时总结经验，扩大货币互换规模和互换国家范围。(3) 中国人民银行应积极与"一带一路"沿线国家中央银行进行沟通，加强货币政策协调，减少货币政策溢出效应。(4) 在"一带一路"建设推进过程中，政府多部门配合，积极推动贸易、金融和区域经济合作，建立互利共赢的区域价值链体系。

第四节 异质性有效汇率与贸易持续时间

自1978年改革开放以来,中国出口贸易快速发展。2017年出口货物贸易总额2.26万亿美元,是1978年出口货物贸易总额97.5亿美元的232倍。自2009年起,中国已连续9年稳居全球货物贸易第一出口国的地位。但近十几年来,由于人民币汇率的不断升值,中国出口贸易的竞争力不断下降。在这种形势下,研究有效汇率变动对出口贸易关系的影响,对于稳定出口贸易,促进经济增长有重要意义。

自2005年7月起,央行开始实施第二次人民币汇率形成机制改革,实行"以市场供求为基础、参考一篮子货币进行调节、有管理的浮动汇率制度",人民币开始逐步稳定在一个合理均衡水平上。2007年5月、2012年4月、2014年3月中国人民银行先后3次扩大人民币汇率波动幅度,提高汇率弹性。2015年8月人民币汇率形成机制第三次改革,完善人民币兑美元汇率中间价报价机制,增强中间价市场化决定程度和基准性,推动了人民币汇率市场化,缩小了境内外外汇市场的价格差距。2015年12月,中国外汇交易中心开始编制并定期发布人民币有效汇率指数(CFETS),有助于引导市场关注有效汇率,改变过去主要关注双边汇率尤其是人民币对美元双边汇率的习惯;同时,人民币汇率参考一篮子货币进行调节,有利于保持汇率在合理均衡水平上的基本稳定。

人民币有效汇率稳定目标下,既要关注人民币对一篮子货币的稳定性,又要关注构成篮子主要货币的变动。本节研究人民币有效汇率与出口稳定性的关系,但本节将有效汇率的测算深入至出口产品层面,而非简单地使用国家层面有效汇率。出口产品异质性(出口额、出口目的地等不同)使得产品层面的有效汇率表现出异质性,体现在不同产品面临的有效汇率升贬值方向和幅度等存在差异,异质性有效汇率对于出口产品贸易关系稳定性的影响存在差异等。在测算产品层面有效汇率的基础上,本节仍然使用生存分析方法考察异质性有效汇率对出口贸易关系持续时间的影响。

一 文献综述

双边汇率（bilateral exchange rate）是指两个国家货币的比价，根据是否考虑价格因素，可分为名义双边汇率（nominalbilateral exchange rate）和实际双边汇率（realbilateral exchange rate）。有效汇率（effective exchange rate）是以某一变量为权重计算的加权平均汇率指数，它指报告期以选定的变量为权数计算出的一国货币对各样本国货币的双边汇率与基期汇率之比，权重通常设定为一国与样本国双边贸易额占该国对所有样本国全部对外贸易额的比重。基于贸易权重计算的有效汇率反映的是国际贸易中一国货币汇率对所有贸易伙伴国汇率的升值或贬值状况，体现了国际贸易竞争力。根据是否纳入价格指数，有效汇率可分为实际有效汇率（real effective exchange rate，REER）和名义有效汇率（nominal effective exchange rate，NEER）。因此，相较于双边汇率（bilateral exchange rate），有效汇率指标更加全面地考虑了汇率对本国与众多伙伴国进行经济和贸易的综合影响，有效反映了整体经济环境下一国货币价值变动以及国家整体竞争力的强弱，进而能够反映一国国民经济整体运行的汇率影响。

有效汇率的构建思路和方法比较成熟，可以基于不同层面进行构建，现有有效汇率大致可以分为三类：（1）国家层面有效汇率，一般由国际机构或国家央行发布，例如国际货币基金组织（IMF）和国际清算银行（BIS）公布的有效汇率指数，以及CFETS指数等；（2）行业层面有效汇率，多为研究机构或学者根据需要构建，例如Goldberg在其研究中首次构建了行业层面有效汇率，[1] 以及中国社会科学院世界经济与政治研究所自2016年12月开始发布的异质性有效汇率数据库（IWEP – HEER Database）中的行业层面人民币有效汇率；（3）微观层面有效汇率，多为研究机构或学者根据需要构建，例如IWEP – HEER Database数据库中的企业层面人民币有效汇率。

---

[1] Goldberg L. S., "Industry – Specific Exchange Rates for the United States", *Economic Policy Review*, No. 5, 2004, pp. 1 – 16.

（一）不同层次加总的有效汇率

1. 基于国家层面的有效汇率

目前，有效汇率研究大多基于国家层面，直接使用 IMF 和 BIS 等国际组织发布的数据，或者选择不同的国家样本或价格指数，使用上述国际组织提供的计算公式，自行构建国家层面的名义或实际有效汇率，例如 Hooper 和 Kohlhagen、Kenen 和 Rodrik。[1] 国内研究中，李亚新和余明基于相对物价指数计算有效汇率；[2] 王慧敏等学者以单位劳动成本作为价格指标测算人民币实际有效汇率，衡量中国制造业的总体国际竞争力；[3] 牛华等学者把国家层面出口增加值加入到实际有效汇率的研究中，衡量贸易伙伴的相对重要性；[4] 刘会政等学者基于全球价值链角度使用价格指数计算人民币实际有效汇率。[5]

国家层面的实际有效汇率以本国与样本贸易伙伴的贸易份额为权重计算有效汇率，只能宏观反映国家贸易面临的汇率变动状况，忽视了国内不同行业间的差异性。不同行业间进出口的份额大小以及价格指数升降存在差异性，因此基于国家层面计算的有效汇率难以推断具体行业面临的真实汇率状况，而且国家层面有效汇率构建本质上使用行业加总数据，容易造成"加总谬误"（aggregation bias），得到错误的研究结论。

2. 基于行业层面的有效汇率

Goldberg 最早基于行业层面研究实际有效汇率，在贸易加权方面使用

---

[1] Hooper P., and S. W. Kohlhagen, "The Effect of Exchange Rate Uncertainty on the Prices and Volume of International Trade", *Journal of International Economics*, Vol. 8, No. 4, 1978, pp. 483 – 511; Kenen P. B., and D. Rodrik, "Measuring and Analyzing the Effects of Short – Term Volatility in Real Exchange Rates", *The Review of Economics and Statistics*, Vol. 68, No. 2, 1986, pp. 311 – 315.

[2] 李亚新、余明：《关于人民币实际有效汇率的测算与应用研究》，《国际金融研究》2002 年第 10 期。

[3] 王慧敏、任若恩、王惠文：《中国基于单位劳动成本的多边竞争力指标研究》，《国际金融研究》2004 年第 11 期。

[4] 牛华、宋旭光、马艳昕：《全球价值链视角下中国制造业实际有效汇率测算》，《上海经济研究》2016 年第 5 期。

[5] 刘会政、方淼辉、宗喆：《全球价值链视角下人民币实际有效汇率的新测算及影响因素分析》，《国际贸易问题》2017 年第 9 期。

了行业层面数据，但在价格水平的选择上依然选取加总指数。① Lee 和 Yi 指出这种做法不能准确测算不同行业面临的真实汇率水平，他们在研究中采用了行业层面的生产者价格指数，并发现韩国不同行业间面临的实际有效汇率确实存在显著差异。② 李宏彬等学者基于贸易权重差异构建企业维度的实际有效汇率。③ 徐建炜和田丰通过匹配国内外行业价格指数和贸易数据测算了分行业的实际有效汇率，发现行业间实际有效汇率存在明显的异质性。④ 李颖帅以不同行业出口量占总出口量比重作为贸易权重，以生产价格指数替代消费者价格指数计算实际有效汇率，发现不同行业实际有效汇率存在差异显著。⑤

行业层面有效汇率能够部分解决国家层面有效汇率的不足，厘清行业间竞争差异化特点，但不能反映行业内异质性企业面临汇率的差异。戴觅和施炳展研究发现行业内有效汇率差异能够解释企业层面有效汇率差异的绝大部分，但采用行业层面有效汇率研究企业面临的汇率变动会导致较大的估计偏差。因此，当研究深入至异质性企业时，就有必要基于企业层面数据计算有效汇率。⑥

3. 基于企业层面的有效汇率

戴觅和施炳展以 2000—2006 年"企业—交易"层面的海关数据计算中国企业层面的名义和实际有效汇率，研究发现企业层面有效汇率变动与加总有效汇率走势一致，但不同企业面临汇率有较大差异，并且企业有效汇率差异 95% 以上来自于行业内而不是行业间差异。

---

① Goldberg L. S., "Industry-Specific Exchange Rates for the United States", *Economic Policy Review*, No. 5, 2004, pp. 1–16.

② Lee J., and B. C. Yi, "Industry Level Real Effective Exchange Rates for Korea", Institute for Monetary and Economic Research Working Paper, the Bank of Korea, 2005.

③ 李宏彬、马弘、熊艳艳、徐嫄：《人民币汇率对企业进出口贸易的影响——来自中国企业的实证研究》，《金融研究》2011 年第 2 期。

④ 徐建炜、田丰：《中国行业层面实际有效汇率测算：2000—2009》，《世界经济》2013 年第 5 期。

⑤ 李颖帅：《基于行业层面的真实有效汇率测度与分析》，《宏观经济研究》2014 年第 4 期。

⑥ 戴觅、施炳展：《中国企业层面有效汇率测算：2000—2006》，《世界经济》2013 年第 5 期。

基于行业层面的研究忽视了不同企业之间存在的较大差异性，因此基于企业层面的数据来研究汇率对出口的影响相对更为严谨。不同企业可能生产多种产品，与不同国家进行贸易，使用不同的货币进行结算，出口至目的地的贸易份额千差万别，因此不同企业面临的有效汇率可能不同。基于企业层面数据测算的有效汇率能够反映不同企业面临汇率变化的差异性，但不能充分反映出某一特定产品面临的有效汇率。

（二）贸易关系生存分析

企业进入和退出国际市场，本质上是企业选择出口或已出口企业决定是否继续出口或企业更换产品出口目的地的动态决策，进而影响贸易关系持续时间。贸易关系持续时间体现了出口稳定性，贸易关系持续时间是分析出口稳定性的一个重要维度。周定根等学者指出产品出口持续时间越长，说明出口稳定性越高；反之，若某产品间歇性出口或短时间内仅出口一年即停止出口，则说明出口稳定性很差。[①]

Besedeš 和 Prusa 最早定义了贸易关系持续时间概念，并运用生存分析方法研究了美国进口贸易持续时间的分布特点。[②] Nitsch 分析了德国进口贸易持续时间及其影响因素。[③] 国内学者分别基于企业层面或产品层面研究了中国进出口贸易关系持续时间及其影响因素，选用变量涉及贸易引力模型变量、目的国特征变量、企业生产率和融资约束等特征变量，[④] 偶有文献使用汇率变量，但大多选用国家层面有效汇率或双边汇率，而

---

① 周定根、杨晶晶、赖明勇：《贸易政策不确定性、关税约束承诺与出口稳定性》，《世界经济》2019 年第 1 期。

② Besedeš T., and T. J. Prusa, "Product Differentiation and Duration of US Import Trade", *Journal of International Economics*, Vol. 70, No. 2, 2006, pp. 339–358.

③ Nitsch V., "Die Another Day: Duration in German Import Trade", *Review of World Economics*, Vol. 145, No. 1, 2009, pp. 133–154.

④ 陈勇兵、李燕、周世民：《中国企业出口持续时间及其决定因素》，《经济研究》2012 年第 7 期；苏振东、刘璐、赵文涛：《微观金融健康可以提高企业的生存率吗？——"新常态"背景下经济持续健康发展的微观视角解读》，《数量经济技术经济研究》2016 年第 4 期；李宏兵、蔡宏波、胡翔斌：《融资约束如何影响中国企业的出口持续时间》，《统计研究》2016 年第 6 期；邵军：《中国出口贸易联系持续期及影响因素分析——出口贸易稳定发展的新视角》，《管理世界》2011 年第 6 期；李永、金珂、孟祥月：《中国出口贸易联系是否稳定？》，《数量经济技术经济研究》2013 年第 12 期。

较少使用微观层面有效汇率。例如，王秀玲等运用生存分析方法和离散时间模型考察了实际汇率波动对于双边贸易关系持续时间的影响。① 邹宗森等考察了第三方汇率波动对中国出口贸易关系持续时间的影响。② 潘家栋构建理论模型阐述了汇率变动影响贸易关系持续时间的一般化机制，并以HS-6分位数据检验了双边汇率变动对中国出口至美国农产品贸易关系持续时间的影响，发现人民币对美元贬值会提升中国对美农产品出口持续时间。③

（三）边际贡献

本节在现有研究基础上，可能的边际贡献在于：（1）本节基于产品层面测算异质性产品有效汇率，是对现有文献和数据库有效汇率测算的一个重要补充；（2）在测算产品层面有效汇率的基础上，本节采用生存分析方法，考察异质性有效汇率对出口贸易稳定性的影响，同时构建其他微观变量考察各变量对出口贸易稳定的作用；（3）为解决微观层面有效汇率内生性问题，本节引入滞后期贸易权重进行稳健性检验。

二　研究方法

（一）有效汇率测算方法

1. 现有不同程度加总有效汇率测算及对比

以图5—8为例，假设有3家中国企业，各生产并出口3种产品，产品在企业间可以重叠（例如企业1和企业3都生产A、B、C产品），3家企业共生产6种产品（A、B、C、D、E和F），出口至3个目的国（美国、日本和德国），企业、产品和目的地的对应关系如图5—8所示。为简化分析，假设每家企业出口每种产品至每个目的地的金额相等；报告期人民币/美元双边汇率升值10%，人民币/日元双边汇率保持不变，人

---

① 王秀玲、邹宗森、冯等田：《实际汇率波动对中国出口持续时间的影响研究》，《国际贸易问题》2018年第6期。

② 邹宗森、王秀玲、冯等田：《第三方汇率波动影响出口贸易关系持续吗？——基于"一带一路"沿线国家的实证研究》，《国际金融研究》2018年第9期。

③ 潘家栋：《人民币汇率变动对出口持续时间的影响：以中美农产品出口为例》，《国际经贸探索》2018年第9期。

民币/欧元双边汇率贬值10%。

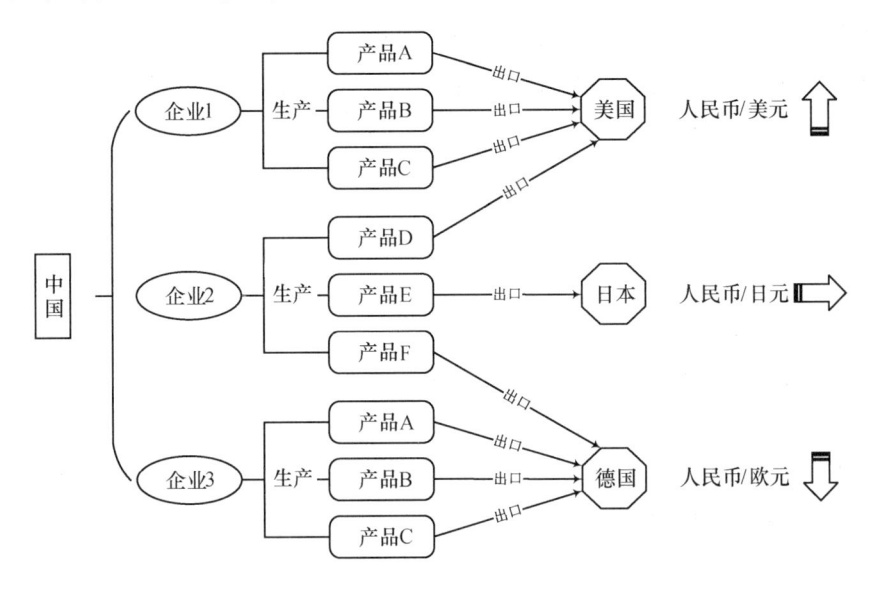

图5—8 不同层次有效汇率计算与对比

（1）基于国家层面计算有效汇率。①中国对美国出口贸易额与对德国出口贸易额均等，而人民币对美元升值与人民币对欧元贬值效应抵消；E产品出口至日本，但人民币/日元汇率保持不变。因此，国家层面人民币有效汇率不变。

（2）基于行业层面计算有效汇率，我们假设两种情形进行讨论。情形1：假设A、B、C产品属于X行业，D、E、F产品属于Y行业，则X行业的有效汇率由于企业1和企业3分别出口至不同的目的地且目的地的汇率上升与下降相抵，在产品出口额相等即权重相同的情形下，X行业有效汇率不变；同理，企业2生产的产品D和产品F出口目的地汇率升降相抵以及产品E目的地汇率不变使Y行业的有效汇率不变，此时行业X和行业Y的有效汇率与国家层面有效汇率相等。情形2：假设A和B

---

① 此处名义有效汇率的计算采用公式 $NEER = \sum_{i=1}^{n} r_i x_i$。其中，$r_i$ 为该国货币与第 i 个国家货币报告期双边汇率与基期双边汇率的比值；x_i 为出口到第 i 个国家在该国对外贸易中的比重。

产品属于行业 X，C 和 D 产品属于行业 Y，E 和 F 产品属于行业 Z，则行业 X 的有效汇率保持不变，行业 Y 的有效汇率上升，行业 Z 的有效汇率下降。此时行业 X、Y、Z 面临的有效汇率与国家层面有效汇率不一致，倘若以国家层面有效汇率研究具体行业面临的有效汇率冲击，将歪曲各行业面临的真实有效汇率状况。

（3）基于企业层面计算有效汇率。[①] 企业 1 出口 3 种产品都到美国，人民币对美元升值 10%，则企业 1 的有效汇率升值 10%；企业 2 出口 D 产品到美国，出口 E 产品到日本，出口 F 产品到德国，3 种产品的贸易额相等，产品因出口目的地不同导致汇率的上升与下降幅度相抵，故企业 2 有效汇率不变；企业 3 产品均出口至德国，人民币/欧元汇率贬值，则企业 3 的有效汇率贬值。因此，企业 1、企业 2 和企业 3 面临的国家层面有效汇率相同且相对于基期不变，但实际上企业 1、企业 2 和企业 3 各自面临着不同的有效汇率。

2. 产品层面有效汇率测算的意义及方法

上述有效汇率测算时样本国家、企业、产品以及出口目的地、汇率变动幅度和贸易额等方面进行的简化仅为方便计算而假设，但测算原理与现有研究基本一致。可以看出，基于国家层面计算的有效汇率能够从宏观反映一国整体面临的有效汇率状况进而反映其面临的国际竞争压力，但用于行业、企业异质性分析时难以反映出行业和企业面临的真实状况；同理，行业层面有效汇率测算忽略了企业层面的异质性。

实际上，企业层面有效汇率测算也有不足之处，即忽略了产品层面异质性，例如图 5—8 中，企业 2 出口的产品 D 有效汇率升值，而产品 F 有效汇率贬值，因此倘若以企业 2 面临的有效汇率（有效汇率不变）研究产品 D 或产品 F 面临的有效汇率，将可能得出错误的结论。现实中，企业新产品进入国际市场均要考虑出口固定成本以及汇率变动成本因素，[②] 但现有

---

① 此处有效汇率的计算方法与国家层面有效汇率计算公式相同，区别在于权重以企业出口贸易额计算，双边汇率分别采用人民币与企业各产品出口所对应目的地的货币汇率。

② 张凤、孔庆峰：《出口固定投入成本与扩展边际理论研究述评及展望》，《经济评论》2013 年第 6 期；张凤、孔庆峰：《出口固定投入成本与扩展边际：国外研究述评》，《国际贸易问题》2014 年第 3 期。

有效汇率数据无法为企业新产品出口决策提供真实可靠的信息。例如，假设国内企业 4 也计划生产并出口产品 D，基于国家层面、行业层面以及企业层面计算的有效汇率数据均表明有效汇率不变或下降，而实际上产品 D 面临的有效汇率是升值的，因为目前产品 D 的唯一目的地是美国，而人民币/美元双边汇率是升值的。因此，现有不同层面的有效汇率数据可能扭曲产品面临的有效汇率变动，难以为企业生产和出口决策提供真实有效的信息，而这正是我们要尝试解决的问题，即基于产品层面构建有效汇率，客观反映异质性产品所面临的真实有效汇率冲击。

产品层面的有效汇率取决于目的国 j 货币相对于人民币的名义汇率水平以及"产品—目的国"贸易组合所决定的贸易额大小。不同产品出口至不同目的国，同一产品也可以出口至多个目的国，产品出口额差异很大，产品层面有效汇率差异必然较大。基于产品层面进行研究，就有必要构建产品层面的有效汇率。本节产品层面有效汇率借鉴现有文献构建方法，采用如下公式计算：

$$REER_{it} = 100 \times \prod_{j=1}^{n} \left(\frac{E_{jt}}{E_{j0}} \times \frac{p_t}{p_{jt}} \right)^{w_{jt}} \qquad (5—27)$$

其中，E_{jt} 和 E_{j0} 分别表示间接标价法下的 t 期和基期的双边汇率水平，与前文实际汇率波动计算公式中的 e_j 互为倒数；p_t 和 p_{jt} 分别表示中国和目的国 j 在 t 期的居民消费价格指数；w_{jt} 为贸易权重，等于该产品在 t 期对目的国 j 的出口额占 t 期总出口额的比重，满足 $\sum_{j=1}^{n} w_{jt} = 1$。[①] 依据公式（5—27）测算的有效汇率考虑了本国和出口目的国的价格差异，因此为实际有效汇率。

---

① 构建有效汇率，权重的计算和基期的选择都比较重要。本节从 IMF 的 IFS 数据库查询并下载了 185 个国家 1999—2015 年对美元的双边名义汇率数据和消费价格指数数据，但各国数据统计记录的年度完整性有很大差异。一般而言，年份越近，数据统计越完整，倘若选择较早年份（例如 2000 年）作为基期，计算有效汇率时必须剔除大量未报告名义汇率数据的国家样本，因此，我们以 2010 年为基期，最大限度地保留样本国家数量。基期的有效汇率数值均为 1，REER 数值上升表示该产品的实际有效汇率相对 2010 年升值，数值下降意味着该产品实际有效汇率贬值。不同年份之间的汇率水平可以相互对比，若 2015 年的数值高于 2011 年，说明 2015 年较 2011 年有效汇率升值。

(二) 生存分析方法

本节主要研究有效汇率与出口稳定性的关系，出口稳定性可以由出口贸易关系持续时间来衡量，持续时间越长，出口越稳定，反之持续时间越短，则出口越不稳定。出口贸易关系持续时间分析属于生存分析范畴。经济学领域中研究生存分析问题一般采用连续时间生存分析模型和离散时间生存分析模型。连续时间模型在研究持续时间问题上存在以下不足：(1) 连续时间生存分析模型在处理贸易持续时间的节点问题时，易造成系数估计偏差；(2) 连续时间生存分析模型难以恰当地控制不可观测的异质性，忽略这一点会使参数估计出现偏误；(3) 连续时间生存分析模型在使用过程中需要满足诸多假设。

考虑到本节所用数据为联合国商品贸易数据库的年度数据，出口贸易持续时间同样存在时间节点问题，因此用连续时间生存分析模型显然不合适，而离散时间模型可以解决上述问题，因此我们采用离散时间模型分析出口贸易持续时间问题。假设研究的起始时间为 t_1，则出口贸易持续时间研究贸易关系在 $(t_{k-1}, t_k]$ $(k=1, 2, \cdots)$ 时间范围内终止的概率，这一概率为离散时间风险概率，基本形式设定如下：

$$h_{ik} = P(T_{k-1} < T_i \leqslant T_k \mid T_i > t_{k-1}, \boldsymbol{x}_{ik}) = F(\boldsymbol{x}'_{ik}\beta + \gamma_k) \quad (5\text{—}28)$$

其中，i 表示某一特定的贸易持续时间段 $(i=1, 2, \cdots, n)$；T_i 表示产品持续时间；$\boldsymbol{x}_{ik}$ 为时间依存协变量向量；γ_k 表示基准风险函数；$F(\cdot)$ 表示 h_{ik} 的分布函数，并满足 i 和 k 取任意值的情况下 $0 \leqslant h_{ik} \leqslant 1$ 均成立。

变量为出口持续时间，由出口时间和终止时间决定其长度，因此引入二元变量 y_{ik}，如果出口贸易时间段 i 在第 k 年终止，则 y_{ik} 取值为 1，否则取值为 0。根据 Jenkins 给出的对数似然函数：[①]

$$\ln L = \sum_{i=1}^{n} \sum_{k=1}^{k_i} [y_{ik} \ln(h_{ik}) + (1-y_{ik}) \ln(1-h_{ik})] \quad (5\text{—}29)$$

式 (5—29) 可以通过二值选择模型进行估计。h_{ik} 的函数形式一般设

[①] Jenkins S. P., "Easy Estimation Methods for Discrete – Time Duration Models", *Oxford Bulletin of Economics and Statistics*, Vol. 57, No. 1, 1995, pp. 129 – 138.

定为正态分布、逻辑斯蒂分布、极值分布三种形式，分别对应 Probit 模型、Logit 模型和 Cloglog 模型。一般而言，Cloglog 模型多用于贸易持续时间问题研究，我们建立如下出口贸易持续时间的 Cloglog 模型：

$$\text{Cloglog}\left[1 - h_{ik}\left(\boldsymbol{x}_{ik} \mid v\right)\right] \equiv \log\left\{-\log\left[1 - h_i\left(\boldsymbol{x}_{ik} \mid v\right)\right]\right\}$$
$$= \boldsymbol{x}'_{ik}\boldsymbol{\beta} + \gamma_k + u \qquad (5\text{—}30)$$

其中，γ_k 为基准风险率；$\boldsymbol{x}_{ik}$ 为解释变量向量，包括产品层面有效汇率和控制变量集；$\boldsymbol{\beta}$ 为待估系数；v 为不可观测的异质性；$u = \log(v)$，用来控制产品—目的国组合的不可观测的异质性。

Cloglog 模型被解释变量为二值变量，根据某一特定商品在某一研究时间内进入和退出该市场决定，取值为 1 或 0。如果在观测期内，该贸易关系是完整的，则该贸易关系最后一年被解释变量取值为 1，其余年份为 0。如果在观测期内，该贸易关系是删失的，则该贸易关系每年的被解释变量取值均为 0。

三　变量设定与数据来源

（一）异质性产品有效汇率

我们基于公式（5—27）构建异质性产品实际有效汇率，用作核心解释变量，异质性产品有效汇率可以更好地反映具体产品所面临的真实汇率冲击。有效汇率变量构建所用的基础数据包括三个部分：（1）双边汇率，数据来源于国际货币基金组织（IMF）国际金融统计数据库（IFS）；（2）价格指数，由于无法获取各国产品层面价格指数，我们以消费者价格指数代替，数据来源于世界银行（WB）世界发展指标数据库（WDI）；（3）贸易权重，基于产品层面计算，数据来源于联合国商品贸易数据库 SITC - 5 位码产品层面贸易统计数据。

（二）控制变量

控制变量主要包括产品特征变量和目的国特征变量。其中，产品层面特征变量依据联合国商品贸易数据库 SITC - 5 位码产品贸易数据测算，包括：（1）产品单位价值（lnUV），一般而言，较高的价格代表较高的产品质量，因为产品的单位价格越高，生产过程可能越复杂，技术难度大,替代产品就会相对较少,出口贸易持续时间应该更长,出口稳定性越好,但是 Khandelwal 指出并非所有行业中价格均是质量较好的代理变量,[1] 鉴于价格变量可观测且容易获取,已在文献中大量应用,[2] 我们引入价格变量,但是价格是否更好地代理质量,取决于行业差异和研究样本的选择,因此该变量的符号是不确定的。(2) 初始贸易额(lnExp),我们取每段贸易关系的第一年的贸易额作为初始贸易额,初始贸易额越大,说明双方对该产品贸易的信任度高,有助于贸易稳定性的增强。(3) 产品质量(lnquality)。好的产品质量有利于延长贸易关系持续时间,产品质量越高,出口贸易关系失败的风险越低。产品质量(lnquality)参考王明益的思路进行计算,[3] 假定某一产品 l 的出口数量(z_{lt})是其单位价格(p_{lt})、目的国消费支出(E_t)、目的国加总价格指数(P_t)以及产品自身质量的函数(为表达简洁,省略用于表示目的国的下标 j),虽然产品质量不易观测统计,但在有效控制其他变量后,剩下的便是产品质量。

$$z_{lt} = (E_t/P_t)\, p_{lt}^{-\sigma}\, \lambda_{lt}^{-\sigma} \quad (5\text{—}31)$$

公式(5—31)两边取自然对数,设定回归方程并进行参数估计,其中 $\ln E_t - \ln P_t$ 通过设定"进口国—时间"虚拟变量处理;σ 为产品种类替代弹性;由于采用产品价格 $\ln P_{it}$ 直接回归存在内生性,我们借鉴施炳展和邵文波选择出口到其他目的国市场的同一产品的平均价格作为工具变量。[4] 回归后便可得到包含出口产品质量的残差项 $\varepsilon_{it} = (\sigma - 1)\ln\lambda_{it}$,进而得到 SITC - 5 位码层面产品质量的表达式为:

---

[1] Khandelwal A., "The Long and Short of Quality Ladders", *Review of Economic Studies*, Vol. 77, No. 4, 2010, pp. 1450 - 1476.

[2] Hummels D., and A. Skiba, "Shipping the Good Apples Out? An Empirical Confirmation of the Alchian - Allen Conjecture", *Journal of Political Economy*, Vol. 112, No. 6, 2004, pp. 1384 - 1402; Baldwin R., and J. Harrigan, "Zeros, Quality, and Space: Trade Theory and Trade Evidence", *American Economic Journal: Microeconomics*, Vol. 3, No. 2, 2011, pp. 60 - 88.

[3] 王明益:《要素价格扭曲会阻碍出口产品质量升级吗——基于中国的经验证据》,《国际贸易问题》2016 年第 8 期。

[4] 施炳展、邵文波:《中国企业出口产品质量测算及其决定因素——培育出口竞争新优势的微观视角》,《管理世界》2014 年第 9 期。

$$quality_{lt} = \ln \hat{\lambda}_{lt} = \hat{\varepsilon}_{lt} / (\sigma - 1) \qquad (5-32)$$

对公式（5—32）得到的产品质量在三位码层面上进行标准化，得到可用于产品间进行对比的质量指数，计算公式为：

$$quality\_normalizaiton_{lt} = \frac{quality_{lt} - quality_{l\_3d,t}^{\min}}{quality_{l\_3d,t}^{\max} - quality_{l\_3d,t}^{\min}} \qquad (5-33)$$

其中，$quality_{l\_3d,t}^{\min}$ 和 $quality_{l\_3d,t}^{\max}$ 分别表示产品所在三位码行业 i 的最大值和最小值。一般而言，产品质量越高，出口贸易关系失败的风险越低。

目的国特征变量包括：（1）目的地人均国内生产总值（lnGDP），目的国人均国内生产总值越高，经济发展水平越高，对产品的需求量也就越大，出口贸易关系的失败率就越低；（2）中国与出口目的地的距离（lnDistcap）。两国之间的距离越短，运输成本越低，贸易稳定性越强；（3）双方是否使用共同语言（Clanguage）、出口目的地是否为内陆国家（Landlookod）；（4）出口目的地是否与中国毗邻（Contiguity）。我们预期拥有共同语言和与中国相邻都可以增强出口贸易的稳定性，维持更长的出口持续时间；目的国是否为内陆国家可能与贸易成本相关，内陆国家贸易成本高，贸易关系失败率高。目的国特征变量中 GDP 数据来源于世界银行发展指标数据库（WDI），其余四个变量数据均来自于法国国际经济研究中心（CEPII）。

核心解释变量及控制变量的预期符号列于表5—18中最后一列。

表5—18　　　　　　　　变量的描述性统计

变量	含义、构建方法	样本量	均值	标准误	最小值	最大值	预期符号
lnREER	异质性产品有效汇率，取对数	3889411	0.008829	0.139050	-0.91552	5.270626	+
lnquality	产品质量，取对数	3685376	3.737168	0.898240	-8.06416	4.60517	-
lnUV	单位产品价值，取对数	3889411	-4.93053	2.550176	-14.8010	12.10769	+/-
lnExp	初始贸易额，取对数	3889411	2.775249	2.737599	-6.90776	17.49754	-
lnpGDP	目的地人均 GDP，取对数	3263859	-0.635117	1.503124	-4.47396	2.136801	+

续表

变量	含义、构建方法	样本量	均值	标准误	最小值	最大值	预期符号
Landlookod	虚拟变量；出口目的地为内陆国家取1，否则取0	3788137	0.133675	0.340303	0	1	+
Contiguity	虚拟变量；出口目的地与中国毗邻取1，否则取0	3788137	0.109023	0.311668	0	1	-
Clanguage	虚拟变量；双方使用共同语言取1，否则取0	3788137	0.040853	0.197949	0	1	
lnDistcap	与出口国的距离，取对数	3788137	8.889044	0.609636	6.696464	9.867729	+

（三）变量的描述性统计

本节采用 1999—2015 年联合国商品贸易数据库 SITC -5 位码层面的中国出口贸易数据，该数据涵盖了中国出口 3062 种产品到 217 个目的地，共 3420399 条观测值。研究所用变量的描述性统计如表 5—18 所示。除双方是否使用共同语言（Clanguage）、出口目的地是否为内陆国家（Landlookod）以及出口目的地是否与中国毗邻（Contiguity）等虚拟变量外，其余所有变量进行取对数处理。由于产品质量变量标准化后可能出现零值的情况，因此该变量通过 ln（1 + quality_normalization）处理后计算得到。

四 结果与分析

（一）贸易关系生存数据统计分析

我们定义产品层面的出口贸易持续时间为我国出口某一特定产品到一特定国家或地区直至退出该市场所用的时间（即"产品—目的地"标准）。根据"产品—目的地"出口持续时间来构建生存数据。样本时间段为 1999—2015 年，样本中可能存在某一产品在 1999 年之前就已经存在的出口贸易关系，这种数据为"左删失"（left censoring）；而在 2015 年之后仍然存在的出口数据为"右删失"(right censoring)。由于当前对于左删失数据没有较好的估计方法，因此我们删除左删失数据，本节采用的生存分析方法可以解决右删失问题。

我们借助 Kaplan – Meier（K – M）生存统计方法分析产品出口持续时间的分布特征。结果显示，研究样本产品出口贸易关系平均持续时间为 2.96 年，中位值为 2 年。其中，出口贸易持续时间超过 1 年的产品占样本的 57%，近 73% 的产品在 5 年后停止出口，能够持续出口 10 年的贸易关系仅有 3%。我们通过生存函数和风险函数更直观地绘制出口贸易关系持续时间分布图。图 5—9 为产品出口持续时间的生存曲线，可以看出，产品持续生存初期变化比较大，尤其是在前 5 年，下降趋势明显，但随着持续时间的延长，生存率趋于稳定。图 5—10 为产品出口持续时间累积风险率曲线，第 2 年末累积风险概率为 75%，说明大多数贸易关系在 2 年内终止。

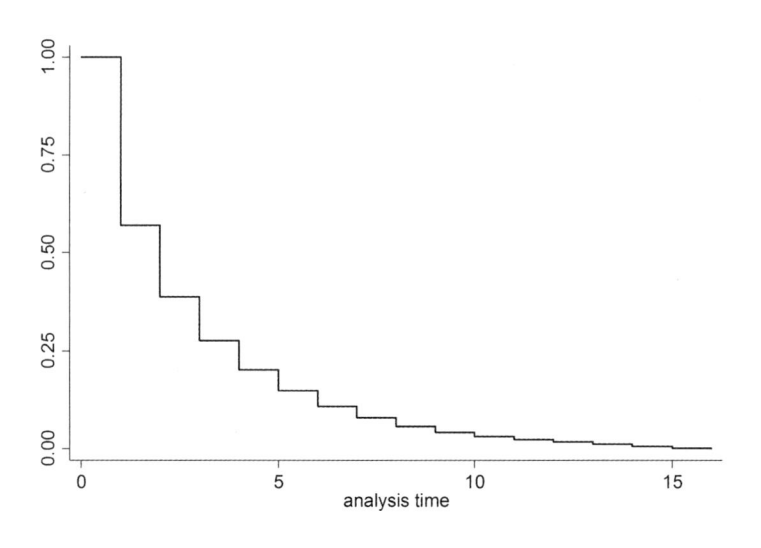

图 5—9 生存函数曲线

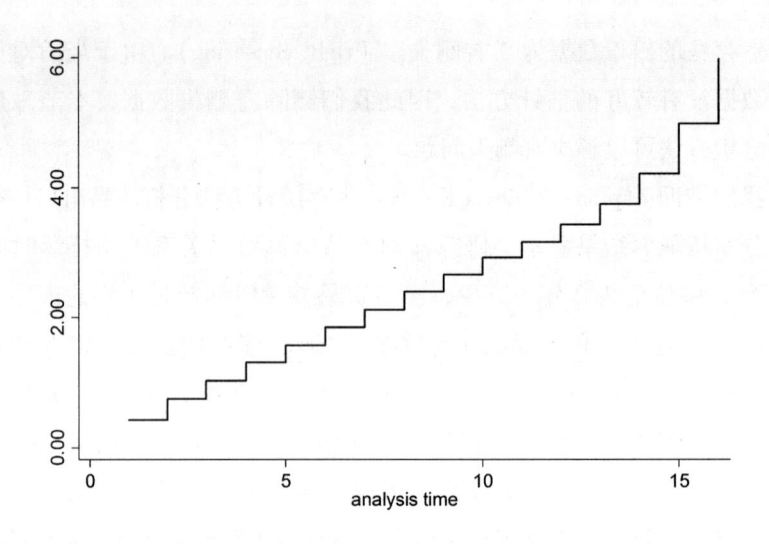

图 5—10　累积风险函数曲线

（二）基准回归结果及分析

本节以普通系数形式输出 Cloglog 模型参数 β 的估计结果。① 若普通系数大于 0，则随着变量数值的增大，贸易关系风险率增大，生存概率减小，出口稳定性下降；相反，若普通系数小于 0，变量数值的增大会降低贸易关系失败风险，提高生存概率，出口稳定性提升。

表 5—19 为基准模型的回归结果，第（1）—（3）列为混合回归的结果，未控制不可观测异质性；第（4）—（6）列为面板随机效应模型回归结果，控制了不可观测异质性。第（1）列和第（4）列仅引入了异质性产品有效汇率变量（ln$REER$），估计系数显著为正；第（2）列和第（4）列进一步引入产品层面控制变量，包括产品质量、产品单位价格以及初始出口贸易额，此时核心解释变量异质性产品有效汇率系数符号和显著性未发生变化，数值仅发生较小变化；第（3）和第（6）列则引入所有控制变量，即在产品层面控制变量基础上再引入目的国层面控制变量，此时核心解释变量异质性产品有效汇率系数符号和显著性依然未发生变化，且数值仅发生较小变化。第（1）—（6）列，核心解释变量系

---

① 普通系数是 Cloglog 模型输出参数结果的一种，除此还有指数系数形式。

数符号、显著性一致，数值大小基本一致，且由第（4）—（6）列 rho 值来看，由不可观测的异质性引起的方差占总误差方差的比例大于40%，且似然比检验结果在1%的显著水平上强烈拒绝"不存在不可观测异质性"的原假设，因此，控制不可观测异质性的回归很有必要。我们以第（6）列结果进行分析。

异质性产品有效汇率的系数为正，且在1%的水平上显著，说明产品层面有效汇率升值会增加出口贸易关系风险率，缩短出口贸易关系持续时间，降低出口稳定性。有效汇率的风险比率为1.952①，表示有效汇率每提高10%，出口贸易关系失败的风险就提高9.52%。

产品层面控制变量方面，产品质量（lnquality）系数符号显著为负，表明出口产品质量越高，贸易关系失败风险越低，双边贸易关系越稳定；产品单位价格（lnUV）系数显著为正，说明出口产品的价格越高，出口贸易关系失败风险越大，较高的产品价格不利于出口稳定，对于中国出口产品而言，在质量相同又不具有品牌影响力的情况下，价格是增强竞争力的唯一途径，因此价格越高，出口贸易稳定性往往越差；初始贸易额（lnExp）系数显著为负，说明在贸易初始建立的大额贸易有利于双边贸易关系的持续，初始贸易额的数量大能够为双边长久贸易奠定信任基础，使得贸易关系更加稳定。

目的国层面控制变量方面，人均GDP（lnpGDP）变量系数为负值，意味着目的国的人均收入水平越高，出口贸易关系越稳定；出口目的国是否为内陆国家（Landlocked）虚拟变量系数显著为正，当出口目的国为内陆国家时，出口贸易关系风险增强，出口至内陆国家比出口至非内陆国家风险率大29%；目的国与中国是否接壤（Contiguity）虚拟变量系数显著为负，当目的国与中国接壤时，出口贸易关系稳定性增强；出口目的国与中国是否使用同种语言（Comlang）虚拟变量系数显著为负，说明若使用同种语言则能增强贸易关系的持续时间，从而稳定出口贸易关系；中国与目的国之间的距离（lndistcap）系数显著为正，说明目的国距离中国越远，出口贸易关系风险越大，出口稳定性越差。

---

① 风险比率为风险系数的指数运算，即风险比率 = $e^{0.669}$ = 1.952。

表 5—19　　　　　　　　　　Cloglog 模型估计结果

变量	未控制不可观测异质性			控制不可观测异质性		
	(1)	(2)	(3)	(4)	(5)	(6)
lnREER	0.593 ***	0.516 ***	0.596 ***	0.571 ***	0.566 ***	0.669 ***
	(0.014)	(0.018)	(0.021)	(0.020)	(0.019)	(0.021)
lnquality		-0.415 ***	-0.422 ***		-0.364 ***	-0.380 ***
		(0.001)	(0.002)		(0.002)	(0.002)
lnUV		0.016 ***	0.017 ***		0.034 ***	0.035 ***
		(0.001)	(0.001)		(0.001)	(0.001)
lnExp		-0.097 ***	-0.092 ***		-0.130 ***	-0.123 ***
		(0.001)	(0.001)		(0.001)	(0.001)
lnpGDP			-0.077 ***			-0.084 ***
			(0.002)			(0.002)
Landlocked			0.247 ***			0.293 ***
			(0.006)			(0.008)
Contiguity			-0.108 ***			-0.107 ***
			(0.010)			(0.014)
Comlang			-0.112 ***			-0.141 ***
			(0.015)			(0.020)
lndistcap			0.155 ***			0.186 ***
			(0.005)			(0.007)
Constant	-2.397 ***	-0.675 ***	-2.275 ***	-2.211 ***	-0.615 ***	-2.512 ***
	(0.007)	(0.009)	(0.048)	(0.008)	(0.010)	(0.065)
rho				0.558 ***	0.405 ***	0.419 ***
				(0.000)	(0.000)	(0.000)
年份固定效应	是	是	是	是	是	是
产品固定效应	是	是	是	是	是	是
Observations	3768158	3575634	3006051	3768158	3575634	3006051
Log Likelihood	-965394.81	-872376.56	-670997.35	-920429.33	-858570.31	-661044.50

注：表格中括号内为标准差；***、**、* 分别表示估计结果在1%、5%、10%的水平上显著；rho 为不可观测异质性占总误差的比例，其下方括号内是对应 P 值。回归中对年份和产品进行了控制。

(三) 稳健性检验

1. 核心解释变量内生性检验

公式（5—27）异质性产品有效汇率基于产品层面构建。其中，双边实际汇率部分（E_{jt}/E_{j0}）*（P_t/P_{jt}）基于当期名义汇率和当期价格指数构建，双边汇率对出口至该目的国的所有产品一致，因而能够影响产品层面贸易额，但单个产品交易几乎不影响双边汇率，除非该产品在出口中占据较大的比重；同理，价格指数也是如此，因此双边实际汇率部分对于异质性产品有效汇率而言是外生的。权重 w_{jt} 基于产品层面当期出口额构建，权重受当期出口额大小的影响，因而异质性产品有效汇率影响产品层面当期出口额，那么异质性产品有效汇率可能就是内生的。

考虑到产品层面滞后一期贸易额不影响当期有效汇率，而当期双边实际汇率相对于产品层面有效汇率几乎是外生的，因此，我们以当期双边实际汇率和滞后一期贸易额权重重新构建异质性产品有效汇率（lnREER1），以当期双边实际汇率和滞后一、二、三期贸易额平均权重重新构建异质性产品有效汇率（lnREER3），进行稳健性检验，结果分别列于表 5—20 中第（1）列和第（2）列。此外，我们还对虚拟变量外的其余所有变量取滞后一期值进行回归，结果列于表 5—20 中第（3）列。

第（1）列和第（2）列结果显示，不管是使用滞后一期贸易额权重还是使用滞后一、二、三期贸易额平均权重，有效汇率变量的系数始终显著为正，与基准回归结果一致；第（3）列结果显示，使用所有变量滞后一期进行回归，有效汇率变量的系数也显著为正。第（1）—（3）列其他变量的回归结果与基准回归结果一致。

表 5—20　　　　　　　　　稳健性检验

	(1)	(2)	(3)	(4)	(5)	(6)	(7)
lnREER1	0.396 *** (0.023)						
lnREER3		0.475 *** (0.025)					

续表

	(1)	(2)	(3)	(4)	(5)	(6)	(7)
L.lnREER			0.581***				
			(0.038)				
lnREER				0.839***	0.456***	0.828***	0.909***
				(0.026)	(0.014)	(0.026)	(0.035)
lnquality	-0.380***	-0.380***	-0.414***	-0.113***	-0.048***	-0.093***	-0.264***
	(0.002)	(0.002)	(0.004)	(0.003)	(0.001)	(0.002)	(0.002)
lnUV	0.037***	0.036***	0.019***	0.383***	0.179***	0.338***	0.029***
	(0.001)	(0.001)	(0.002)	(0.010)	(0.005)	(0.010)	(0.001)
lnExp	-0.123***	-0.123***	-0.352***	-0.143***	-0.067***	-0.124***	-0.098***
	(0.001)	(0.001)	(0.003)	(0.017)	(0.008)	(0.016)	(0.001)
lnpGDP	-0.084***	-0.084***	-0.144***	-0.225***	-0.065***	-0.145***	-0.049***
	(0.002)	(0.002)	(0.004)	(0.024)	(0.011)	(0.023)	(0.002)
Landlocked	0.292***	0.292***	0.699***	0.251***	0.105***	0.208***	0.215***
	(0.008)	(0.008)	(0.016)	(0.008)	(0.004)	(0.008)	(0.006)
Contiguity	-0.107***	-0.107***	-0.244***	-0.404***	-0.267***	-0.468***	-0.069***
	(0.014)	(0.014)	(0.026)	(0.003)	(0.002)	(0.003)	(0.011)
Comlang	-0.140***	-0.140***	-0.130***	0.052***	0.020***	0.040***	-0.126***
	(0.020)	(0.020)	(0.036)	(0.001)	(0.001)	(0.001)	(0.016)
lndistcap	0.186***	0.186***	0.405***	-0.151***	-0.073***	-0.142***	0.153***
	(0.007)	(0.007)	(0.013)	(0.002)	(0.001)	(0.002)	(0.005)
Constant	-2.440***	-2.462***	-5.409***	-3.179***	-1.194***	-2.295***	
	(0.065)	(0.065)	(0.121)	(0.079)	(0.039)	(0.074)	
Observations	443844	443844	425983	312367	443844	443844	2282136

注：lnREER1 为以滞后一期出口额为权重计算的有效汇率，lnREER3 为滞后一、二、三期平均出口额为权重计算的有效汇率；表格中括号内为标准差；***、**、* 分别表示估计结果在 1%、5%、10% 的水平上显著。

2. 子样本检验

表 5—19 基准回归结果为通过 Cloglog 模型对全样本进行估计的结果，

鉴于同一贸易关系可能存在多个持续时间段的情形，我们在稳健性检验中抽取贸易关系的第一个持续时间段作为子样本进行稳健性检验，结果列于表5—20中第（4）列。回归结果显示，贸易关系第一个持续时间段子样本 lnREER 的回归系数显著为正，且回归系数明显大于基准回归全样本结果，说明异质性产品有效汇率对于贸易关系的第一个持续时间段影响更大。此外，其他变量的回归结果与基准回归结果一致。

3. 不同计量模型的检验

为了检验参数估计结果，我们还采用 Logit 和 Probit 离散时间模型进行参数回归，结果分别列于表5—20中第（5）和第（6）列。结果显示，异质性产品有效汇率的系数显著为正，与基准回归结果一致，其他变量的回归结果也与基准回归结果一致。

对于连续时间生存分析问题，可用比例风险 Cox 模型进行研究，当然，也有不少文献在年度数据研究中采用 Cox 模型。因此我们运用 Cox 模型进行检验，结果列于表5—20中第（7）列。① 结果表明，异质性产品有效汇率的系数显著为正，与基准回归结果一致，其他变量的回归结果也与基准回归结果一致。

综上，不管考虑解释变量的内生性，抽取子样本进行检验，还是采用不同的计量模型进行稳健性检验，得到核心解释变量和其他控制变量的回归结果与基准回归结果基本一致。基准回归和稳健性检验均表明异质性产品有效汇率升值会增加出口贸易关系失败的风险，降低出口贸易关系的稳定性。

五 结论与启示

本节基于1999—2015年联合国商品贸易数据库 SITC -5 位码产品层面的出口贸易数据，运用生存分析法考察中国出口贸易持续时间，构建异质性产品有效汇率变量并选取其他控制变量，运用 Cloglog 模型检验了出口贸易稳定性的影响因素。研究结果表明：（1）中国产品出口贸易持续平均时间为2.96年，生存时间较短，且稳定性不强。（2）异质性产品

---

① 由于样本时间有间隙，无法进行脆弱异质性检验，结果仅为一般 Cox 模型回归结果。

有效汇率升值会增加出口贸易关系失败风险，导致出口不稳定；通过重新测算异质性产品有效汇率、选取子样本、采用不同的离散时间模型以及连续时间生存分析模型进行稳健性检验，发现上述结论是稳健的。（3）产品特征变量影响出口稳定性，出口产品初始贸易额（lnExp）越大、产品质量（lnquality）越高越有利于降低出口贸易失败风险；产品单位价值（lnUV）的升高会加大出口贸易失败风险。（4）出口目的地国家特征变量对出口稳定性影响显著，目的地为内陆或距离中国越远，出口贸易关系失败的风险越大，出口越不稳定；目的国人均GDP越高、同样的语言环境以及与中国毗邻等因素有利于出口贸易关系的持续和出口稳定性的增强。

随着全球经济增长放缓，贸易保护主义、单边主义抬头，世界经济和政治格局已发生较大变化。中美贸易摩擦无疑是现在和将来一段时间主导世界发展格局的重要事件，尽管双方已经进行十几轮高级别贸易磋商，然而在美国执意针对大量产品征收高额关税的情形下，中国不得不进行反制。中美贸易摩擦必然会引起两国乃至全球金融市场的动荡，影响人民币/美元双边汇率和国际货币体系的平稳发展，引发贸易转移和创造效应，期间也必然伴随大量现有贸易关系的中断和新贸易关系的建立；同时，人民币汇率市场化改革使人民币汇率弹性加大，汇率波动已成常态。有效规避汇率风险，稳定出口增长，妥善应对中美贸易摩擦已是重要迫切议题。根据研究结论，我们建议：（1）优化出口结构，切实提高出口产品质量，稳定贸易关系；（2）推动市场多元化，培育新的贸易增长点，降低出口稳定性风险；（3）避免人民币汇率大幅波动，降低汇率风险。

第五节　本章小结

本章基于联合国商品贸易数据库1992—2015年SITC-5分位产品层面的中国出口贸易数据，首先运用生存分析方法考察了中国出口贸易关系持续时间的特征，发现中国出口贸易关系持续时间普遍较短，生存率存在负时间依存性；按目的国收入水平和出口产品技术复杂度的分类估计发现，各子类别之间贸易关系的生存率存在显著差异；我们进一步绘制了贸易关系持续时间长短的地域分布图，发现长期贸易关系主要分布于北美、南美、西欧以及环太平洋地区，短期贸易关系主要分布在中亚、东南亚、拉丁美洲、加拿大、俄罗斯以及非洲和东欧部分国家。

准确判断汇率波动对于双边贸易关系的影响，关乎合理的汇率政策的制定。汇率波动扩大条件下稳定出口增长和维护出口贸易关系至关重要，因此本章第二节以中国出口至170个贸易伙伴的3063种产品作为样本，研究了双边汇率波动对中国出口贸易关系持续时间的影响。研究发现，双边实际汇率波动加剧出口贸易关系失败风险。本章第三节以"一带一路"沿线国家为样本，考察了中国对"一带一路"沿线国家出口贸易关系生存时间的分布特征以及第三方汇率波动对中国出口贸易关系持续时间的影响。研究结果表明，第三方实际汇率波动幅度越大，双边出口贸易关系失败的风险越小。本章第四节则构建了异质性产品有效汇率，考察了产品层面有效汇率变化对中国出口贸易关系持续时间的影响，研究发现，有效汇率升值增加贸易关系失败风险。

汇率波动影响贸易关系持续，可以借鉴关税同盟理论来解释。汇率波动增加国际贸易不确定性，构成贸易成本，双边实际汇率波动越大，潜在出口成本越高。当双边实际汇率波动相对于第三方实际汇率波动剧烈时，出口企业可能会选择退出该市场，导致贸易关系暂时中断甚至消失；反之，出口商可能会增加现有产品出口甚至增加新产品种类的出口，产生"贸易创造"效应。当第三方实际汇率波动相对于双边实际汇率波动剧烈时，出口企业可能选择退出第三方市场，而转向双边贸易，产生"贸易移入"效应；反之，部分双边贸易可能会转向第三方市场，产生"贸易移出"效应。

本章的研究结论具有重要的政策含义。首先，在贸易保护主义抬头和中美贸易摩擦愈演愈烈的情况下，我们应重视出口贸易的增长边际，巩固集约边际以深化现有贸易关系，发展扩展边际以开拓新的贸易关系；同时注重改善贸易结构，促进贸易结构升级；建立目的国贸易风险评估系统，提高贸易关系生存概率。其次，本节的研究结论对于完善人民币汇率形成机制改革也具有重要参考意义。我们建议央行应时刻关注国际金融市场，并积极与其他国家央行进行沟通，加强货币政策协调，防止人民币外汇市场剧烈波动进而对出口贸易带来巨大冲击；同时，积极发展金融市场，创新金融工具，规避汇率风险。

第六章

汇率变动与贸易技术结构

党的十九大报告明确指出,"中国特色社会主义进入新时代,我国社会主要矛盾已经转化为人民日益增长的美好生活需要和不平衡不充分的发展之间的矛盾"。目前,中国制造的产品质量状况尚不能有效满足人民群众日益增长的消费升级需求和美好生活需要。一方面,国内大量低端生产厂商在同类产品生产方面相互模仿、竞相压价,仅能够获得微薄利润甚至亏本经营,产生劣质品驱逐优质品的逆向选择现象;另一方面,在国际市场上,大量出口商没有切实提高产品技术含量,而是采取低价倾销、恶性竞争的做法,挤压优质出口商的生存空间。此外,以美国为首的西方发达国家长期限制对中国的技术出口,并竭力封锁中国华为、中兴等高技术企业在全球业务的开展。高技术含量和高质量产品供给不足,已成为中国经济健康发展的重要结构性矛盾。

汇率是重要的国际经济变量,汇率政策是国际收支失衡重要的调节工具。实施出口导向型战略的国家往往采取汇率低估的政策鼓励和促进出口贸易发展;当遭遇金融危机或经济增长停滞或下滑时,多数国家往往采取本币贬值的政策释放压力;然而,大多数国家并不希望本币升值,因为本币升值会挫伤出口竞争力。对于中国而言,出口贸易已经完成规模扩张,出口转型和质量升级更为迫切。

此外,经济和贸易全球化快速发展,贸易自由化和贸易保护主义此起彼伏,与之相伴的绝不仅是贸易双方资源的共享和利益的共赢,还可能在贸易和发展中遭受严重的贸易壁垒以及面临在国际分工中处于劣势地位时的国家发展问题。如果没有经济结构的顺利转变,就很难实现持续的经济增长，这是经济理论所揭示以及国际经验所表明的规律。[①] 同理，如果没有对外贸易结构的改善，就容易在国际分工中被持续锁定在全球价值链的底端，也就难言对外贸易的高质量发展。

本章采用出口技术复杂度指标的通用算法，测算出中国出口产品的技术含量，然后在有序样本聚类分析的最优分割法基础上，基于相对值分割法对中国出口产品技术结构进行重新测算，以期客观反映中国出口技术结构现状。进一步，我们以出口技术复杂度作为被解释变量，以汇率变动作为核心解释变量，探讨汇率变动对出口产品技术复杂度提升的影响。此外，出口产品技术结构的变化必然伴随新市场的开拓和产品出口目的地的调整和转换，产品成功进入国际市场是实现贸易扩展边际增长的前提条件；目的国制度质量的高低影响出口固定成本，本国与（潜在）出口目的国的制度距离影响本国企业国际市场进入行为及成功概率，本章进一步检验了出口技术结构对出口贸易关系持续以及目的国制度质量对国际市场进入的影响。

本章第一节探讨了我国出口品技术结构的演进以及汇率变动对出口技术结构演进的影响；第二节考察了出口技术复杂度对出口贸易稳定性的影响；第三节考察了制度距离对于国际市场进入的影响；第四节为本章总结。

第一节 汇率变动与出口技术结构

出口对于我国经济增长的拉动作用是不容忽视的。一方面，保持出口总额的高速增长对我国在全球分工和国际贸易中占据有利地位以及保持我国出口的高速增长具有重要的意义；另一方面，改善和优化我国出口技术结构是经济转型和改革深化时期提高我国出口品技术含量和产品质量，实现外贸"高质量"发展的重要途径。近几十年，我国出口实现了快速增长，我们在关注出口总额增长的同时，也应特别注意出口技术

---

① 魏浩：《中国出口商品结构变化的重新测算》，《国际贸易问题》2015年第4期。

结构的变化效应。①

汇率变动与国际贸易活动开展密切相关，汇率是货币的国际相对价格，是国际贸易中不同货币换算的直接依据。此外，与关税作用类似，汇率变动也会形成贸易成本。依据经典的国际收支调节理论，当满足"马歇尔—勒纳"弹性条件时，本币升值有利于进口而不利于出口，因为汇率升值降低了出口企业的价格优势，会对出口产生不利冲击。以往研究多重点关注汇率变动对进出口贸易总额或差额的影响，而未深入至汇率变动对贸易技术结构变化这一更深层面上。如果人民币汇率变动（例如升值）可以促使企业进行技术创新，实现从价格竞争优势到技术和质量竞争优势的转变，将有利于贸易结构的优化和升级。事实上，自1994年第一次汇率形成机制改革起，人民币有效汇率（名义和实际）以及人民币/美元双边汇率（名义和实际）均经历了较长时间的升值过程。与此同时，包括本节以及国内外不少文献的测算均表明，中国出口技术复杂度呈整体上升趋势。于是，对人民币升值是否显著促进了出口产品技术复杂度的提升这一问题的客观回答，有助于设计合理的汇率政策，改善中国在国际分工和全球价值链中的地位，促进出口技术结构转型和升级；有助于探索中国经济长期稳定发展的保障条件，因而其具有重要的理论意义和现实价值。

一　文献综述

自我国加入世界贸易组织（WTO）以来，我国出口贸易规模、出口商品种类和出口目的地范围均大幅度增加。与此同时，国内外学者对于出口品技术含量日益关注。② 发达国家通常拥有较高水平的出口技术结构，而发展中国家则在全球分工中处于从属和被支配地位。即便生产并出口相同类别的产品，发达国家因其有能力在高技术产业进行大规模投

---

① 马慧敏：《我国出口商品结构与经济增长——基于1989—2004年时序数据的计量检验分析》，《国际贸易问题》2008年第3期。

② 杨汝岱、姚洋：《有限赶超与经济增长》，《经济研究》2008年第8期。

资,因而发达国家通常比发展中国家拥有更水平的出口技术结构。[1] 发达国家通常在科技研发、社会服务和劳动力熟练程度等方面具有相对优势,处于全球价值链的高端位置,主要承担资本和技术密集型生产阶段的分工和贸易任务,进而更易获取高附加值,发展中国家则主要承担资源和劳动密集型生产阶段的分工任务,处于全球价值链的底端,仅获取有限的增加值。[2] Hummels 和 Klenow 以 126 个国家出口至 59 个国家的 5000 种产品为样本,发现发达国家在每种产品出口的数量(集约边际)、出口的所有种类数目(扩展边际)以及出口产品的质量方面均高于发展中国家。[3] Rodrik 基于出口技术复杂度指数对中国进行研究并与其他国家进行对比后发现,中国出口产品的技术结构已领先于其经济发展水平,与部分发达国家类似。[4] 杜修立和王维国的研究表明,1980—2003 年中国出口贸易整体水平提升幅度较大,但出口产品的技术结构高度没有显著提高。[5] 施炳展和李坤望基于产业内贸易形态视角,利用 4 位码层面的贸易数据,对比了中国与 G7 发达国家制造业的国际分工地位,研究发现随着出口品技术含量的升级,中国低品质垂直型产业内贸易比重上升,从分工形态来看,中国劳动密集型行业以水平型产业内贸易居多,而资本和技术密集型行业以低品质垂直型产业内贸易为主。[6] 杨汝岱和姚洋以 112 个国家(地区)为研究样本,在重新定义商品技术复杂度和一国出口产品技术含量基础上构建有限追赶指数(limited catch‐up index, LCI),对样本国家的出口发展情况进行了对比研究,发现最近几年中国的出口

---

[1] Lall S., J. Weiss, and J. Zhang, "The 'Sophistication' of Exports: A New Trade Measure", *World Development*, Vol. 34, No. 2, 2006, pp. 222 - 237.

[2] 唐海燕、张会清:《产品内国际分工与发展中国家的价值链提升》,《经济研究》2009 年第 9 期。

[3] Hummels D., and P. J. Klenow, "The Variety and Quality of a Nation's Exports", *American Economic Review*, Vol. 95, No. 3, 2005, pp. 704 - 723.

[4] Rodrik D., "What's so Special About China's Exports?", *China & World Economy*, Vol. 14, No. 5, 2006, pp. 1 - 19.

[5] 杜修立、王维国:《中国出口贸易的技术结构及其变迁:1980—2003》,《经济研究》2007 年第 7 期。

[6] 施炳展、李坤望:《中国制造业国际分工地位研究——基于产业内贸易形态的跨国比较》,《世界经济研究》2008 年第 10 期。

产品技术结构不断优化和提升。① 陈晓华等学者也认为中国出口技术结构产生了大幅提升。② 张凤等研究发现中国出口国内技术复杂度总体上呈缓慢上升趋势，产品出口持续期对出口国内技术复杂度有显著正向影响。③

二 贸易技术结构测度指标与特征性事实

对于国际贸易结构的分析，主流的做法是对国际贸易品进行分类，然后考察和对比各个国家各类产品的出口额、进口额以及贸易差额状况，这种方法一直是国际贸易结构分析的基础，但是该方法存在一定问题：第一，该方法不能对国际贸易理论进行证伪，也不利于准确发掘驱动国际贸易的因素；第二，在当今世界贸易中产业内贸易甚至产品内贸易大量出现以及工业制成品贸易占主体的情形下，简单的产品分类统计和贸易余额分析不足以准确捕捉贸易结构的变化，尤其是贸易产品技术结构的变化；第三，尽管贸易统计产品分类越来越精细，但是迄今为止仍没有合适的方法来挖掘和利用这些统计数据所蕴含的丰富信息，而且据此撰写的贸易分析报告也只能依据产品大类进行说明；④ 第四，已有研究中，"一年数据、一个指标与一种分类方法"的对应已成为技术结构分类分析的常态，但是每类工业制成品的技术含量会随时间的推移产生变化，一年数据不足以体现这种技术含量方面的变化；此外，每个指标的侧重点有所不同，优缺点对比也比较明显。

出口技术结构相关文献大致可分为两类：一类是关于技术结构测算指标的创新，例如杜修立和王维国以出口产品的技术含量与生产该类产品国家的收入水平正相关为假设条件，构建产品技术含量指标 TC 指数，此指数用生产替代出口使得测度方式更具逻辑性；另一类则是关于贸易

---

① 杨汝岱、姚洋：《有限赶超与经济增长》，《经济研究》2008 年第 8 期。
② 陈晓华、黄先海、刘慧：《中国出口技术结构演进的机理与实证研究》，《管理世界》2011 年第 3 期。
③ 张凤、季志鹏、张倩慧：《出口持续期延长有利于出口国内技术复杂度提升吗——基于中国微观出口数据的验证》，《国际贸易问题》2018 年第 10 期。
④ 樊纲、关志雄、姚枝仲：《国际贸易结构分析：贸易品的技术分布》，《经济研究》2006 年第 8 期。

技术结构分类方法的创新,传统的分类方法(如固定标准分类法)在客观性、科学性与准确性方面存在明显不足。而且,测算指标的选取和分类方法的选择均会对研究结果产生方向性的影响,这也是已有研究结论差距较大的重要原因。因此,构建合适的贸易品技术结构指标,充分利用贸易统计数据的丰富信息,直观地展示和对比出口品技术结构,挖掘贸易结构演进规律,显得十分重要。

(一)贸易技术结构测度

Hausmann 等学者提供了产品 i 技术复杂度的计算公式,我们用该指标测度出口品技术结构:[1]

$$PRODY_i = \sum_{j=1}^{n} \left(\frac{X_{ij}}{\sum_{i=1}^{m} X_{ij}} \bigg/ \sum_{j=1}^{n} \frac{X_{ij}}{\sum_{i=1}^{m} X_{ij}} \right) Y_j \quad (6—1)$$

公式(6—1)本质上为各国人均实际 GDP 的加权平均值,权重 $W_{ij} = \frac{X_{ij}}{\sum_{i=1}^{m} X_{ij}} \bigg/ \sum_{j=1}^{n} \frac{X_{ij}}{\sum_{i=1}^{m} X_{ij}}$,构建的理论依据在于李嘉图的成本比较优势理论,发达国家人均 GDP 较高,如果某种产品发达国家出口比重高,则该产品技术复杂度数值就会高,因而代表较高的技术含量,处于国际分工链条的上游;反之,如果该产品更多地由低收入国家生产并出口,则其技术含量较低,在国际分工链条中处于下游。公式(6—1)的权重经过进一步推导可以转化为显示性比较优势指数(RCA)权重,即 $W_{ij} = RCA_{ij} \big/ \sum_{j=1}^{n} RCA_{ij}$,以 RCA 作为权重,能够消除各国出口规模差异的影响,避免对出口大国的高估以及对出口小国的低估等。其中 RCA 的计算公式为:

$$RCA_{ij} = \frac{X_{ij} \big/ \sum_{i=1}^{m} X_{ij}}{\sum_{j=1}^{n} X_{ij} \big/ \sum_{i=1}^{m} X_{ij} \sum_{j=1}^{n} X_{ij}} \quad (6—2)$$

---

[1] Hausmann R., J. Hwang, and D. Rodrik, "What You Export Matters", *Journal of Economic Growth*, Vol. 12, No. 1, 2007, pp. 1–25.

与樊纲等学者变量名称相一致，[①] 我们将基于 RCA 权重的产品 i 的技术复杂度称为出口技术含量（RTV），构建公式为：

$$RTV_i = \sum_{j=1}^{n} W_{ij} Y_j \qquad (6—3)$$

人均 GDP 的趋势性增长使得利用公式（6—3）计算的同一产品的技术复杂度也呈趋势性增长，而产品的技术含量可能不变，因此为使不同年度计算的技术复杂度可比较，我们采用公式（6—4）进行处理：

$$RTV_i = \sum_{j=1}^{n} W_{ij} (Y_j / \overline{Y}) \qquad (6—4)$$

其中，$\overline{Y}$ 为同一年度所有出口产品 i 的国家人均 GDP 的均值。

计算技术复杂度所用产品出口数据来源于联合国商品贸易数据库，人均 GDP 数据来源于世界银行世界发展指标库。我们首先依据公式（6—2）计算出中国出口产品 i 的显性比较优势指数，然后依据公式（6—4）计算出产品 i 的技术复杂度，在此基础上展开特征性事实描述。

（二）出口技术复杂度

图 6—1 为 1999—2015 年中国平均出口技术复杂度（按 SITC‑5 位码产品出口额加权平均）。可以看出，中国出口技术复杂度在 1999—2015 年间整体呈上升趋势，本轮金融危机爆发期间，出口技术复杂度曾出现下降态势，2007 年为低谷，之后又重拾上升趋势。

（三）依据目的地国家收入水平分类

世界银行依据人均国内生产总值将成员国家分为高收入、中高收入、中低收入和低收入国家四个类别。我们根据世界银行国家收入分类，将产品出口目的国进行分组，绘制图 6—2，发现除低收入目的国类别外，中国出口至其他类别的目的地国家技术复杂度均呈上升且具有收敛趋势；分组别来看，本轮金融危机之前，中国出口至低收入国家的产品技术复杂度高于其他类别，但本轮金融危机之后，出口至低收入国家的产品技术复杂度明显低于其他类别；中国出口至高收入国家的产品技术复杂度在危机后逐渐上升，自 2012 年起已经高于其他类别；2013—2015 年，出

[①] 樊纲、关志雄、姚枝仲：《国际贸易结构分析：贸易品的技术分布》，《经济研究》2006 年第 8 期。

图 6—1　1999—2015 年中国出口产品技术复杂度

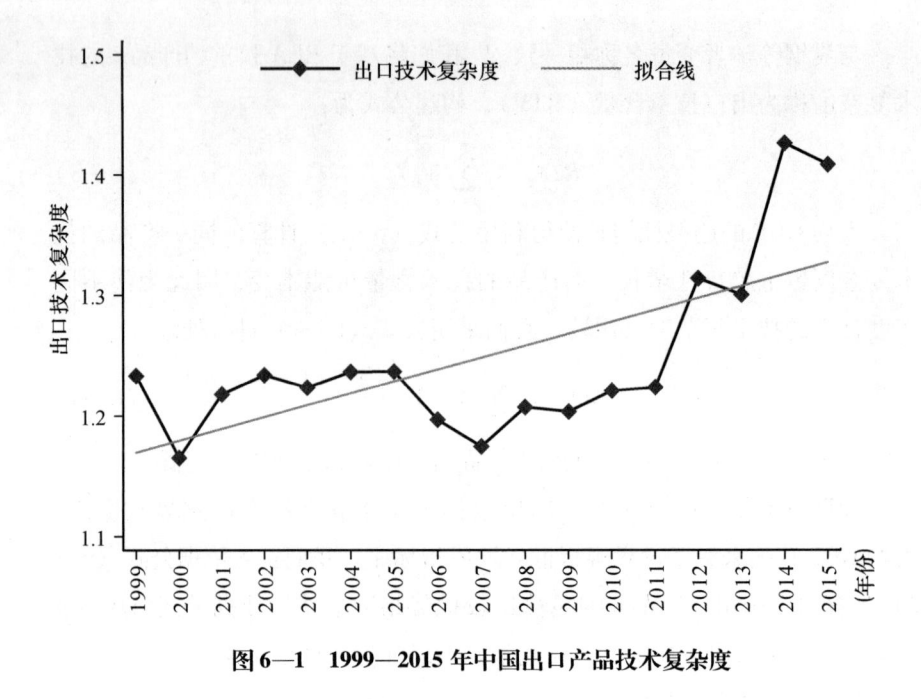

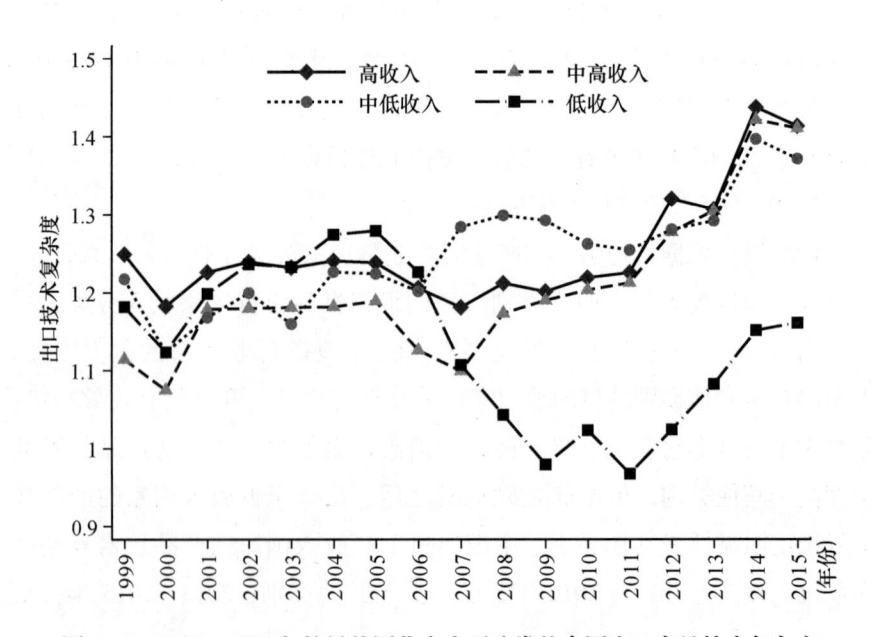

图 6—2　1999—2015 年按目的国收入水平分类的中国出口产品技术复杂度

口产品技术复杂度在四个类别中由高到低依次为高收入、中高收入、中低收入和低收入目的国。

（四）基于相对值分割法进行分类

魏浩首次将有序样本聚类分析的"最优分割法"引入出口商品技术结构测算领域，克服了传统分类方法的不足，构建了全新的分析框架以测算中国出口商品技术结构的变化。① 最优分割法的基本原理是首先将数据进行有序排列，然后在损失函数最小的唯一分类判断标准下，根据需要确定分类总数。与传统分类方法相比，最优分割法在客观性、准确性与科学性方面具有明显优势，但仍然有所欠缺：一方面，最优分割法测算十分繁杂，对于多国、多指标等大数据处理稍显笨拙；另一方面最优分割法致力于使损失函数最小，损失函数最小这一判断标准所用到的平均化会人为缩小样本点之间的差异，所以其分类最终结果稍显平均，忽略各工业制成品技术含量的相对差别，无法突出具有高技术含量的行业或种属。邓琳琳和侯敏在"最优分割法"基础上构建了相对值分割法，操作更为简便。② 相对值分割法与最优分割法的重要不同之处在于判别标准的不同，相对值分割法的核心理念在于寻找构成质变的量的大小，量的数值大小与分类总数呈反比例关系。

1. 相对值分割法的基本原理

（1）假设将有序样本集合 $(a_1, a_2, a_3, \cdots, a_n)$ 分成 k 类的第 i 种分法为 $p(n, k)_i$，则分类之后的结果为：$[x_{i1}, x_{i1+1}, \cdots, x_{i2-1}]$，$[x_{i2}, x_{i2+1}, \cdots, x_{i3-1}]$，$\cdots$，$[x_{i_k}, x_{i_k+1}, \cdots, x_{i_n}]$，其中 $1 = i_1 < i_2 \cdots < i_n$。

（2）定义 $D(i, j)$ 为上述某一分类 $[x_i, \cdots, x_j]$。$(i < j)$ 的直径，也就是该分类中测度指数（即贸易技术结构测度指数）的最大值与最小值之差值，即 $D(i, j) = x_j - x_i$。

（3）相对值分割法分类的判别标准为：$D(i, j)_1 = D(i, j)_2 = \cdots = D(i, j)_k$。这意味着当样本总量 n 与待分类数 k 确定时，分类结果便

---

① 魏浩：《中国出口商品结构变化的重新测算》，《国际贸易问题》2015 年第 4 期。
② 邓琳琳、侯敏：《基于相对值分割法的中国工业制成品出口技术结构变化的测算》，《国际贸易问题》2017 年第 10 期。

能唯一确定。相对值分割法得到的每一分类的直径均相等,直径 D 便构成量变与质变的分界点,所分成的各类别中任意两个测度指数的差值均小于直径 D。相对值分割法去除因样本平均化带来的误差,能更准确和科学地体现出样本点之间的差异。

2. 相对值分割法的基本步骤

利用相对值分割法将有序样本(a_1,a_2,a_3,…,a_n)分成 k 类时,基本步骤如下:

(1)定义类直径 D。设第 h($h<k$)类所包含的样本点为 [x_i,x_{i+1},…,x_{j-1},x_j],则第 h 类直径的定义为:$D(i,j) = x_j - x_i$。

(2)定义最终分类决策标准。相对值分割法的分类决策标准为:$D(i,j)_1 = D(i,j)_2 = \cdots = D(i,j)_k$。每一分类的直径相等是相对值分割法的判别标准,因而有别于最优分割法。

(3)求解最优解。当样本总类 n 与分类总数 k 确定时,分类结果便能唯一确定。由上述步骤来看,与最优分割法相比,相对值分割法操作更为简便,不必多次使用二分割法和反复进行复杂运算,不管分成 3 类、4 类或是 k 类,相对值分割法均能一次操作,一步到位,无须反复运算和确认。

鉴于邓琳琳和侯敏提出的相对值分割法比最优分割法操作更为简捷,更注重各工业制成品之间技术含量的相对垂直差距,并且可以突出具有高技术含量的某几种行业或种属,我们使用相对值分割法进行产品技术水平分类。表6—1 和表6—2 为 1999—2015 年中国所有出口产品按技术水平进行四种分类的结果,[①] 按技术复杂度水平由低到高,依次分为低技术出口品、中低技术出口品、中高技术出口品和高技术出口品。

表6—1 统计了中国 1999—2015 年四类技术水平出口种类(数目)及其所占比重,图6—3 依据表6—1 数据绘制。可以看出,1999—2015年,中国低技术产品出口种类呈下降趋势,中低技术和中高技术产品出

---

① 我们首先将同一年度中国出口的所有 SITC-5 位码产品技术复杂度进行排序,为了消减极端值的不利影响,基于1%分位和99%分位产品技术复杂度确定分类直径,将同一年度出口的产品进行分类。

口种类呈上升趋势，高技术产品出口种类呈先降低后增加趋势。

表 6—1   1999—2015 年中国按技术水平分类的出口种类及比重

年份	全部种类	低技术		中低技术		中高技术		高技术	
		种类	比重	种类	比重	种类	比重	种类	比重
1999	3016	899	29.81	1090	36.14	676	22.41	351	11.64
2000	3005	973	32.38	1079	35.90	683	22.73	270	8.99
2001	2995	942	31.45	1106	36.93	676	22.57	271	9.05
2002	2998	988	32.96	1110	37.02	680	22.68	220	7.34
2003	2977	968	32.52	1117	37.52	660	22.17	232	7.79
2004	2973	960	32.29	1130	38.01	662	22.27	221	7.43
2005	2969	994	33.48	1172	39.48	626	21.08	177	5.96
2006	2977	938	31.51	1177	39.53	648	21.77	214	7.19
2007	2997	1012	33.77	1179	39.33	620	20.69	186	6.21
2008	2869	849	29.59	1159	40.40	645	22.48	216	7.53
2009	2863	906	31.65	1145	39.99	619	21.62	193	6.74
2010	2857	873	30.56	1199	41.96	602	21.07	183	6.41
2011	2856	826	28.92	1145	40.10	669	23.42	216	7.56
2012	2851	881	30.9	1189	41.70	600	21.05	181	6.35
2013	2847	822	28.87	1189	41.77	644	22.62	192	6.74
2014	2850	757	26.56	1102	38.67	732	25.68	259	9.09
2015	2853	752	26.36	1134	39.75	719	25.2	248	8.69

注：种类按中国当年出口的 SITC-5 位码产品数目进行统计（单位：个）；比重是该种技术水平的出口种类占当年全部出口种类的比重（单位:%）。

表 6—2 统计了 1999—2015 年四类技术水平出口金额及其所占比重，图 6—4 依据表 6—2 数据绘制。可以看出，1999—2015 年，中国低技术产品出口金额呈下降趋势，中低技术和中高技术产品出口金额呈上升趋势，高技术产品出口金额呈先降低后增加趋势。各类技术水平产品出口金额走势跟出口种类走势基本一致。

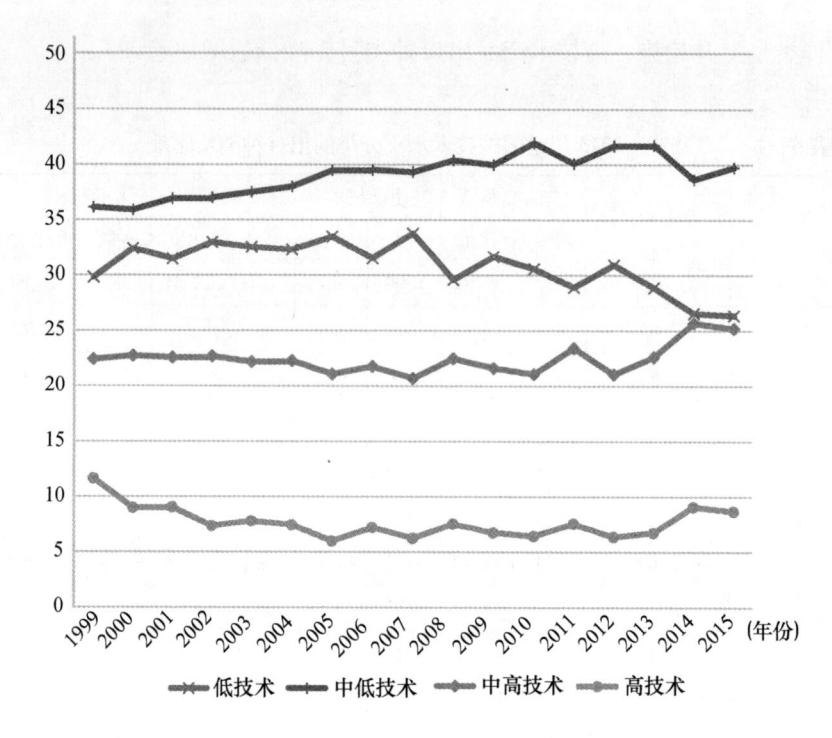

图 6—3 1999—2015 年中国各技术水平产品出口种类占比

表 6—2　　1999—2015 年中国按技术水平分类的出口金额及比重

年份	总额	低技术		中低技术		中高技术		高技术	
		金额	比重	金额	比重	金额	比重	金额	比重
1999	1943.40	585.91	30.15	1010.73	52.01	261.29	13.45	85.47	4.40
2000	2490.76	872.06	35.01	1158.81	46.52	371.03	14.90	88.86	3.57
2001	2659.06	840.47	31.61	1271.34	47.81	473.71	17.81	73.55	2.77
2002	3251.39	1011.52	31.11	1677.50	51.59	510.44	15.70	51.93	1.60
2003	4375.28	1234.24	28.21	2393.69	54.71	667.54	15.26	79.80	1.82
2004	5917.49	1771.26	29.93	3043.48	51.43	1003.33	16.96	99.42	1.68
2005	7484.28	2179.83	29.13	4085.21	54.58	1092.78	14.60	126.46	1.69
2006	9490.12	2461.32	25.94	4875.21	51.37	1962.97	20.68	190.62	2.01
2007	11393.68	3241.85	28.45	6661.43	58.47	1221.93	10.72	268.46	2.36
2008	13464.68	3037.58	22.56	8229.07	61.12	1750.66	13.00	447.37	3.32
2009	11278.07	2790.04	24.74	6764.02	59.97	1442.51	12.79	281.50	2.50
2010	14790.49	3164.12	21.39	9379.37	63.41	1849.92	12.51	397.09	2.68

续表

年份	总额	低技术		中低技术		中高技术		高技术	
		金额	比重	金额	比重	金额	比重	金额	比重
2011	17844.09	3824.92	21.44	10346.21	57.98	3051.10	17.10	621.85	3.48
2012	19104.89	4260.50	22.30	10419.83	54.54	3777.82	19.77	646.74	3.39
2013	20263.69	4632.20	22.86	12158.23	60.00	2861.67	14.12	611.58	3.02
2014	21842.49	4264.15	19.52	10813.41	49.51	5829.50	26.69	935.43	4.28
2015	21116.47	4350.92	20.60	11732.79	55.56	4175.88	19.78	856.88	4.06

注：金额按中国当年出口的该类技术水平产品的出口金额加总计算（单位：亿美元）；比重是该类技术水平的出口产品金额占当年出口总额的比重（单位：%）。

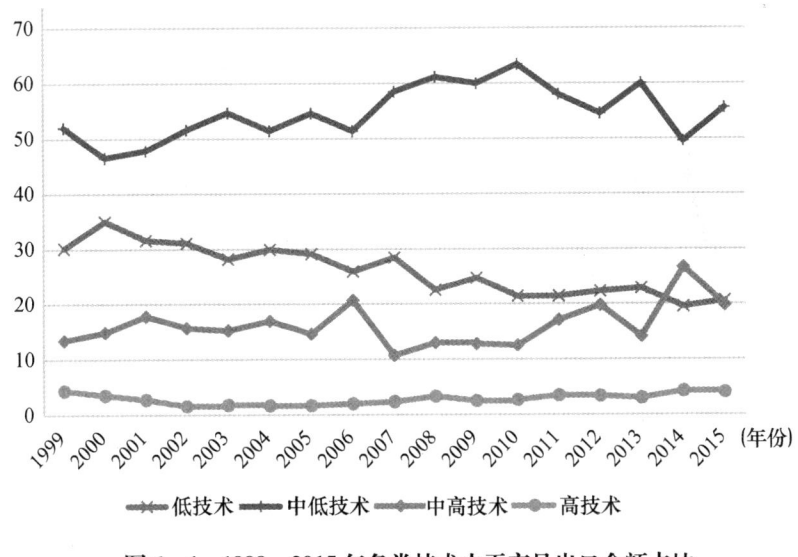

图6—4 1999—2015年各类技术水平产品出口金额占比

进一步，我们抽取了表6—2中2000年、2005年、2010年和2015年四个年份，绘制出口金额占比饼图（见图6—5）。由占比来看，中国仍以出口中低技术产品为主，2015年，中低技术产品出口金额占比为55.6%；低技术产品出口品金额占比为20.6%，中高技术产品出口金额占比为19.8%，高技术产品出口金额占比仅为4.1%。

低技术产品出口种类和金额占比逐年下降，而中低技术和中高技术产品出口种类和金额占比逐年上升，体现出我国出口技术结构的改善；中高技术和高技术产品出口种类近年呈上升趋势，也反映出我们出口技术结构的优化；但是，从中高技术和高技术产品出口种类占比来看，两类产品种类占比之和仅占大约1/3，尚有较大的优化空间；从中高技术和高技术产品出口金额占比来看，两类产品种类占比之和仅占不足1/4，出口技术结构优化仍任重道远。

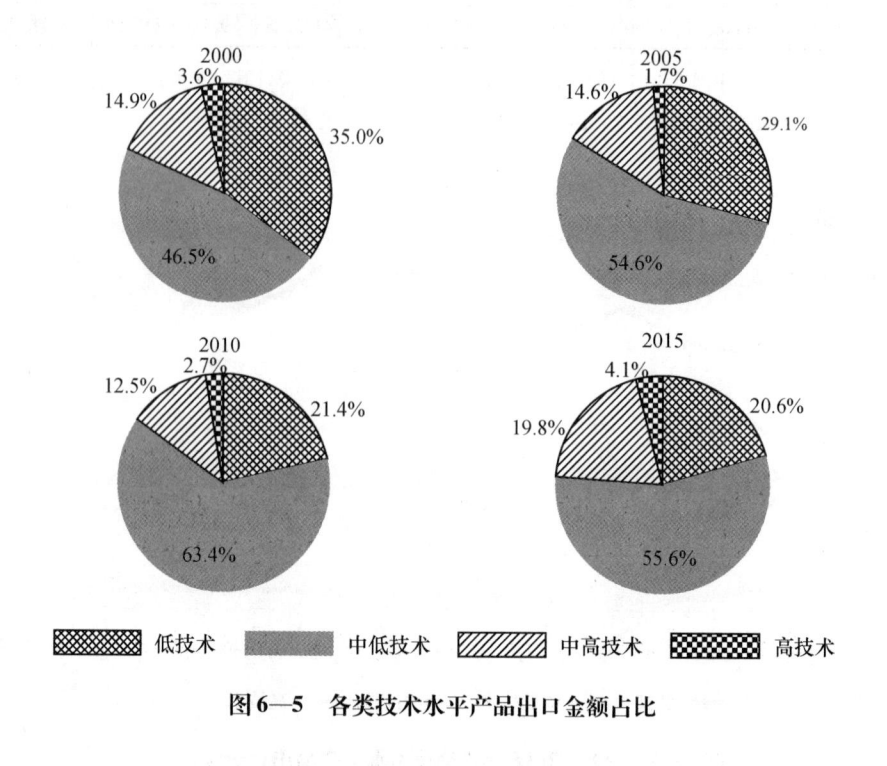

图6—5 各类技术水平产品出口金额占比

（五）出口至主要贸易伙伴的产品技术复杂度

2015年，中国主要的出口贸易伙伴包括美国（USA）、日本（JPN）、韩国（KOR）、德国（DEU）、越南（VNM）和英国（GBR）。① 我们将1999—2015年中国出口至上述六大贸易伙伴的技术复杂度整理到表6—3中。可以看出，1999—2015年，中国出口到上述六个目的国的产品技术复杂度呈上升趋势；出口至德国、美国和韩国的产品技术复杂度较高，

---

① 因中国香港地区多从事转口贸易，因此未进行讨论。

而出口至日本的产品技术复杂度最低；通过计算 1999—2015 年中国出口至上述贸易伙伴产品技术复杂度的均值，发现出口产品技术复杂度均值由高到低依次为德国（1.323）、美国（1.271）、韩国（1.235）、英国（1.226）、越南（1.217）、日本（1.139），出口至日本的产品技术复杂度历年均值最低，可能与中日贸易结构有关系，中国出口至日本的产品以初级产品为主，而初级产品技术复杂度往往较低。

表 6—3　1999—2015 年中国出口至主要贸易伙伴的产品技术复杂度

年份	德国	英国	日本	韩国	美国	越南
1999	1.344	1.384	1.097	1.092	1.339	1.108
2000	1.295	1.309	0.997	1.042	1.25	0.966
2001	1.38	1.314	1.032	1.092	1.293	1.118
2002	1.38	1.258	1.077	1.113	1.296	1.275
2003	1.341	1.242	1.099	1.098	1.274	1.23
2004	1.359	1.223	1.121	1.202	1.267	1.28
2005	1.32	1.208	1.121	1.166	1.257	1.255
2006	1.295	1.172	1.1	1.171	1.208	1.205
2007	1.243	1.166	1.107	1.184	1.18	1.252
2008	1.263	1.141	1.134	1.273	1.196	1.301
2009	1.266	1.135	1.112	1.269	1.19	1.244
2010	1.28	1.139	1.134	1.282	1.198	1.229
2011	1.239	1.136	1.13	1.309	1.219	1.188
2012	1.305	1.196	1.204	1.392	1.296	1.194
2013	1.318	1.223	1.227	1.382	1.321	1.197
2014	1.422	1.313	1.345	1.493	1.431	1.335
2015	1.444	1.285	1.32	1.431	1.393	1.311
均值	1.323	1.226	1.139	1.235	1.271	1.217

图 6—6 绘制了双边实际汇率和出口技术复杂度的演进趋势，可以直

观地看出，1999—2015 年间，除越南外，中国与其他主要贸易伙伴的双边汇率均呈上升（升值）趋势；除英国外，中国出口至其他贸易伙伴的产品技术复杂度均呈上升趋势，其中出口至韩国的产品技术复杂度上升最快。由双边实际汇率和出口技术复杂度的关系来看，二者大致是正相关的，即双边实际汇率升值，出口技术复杂度提升。

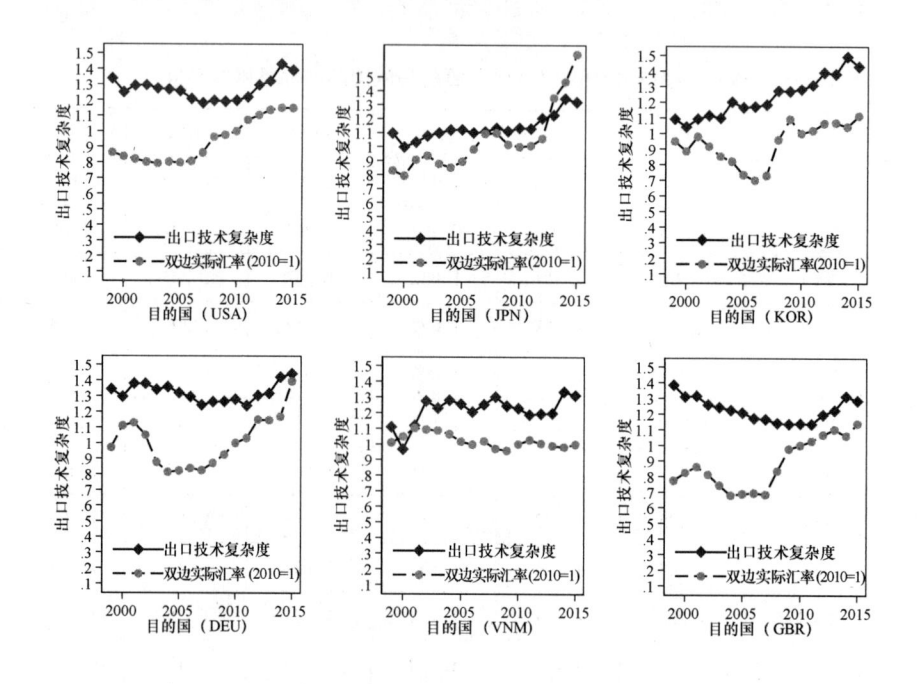

图 6—6　1999—2015 年中国出口至前六大贸易伙伴的技术复杂度指数与双边实际汇率

图 6—7 为 2015 年中国出口至前六大贸易伙伴不同技术类别产品金额所占比重，与图 6—6 相似，中国出口至上述国家的产品仍以中低技术产品为主，高技术产品出口金额占比非常小。

三　模型设定与变量说明

（一）回归模型设定

我们旨在探究汇率变动如何影响出口技术复杂度，因此被解释变量

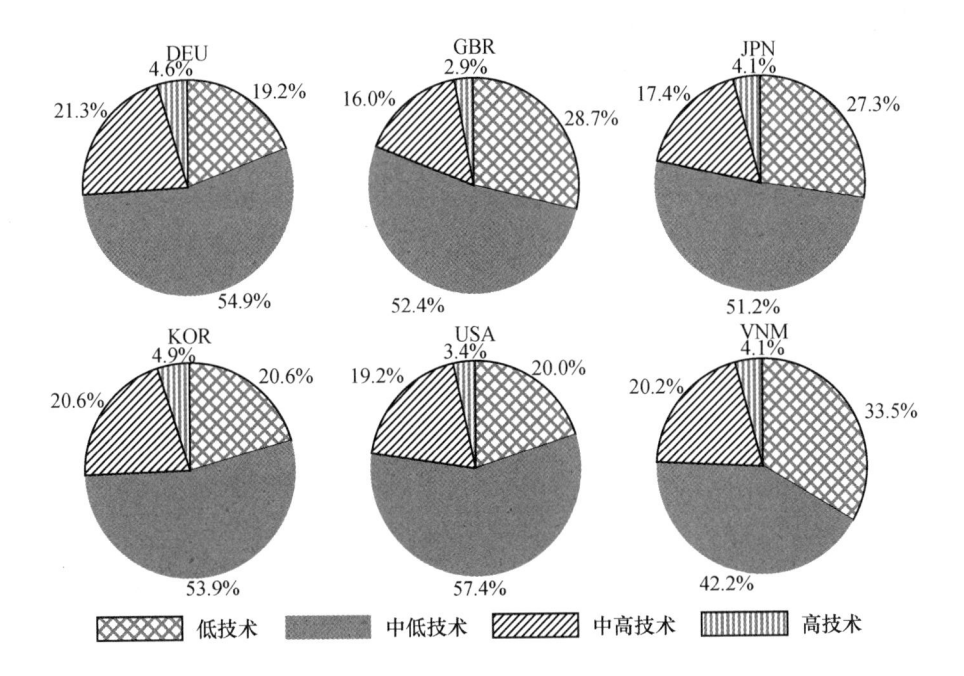

图6—7 2015年中国出口至前六大贸易伙伴的各类技术水平产品出口金额占比

设定为出口产品技术复杂度，核心解释变量为实际汇率变动，设定如下基准回归模型：

$$rtv_{ijt} = \alpha_0 + \beta_1 \ln re_{jt} + \beta_2 \ln re_{jt} * pf_{it} + \gamma_1 \mathbf{I}_{it} + \gamma_2 \mathbf{J}_{jt} + u_i + v_j + \lambda_t + \varepsilon_{ijt}$$
$$rtv_{ijt} = \alpha_0 + \beta_1 \ln reer_{it} + \beta_2 \ln reer_{it} * pf_{it} + \gamma_1 \mathbf{I}_{it} + \gamma_2 \mathbf{J}_{jt} + u_i + v_j + \lambda_t + \varepsilon_{ijt}$$

(6—5)

其中，下标 i、j、t 分别表示 SITC-5 位码产品、出口目的国和统计年份；rtv_{ijt} 表示 t 年产品 i 出口至目的国 j 的技术复杂度；lnre 和 lnreer 分别为双边实际汇率和产品层面实际有效汇率，取对数；pf 为产品技术前沿接近度（proximity to frontier，pf）；$\mathbf{I}_{it}$ 为产品层面控制变量；$\mathbf{J}_{jt}$ 为目的国层面的控制变量；回归时同时控制产品层面固定效应（u_i）、目的国层面固定效应（v_j）和时间固定效应（λ_t）；ε_{ijt} 为随机误差项。

Amiti 和 Khandelwal 在其回归方程中引入关税和产品质量前沿接近度的交互项，研究发现美国进口关税削减降低了市场进入成本，加剧了国内行业竞争，因而有利于接近质量前沿（quality frontier）的高质量产品的质量升级，但是不利于远离质量前沿的低质量产品的质量升级，因此关税减免对于不同质量阶梯的产品质量升级具有不同的作用。[①] 我们参考 Amiti 和 Khandelwal 的做法，在回归方程中引入汇率和技术复杂度前沿接近度的交互项。首先对出口产品技术复杂度进行指数化运算，然后定义 t 年产品 i 的质量前沿接近度 pf_{it} 为出口产品技术复杂度与 t 年最高出口产品技术复杂度的比值，即：

$$pf_{it} = \frac{\exp(quality_{it})}{\max_t \exp(quality_{it})} \quad (6—6)$$

变量 pf 取值范围为（0，1]，取值为 1 时产品处于技术复杂度前沿（最高），取值越趋近于 1，产品技术复杂度越接近于前沿；取值越趋近于 0，产品技术复杂度越远离前沿。

（二）变量构建

1. 核心解释变量

本节同时构建双边实际汇率和产品层面实际有效汇率两个核心解释变量。双边实际汇率（rer_{jt}）依据公式（6—7）计算：

$$rer_{jt} = \frac{E_{jt}}{E_{j,2010}} \times \frac{p_t}{p_{jt}} \quad (6—7)$$

其中，E_{jt} 为间接标价法下双边名义汇率，数值变大表示人民币相对于出口目的国货币升值；$E_{j,2010}$ 为间接标价法下 2010 年双边名义汇率（作为基期，有助于消除名义汇率数值的量纲影响）；P_t 和 P_{jt} 分别为 t 时期中国与目的国 j 以 2010 年为基期的消费者价格指数。

我们参考李宏彬等学者构建产品层面有效汇率（$reer_{it}$），[②] 测算公式如下：

[①] Amiti M., and A. K. Khandelwal, "Import Competition and Quality Upgrading", *Review of Economics and Statistics*, Vol. 95, No. 2, 2013, pp. 476–490.

[②] 李宏彬、马弘、熊艳艳、徐嫄：《人民币汇率对企业进出口贸易的影响——来自中国企业的实证研究》，《金融研究》2011 年第 2 期。

$$reer_{it} = 100 * \prod_{j=1}^{n} \left(\frac{E_{jt}}{E_{j,2010}} * \frac{p_t}{p_{jt}} \right)^{w_{jt}} \qquad (6—8)$$

其中，E_{jt}、$E_{j,2010}$、P_t 和 P_{jt} 的含义同公式（6—7）；w_{jt} 为贸易权重，等于该产品在 t 期对目的国 j 的出口额占 t 期总出口额的比重，满足 $\sum_{j=1}^{n} w_{jt} = 1$。产品层面的实际有效汇率取决于目的国 j 货币相对于人民币的名义汇率水平以及贸易额大小，不同产品出口至不同目的国，对应不同的双边实际汇率，出口额差异也很大，因此产品层面实际有效汇率差异往往较大。基于产品层面进行研究，就非常有必要构建产品层面的实际有效汇率。

2. 控制变量

控制变量主要包括目的国人均国内生产总值（ln$pgdp$）、目的国加权平均关税水平（$tariff$）、目的国进口产品种类多样化（lnnum）、目的国进口产品集中度（$hhid$）和产品显性比较优势指数（rca），其中人均国内生产总值和目的地进口产品种类多样化均取对数。Hallak 和 Schott 以及 Feenstra 和 Romalis 的研究均发现高收入国家倾向于进口和消费高质量产品，因此我们选取目的国不变价人均国内生产总值作为控制变量。[1] 余淼杰和张睿认为目的国的关税壁垒可能影响到出口至该国产品的质量,[2] 因此我们引入关税水平作为控制变量。目的地进口产品种类多样性是指 t 年目的国 j 从中国进口产品种类的数量，数量越多意味着与中国贸易关系越密切。目的地进口产品集中度是指目的地国家在 t 年从中国进口额最大的 5 类产品占该年目的地国家从中国进口所有产品金额的比重。人均国内生产总值和目的地加权平均关税水平数据来源于世界银行世界发展指标数据库，其余两个变量依据联合国商品贸易数据库 SITC – 5 位码层面数据计算获得。产品显性比较优势指数（rca）依据公式（6—2）计算获得。

---

[1] Hallak J. C., and P. K. Schott, "Estimating Cross – Country Differences in Product Quality", *Quarterly Journal of Economics*, Vol. 126, No. 1, 2011, pp. 417 – 474; Feenstra R. C., and J. Romalis, "International Prices and Endogenous Quality", *The Quarterly Journal of Economics*, Vol. 129, No. 2, 2014, pp. 477 – 527.

[2] 余淼杰、张睿:《人民币升值对出口质量的提升效应：来自中国的微观证据》,《管理世界》2017 年第 5 期。

3. 数据来源

双边名义汇率和消费者价格指数数据来源于世界银行 WDI 数据库；计算产品层面实际有效汇率权重、出口显性比较优势指数、目的国进口产品种类多样化、目的国进口产品集中度的基础数据来源于联合国商品贸易数据库；目的国人均国内生产总值和目的国加权平均关税水平来源于世界银行 WDI 数据库。

（三）变量描述性统计

模型中因变量为出口技术复杂度，依据公式（6—4）计算获得；核心解释变量包括双边实际汇率和产品层面实际有效汇率；控制变量包括产品层面控制变量和目的国层面控制变量两类。各变量的描述性统计如表6—4所示。

表6—4　　　　　　　　变量描述性统计

变量	含义	样本数量	均值	标准差	最小值	最大值
rtv	出口技术复杂度	3903228	1.365	0.723	0.135	3.598
lnre	双边实际汇率，取对数	3424902	0.051	0.302	-1.438	5.295
lnreer	产品层面实际有效汇率，取对数	3903228	0.008	0.139	-0.916	5.271
rca	显性比较优势指数	3895603	1.924	2.056	0.012	9.677
lnpgdp	目的国人均实际 GDP	3655623	11.289	2.399	6.426	17.329
lnnum	目的地进口种类多样性	3903228	7.255	0.519	5.273	7.889
tariff	目的地加权平均关税率	3139360	7.509	5.768	0	42.610
hhid	目的地进口产品集中度	3898579	0.254	0.150	0.092	0.911

四　回归结果分析

（一）基准回归结果

基准回归模型因变量为出口技术复杂度；核心解释变量为双边实际汇率和产品层面实际有效汇率，我们同时引入核心解释变量与产品技术复杂度前沿接近度的交互项，以考察汇率变动对产品技术复杂度不同水平的差异化影响。所有出口至同一目的国的产品面临相同的双边实际汇率，出口至所有目的国的同一产品面临的产品实际有效汇率相同，二者在构建方法和含义上有明显差别,因此回归时分开处理。表6—5 第(1)—(3)列为双边实际汇率进行回归的结果;第(4)—(6)列为产品层面实际有效汇率进行回归的结果。

表6—5 基准回归

变量	(1)	(2)	(3)	(4)	(5)	(6)
	双边实际汇率			产品层面实际有效汇率		
lnre	-0.0002 (0.0006)	-0.0795*** (0.0055)	-0.0872*** (0.0063)			
lnre * pf		0.5066*** (0.0385)	0.5637*** (0.0437)			
lnreer				-0.0371 (0.0305)	-0.1298*** (0.0411)	-0.1215*** (0.0408)
lnreer * pf					0.7350*** (0.2285)	0.8427*** (0.2290)
lnpgdp			0.0018 (0.0025)			0.0022 (0.0023)
lnnum			-0.0095 (0.0058)			-0.0077 (0.0058)
tariff			0.0003*** (0.0001)			0.0003*** (0.0001)
hhid			-0.0047* (0.0024)			-0.0045* (0.0024)
rca			-0.0370*** (0.0037)			-0.0384*** (0.0038)
Constant	1.3660*** (0.0000)	1.3658*** (0.0001)	1.4859*** (0.0438)	1.3656*** (0.0003)	1.3648*** (0.0004)	1.4712*** (0.0407)
产品固定效应	是	是	是	是	是	是
目的地固定效应	是	是	是	是	是	是
年份固定效应	是	是	是	是	是	是
Observations	3424899	3424899	2948167	3903225	3903225	3111121
R-squared	0.8341	0.8352	0.8403	0.8344	0.8347	0.8399

注:因变量为出口产品技术复杂度;括号内为稳健聚类标准差,聚类类别为SITC-5位码产品;回归时同时控制产品、目的地和年份固定效应;***、**和*分别表示回归系数在1%、5%和10%的水平上显著。

表6—5中，第（1）列仅引入双边实际汇率变量（lnre），同时控制产品固定效应、目的地固定效应和年份固定效应，此时双边实际汇率变量系数不显著。第（2）列引入双边实际汇率及其与产品技术复杂度前沿接近度的交互项（lnre * pf），此时双边实际汇率变量系数显著为负，交互项的系数显著为正。第（3）列在第（2）列基础上引入产品层面和目的国层面控制变量，此时双边实际汇率变量和交互项的系数与第（2）列相同；控制变量中，目的国人均国内生产总值（lnpgdp）变量系数不显著；目的地进口种类多样性（lnnum）系数不显著，目的国整体关税水平（tariff）系数显著为正，目的地进口产品集中度（hhid）显著为负，出口产品显性比较优势指数显著为负。第（4）—（6）列核心解释变量为产品层面实际有效汇率，变量引入过程与第（1）—（3）列相似，回归结果与第（1）—（3）列结果相似。考虑到第（3）列与第（1）列和第（2）列相比，引入了更多的控制变量，且拟合优度要高，核心解释变量回归结果与第（2）列相同，因此我们基于第（3）列结果进行分析双边实际汇率对出口技术复杂度的影响；同理，我们基于第（6）列分析产品层面实际有效汇率对出口技术复杂度的影响。

就第（3）列回归结果而言，双边实际汇率（lnre）的回归系数显著为负，其与产品技术复杂度前沿接近度的交互项回归系数显著为正，且交互项系数绝对值明显大于双边实际汇率变量系数的绝对值。因此，人民币双边实际汇率升值情形下，当产品技术复杂度较低（$pf \to 0$）时，人民币双边实际汇率升值对此类产品技术复杂度的提升具有抑制作用（$\partial rtv / \partial \ln reer = \beta_1 + \beta_2 * pf = -0.0872 + 0.5637 * pf < 0$）；当产品技术复杂度较高（$pf \to 1$）时，人民币双边实际汇率升值对此类产品技术复杂度的提升具有促进作用（$\partial rtv / \partial \ln reer > 0$）。人民币双边实际汇率贬值情形下，当产品技术复杂度较低（$pf \to 0$）时，人民币双边实际汇率升值对此类产品技术复杂度的提升具有促进作用（$\partial rtv / \partial \ln reer = \beta_1 + \beta_2 * pf = -0.0872 + 0.5637 * pf < 0$）；当产品技术复杂度较高（$pf \to 1$）时，人民币双边实际汇率贬值对此类产品技术复杂度的提升具有阻碍作用（$\partial rtv / \partial \ln reer > 0$）。

同理，我们以第（6）列回归结果分析产品层面实际有效汇率对出口技术复杂度的影响,产品层面实际有效汇率(lnreer)的回归系数显著为负,其与产品技术复杂度前沿接近度的交互项回归系数显著为正,且交互项系数绝对值明显大于双边实际汇率变量系数的绝对值。因此,产品层面实际有效汇率升值情形下,当产品技术复杂度较低($pf \to 0$)时,产品层面实际有效汇率升值对此类产品技术复杂度的提升具有抑制作用($\partial\ rtv/\partial\ lnreer = \beta_1 + \beta_2 * pf = -0.0872 + 0.5637 * pf < 0$);当产品技术复杂度较高($pf \to 1$)时,产品层面实际有效汇率升值对此类产品技术复杂度的提升具有促进作用($\partial\ rtv/\partial\ lnreer > 0$)。产品层面实际有效汇率贬值情形下,当产品技术复杂度较低($pf \to 0$)时,产品层面实际有效汇率贬值对此类产品技术复杂度的提升具有促进作用($\partial\ rtv/\partial\ lnreer = \beta_1 + \beta_2 * pf = -0.0872 + 0.5637 * pf < 0$);当产品技术复杂度较高($pf \to 1$)时,产品层面实际有效汇率贬值对此类产品技术复杂度的提升具有阻碍作用($\partial\ rtv/\partial\ lnreer > 0$)。

此外,表6—5中产品层面实际有效汇率(lnreer)的回归系数明显大于双边实际汇率的回归系数,原因在于产品层面实际有效汇率和出口产品技术复杂度均基于产品层面构建,二者的相关性更大;而双边实际汇率对出口至同一目的国的所有产品而言相同,因而与产品出口技术复杂度的相关性弱一些。

从控制变量来看,目的国平均关税水平越高,中国出口至该目的国的产品技术复杂度越高;目的地进口产品集中度越高,中国出口至该目的国的产品技术复杂度越低;出口产品显性比较优势指数越大,产品技术复杂度越低。

(二)对汇率变动影响出口技术复杂度的机理分析

人民币汇率变动如何影响出口技术复杂度提升呢?汇率变动包括汇率波动和汇率错位两种情形,其中,汇率波动产生国际贸易风险,导致国际贸易收益的不确定性;汇率错位主要是指汇率长期偏离均衡汇率水平表现出持续的货币升贬值情形,本节重点研究汇率错位情形。

从国际市场来看,以人民币持续升值为例,升值作用与进口国加征关税的作用类似,构成贸易成本。人民币升值时,如果中国出口商不能通过有效调整成交价格转嫁汇率风险(例如调高外币价格),则需要自己吸收全部或部分汇率损失，导致汇率完全不传递（外币价格保持不变）或不完全传递情形（外币价格调高比率小于人民币汇率升值比例），此时会挤压出口产品的赢利空间。通常，较高技术复杂度出口产品含有较高的技术含量，出口能够获得较高的的利润率。当人民币升值时，较高技术复杂度产品的出口厂商可以通过依市定价行为（例如调低本币价格以保持外币价格不变，或者按适当比率调低本币价格），仍保持一定的利润率；然而，当厂商出口较低技术复杂度产品时，本身获得的利润率非常有限，人民币升值时价格调整空间有限，便极有可能因人民币升值导致出口经营亏损而退出国际市场。人民币升值的结果可能会使低技术复杂度产品退出国际市场，而使高技术复杂度产品留在国际市场并改善其经营状况。因此，人民币升值有利于提高出口产品的技术复杂度而改善出口技术结构。

此外，人民币升值还加剧了国内市场的竞争压力，人民币升值后使国外企业和产品更具成本优势，更容易借助出口渠道渗透到国内市场，国内企业因而面临更大的竞争压力，利润空间受到进一步挤压。国际市场和国内市场的双重竞争压力会促使企业改革创新，提高产品技术含量，增强国际国内竞争力，因而人民币升值能够提升出口产品技术复杂度，进而驱动中国出口贸易技术结构改善，这一作用机理有助于增进对中国出口技术复杂度提升及其影响因素的理解。

五 稳健性检验

（一）控制不同层次的固定效应

控制不同层次的固定效应可能影响回归结果的稳健性，实证研究中，并无特定标准可供遵循。在基准回归中，我们同时控制了产品固定效应、目的地固定效应和年份固定效应，部分现有相关文献则同时控制了"产品（或企业）—目的国"组合固定效应和时间固定效应，[1] 因此，我们

---

[1] 余淼杰、张睿：《人民币升值对出口质量的提升效应：来自中国的微观证据》，《管理世界》2017年第5期；张明志、季克佳：《人民币汇率变动对中国制造业企业出口产品质量的影响》，《中国工业经济》2018年第1期。

在稳健性检验中，控制了"产品—目的国"组合固定效应和年份固定效应，结果列于表6—6中。

表6—6回归结果与表6—5中回归结果相比，系数符号和显著性一致，仅回归系数大小存在差别，因此基准回归结果是稳健的。

表6—6　　　　　稳健性检验：控制不同层次的固定效应

变量	(1)	(2)	(3)	(4)	(5)	(6)
	双边实际汇率			产品层面实际有效汇率		
lnre	0.0001	-0.1068***	-0.1137***	0.0001	-0.1068***	-0.1137***
	(0.0007)	(0.0070)	(0.0077)	(0.0012)	(0.0037)	(0.0040)
c. pf * c. lnre		0.6799***	0.7349***		0.6799***	0.7349***
		(0.0491)	(0.0542)		(0.0300)	(0.0324)
lnpgdp			0.0016			0.0016
			(0.0028)			(0.0036)
lnnum			-0.0106			-0.0106***
			(0.0073)			(0.0025)
tariff			0.0003***			0.0003**
			(0.0001)			(0.0001)
hhid			-0.0047*			-0.0047
			(0.0027)			(0.0039)
rca			-0.0373***			-0.0373***
			(0.0037)			(0.0004)
Constant	1.3657***	1.3655***	1.4962***	1.3657***	1.3655***	1.4962***
	(0.0000)	(0.0001)	(0.0543)	(0.0001)	(0.0001)	(0.0443)
产品—目的国固定效应	是	是	是	是	是	是
年份固定效应	是	是	是	是	是	是
Observations	3417730	3417730	2928743	3417730	3417730	2928743
R-squared	0.8471	0.8484	0.8540	0.8471	0.8484	0.8540

（二）分位数回归

基准回归模型（6—5）考察解释变量 x 对于因变量出口产品技术复

杂度（rtv）的条件期望 E（rtv丨x）的影响，本质上是均值回归，仅作为刻画条件分布 rtv丨x 集中趋势的指标之一。鉴于条件期望 E（rtv丨x）难以反映条件分布全貌，在基准回归中通过引入产品技术复杂度前沿接近度，我们发现产品处于技术阶梯不同位置时技术复杂度对于汇率变化的响应存在显著差异。因此，我们进一步估计条件分布 rtv丨x 若干个重要的条件分位数（conditional quantiles），从而对条件分布 rtv丨x 有更全面的认识。此外，OLS 方法作为经典的"均值回归"，使用最小化残差平方和作为目标函数，容易受到极端值的影响；相比之下，"分位数回归"使用残差绝对值的加权平均作为最小化的目标函数，因而不易受到极端值的影响。我们设定 10%、25%、50%、75% 和 90% 五个条件分位数，考察汇率变动对不同条件分位数的影响，进行稳健性检验。双边实际汇率和产品层面实际有效汇率的回归结果分别列于表 6—7 和表 6—8 中。

表 6—7　　　　　　稳健性检验：分位数回归（lnre）

变量	（1） 10% 条件分位数	（2） 25% 条件分位数	（3） 50% 条件分位数	（4） 75% 条件分位数	（5） 90% 条件分位数
lnre	0.017 (0.045)	0.044 (0.033)	0.083 *** (0.030)	0.124 *** (0.048)	0.154 ** (0.065)
lnpgdp	－0.010 (0.073)	－0.007 (0.053)	－0.002 (0.050)	0.004 (0.078)	0.008 (0.107)
lnnum	0.007 (0.049)	－0.026 (0.036)	－0.073 ** (0.034)	－0.123 ** (0.053)	－0.159 ** (0.072)
tariff	0.001 (0.003)	0.001 (0.002)	0.002 (0.002)	0.003 (0.004)	0.004 (0.005)
hhid	－0.081 (0.109)	－0.120 (0.080)	－0.176 ** (0.074)	－0.235 ** (0.116)	－0.279 * (0.159)
rca	－0.027 *** (0.010)	－0.031 *** (0.008)	－0.038 *** (0.007)	－0.045 *** (0.011)	－0.050 *** (0.015)
Observations	2948177	2948177	2948177	2948177	2948177

注：因变量为产品技术复杂度；核心解释变量为双边实际汇率；由于分位数回归命令"XTQREG"应用限制，回归时仅控制了产品固定效应；***、** 和 * 分别表示回归系数在 1%、5% 和 10% 的水平上显著。

表 6—7 中第（1）—（5）列分别为 10%、25%、50%、75% 和 90% 五个条件分位数的回归结果。除了第（1）列和第（2）列核心解释变量双边实际汇率的系数虽然为正但不显著外，其余三列系数均至少在 5% 的水平上显著，且回归系数绝对值逐渐变大，说明人民币双边实际汇率升值对技术复杂度不同条件分位数的影响存在显著差异：人民币双边实际汇率相同幅度升值情形下，出口产品技术复杂度分位数越高，升值对技术复杂度提升效应越大；人民币双边实际汇率相同幅度的贬值情形下，出口产品技术复杂度分位数越高，贬值对技术复杂度的抑制效应越大。控制变量方面，目的国人均国内生产总值在所有条件分位数下系数不显著，与基准回归结果相同；目的国进口种类多样性变量在 10% 和 25% 条件分位数下系数不显著，而在 50%、75% 和 90% 条件分位数下系数显著为负；目的国平均关税系数虽然为负，但在所有条件分位数下均不显著；目的国进口集中度在 10% 和 25% 条件分位数下系数不显著，而在 50%、75% 和 90% 条件分位数下系数显著为负；出口显性比较优势指数在所有五个条件分位数下系数均显著为负，与基准回归结果一致。

表 6—8　　　　　稳健性检验：分位数回归（lnreer）

变量	（1）10%条件分位数	（2）25%条件分位数	（3）50%条件分位数	（4）75%条件分位数	（5）90%条件分位数
lnreer	0.104 (0.069)	0.176*** (0.052)	0.278*** (0.030)	0.383*** (0.023)	0.460*** (0.034)
lnpgdp	−0.018 (0.055)	−0.032 (0.041)	−0.052** (0.024)	−0.073*** (0.018)	−0.088*** (0.027)
lnnum	−0.005 (0.037)	−0.050* (0.028)	−0.114*** (0.016)	−0.179*** (0.012)	−0.227*** (0.018)
tariff	0.001 (0.002)	0.002 (0.002)	0.003** (0.001)	0.004*** (0.001)	0.005*** (0.001)
hhid	−0.060 (0.080)	−0.088 (0.060)	−0.128*** (0.035)	−0.169*** (0.026)	−0.200*** (0.039)

续表

变量	（1） 10% 条件分位数	（2） 25% 条件分位数	（3） 50% 条件分位数	（4） 75% 条件分位数	（5） 90% 条件分位数
rca	-0.026*** (0.008)	-0.031*** (0.006)	-0.037*** (0.003)	-0.044*** (0.002)	-0.049*** (0.004)
Observations	3111131	3111131	3111131	3111131	3111131

注：因变量为出口产品技术复杂度；核心解释变量为产品层面实际有效汇率；由于分位数回归命令"XTQREG"应用限制，回归时仅控制了产品固定效应；***、**和*分别表示回归系数在1%、5%和10%的水平上显著。

表6—8中核心解释变量为产品层面实际有效汇率（lnreer），第（1）—（5）列分别为10%、25%、50%、75%和90%五个条件分位数的回归结果。lnreer的回归系数除在10%条件分位数下系数不显著外，在其他列中均显著为正，数值逐渐变大，变化趋势与表6—7中lnre的回归系数一致，结果表明：产品层面实际有效汇率相同幅度升值情形下，出口产品技术复杂度分位数越高，升值对技术复杂度提升效应越大；产品层面实际有效汇率相同幅度贬值情形下，出口产品技术复杂度分位数越高，贬值对技术复杂度提升的抑制效应越大。控制变量方面，目的国人均国内生产总值在10%和25%条件分位数下系数不显著，而在50%、75%和90%条件分位数下系数显著为负；目的国进口种类多样性变量除在10%条件分位数下系数不显著外，在其余四个条件分位数下显著为负；目的国平均关税系数普遍较小，在50%、75%和90%三个条件分位数下系数显著为正，与基准回归和lnre变量的回归系数存在差异；目的国进口集中度在50%、75%和90%三个条件分位数下系数显著为负，与基准回归结果一致；出口显性比较优势指数在所有五个条件分位数下系数均显著为负，与基准回归结果一致。

此外，表6—8中产品层面实际有效汇率（lnreer）的回归系数明显大于表6—7中相对应条件分位数下的回归系数，与基准回归结果一致。

六　结论及启示

本节基于相对值分割法，对中国出口技术结构进行重新测算，发现中国出口技术结构处于不断优化的进程之中，体现在：低技术产品出口种类和金额逐年下降；中低技术和中高技术产品出口种类和金额占比逐年上升；但是高技术产品出口种类和金额均较少，出口技术结构优化仍任重道远。

人民币汇率变动如何影响中国出口产品的技术复杂度是本节实证研究的核心问题。通过研究，我们发现不管是基于产品层面构建异质性实际有效汇率还是使用双边实际汇率作为核心解释变量，均发现人民币汇率变动对不同技术复杂度产品技术含量的提升产生不同的影响，具体而言：出口产品技术复杂度越高，人民币升值对其技术含量提升的促进作用越大，人民币贬值对其技术含量提升的阻碍作用越大；出口技术复杂度越低，人民币升值对其技术含量提升的促进作用越小，人民币贬值对其技术含量提升的阻碍作用越小。所以，人民币升值有利于高技术复杂度产品技术含量的提升，有利于改善出口贸易技术结构。不管是引入汇率变动及其与产品技术复杂度前沿接近度交互项进行回归还是采用条件分位数进行回归，均支持上述研究结论。人民币升值有利于出口技术复杂度提升和贸易结构优化，人民币升值不是压力，而是动力，因此应容忍人民币适度升值。

此外，随着人民币汇率形成机制改革的推进，近年人民币汇率弹性显著增强，双向波动频繁且波动幅度逐渐加大。对于国际贸易而言，与汇率错位有所不同，人民币汇率短期波动构成新的风险，出口不确定性加大。如何妥善处理新风险，应对新形势，是出口贸易结构转型和质量升级过程中必须应对的挑战。

第二节　出口技术结构与贸易持续时间

入世以后，中国对外贸易一直保持高速增长势头，但2008年国际金融危机以来，国际市场复苏缓慢，外部需求持续低迷，中国出口贸易增速显著放缓，如何保持出口贸易的稳定增长成为政府和学界关注的重点。出口贸易增长主要由集约边际和扩展边际两部分构成，扩展边际的增长体现在开拓更广阔的国际市场，包括出口新产品、寻找新的出口目的地等；而集约边际的增长则主要是在现有产品和目的地的基础上增加出口份额。

在外需疲弱的情况下，从集约边际方面稳定出口增长具有重要意义。在保证出口持续稳定增长的同时，实现中国由"贸易大国"向"贸易强国"转变，客观上就要求提升出口产品品质，改善贸易结构。产品品质差异有水平差异和垂直差异之分，水平差异可以通过产品质量体现出来，垂直差异则可由产品技术复杂度反映。Hausmann 和 Rodrik 较早提出了"复杂度"（degree of sophistication）的概念用来测度产品的技术含量。[①]随后的研究中，Hausmann 等学者将复杂度概念运用于出口领域，认为出口技术复杂度（Sophistication of the export）强调技术特征在不同出口产品之间的差异，能够体现出口产品的技术含量，例如一般认为食品的技术含量低于集成电路芯片。[②] 出口产品技术复杂度的改变体现出贸易结构变化的同时，势必会影响到出口产品的单位价格、出口量以及目的国分布，进而影响到出口产品种类和贸易关系的稳定。

一般而言，一个国家出口产品的技术复杂度越高，则技术要素对该出口产品附加值的贡献越大，产品需求价格弹性越低，该国在全球价值链分工中越容易处于上游优势位置，获得更高的支配权力，因而就越有利于巩固和稳定现有市场。因此，出口技术复杂度的提升，对于针对性地优化产品和贸易结构，有效保持贸易关系的稳定，进而促进我国经济的稳定增长，具有重要意义。因此，本节旨在探讨技术复杂度对于出口贸易关系持续时间的影响。

本节第一部分综述了贸易关系持续时间和产品技术复杂度研究及最新进展；第二部分定义了出口贸易关系及持续时间的定义，对数据来源

[①] Hausmann R., and D. Rodrik, "Economic Development as Self-Discovery", *Journal of Development Economics*, Vol. 72, No. 2, 2003, pp. 603–633.

[②] Hausmann R., J. Hwang, and D. Rodrik, "What You Export Matters", *Journal of Economic Growth*, Vol. 12, No. 1, 2007, pp. 1–25.

做了说明,并进行了生存统计分析;第三部分设定回归模型进行了实证检验;第四部分为稳健性检验;第五部分进行了扩展分析;第六部分为主要结论及启示。

一 文献综述

从时间维度入手,探讨出口持续时间对于出口稳定性的影响(即出口持续时间分析或称出口贸易关系生存分析),是近年国际贸易集约增长和贸易动态分析的一个重要研究方向。出口持续时间动态反映出产品进出国际市场的频率,持续时间越长,贸易关系越稳定;反之,若产品频繁进出国际市场,将很难保证出口的持续稳定增长。

Besedeš 和 Prusa 首次提出了贸易持续时间概念,并利用生存分析方法研究分析了美国进口贸易持续时间的分布特点,结果发现进口贸易关系平均生存时间为 2—4 年,且存在多个贸易关系持续时间段。[1] 进一步的研究中,Besedeš 和 Prusa 利用比例风险模型(COX – PH)研究美国进口贸易关系,发现同质化产品贸易关系比差异化产品的风险率至少要高出 23%。[2] 此后,越来越多的学者开始探究贸易关系持续时间,相关研究主要基于企业层面或产品层面研究贸易关系的分布特征及影响因素。

Nitsch 基于德国 1995—2005 年的进口贸易数据,利用分层比例风险回归模型(COX)发现出口方特征、产品特征和市场结构因素对德国进口贸易关系持续时间产生重要影响。具体而言,出口国 GDP 规模越大、地理距离越近、产品初始贸易额越大、替代弹性越小以及在德国占据的市场份额越大,则贸易关系持续时间越长。[3] Hess 和 Persson 基于欧盟 15 个成员方 1962—2006 年进口自 140 个非欧盟国家的数据,利用离散时间生存分析模型(discrete – time duration models)控制不可观测的异质性,

---

[1] Besedeš T., and T. J. Prusa, "Ins, Outs, and the Duration of Trade", *Canadian Journal of Economics*, Vol. 39, No. 1, 2006, pp. 266 – 295.

[2] Besedeš T., and T. J. Prusa, "Product Differentiation and Duration of US Import Trade", *Journal of International Economics*, Vol. 70, No. 2, 2006, pp. 339 – 358.

[3] Nitsch V., "Die Another Day: Duration in German Import Trade", *Review of World Economics*, Vol. 145, No. 1, 2009, pp. 133 – 154.

发现欧盟进口贸易关系生存时间较短，中位数仅为 1 年，60% 的贸易关系一年内终止，贸易关系建立后 10 年内存活率不足 10%，出口多样化因素（贸易产品数量和目的地市场数量）是影响贸易关系持续的一个重要因素。① Esteve – Pérez、Requena – Silvente 和 Pallardó – Lopez 利用 Cloglog 模型针对西班牙企业层面的研究发现差异化产品贸易关系的失败率要低于同质产品，且产品首次出口贸易额越大贸易关系持续时间越长。② Besedeš 和 Tibor 的研究表明，欧盟一体化进程强化了欧盟内部成员国之间贸易关系持续的稳固性。③

国内研究贸易关系持续时间起步较晚，且文献为数不多，主要基于企业层面和基于产品层面进行研究。陈勇兵等学者运用 Cloglog 模型研究了 2000—2005 年中国企业层面的出口贸易关系，发现持续时间均值不足 2 年，传统引力模型变量和企业层面特征变量对贸易关系持续时间产生显著影响。④ 苏振东等学者的研究表明企业健康的金融状况有利于出口持续时间的稳定，不同的微观金融健康指标对不同的企业产生不同的影响。⑤ 李宏兵等学者研究发现融资约束程度显著影响企业出口持续时间，但对不同所有制企业出口关系的影响存在差异化。⑥

邵军以及李永等学者采用 COX – PH、Weibull 和 Exponential 模型分析了中国产品层面出口贸易关系，认为传统引力模型变量、初始贸易额、

---

① Hess W. , and M. Persson, "Exploring the Duration of EU Imports", *Review of World Economics*, Vol. 147, No. 4, 2011, p. 665.

② Esteve – Pérez S. , F. Requena – Silvente, and V. J. Pallardó – Lopez, "The Duration of Firm – Destination Export Relationships: Evidence from Spain, 1997 – 2006", *Economic Inquiry*, Vol. 51, No. 1, 2013, pp. 159 – 180.

③ Besedeš, and Tibor, "The Effects of European Integration on the Stability of International Trade: A Duration Perspective", MPRA, paper, No. 59626, 2014.

④ 陈勇兵、李燕、周世民：《中国企业出口持续时间及其决定因素》，《经济研究》2012 年第 7 期。

⑤ 苏振东、刘淼、赵文涛：《微观金融健康可以提高企业的生存率吗？——"新常态"背景下经济持续健康发展的微观视角解读》，《数量经济技术经济研究》2016 年第 4 期。

⑥ 李宏兵、蔡宏波、胡翔斌：《融资约束如何影响中国企业的出口持续时间》，《统计研究》2016 年第 6 期。

单位价格以及有效汇率变动等对出口持续时间都存在较为显著的影响。①舒杏等学者基于1998—2010年中国对新兴经济体产品层面的出口数据,采用生存分析方法进行估计,发现中国对新兴经济体国家产品的出口持续时间普遍较短,且引力模型变量、国家风险、固定贸易成本、汇率波动等变量对贸易持续时间产生显著影响。②也有文献基于产业层面展开研究,例如,研究农产品出口持续时间及影响因素;③研究制造业出口持续时间及影响因素;④研究文化产品出口价格和品质对贸易关系持续时间的影响。⑤

随着国际贸易研究重点由注重出口数量向关注出口质量转变,出口技术复杂度产品的相关研究已持续10余年。Hausmann等学者提出了出口技术复杂度的测度方法,并且研究发现出口了更多高技术复杂度的国家能够实现更快的经济增长。⑥樊纲等学者构建了技术高度指数,来量化中国出口产品的技术水平,并认为产品技术水平高低可以用技术附加值来衡量,技术附加值则可以理解为技术这一要素在增加值分配中所获得的报酬。⑦

伴随着中国出口贸易的快速发展,中国出口产品的技术复杂度也得到了显著提升,出口产品已由最初的资源和劳动密集型产品为主转变为以资本和技术密集型产品为主;跨国比较来看,Rodrik基于Hausmann等

---

① 邵军:《中国出口贸易联系持续期及影响因素分析——出口贸易稳定发展的新视角》,《管理世界》2011年第6期。
② 舒杏、霍伟东、王佳:《中国对新兴经济体国家出口持续时间及影响因素研究》,《经济学家》2015年第2期。
③ 杜运苏、陈小文:《我国农产品出口贸易关系的生存分析——基于Cox PH模型》,《农业技术经济》2014年第5期;李清政、王佳、舒杏:《中国对东盟自贸区农产品出口贸易持续时间研究》,《宏观经济研究》2016年第5期。
④ 张亚斌、黎谧、李静文:《制造业出口贸易生存分析与跨国比较研究》,《国际贸易问题》2014年第11期。
⑤ 杨连星、刘晓光、罗来军:《出口价格、出口品质与贸易联系持续期》,《数量经济技术经济研究》2016年第8期。
⑥ Hausmann R., J. Hwang, and D. Rodrik, "What You Export Matters", *Journal of Economic Growth*, Vol. 12, No. 1, 2007, pp. 1-25.
⑦ 樊纲、关志雄、姚枝仲:《国际贸易结构分析:贸易品的技术分布》,《经济研究》2006年第8期。

学者的工作论文计算的中国出口产品的技术复杂度已经大大超过同等收入水平的国家，① Schott 计算的产品相似度指标则显示中国出口技术结构已接近于发达国家。② 国内学者姚洋和章林峰结合技术复杂度、显性比较优势指数和 Lall 的分类，③ 发现中国本土企业出口产品的技术水平在近年来保持了绝对增长，在技术阶梯上循序上升。杜传忠和张丽从全国、产业和地区三个层面对 2002—2011 年中国工业制成品的国内技术复杂度进行了测算和分析，结果表明国内技术复杂度呈稳步增长态势。④ 赵红和彭馨的研究表明 2000—2012 年间，我国出口技术复杂度得到显著提升。⑤ 陈晓华和刘慧认为加大高技术产品和新产品的持续出口能力，有助于"稳出口增长"和"促结构优化"。⑥

然而，在研究贸易关系持续时间的影响因素时，现有文献大都忽视了产品层面技术特征的重要作用，鲜有文献探讨产品品质对于贸易关系持续时间的影响。尽管杨连星等学者以第三国真实汇率作为价格工具变量估计了文化产品质量，进而研究产品质量对贸易关系持续期的影响，但由于该研究局限于文化产业而缺乏不同产业之间的对比，且主要研究了产品品质的水平差异。陈晓华和刘慧研究了产品持续出口行为对于促进出口技术复杂度升级的作用，发现产品持续出口不一定促进技术复杂度的持续升级，作用轨迹呈现倒 U 型。本节从产品品质的垂直差异角度研究出口产品技术复杂度对于出口贸易关系持续时间的影响具有现实意

---

① Rodrik D., "What's so Special About China's Exports?", *China & World Economy*, Vol. 14, No. 5, 2006, pp. 1 - 19; Hausmann R., J. Hwang, and D. Rodrik, "What You Export Matters", *Journal of Economic Growth*, Vol. 12, No. 1, 2007, pp. 1 - 25.

② Schott P. K., "The Relative Sophistication of Chinese Exports", *Economic Policy*, Vol. 23, No. 53, 2008, pp. 5 - 49.

③ 姚洋、章林峰：《中国本土企业出口竞争优势和技术变迁分析》，《世界经济》2008 年第 3 期；Lall S., "The Technological Structure and Performance of Developing Country Manufactured Exports, 1985 - 1998", *Oxford Development Studies*, Vol. 28, No. 3, 2000, pp. 337 - 369.

④ 杜传忠、张丽：《中国工业制成品出口的国内技术复杂度测算及其动态变迁——基于国际垂直专业化分工的视角》，《中国工业经济》2013 年第 12 期。

⑤ 赵红、彭馨：《中国出口技术复杂度测算及影响因素研究》，《中国软科学》2014 年第 11 期。

⑥ 陈晓华、刘慧：《产品持续出口能促进出口技术复杂度持续升级吗？——基于出口贸易地理优势异质性的视角》，《财经研究》2015 年第 1 期。

义，与陈晓华和刘慧的研究互补，同时也是对现有研究的一个重要补充。

本节可能的贡献主要体现在：首先，本节与贸易关系持续时间和技术复杂度研究的两类文献相关，在阐述产品技术复杂度对出口贸易关系影响机理的基础上，运用 K-M 生存分析和 Cloglog 模型，首次考察了出口产品技术复杂度对出口贸易关系持续时间的影响；其次，本节依据技术复杂度和 RCA 指数对中国出口产品进行了最优分组，而非简单采用国际组织（例如 OECD 的产业分类）或现有研究的固定分类（例如 Lall 分类）进行研究，并在实现最优分组的前提下，着重对比了不同分组之间的差异性；最后，本节采用大样本数据进行研究，产品分类更细，样本国家更广，时间跨度更长。贸易原始数据来源于联合国商品贸易数据库 SITC-5 位码细分的产品层面出口贸易数据，[①] 另外依据全球所有国家 5 位码产品层面的出口数据计算出显示性比较优势指数（RCA），[②] 进而得以计算出 5 位码层面的出口产品技术复杂度作为核心解释变量，回归模型控制变量中产品多样性、目的地多样性、产品单位价格以及稳健性检验中的有效汇率指数均基于产品层面计算，产品层面的分析可以有效避免合成谬误问题。

二 生存估计

（一）贸易关系定义

我们将"出口贸易关系"[③] 定义为中国出口某一特定产品到特定目的

[①] 考虑到欧元区是中国重要的贸易伙伴，而欧元于 1999 年 1 月 1 日正式启用，因此本节设定样本区间为 1999—2015 年。1999—2015 年间，中国共有 3889411 条出口统计记录，共出口 3063 种产品，出口至 217 个目的地。此外，现有研究文献样本普遍跨度较短，涵盖 2010 年之后贸易数据的文献非常少。

[②] 根据后文 RCA 计算公式，我们也下载了 SITC 第三版 5 位码层面各"报告国"（Reporter）报告的"贸易对象"（Partner）为"世界"（World）的数据，用来计算 RCA，共有 11344322 条记录。

[③] 需要说明，在数据整理时，若仅间隔一年仍被视为一个贸易关系持续时间段，原因是联合国商品贸易数据库仅统计贸易额超过 1000 美元的交易记录，若偶然出现一年的间隔，可以认为是贸易额临时低于 1000 美元而未被统计，但实际上贸易关系仍是连续的，如表 6—9 中 ABW03716，视为一个持续时间段，只有间隔两年或两年以上，才被视为不同的贸易关系持续时间段。这也是对现有大多数基于产品层面贸易关系定义的一个合理改进。

国家市场直到退出该市场的状态，出口贸易关系的持续时间则是该产品从进入市场到退出市场所持续的时间。在实际出口过程中，某一产品进入某特定目的国市场生存一定时间并退出该市场，经过一段时间（至少两年）之后又进入该市场，即一个出口贸易关系可能存在多个持续时间段，表6—9中ABW03722、ABW05896、ABW89394这三个贸易关系就存在多个持续时间段。

表6—9　　　　　　　　部分产品出口到目的国的时间分布

TRID	1999	2000	2001	2002	2003	2004	2005	2006	2007	2008	2009	2010	2011	2012	2013	2014	2015	Nos
ABW03722				*	*	*			*				*	*	*	*		3
ABW05674	*	*	*	*	*	*	*	*	*	*	*	*	*	*	*	*	*	1
ABW05896	*				*										*	*		3
ABW03716									*		*		*					1
ABW89394			*	*			*			*			*			*	*	5

注：ABW03722表示一个贸易关系，其中ABW为ISO3国家代码，03722为SITC-5位码产品；"*"表示贸易关系在这一年有出口数据记录，即出口额超过1000美元；Nos表示贸易关系时间段的个数。

生存分析不可避免地会遇到数据删失问题。由于研究样本的时间区间为1999—2015年，1999年之前和2015年之后的出口贸易数据我们无法获知，因此就会造成数据删失。例如：若表6—9中ABW05896贸易关系1998年有出口数据，则该贸易关系持续时间至少为2年，即数据左删失；ABW89394和ABW03722贸易关系若在2016年仍持续出口，则属于数据右删失；ABW05674贸易关系同时存在数据左删失和右删失。我们剔除初始年份为1999年的贸易关系时间段以解决数据的左删失问题，共获得有效观测记录1820866条，共有279249个贸易关系，392157个贸易关系持续时间段，最长的贸易关系时间段为15年。至于数据的右删失问题，生存分析方法可以很好地解决。

（二）生存估计

为了深入了解出口贸易动态变化，我们借助生存函数和危险函数来描述出口贸易关系持续时间的分布情况。生存函数反映了贸易关系已经生存到 t 期，并在第 $t+1$ 期继续生存下去的条件概率。假设 T 为某一产品出口到某特定目的地国市场持续生存的时间长度，且 T 是离散型的随机变量，取值范围为 $t=1,2,3\cdots,k$，i 表示特定贸易关系的持续时间段。用 S_{it} 表示随机变量 T 的生存函数，即某一段出口贸易关系 i 持续时间超过 t 的概率：

$$S_{it}=P(T_i>t) \qquad (6-9)$$

该段贸易关系在 $(t-1,t]$ 时间段内终止的条件概率，即风险函数表示为：

$$H_{it}=P(t-1<T_i\leqslant t\mid T_i>t-1)=\frac{P(t-1<T_i\leqslant t)}{P(T_i>t-1)} \qquad (6-10)$$

由 K-M 乘积极限估计式可以得到生存函数和风险函数的非参数估计，将观测样本按持续期由低到高排列，令 n_k 表示 k 期置于风险状态的贸易关系总量，d_k 为 k 期终止的贸易关系。则生存函数 $s_{(t)}$ 和风险函数 $h_{(t)}$ 估计式分别为：

$$\hat{S}_{(t)}=\prod_{k=1}^{t}(1-d_k/n_k) \qquad (6-11)$$

$$\hat{H}_{(t)}=d_t/n_t \qquad (6-12)$$

表6—10给出了基于全部样本（Full sample）、第一个持续时间段（First spell）以及只有一个持续时间段（Only one spell）的生存函数估计结果。(1) 总体来看，中国出口贸易持续时间较短，15年的样本时间跨度，平均生存时间为4.64，① 中位数为3年，50%以上的持续时间段在5年内截止。(2) 中国出口贸易关系普遍存在多个贸易持续时间段的情形，平均每个贸易关系包括1.4个贸易持续时间段。(3) 贸易关系建立初期风险率较高，从第一个持续时间段（First spell）的样本估计结果来看，虽然平均生存时间要高于全体样本，但是其第一年的失败率高达40%，

---

① 本节样本区间为1999—2015年（共计15年），贸易关系平均生存时间为4.64年。第五章第一节样本区间为1992—2015年（共计22年），出口贸易关系平均生存时间4.13年。结合出口贸易关系的定义，考虑到出口贸易关系中断或延续造成的持续时间分段（spell）情形，合理的解释是1992—1999年期间贸易关系段平均生存时间较短，拉低了1992—2015年全区间的平均值。

明显高于其他两个样本。(4) 只有一个持续时间段的样本无论是均值还是生存率效果都好于其他两个样本，生存时间持续 15 年的贸易关系生存率高达 51.1%。

表 6—10　　　　　　　　　　　生存估计

		生存时间		K-M 估计法生存率				持续时间段个数	贸易关系个数	失败事件个数
		均值	中位值	1 年	5 年	10 年	15 年			
总体估计	Full sample	4.64	3	0.643	0.430	0.366	0.338	392157	279249	235438
	First spell	4.81	2	0.598	0.388	0.329	0.304	243577	243577	160216
	Only one spell	5.89	4	0.754	0.611	0.550	0.511	177192	177192	73902
按技术复杂度分类	RCA >=1 高技术	4.95	3	0.656	0.453	0.392	0.372	8834	6483	5124
	RCA >=1 中等技术	5.20	3	0.680	0.483	0.422	0.396	90614	64585	49865
	RCA >=1 低技术	4.67	3	0.651	0.422	0.349	0.316	68481	47691	42131
	RCA <1 高技术	4.62	3	0.644	0.442	0.386	0.359	39638	28514	23032
	RCA <1 中等技术	4.60	3	0.640	0.434	0.374	0.349	136459	97820	80818
	RCA <1 低技术	3.65	2	0.571	0.313	0.238	0.201	48131	34156	34468

图 6—8 中左图和右图分别是三个样本估计的生存概率图和风险概率图。从左图可以看出，出口贸易关系在建立初期的生存率较低，生存时间超过 5 年之后，生存率趋于平稳，说明存在"门槛现象"。右图的风险概率图可以得出同样的结论，贸易关系建立初期风险率较高，随着生存时间的延长风险率逐步降低。

基于 K-M 生存曲线的分析仅是对中国出口贸易持续时间状况的初步的直观判断，进一步考察出口持续时间的影响因素，就需要借助生存分析计量模型进行实证检验。

三　模型设定和回归分析

(一) 回归模型设定

经济学领域的生存分析模型主要有两种：连续时间生存分析模型 (例如 COX-PH 模型) 和离散时间生存分析模型 (例如 Cloglog 模型)。Hess 和 Persson 指出 Cloglog 模型可以克服 COX-PH 模型的三个重要缺

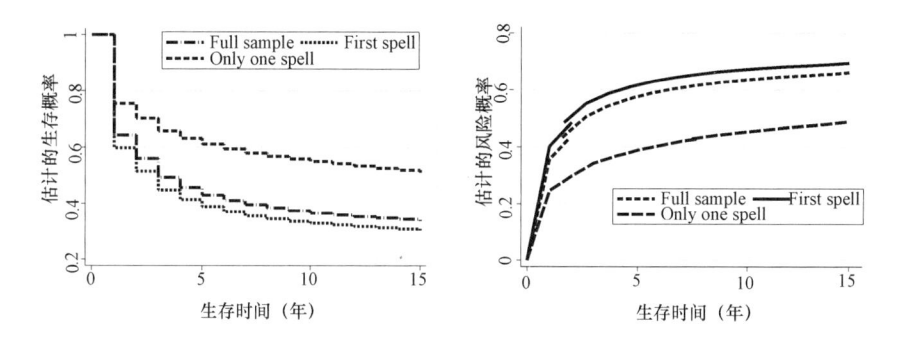

图 6—8 生存函数和风险函数的总体估计

注：生存函数总体估计（左）；风险函数总体估计（右）。

陷：生存时间节点问题、不可观测的异质性以及风险比例模型设定不合理问题。① 因此，我们采用 Cloglog 模型分析技术复杂度对中国出口贸易关系持续时间的影响。

假设观察到贸易关系 i 的时间段为从第 $t=1$ 年到第 $t=k$ 年，i 存在 T_i 年。则该时间段，要么是删失的，此时令 $c_i=0$；要么是完全的，此时令 $c_i=1$。于是，整个样本的对数似然函数为：

$$\log L = \sum_{i=1}^{n} c_i \log\left(\frac{h_{ik}}{1-h_{ik}}\right) + \sum_{i=1}^{n}\sum_{t=1}^{k} \log(1-h_{it}) \quad (6-13)$$

引入新的虚拟变量 d_{it}。对于完全的时间段 i，若其在第 t 年停止，则令 $d_{it}=1$；否则，令 $d_{it}=0$。则对数似然函数更新为：

$$\begin{aligned}\log L &= \sum_{i=1}^{n}\sum_{t=1}^{k} d_{it} \log\left(\frac{h_{it}}{1-h_{it}}\right) + \sum_{i=1}^{n}\sum_{t=1}^{k} \log(1-h_{it}) \\ &= \sum_{i=1}^{n}\sum_{t=1}^{k} \left[d_{it}\log(h_{it}) + (1-d_{it})\log(1-h_{it})\right]\end{aligned} \quad (6-14)$$

因此，离散时间风险模型可用二元因变量的方法进行估计。为了估计模型参数，需要设定 h_{it} 的函数形式，通常设定 h_{it} 服从正态分布、逻辑分布或极值分布，分别对应 Probit 模型、Logit 模型和 Cloglog 模型。它们都具有 COX 模型的优点，能有效解决右删失问题和基准风险函数的非参

---

① Hess W., and M. Persson, "Exploring the Duration of EU Imports", *Review of World Economics*, Vol. 147, No. 4, 2011, p. 665.

估计。①

考虑到样本中可能存在个体"不可观测的异质性"（unobserved heterogeneity），或者称为"弱质"（frailty），将纳入"弱质"假设的风险函数设定为：

$$h_{ik}(\boldsymbol{x}_{ik} \mid \nu) = 1 - \exp\{-\exp[\boldsymbol{x}'_{ik}\boldsymbol{\beta} + \gamma_k + u]\} \quad (6—15)$$

其中，h_{ik} 表示具有协变量向量 $\boldsymbol{x}$ 的个体 i 在时间 t 的危险率；$u = \log(\nu)$，ν 表示不可观测的异质性；γ_k 为随时间而变的基准风险函数；$\boldsymbol{\beta}$ 为待估参数向量。其 Cloglog 模型形式为：

$$\text{Cloglog}[1 - h_{ik}(\boldsymbol{x}_{ik} \mid \nu)] \equiv \log\{-\log[1 - h_{ik}(\boldsymbol{x}_{ik} \mid \nu)]\} = \boldsymbol{x}'_{ik}\boldsymbol{\beta} + \gamma_k + u \quad (6—16)$$

由于 Cloglog 模型是二值选择模型，被解释变量为二元变量，因此可以用二元因变量面板随机效应模型进行估计。本节选取的样本时间区间为 1999—2015 年，每个产品—国家贸易关系组合每一年度的数据都作为一个观测值，如果一个贸易关系是完整的，则贸易关系最后一年的被解释变量赋值为 1，其余年份取 0；如果一个贸易关系是删失的，那么该贸易关系每年的被解释变量取值都为 0。协变量向量 $\boldsymbol{x}$ 包括核心解释变量出口产品技术复杂度和控制变量集。

（二）变量构建

1. 技术复杂度

技术复杂度变量依据公式（6—3）计算获得，用 RTV 表示。RTV 取对数后（lnRTV）引入回归模型。正如前文分析，出口产品技术复杂度越高，越有利于巩固和稳定现有市场，出口持续时间就越长，风险率越低，由于模型（6—16）中被解释变量为风险率，因此我们预期该指标的估计系数符号为负。考虑到变量 RTV 的计算公式以 RCA 作为权重，RTV 和 RCA 存在严重多重共线性，我们在本节中并没有将 RCA 作为解释变量放到回归模型中，而是在扩展分析中作为分组回归的分组变量出现，以便进一步解释技术复杂度对出口贸易关系持续时间的影响。

---

① Sueyoshi G. T., "A Class of Binary Response Models for Grouped Duration Data", *Journal of Applied Econometrics*, Vol. 10, No. 4, 1995, pp. 411–431.

2. 控制变量

控制变量集包括产品特征变量、实际有效汇率波动以及引力模型变量。产品特征变量依据联合国商品贸易数据库 SITC – 5 位码层面数据计算获得，包括初始贸易额（lnExp）、产品单位价格（lnUV）、产品多样性（lnNum）和目的地多样性（lnNC）四个变量，均取对数形式。其中，产品初始贸易额（每段贸易关系第一年出口额的对数形式）越大，说明出口商对目的国市场的了解越充分，对贸易关系发展前景更看好，因而一开始就以大额度成交，因而能够预期贸易关系的稳定和进一步发展；产品价格中包含产品质量在企业和国家间的差异信息，如果产品质量内生并增加边际成本，则价格与质量正相关，意味着价格是质量较好的代理变量，高质量与高价格相关。[1] Nitsch 的研究表明产品单位价格能够反映产品的复杂程度，产品单位价格越高，市场竞争越弱，越难以找到替代品，因而能够更好地稳定出口贸易关系。[2] 但是 Khandelwal 指出并非所有行业中的价格均是质量较好的代理变量，[3] 鉴于价格变量可观测且容易获取，已在文献中大量应用，例如 Hummels 和 Skiba、Baldwin 和 Harrigan，[4] 我们引入价格变量，但是价格是否能够更好地代理质量，取决于行业差异和研究样本的选择，因此该变量的符号是不确定的。产品的多样性是指中国于某年份出口至同一目的国的产品种类，种类越多，意味着与该国的贸易交往越密切，贸易关系失败的风险越小；目的地多样性是指中国某产品于同一年份出口的目的地数目，数目越多越有利于分散贸易风

---

[1] Antoniades A., "Heterogeneous Firms, Quality, and Trade", *Journal of International Economics*, Vol. 95, No. 2, 2015, pp. 263 – 273; Chen N., and L. Juvenal, "Quality, Trade, and Exchange Rate Pass – Through", *Journal of International Economics*, Vol. 100, 2016, pp. 61 – 80.

[2] Nitsch V., "Die Another Day: Duration in German Import Trade", *Review of World Economics*, Vol. 145, No. 1, 2009, pp. 133 – 154.

[3] Khandelwal A., "The Long and Short of Quality Ladders", *Review of Economic Studies*, Vol. 77, No. 4, 2010, pp. 1450 – 1476.

[4] Hummels D., and A. Skiba, "Shipping the Good Apples Out? An Empirical Confirmation of the Alchian – Allen Conjecture", *Journal of Political Economy*, Vol. 112, No. 6, 2004, pp. 1384 – 1402; Baldwin R., and J. Harrigan, "Zeros, Quality, and Space: Trade Theory and Trade Evidence", *American Economic Journal: Microeconomics*, Vol. 3, No. 2, 2011, pp. 60 – 88.

险,因而贸易关系失败的概率越小。产品多样性(lnNum)和目的地多样性(lnNC)两个变量均取对数形式。

实际汇率波动(ln$RERV$)选取人民币与贸易伙伴国双边实际汇率波动作为宏观层面的指标。我们从国际货币基金组织官方网站国际金融统计数据库(IFS)查询得到1999—2015年双边名义汇率月度数据(同一月份日均值)和贸易伙伴国的价格指数月度数据,通过公式 $rer_j = e_j p_j / p$ 计算获得月度实际汇率,其中 e_j 表示中国与贸易伙伴国 j 直接标价法下的双边汇率水平,即一单位目的国 j 的货币折合 e 单位本币,p_j 为贸易伙伴国 j 的价格指数,p 为本国价格指数,然后计算实际汇率在同年度12个月的变异系数,即用标准差除以平均值,以消除双边汇率数值量纲不同带来的影响。布雷顿森林体系崩溃后,国际货币体系中汇率波动明显加剧,汇率波动对于国际贸易产生阻碍还是促进作用至今仍存争议,Baron认为汇率波动降低贸易水平;[1] 然而Franke以及Bredin等学者认为汇率波动反而能够促进贸易活动;[2] Grier和Smallwood以及Baum和Caglayan的研究表明汇率波动对发展中国家和欠发达国家的贸易具有负效应。[3] 鉴于中国金融体系发展相对滞后,出口商对于汇率风险防范意识和套期保值工具运用普遍不足,我们认为汇率波动对于出口贸易有阻碍作用,能够加剧贸易关系失败的风险,因此我们预期 ln$RERV$ 的符号为正。

引力模型变量包括人均GDP(lnGDP)、距离(ln$Distcap$)、语言是否相同(*Comlang*)以及是否为内陆国家(*Landlocked*)四个变量,其中lnGDP来源于世界银行数据库,其余三个变量来源于法国国际经济研究中

---

[1] Baron D. P., "Flexible Exchange Rates, Forward Markets, and the Level of Trade", *American Economic Review*, Vol. 66, No. 3, 1976, pp. 253–266.

[2] Franke G., "Exchange Rate Volatility and International Trading Strategy", *Journal of International Money and Finance*, Vol. 10, No. 2, 1991, pp. 292–307; Bredin D. O. N., S. Fountas, and E. Murphy, "An Empirical Analysis of Short-run and Long-run Irish Export Functions: Does Exchange Rate Volatility Matter?", *International Review of Applied Economics*, Vol. 17, No. 2, 2003, p. 193.

[3] Grier K. B., and A. D. Smallwood, "Uncertainty and Export Performance: Evidence from 18 Countries", *Journal of Money, Credit and Banking*, Vol. 39, No. 4, 2007, pp. 965–979; Baum C. F., and M. Caglayan, "On the Sensitivity of the Volume and Volatility of Bilateral Trade Flows to Exchange Rate Uncertainty", *Journal of International Money and Finance*, Vol. 29, No. 1, 2010, pp. 79–93.

心（CEPII）。考虑到人均 GDP 与技术复杂度变量 *RTV* 之间存在较高的相关性，本节只选取了后三个变量。其中，ln*Distcap* 通过计算两国首都之间距离并取对数得到；*Comlang* 为虚拟变量，中国与出口目的国至少各有 9% 以上的人口讲同一种语言，则取值为 1，否则为 0；*Landlocked* 为虚拟变量，如果目的国为内陆国家则取值为 1，否则为 0。引力模型变量对于贸易流量产生显著性影响已被大量文献确认，而其对贸易关系持续时间的影响仍需进一步考察。结合已有文献，我们预期两国之间的距离越短以及两国有共同语言可以降低出口贸易关系失败的风险，目的国如果为内陆国则会由于贸易成本因素增加贸易关系失败的风险。

各变量的描述性统计如表 6—11 所示。

表 6—11　　　　　　　　　变量的描述性统计

变量	含义及构建方法	样本量	均值	标准误	最小值	最大值
ln*RTV*	技术复杂度，依据公式（6—3）构建，取对数	3881946	0.1370	0.6684	-6.3513	1.8491
ln*UV*	产品单位价格，取对数	3889411	-4.2758	2.9274	-17.9019	13.1462
ln*Exp*	初始贸易额，取对数	3775247	2.8592	2.7352	-6.9078	17.4975
ln*Num*	产品多样性，取对数	3889411	7.2486	0.5476	0	7.9179
ln*NC*	目的地多样性，取对数	3889411	4.6559	0.6034	0	5.3660
ln*Distcap*	两国首都距离，取对数	3788137	8.8890	0.6096	6.6965	9.8677
Comlang	虚拟变量，语言相同取 1，否则为 0	3788137	0.0409	0.1979	0	1
Landlocked	虚拟变量，目的国为内陆国取 1，否则为 0	3788137	0.1337	0.3403	0	1
ln*RERV*	双边实际汇率波动，取对数	3274912	-2.5954	1.0991	-5.5188	1.2420

（三）基准回归分析

由于固定效应模型不能估计距离、是否共同语言等非时变变量的系数，因此我们选用随机效应模型来控制不可观测的异质性，同时模型还加入了年份虚拟变量和产品 SITC‐1 位码层面的分类虚拟变量作为其他控制变量。我们基于公式（6—16）的 Cloglog 模型估计了各因素对贸易关系风险率的影响,同时也采用 Probit 和 Logit 模型进行估计。

回归结果有两种输出形式:普通系数和指数系数,其中,指数系数又称风险比率(hazard ratio),是普通系数的指数形式,因此风险比率始终为正,即 h>0。若某一解释变量的风险比率 h<1,说明该变量增大能够降低消亡风险;若 h>1,说明该变量增大会加剧消亡风险。普通系数为风险比率的对数形式,因此,若某变量普通系数>0,说明该变量增大能够加剧消亡风险,若该变量普通系数<0,说明该变量增加能够降低消亡风险。我们在表6—12中报告了普通系数,在分析时会根据需要进一步换算为指数系数。表6—12中第(1)—(3)列是未控制不可观测异质性模型的回归结果,而第(4)—(6)列为控制了不可观测异质性模型的回归结果。我们同时采用 Cloglog、Probit 和 Logit 模型进行估计,一是为了确保估计结果的准确性,二是可以对比不同模型的回归结果。从估计结果来看,不管是否控制不可观测的异质性,几乎所有解释变量的符号与预期保持一致且高度显著。但从(4)—(6)列中 rho 值可以看出,不可观测异质性引起的方差占总误差的比例在 Cloglog 模型、Probit 模型和 Logit 模型中分别为50.54%、33.3%和39.04%,且都在1%的水平上显著,说明在模型中控制不可观测的异质性是十分必要的。鉴于控制不可观测异质性后 Cloglog、Probit 和 Logit 模型的估计结果基本一致,但 Clogolog 模型中 rho 值显示不可观测异质性引起的方差占总误差的比例最高,因此,我们采用 Cloglog 模型的回归结果进行解释说明。

表6—12　　　　　　　　　　　基准回归

	未控制不可观测异质性			控制不可观测异质性		
	(1)	(2)	(3)	(4)	(5)	(6)
	Cloglog	Probit	Logit	Cloglog	Probit	Logit
lnRTV	-0.0894***	-0.0624***	-0.114***	-0.106***	-0.0705***	-0.132***
	(0.00427)	(0.00231)	(0.00432)	(0.00513)	(0.00323)	(0.00622)
lnUV	0.534***	0.369***	0.693***	0.761***	0.469***	0.914***
	(0.00170)	(0.000620)	(0.00117)	(0.00185)	(0.00111)	(0.00230)
lnExp	-0.189***	-0.110***	-0.211***	-0.230***	-0.126***	-0.248***
	(0.00132)	(0.000693)	(0.00134)	(0.00154)	(0.000942)	(0.00185)

续表

	未控制不可观测异质性			控制不可观测异质性		
	(1)	(2)	(3)	(4)	(5)	(6)
	Cloglog	Probit	Logit	Cloglog	Probit	Logit
lnNum	-0.825***	-0.687***	-1.279***	-1.113***	-0.760***	-1.444***
	(0.00746)	(0.00352)	(0.00671)	(0.00776)	(0.00492)	(0.00958)
lnNC	-0.588***	-0.541***	-1.009***	-0.905***	-0.634***	-1.218***
	(0.00677)	(0.00309)	(0.00586)	(0.00639)	(0.00405)	(0.00794)
lnDistcap	0.196***	0.119***	0.233***	0.190***	0.119***	0.231***
	(0.00616)	(0.00340)	(0.00647)	(0.00790)	(0.00481)	(0.00939)
Comlang	-0.323***	-0.213***	-0.434***	-0.381***	-0.238***	-0.471***
	(0.0208)	(0.0116)	(0.0224)	(0.0258)	(0.0155)	(0.0304)
Landlocked	0.0581***	0.0277***	0.0574***	0.0883***	0.0458***	0.0982***
	(0.00805)	(0.00431)	(0.00823)	(0.00991)	(0.00610)	(0.0118)
lnRERV	0.0486***	0.0217***	0.0432***	0.0417***	0.0252***	0.0501***
	(0.00277)	(0.00145)	(0.00276)	(0.00327)	(0.00202)	(0.00392)
Constant	7.594***	7.008***	13.11***	11.94***	8.354***	16.07***
	(0.101)	(0.0493)	(0.0936)	(0.112)	(0.0698)	(0.136)
year	YES	YES	YES	YES	YES	YES
product	YES	YES	YES	YES	YES	YES
rho				0.5054***	0.333***	0.3904***
				(0.000)	(0.000)	(0.000)
Observations	3077251	3077251	3077251	3077251	3077251	3077251
Log Likelihood	-421034.98	-396272.56	-403141.31	-391551.29	-380840.79	-383402.7

注：*、**、*** 分别表示估计结果在10%、5%和1%的水平上显著；括号内报告的数值是标准差；"YES"表示控制了个体固定效应，包括年份固定效应和产品固定效应；rho为不可观测异质性占总误差的比例，其下方括号内为P值。

技术复杂度（lnRTV）作为本节研究的核心解释变量，其系数估计结果符合预期且通过了1%水平的显著性检验，风险比率为0.8994[①]，产品

[①] 风险比率可由表7—12基准回归中的回归系数通过指数运算获得。例如，RTV的风险比率 h = exp(-0.106) = 0.8994。

技术复杂度提高 1 倍，出口贸易关系中断的风险将降低 10%。同时说明技术复杂度越高的出口产品，贸易关系失败的风险率越低，出口贸易关系持续时间也会越长。

从产品层面的变量来看，初始贸易额（ln*Exp*）系数符号显著为负，说明初始贸易额大小与出口贸易关系持续时间密切相关，初始贸易额越大，贸易关系失败的风险越小；产品多样性（ln*Num*）的系数符号显著为负，风险系数为 0.3282，说明产品多样性扩大能够降低贸易关系的风险比率，出口至同一目的国的产品种类越多，则与该国的贸易关系越稳定；目的地多样性（ln*NC*）的系数显著为负，风险系数为 0.4041，说明同一产品出口的目的地越多，该种产品的竞争力越强，因而贸易关系越稳定；然而，与 Nitsch 以及 Besedeš 和 Prusa 的研究结果相反，① 本节出口产品的单位价格系数显著为正，即单位价格越高，贸易关系终止的概率越高，林常青认为原因可能是单位价格不能较好地反映产品差异化程度；② 杜运苏和王丽丽认为虽然中国产品的附加值有一定提高，但在国际市场上的竞争力仍不明显，③ 我们则认为虽然中国出口产品技术复杂度有所提升，贸易结构有所优化，但技术复杂度的提升并没有及时带来产品国际定价权的改善，"中国制造"和"世界工厂"的标签说明，中国出口产品在国际市场上面临激烈的竞争尤其是来自国内同行业竞相压价的无序竞争，而被迫以质优价廉或低质低价的方式从事出口贸易，品牌培育不足，向价值量高端攀升并提升定价权尚需一定时日，因此不难理解出口单位价格越高，贸易关系风险比率越高。

引力模型变量对于出口持续时间产生显著影响。两国之间的距离（ln*Distcap*）的风险比率为 1.1984，在 1% 的水平上显著，说明如果两国

---

① Nitsch V., "Die Another Day: Duration in German Import Trade", *Review of World Economics*, Vol. 145, No. 1, 2009, pp. 133 – 154; Besedeš T., and T. J. Prusa, "Product Differentiation and Duration of US Import Trade", *Journal of International Economics*, Vol. 70, No. 2, 2006, pp. 339 – 358.

② 林常青：《美国反倾销对中国对美出口持续时间的影响》，《中南财经政法大学学报》2014 年第 4 期。

③ 杜运苏、王丽丽：《中国出口贸易持续时间及其影响因素研究——基于 Cloglog 模型》，《科研管理》2015 年第 7 期。

之间的距离增加1倍，则贸易关系失败的风险将提高21%；从共同语言虚拟变量（Comlang）来看，如果目的国与中国有共同语言，则贸易关系失败的风险率会比没有共同语言降低35%，说明共同语言有利于保持贸易关系的稳定；从目的国是否为内陆国家这一虚拟变量（Landlocked）的回归结果来看，当目的国为内陆国家时贸易关系终止的风险率要比目的国为非内陆国家时高出11%。

双边实际汇率波动（lnRERV）显著影响了贸易关系持续期限，风险系数为1.0203，且在1%的水平上显著，说明实际汇率波动越大，出口贸易关系面临终止的风险越大，这与我们的分析和预期一致。

四　稳健性检验

稳健性检验主要通过四个方面进行：第一，选用解释变量的滞后一期（虚拟变量除外）作为新的解释变量，以期解决可能存在的同期相关带来的内生性问题；第二，我们对每个出口贸易关系的首个持续时间段（First spell）和只有一个持续时间段的贸易关系（Only one spell）的样本进行估计；第三，考虑到遗漏变量问题可能导致回归偏差，我们在模型中分别添加五个可能遗漏的变量；第四，对每一个子样本和新加变量，我们分别采用 Probit、Logit 和 Cloglog 模型进行估计，每个模型又分别包括未控制不可观测异质性和控制不可观测异质性两种情形。鉴于不同模型之间的回归结果基本一致，且 rho 值显示控制不可观测异质性采用离散时间随机效应模型进行估计更合适，因此，表6—13中实际应包含42列，但我们仅报告了7列按 Cloglog 随机效应模型回归的结果，其他回归结果省略备索。

（一）解释变量滞后一期的检验

表6—13中第（1）列回归结果显示除 lnUV 外，解释变量滞后一期并没有显著改变其余变量回归系数的符号和显著性，上期较高价格为本期价格调整尤其是降低价格腾出了更多空间，因而越有利于降低本期贸易关系的危险率。

表 6—13　稳健性检验

	滞后一期	First spell	Only one spell			遗漏变量检验		
	(1)	(2)	(3)	(4)	(5)	(6)	(7)	(8)
lnRTV	-0.133***	-0.0973***	-0.155***	-0.106***	-0.178***	-0.107***	-0.107***	-0.104***
	(0.00663)	(0.00624)	(0.0103)	(0.00514)	(0.0126)	(0.00534)	(0.00513)	(0.00469)
lnUV	-0.0933***	0.775***	0.843***	0.761***	0.976***	0.762***	0.760***	0.760***
	(0.00149)	(0.00225)	(0.00400)	(0.00185)	(0.00569)	(0.00193)	(0.00185)	(0.00168)
lnExp	-0.278***	-0.245***	-0.251***	-0.230***	-0.280***	-0.230***	-0.230***	-0.231***
	(0.00219)	(0.00187)	(0.00308)	(0.00154)	(0.00391)	(0.00161)	(0.00154)	(0.00140)
lnNum	-2.296***	-1.093***	-1.839***	-1.112***	-1.304***	-1.232***	-1.116***	-0.936***
	(0.0116)	(0.00880)	(0.0162)	(0.00776)	(0.0205)	(0.00944)	(0.00775)	(0.00569)
lnNC	-2.681***	-0.935***	-1.672***	-0.906***	-1.366***	-0.962***	-0.909***	-0.850***
	(0.0103)	(0.00756)	(0.0136)	(0.00640)	(0.0183)	(0.00668)	(0.00639)	(0.00583)
lnDistcap	0.349***	0.211***	0.370***	0.227***	0.238***	0.199***	0.121***	0.205***
	(0.0109)	(0.00969)	(0.0165)	(0.00940)	(0.0165)	(0.00829)	(0.00856)	(0.00659)
Comlang	-0.790***	-0.466***	-0.828***	-0.400***	-1.054***	-0.525***	-0.250***	-0.464***
	(0.0344)	(0.0321)	(0.0576)	(0.0259)	(0.148)	(0.0285)	(0.0265)	(0.0250)
Landlocked	0.431***	0.116***	0.169***	0.0728***	0.228***	0.0683***	0.0614***	0.163***
	(0.0142)	(0.0120)	(0.0197)	(0.0102)	(0.0230)	(0.0107)	(0.00998)	(0.00868)
lnRERV	0.0850***	0.0462***	0.0647***	0.0400***	-0.0252***	0.0295***	0.0448***	
	(0.00427)	(0.00392)	(0.00662)	(0.00328)	(0.00808)	(0.00360)	(0.00327)	

续表

	滞后一期	First spell	Only one spell		遗漏变量检验			
	(1)	(2)	(3)	(4)	(5)	(6)	(7)	(8)
Contiguity				0.117*** (0.0162)				
lnTariff					0.273*** (0.0115)			
lnFreedom						-0.106*** (0.0254)		
RTA							-0.306*** (0.0144)	
lnREER								0.200*** (0.0151)
Constant	19.27*** (0.148)	11.69*** (0.134)	19.45*** (0.232)	11.60*** (0.122)	14.35*** (0.271)	13.41*** (0.153)	12.65*** (0.117)	10.14*** (0.0866)
year	YES	YES	YES	YES	YES	YES	YES	YES
product	YES	YES	YES	YES	YES	YES	YES	YES
rho	0.7865*** 0.000	0.5101*** (0.000)	0.6379*** (0.000)	0.5055*** (0.000)	0.7018*** (0.000)	0.5093*** (0.000)	0.504*** (0.000)	0.5012*** (0.000)
Observations	2750540	2398130	2219745	3077251	1210781	2936176	3077251	3561392
Log Likelihood	-530662.87	-269962.43	-125354.27	-391525.4	-100720.68	-360044.4	-391323.7	-470795.18

注：*、**、***分别表示估计结果在10%、5%和1%的水平上显著；括号内报告的数值是标准差；"YES"表示控制了固定效应，包括年份固定效应和产品固定效应；rho为不可观测异质性он误差的比例，其下方括号内为P值。

（二）首个持续时间段和只有一个持续时间段子样本的检验

表6—13 中第（2）—（3）列分别为 First spell 和 Only one spell 样本的回归，估计结果均维持基准回归的结论，技术复杂度（lnRTV）的系数显著为负，即技术复杂度越高的产品越能够有效地降低出口贸易关系失败的风险。

（三）遗漏变量检验

为了减轻模型遗漏变量所带来的估计误差，我们分别在模型中加入对出口贸易关系可能存在影响而并没有纳入基准回归的五个变量：出口目的国与中国是否接壤虚拟变量（Contiguity）、是否与中国签订自贸区协定虚拟变量（RTA）、SITC-5位码产品层面的关税（Tariff）和产品层面的实际有效汇率（REER）以及贸易自由度（Freedom）。其中，RTA 依据 WTO 公布的区域贸易协定（Regional Trade Agreements，RTA）数据库设定虚拟变量，协定生效年以及之后的年份取值为1，生效之前的年份取值为0；关税数据来源于世界银行 WITS 数据库，为目的国报告的针对中国产品所征收的进口关税税率；贸易自由度采用 The Heritage Foundation 公布的经济自由度综合指数（overall score）来衡量，该指数取值范围为0—100，指数值越大表示经济自由度越大；产品层面有效汇率借鉴李宏彬等学者的构建方法，[①] 采用如下公式计算：

$$REER_{it} = 100 * \prod_{j=1}^{n}\left(\frac{E_{jt}}{E_{j0}} * \frac{p_t}{p_{jt}}\right)^{w_{jt}} \quad (6\text{—}17)$$

其中，E_{jt} 和 E_{j0} 分别表示间接标记法下的 t 期和基期的双边汇率水平，与实际汇率波动公式中的 e_j 互为倒数；p_t 和 p_{jt} 分别表示中国和目的国 j 在 t 期的居民消费价格指数；w_{jt} 为贸易权重，等于该产品在 t 期对目的国 j 的出口额占 t 期总出口额的比重，满足 $\sum_{j=1}^{n} w_{jt} = 1$。不同产品出口至不同目的国，出口额差异很大，因此产品层面的有效汇率取决于目的国 j 货币相对于人民币的名义汇率水平以及贸易额大小，产品层面有效汇率差异必

[①] 李宏彬、马弘、熊艳艳、徐嫄：《人民币汇率对企业进出口贸易的影响——来自中国企业的实证研究》，《金融研究》2011年第2期。

然较大。基于产品层面进行研究，就非常有必要构建产品层面的有效汇率。

表6—13中第（4）—（8）列是针对遗漏变量进行回归的结果。整体来看，新加入变量后lnRTV系数符号不变且均通过显著性检验，但只有加入关税变量（lnTariff）时，技术复杂度的风险系数为0.8369，相较于基准回归降低了6%的风险，似然比检验结果也有所提升，加入遗漏变量后其他变量的结果未发生显著性变化。从加入的单个变量来看：（1）与目的国是否接壤虚拟变量（Contiguity）的估计系数为正，即我国与接壤国家的出口贸易关系失败的风险要高于非接壤国家，一方面可能是我国出口贸易多以海洋运输为主，陆地运输较少，两国之间接壤的优势并没有显现；[①] 另一方面，中国与接壤国家的出口贸易占比较小，贸易关系不确定性较大。（2）关税（lnTariff）的系数为正，说明关税越高贸易关系失败的风险越大，贸易关系越不容易保持。（3）从lnFreedom估计的结果来看，其风险系数为0.8994，即贸易自由度增大1倍，贸易关系失败的风险将降低10%。（4）RTA变量的估计系数为负，说明与签订自贸协定的国家之间的贸易关系失败的风险较低，贸易关系更容易保持。（5）lnREER用于衡量产品层面的实际汇率升贬值情况，估计系数显著为正，说明产品层面有效汇率升值能增加贸易关系失败的风险。

五　扩展分析

同一产品的技术复杂度对所有国家而言都是相同的，所不同的是各国出口产品的种类。同时，由于出口产品在显性比较优势、要素密集度以及出口目的国收入水平等方面存在差异性，产品技术复杂度对出口关系持续时间的影响可能不尽相同。因此，本部分进一步考察这些异质性特征约束条件下，出口技术复杂度对出口关系持续时间的差异化影响。

（一）基于统计聚类的分组分析

如果一个国家出口了大量低技术复杂度的产品，说明该国在全球价

[①] 杜运苏、杨玲：《中国出口贸易关系的生存分析：1995—2010》，《国际贸易问题》2013年第11期。

值链分工中处于下游,在国际分工中处于比较劣势,但基于产品层面计算的技术复杂度,并不能充分体现比较优势问题;RCA 指数体现了一国某产品出口的相对比较优势,若其数值大于1,说明该国该产品出口具有比较优势,否则处于比较劣势,但 RCA 指数也存在问题,仅说明了某种产品的比较优势状况,但不能反映出该产品的技术含量。

因此,我们借鉴魏浩和李晓庆最优分割法的思想,① 采用统计学聚类分析法进行分组。我们先将产品按照技术复杂度聚类为高技术、中等技术和低技术三个类别,然后,我们在三个类别中分别依据 RCA 指数进行第二次分组,若 RCA≥1 划归比较优势组;若 RCA<1 则划归比较劣势组,共得到6个分组,然后进行扩展分析。首先,我们按比较优势进行分组回归;然后,基于高技术、中等技术和低技术三个聚类进行分组回归;最后在上述三个聚类中,再根据 RCA 进行二次分组,分6个样本回归,结果列于表6—14中。

表6—14 中第(1)—(2)列为按比较优势分组样本的回归结果。整体来看,技术复杂度的系数都为负,表明无论是比较优势还是比较劣势产品,其技术复杂度越高,贸易关系失败的风险越小,与基准回归结果一致;对比来看,比较优势分组中变量 lnRTV 系数的绝对值要明显大于比较劣势分组,说明比较优势产品贸易关系终止的风险要低于比较劣势产品。

表6—14 中第(3)—(5)列为根据 RTV 分组回归的结果。高、中、低三组技术复杂度的风险系数分别为 1.0531、0.9142 和 0.9584。中技术和低技术组的风险系数小于1,且中技术组小于低技术组,说明中技术复杂度产品贸易关系终止的风险低于低技术复杂度产品;高技术组系数没有通过显著性检验且风险系数大于1,因而没有证据表明高技术复杂度产品贸易关系终止的风险低于中低技术产品。原磊和邹宗森将制造业

---

① 魏浩和李晓庆指出"最优分割法"在计算时,工作量巨大,对计算机性能要求特别高,一般计算机无法承担程序运行,如果采取更细分类的数据进行计算,需要高端的特种计算机设备,因此他们仅采用了 SITC-3 位码共260种商品进行计算。由于本节研究 SITC-5 位码产品,产品数目多达3063个,我们的次优选择是采用了统计"聚类分析法"。魏浩、李晓庆:《中国进口贸易的技术结构及其影响因素研究》,《世界经济》2015年第8期。

表6—14 基于 RCA 和 RTV 的分组分析

	RCA			RTV			高技术		中技术		低技术	
	(1)	(2)	(3)	(4)	(5)	(6)	(7)	(8)	(9)	(10)	(11)
	RCA≥1	RCA<1	高技术	中技术	低技术	RCA≥1	RCA<1	RCA≥1	RCA<1	RCA≥1	RCA<1
lnRTV	−0.140^a (0.00909)	−0.0668^a (0.00647)	0.0517 (0.0352)	−0.0897^a (0.0111)	−0.0425^a (0.00936)	0.204^c (0.116)	0.046 (0.0374)	−0.0693^a (0.0197)	−0.0858^a (0.0137)	−0.0713^a (0.0149)	0.000617 (0.0119)
lnUV	0.954^a (0.00393)	0.659^a (0.00206)	0.653^a (0.00470)	0.706^a (0.00229)	0.936^a (0.00414)	1.271^a (0.0296)	0.589^a (0.00472)	0.845^a (0.00466)	0.635^a (0.00260)	1.099^a (0.00733)	0.787^a (0.00491)
lnExp	−0.258^a (0.00275)	−0.207^a (0.00187)	−0.242^a (0.00441)	−0.247^a (0.00205)	−0.162^a (0.00263)	−0.317^a (0.0152)	−0.227^a (0.00468)	−0.294^a (0.00378)	−0.216^a (0.00244)	−0.181^a (0.00401)	−0.130^a (0.00350)
lnNum	−1.182^a (0.0130)	−1.125^a (0.0102)	−1.334^a (0.0240)	−1.165^a (0.00995)	−0.891^a (0.0138)	−1.398^a (0.0810)	−1.350^a (0.0254)	−1.231^a (0.0171)	−1.167^a (0.0128)	−1.052^a (0.0199)	−0.799^a (0.0217)
lnNC	−1.219^a (0.0153)	−0.810^a (0.00702)	−0.979^a (0.0184)	−0.990^a (0.00867)	−0.749^a (0.0110)	−1.545^a (0.0891)	−0.954^a (0.0187)	−1.307^a (0.0214)	−0.901^a (0.00942)	−1.064^a (0.0223)	−0.556^a (0.0124)
lnDistcap	0.162^a (0.0146)	0.195^a (0.00928)	0.206^a (0.0221)	0.204^a (0.0105)	0.142^a (0.0134)	0.216^a (0.0771)	0.202^a (0.0230)	0.200^a (0.0202)	0.202^a (0.0121)	0.0993^a (0.0211)	0.164^a (0.0170)
Comlang	−0.373^a (0.0554)	−0.363^a (0.0280)	−0.286^a (0.0714)	−0.379^a (0.0351)	−0.360^a (0.0421)	−0.164 (0.260)	−0.297^a (0.0737)	−0.254^a (0.0773)	−0.397^a (0.0380)	−0.474^a (0.0799)	−0.255^a (0.0459)

续表

	RCA			RTV			高技术		中技术		低技术	
	(1)	(2)	(3)	(4)	(5)	(6)	(7)	(8)	(9)	(10)	(11)
Landlocked	0.219^a	-0.0155	-0.0678^b	0.0775^a	0.173^a	-0.00254	-0.0783^a	0.183^a	0.00656	0.295^a	0.00895
	(0.0167)	(0.0126)	(0.0280)	(0.0129)	(0.0174)	(0.0915)	(0.0296)	(0.0223)	(0.0160)	(0.0248)	(0.0257)
lnRERV	0.0613^a	0.0266^a	0.0445^a	0.0346^a	0.0515^a	0.109^a	0.0320^a	0.0529^a	0.0213^a	0.0632^a	0.0399^a
	(0.00574)	(0.00401)	(0.00910)	(0.00431)	(0.00569)	(0.0300)	(0.00960)	(0.00780)	(0.00516)	(0.00847)	(0.00781)
Constant	14.65^a	11.27^a	13.07^a	12.45^a	10.35^a	17.34^a	12.92^a	14.96^a	11.83^a	13.75^a	8.262^a
	(0.210)	(0.137)	(0.331)	(0.148)	(0.195)	(1.187)	(0.349)	(0.289)	(0.176)	(0.313)	(0.267)
year	YES	YES	YES	YES	YES	YES	YES	YES	YES	YES	YES
product	YES	YES	YES	YES	YES	YES	YES	YES	YES	YES	YES
rho	0.6065^a	0.4333^a	0.5029^a	0.5022^a	0.4323^a	0.715^a	0.4596^a	0.6059^a	0.433^a	0.5442^a	0.3071^a
	(0.000)	(0.000)	(0.000)	(0.000)	(0.000)	(0.000)	(0.000)	(0.000)	(0.000)	(0.000)	(0.000)
Observations	1637241	1440010	339529	1825990	911731	74500	265029	914399	911591	648342	263389
Log Likelihood	-149874.9	-237594.1	-53260.6	-233238.4	-99468.4	-6854.7	-45525.9	-85451.2	-146200.0	-55221.4	-42925.6

注：参数估计下括号内为标准差；为了节省表格空间，我们在表中用字母 a、b 和 c 替代了 ***、**、*，分别表示估计结果在 1%、5% 和 10% 的水平上显著。"YES"表示对该变量进行了控制。rho 为不可观测异质性占总误差的比例，括号内为 P 值。

企业分为高技术、中高技术、中低技术和低技术四个类别，发现高技术企业出口后在生产率、规模和财务方面的"学习效应"并不明显。[①] 可以推断，倘若高技术企业出口不能获得预期的绩效，维系出口贸易关系的动力就会受到影响，贸易关系终止的风险就会加大，这可能在企业层面解释了高技术复杂度产品组 $\ln RTV$ 系数不显著且符号与预期相反的现象。

从表 6—14 中二次分组之后的第（6）—（11）列的回归结果来看，高技术复杂度组中，比较优势分组的 $\ln RTV$ 系数显著为正，意味着该分组产品技术复杂度越高，贸易关系终止的风险越高，比较劣势分组中的 $\ln RTV$ 系数为正但不显著；中技术复杂度组中，不论比较优势还是比较劣势，$\ln RTV$ 系数均显著为负，与第（4）列结果一致；低技术复杂度组中，比较优势产品分组 $\ln RTV$ 系数显著为负，比较劣势分组 $\ln RTV$ 系数为正但不显著，说明处于比较优势的低技术复杂度产品贸易关系终止的风险要小于处于比较劣势的分组。

（二）基于产品投入要素禀赋的分析

SITC 首位码划分为 0—9，共 10 大类[②]。参照相关研究，[③] 我们将产品按要素禀赋进行分组，其中首位码 0—4 划分为资源密集型产品，6 和 8 划分为劳动密集型产品，5、7 和 9 划分为资本和技术密集型产品。

表 6—15 中第（1）—（3）列为产品要素分组回归的结果。整体来看，各组别回归的结果与基准回归基本一致，技术复杂度对出口贸易关系风险率依然存在显著负向效应，但三个子样本技术复杂度对出口贸易关系的影响程度存在差异，由大到小排列，资源密集型产品、资本和技术密集型产品、劳动密集型产品技术复杂度的风险系数依次为 0.9442、

---

① 原磊、邹宗森：《中国制造业出口企业是否存在绩效优势——基于不同产业类型的检验》，《财贸经济》2017 年第 5 期。

② 包括：食品及主要供食用的活动物（第 0 类）；饮料及烟类（第 1 类）；燃料以外的非食用粗原料（第 2 类）；矿物燃料、润滑油及有关原料（第 3 类）；动植物油脂及油脂（第 4 类）；未列名化学名及有关产品（第 5 类）；主要按原料分类的制成品（第 6 类）；机械及运输设备（第 7 类）；杂项制品（第 8 类）；没有分类的其他商品（第 9 类）。

③ 马君潞、王博、杨新铭：《人民币汇率变动对我国出口贸易结构的影响研究——基于 SITC 标准产业数据的实证分析》，《国际金融研究》2010 年第 12 期；舒杏、霍伟东、王佳：《中国对新兴经济体国家出口持续时间及影响因素研究》，《经济学家》2015 年第 2 期。

0.9003、0.8009，说明技术复杂度提高相同幅度时，劳动密集型产品贸易关系失败风险降低最多，其次为资本和技术密集型产品，而资源密集型产品风险降低效应最小。这可能与我国产业结构和国际比较优势有关，劳动密集型产品曾长期是我国出口产品的主要组成部分，在国际分工中占据比较优势，近年才被资本和技术密集型产品所超越。

表6—15 基于要素禀赋和目的国收入水平的分析

	要素禀赋分组			目的国收入水平分组			
	资源密集型	劳动密集型	资本和技术密集型	高收入	中高收入	中低收入	低收入
	(1)	(2)	(3)	(4)	(5)	(6)	(7)
lnRTV	-0.0574***	-0.222***	-0.105***	-0.105***	-0.0924***	-0.135***	-0.0513***
	(0.0107)	(0.00810)	(0.00880)	(0.00906)	(0.0103)	(0.00971)	(0.0131)
lnUV	1.858***	1.395***	0.479***	0.803***	0.748***	0.743***	0.699***
	(0.0333)	(0.00705)	(0.00192)	(0.00341)	(0.00366)	(0.00347)	(0.00443)
lnExp	-0.0634***	-0.123***	-0.266***	-0.234***	-0.233***	-0.225***	-0.206***
	(0.00368)	(0.00267)	(0.00212)	(0.00266)	(0.00319)	(0.00301)	(0.00374)
lnNum	-0.691***	-1.129***	-1.211***	-1.301***	-1.337***	-0.923***	-0.739***
	(0.0280)	(0.0139)	(0.0103)	(0.0149)	(0.0167)	(0.0157)	(0.0195)
lnNC	-0.515***	-1.205***	-0.956***	-0.896***	-1.126***	-0.869***	-0.944***
	(0.0141)	(0.0134)	(0.00882)	(0.0107)	(0.0136)	(0.0121)	(0.0191)
lnDistcap	0.152***	0.218***	0.168***	0.125***	0.231***	0.321***	-0.0671**
	(0.0184)	(0.0139)	(0.0108)	(0.0161)	(0.0186)	(0.0140)	(0.0295)
Comlang	-0.273***	-0.471***	-0.329***	-0.162***	-0.748***		
	(0.0452)	(0.0494)	(0.0369)	(0.0335)	(0.0550)		
Landlocked	0.0341	0.144***	0.0230*	0.142***	0.0981***	0.155***	0.00443
	(0.0306)	(0.0164)	(0.0134)	(0.0201)	(0.0253)	(0.0197)	(0.0213)
lnRERV	0.0592***	0.0700***	0.00227	0.0949***	-0.00328	0.0676***	-0.0815***
	(0.00874)	(0.00563)	(0.00446)	(0.00725)	(0.00646)	(0.00694)	(0.00919)
Constant	8.137***	13.65***	12.08***	13.99***	14.11***	9.321***	11.52***
	(0.323)	(0.208)	(0.153)	(0.217)	(0.246)	(0.212)	(0.373)
year	YES	YES	YES	YES	YES	YES	YES

续表

	要素禀赋分组			目的国收入水平分组			
	资源密集型	劳动密集型	资本和技术密集型	高收入	中高收入	中低收入	低收入
	(1)	(2)	(3)	(4)	(5)	(6)	(7)
product	YES	YES	YES	YES	YES	YES	YES
rho	0.308***	0.5688***	0.4147***	0.5304***	0.4969***	0.5047***	0.4237***
	(0.000)	(0.000)	(0.000)	0.000	0.000	0.000	1.000
Observations	256462	1542876	1277913	1201699	780458	798289	292083
Log Likelihood	-25081.862	-127263.73	-206027.47	-124602.21	-96234.642	-108963.74	-58755.926

注：*、**、*** 分别表示估计结果在 10%、5% 和 1% 的水平上显著；括号内报告的数值是标准差；"YES" 表示控制了个体固定效应，包括年份固定效应和产品固定效应；rho 为不可观测异质性占总误差的比例，其下方括号内为 P 值。

（三）基于目的国收入水平的分析

目的国收入水平不同，其进口产品结构会有所差异，对产品技术复杂度的要求自然也会存在差异。世界银行依据人均国民收入将世界各国分为高收入国家、中高等收入国家、中等收入国家和低收入国家四个类别，每年 1 月 1 日更新一次。我们依据世界银行 2015 年的最新分类，将研究样本按照出口目的国拆分为高收入、中高收入、中低收入和低收入国家四个子样本，从而可以考察我国产品出口至不同收入水平国家时技术复杂度对贸易关系风险的不同影响。

按目的国收入水平分组的回归结果见表 6—15 中第（4）—（7）列。① 整体来看，四个子样本技术复杂度的系数均显著为负，表明产品技术复杂度水平越高，贸易关系失败的风险率就越小。然而，对比各子样本的系数大小发现，当技术复杂度提高相同幅度时，对中低收入国家出口产品贸易关系失败的风险降低最多，其余依次为高收入、中高收入和

---

① 由于分组后变量 Comlang 在中低收入和低收入分组中取值为 0 或者缺失，因此回归时被舍弃。

低收入国家。同时说明，我国高技术复杂度的产品在中低收入国家更容易维持贸易关系；我国出口至高收入和中高收入国家的产品可能面临来自国内外同行相对激烈的竞争，贸易关系不易维持；低收入目的国由于国内政治经济不稳定性因素较多，因而贸易关系最不易维持。

六 主要结论与启示

本节基于联合国商品贸易数据库 1999—2015 年中国出口贸易 SITC-5 位码产品层面数据，采用生存分析统计方法估计出口贸易的生存率及其分布特点，进一步运用生存分析计量模型探究了技术复杂度对出口贸易关系持续时间的影响，并进行相关的稳健性检验和扩展性研究，主要获得以下结论：（1）中国出口贸易关系持续时间普遍较短，平均生存时间为 4.64 年，且贸易关系大都存在多个持续时间段。贸易关系建立初期的风险率较高，随着持续时间的延长，风险率逐步降低。（2）较高的技术复杂度能够有效地降低出口贸易关系失败的风险，保持贸易关系的稳定发展，考虑内生性问题、遗漏变量问题以及拆分子样本的稳健性检验仍然支持该结论。此外，产品层面特征（产品单位价格、初始贸易额、产品和目的地多样性）、引力模型变量（地理距离、共同语言、内陆国家）以及汇率波动变量均显著影响出口贸易关系持续。（3）基于 RTV 和 RCA 聚类分组、基于产品要素投入分组和基于目的国收入水平分组的扩展性研究表明，技术复杂度对出口关系持续时间的影响在不同组别间存在显著差异。

基于以上结论，本节提出如下政策建议：（1）在保证出口贸易扩展边际增长的同时，重视集约边际效应。切实考虑中国出口贸易关系持续时间的特点，优化贸易关系建立初期的生存环境，提高贸易关系生存率。（2）对出口较高技术复杂度产品的企业给予一定的鼓励措施，积极引导企业自主研发高技术水平的创新型产品。（3）积极发展技术和资本密集型产业，同时对出口较高技术复杂度产品和比较优势产品的企业给予一定的政策鼓励，优化我国出口产品的技术结构，提高我国在国际市场的竞争力。（4）保持人民币汇率水平的相对稳定。汇率波动较大，势必会影响我国出口贸易的稳定增长，因此保证相对稳定的人民币汇率，有助于我国出口贸易关系的稳定。（5）签订自贸区协定和高度贸易自由化有利于贸易关系的持续。自贸区协定签订之后，有效地降低了我国出口贸易关系失败的风险，推动多边贸易合作，建立自由贸易区，有助于促进贸易关系稳定。（6）稳定发展比较优势产品，带动发展比较劣势产品。要巩固比较优势产品的出口市场，同时也要发挥比较优势产品对比较劣势产品的带动作用，降低我国出口贸易关系失败的风险。

第三节　制度质量与国际市场进入

本轮国际金融危机后，在国际市场需求持续低迷的影响下，我国出口贸易增长迟缓，个别年份甚至负增长。出口贸易增长体现为集约边际增长和扩展边际增长，集约边际增长是现有产品对现有目的地出口的增长，扩展边际则是现有产品对新目的地、新产品对现有目的地以及新产品对新目的地出口的增长。在集约边际增长趋缓甚至负增长的形势下，扩展边际的增长有助于稳定出口贸易。

Roberts 和 Tybout 的研究表明企业进入出口市场时存在市场进入成本，Melitz 称其为出口固定成本，[①] 也正是因为出口固定成本的存在，企业出口行为一旦产生便通常会保持一定的惯性，但出口贸易关系也存在由于不可控因素的影响在产品出口几年后终止的可能性。制度作为一个国家比较优势的重要来源，对经济的长期增长具有决定性作用，不同的制度对交易行为的激励效果存在差异，也会影响经济贸易活动中的交易成本，因此制度对一个国家的经济发展至关重要，[②] 也必然会对国际贸易活动开展产生十分重要的影响。

[①] Roberts M. J. , and J. R. Tybout, "The Decision to Export in Colombia: An Empirical Model of Entry with Sunk Costs", *American Economic Review*, Vol. 87, No. 4, 1997, pp. 545 – 564; Melitz M. J. , "The Impact of Trade on Intra – Industry Reallocations and Aggregate Industry Productivity", *Econometrica*, Vol. 71, No. 6, 2003, pp. 1695 – 1725.

[②] 尹世久、高杨、吴林海：《构建中国特色食品安全社会共治体系》，人民出版社 2017 年版；尹世久、李锐、吴林海、陈秀娟：《中国食品安全发展报告 2018》，北京大学出版社 2018 年版。

产品成功进入国际市场是贸易扩展边际增长的重要前提,而产品进入国际市场的难易程度及所经历时间长短是企业开拓国际市场必须正视的问题。目的国制度质量高低影响出口固定成本,我国与目的国之间制度距离的存在会增加贸易关系建立过程中的适应成本,影响产品的国际市场进入行为。因此,本节主要基于时间维度,考察制度距离对于产品进入国际市场的影响。

一 文献综述

制度是在长期生产活动中形成的一系列规定和行为规范,主要包括正式制度(政治规则和法律等)和非正式制度(行为规范等)。① 制度由于各国经济、文化和法律等方面的不同而存在差异,这种差异被称为制度距离。Kostova 首次提出了制度距离的概念,他认为制度距离是指国家之间在管制制度、规范制度以及认知制度等方面存在的差异。② Estrin 等在 North 研究基础上使用二分法把制度距离划分为正式制度距离和非正式制度距离,其中正式制度距离包括经济制度距离和法律制度距离,非正式制度距离则主要是文化制度距离。③

有关制度距离与贸易关系的研究中,Wei 和 Shleifer 以及 Groot 等学者发现制度距离对贸易存在负向效应,且不同制度距离对双边贸易的影响存在差异。④ Sacerdoti 和 Giorgio 发现投资关系制约制度距离对双边贸易的影响。⑤ 潘镇对 153 个国家和地区的数据研究表明,制度距离越大越不利

---

① North D., *Institutions, Institutional Change and Economic Performance*, Cambridge University Press, 1990.

② Kostova T., "Country Institutional Profile: Concept and Measurement", Vol. 1997, No. 1, 1997, pp. 180 – 184.

③ Estrin S., D. Baghdasaryan, and K. E. Meyer, "The Impact of Institutional and Human Resource Distance on International Entry Strategies", *Journal of Management Studies*, Vol. 46, No. 7, 2009, pp. 1171 – 1196.

④ Wei S., and A. Shleifer, "Local Corruption and Global Capital Flows", Vol. 2000, No. 2, 2000, pp. 303 – 354; Groot H. L. F. D., G. J. Linders, P. Rietveld, and A. U. Subramanian, "The Institutional Determinants of Bilateral Trade Patterns", *Kyklos*, Vol. 57, No. 1, 2004, pp. 103 – 123.

⑤ Sacerdoti, and Giorgio, "Trade and Investment Law: Institutional Differences and Substantive Similarities", *Jerusalem Review of Legal Studies*, Vol. 9, No. 1, 2014, pp. 1 – 12.

于双边贸易的发展。① 魏浩等学者将制度因素引入双边贸易引力模型中，考察制度因素对发展中国家对外贸易的影响，结果同样发现制度距离抑制双边贸易开展。② 肖红军通过对国内跨国公司的分析来探究制度距离是否会影响跨国公司的社会责任表现，结果显示经济和文化制度距离会对跨国公司的社会责任表现起到消极的作用，而法律制度距离则起到积极的作用。③ 张先锋等通过探究制度距离对出口学习效应的影响，结果发现经济制度距离有利于出口学习效应的提高，而法律距离和文化距离则与出口学习效应负相关。④ 许家云等学者发现"一带一路"沿线国家之间在文化、法律和经济制度方面存在的差异显著抑制了进出口贸易的发展，而且制度距离还会增强相邻效应在双边贸易中的竞争作用。⑤

对于产品或企业出口市场进入的研究，多数学者集中探讨市场进入模式和出口参与的影响因素。部分文献分别就我国企业出口到不同目的国市场进入模式的影响因素进行了实证分析；⑥ 也有部分文献探究了市场进入成本、技术溢出效应、融资约束、出口固定成本以及"入世"事件对出口参与行为的影响。⑦ 此外，自 Besedeš 和 Prusa 首次提出贸易关系持

---

① 潘镇：《制度质量、制度距离与双边贸易》，《中国工业经济》2006年第7期。

② 魏浩、何晓琳、赵春明：《制度水平、制度差异与发展中国家的对外贸易发展——来自全球31个发展中国家的国际经验》，《南开经济研究》2010年第5期。

③ 肖红军：《相关制度距离会影响跨国公司在东道国的社会责任表现吗?》，《数量经济技术经济研究》2014年第4期。

④ 张先锋、杨新艳、陈亚：《制度距离与出口学习效应》，《世界经济研究》2016年第11期。

⑤ 许家云、周绍杰、胡鞍钢：《制度距离、相邻效应与双边贸易——基于"一带一路"国家空间面板模型的实证分析》，《财经研究》2017年第1期。

⑥ 张娟、刘钻石：《中国民营企业在非洲的市场进入与直接投资的决定因素》，《世界经济研究》2013年第2期；黄胜、周劲波：《制度环境、国际市场进入模式与国际创业绩效》，《科研管理》2014年第2期；周茂、陆毅、陈丽丽：《企业生产率与企业对外直接投资进入模式选择——来自中国企业的证据》，《管理世界》2015年第11期；蒋冠宏：《中国企业对"一带一路"沿线国家市场的进入策略》，《中国工业经济》2017年第9期。

⑦ 易靖韬：《企业异质性、市场进入成本、技术溢出效应与出口参与决定》，《经济研究》2009年第9期；孙灵燕、李荣林：《融资约束限制中国企业出口参与吗?》，《经济学（季刊）》2012年第1期；孔祥贞、刘海洋、徐大伟：《出口固定成本、融资约束与中国企业出口参与》，《世界经济研究》2013年第4期；毛其淋、盛斌：《贸易自由化、企业异质性与出口动态——来自中国微观企业数据的证据》，《管理世界》2013年第3期。

续时间的概念以来，已有学者开始基于时间维度研究国际贸易关系。[①]

近年也出现了企业进入出口市场经历时间的相关研究，Ilmakunnas 和 Nurmi 采用芬兰制造业微观数据考察了企业首次进入出口市场所需时间长短及其决定因素，结果显示近乎一半的企业在 $t=1$ 时进入出口市场，且规模大、年轻化、高生产率以及资本密集型的企业进入出口市场的可能性更大。毛其淋和盛斌考察贸易自由化对出口动态的影响，发现贸易自由化有助于缩短企业进入出口市场所需的时间。[②]

制度距离如何影响产品进入国际市场所经历的时间，这个问题鲜有讨论。本节选用 1999—2015 年联合国商品贸易数据库 SITC – 5 位码层面的我国出口贸易数据分析制度距离对产品首次进入国际市场经历时间的影响，主要贡献体现在以下几个方面：（1）现有研究主要集中探讨贸易关系建立后持续生存时间的问题，而本节则研究产品进入国际市场所经历时间的特征，侧重于贸易关系建立的"前端"分析，即国际市场开拓，因此本节对现有贸易关系持续时间的研究做了重要补充和拓展，且具有现实意义。（2）本节设定产品出口到目的国市场至少要持续出口两年及以上才能被视为成功进入该出口市场，排除了偶然性出口因素的影响。（3）本节在经济制度距离、法律制度距离以及文化制度距离基础上合成总体制度距离，既考察总体制度距离的影响，也考察分项制度距离的影响，且充分考虑了新增产品种类造成的估计偏差，研究更全面，结论更

[①] Besedeš T., and T. J. Prusa, "Product Differentiation and Duration of US Import Trade", *Journal of International Economics*, Vol. 70, No. 2, 2006, pp. 339 – 358; Nitsch V., "Die Another Day: Duration in German Import Trade", *Review of World Economics*, Vol. 145, No. 1, 2009, pp. 133 – 154; Hess W., and M. Persson, "Exploring the duration of EU imports", *Review of World Economics*, Vol. 147, No. 4, 2011, p. 665; 陈勇兵、李燕、周世民：《中国企业出口持续时间及其决定因素》，《经济研究》2012 年第 7 期；冯伟、邵军、徐康宁：《我国农产品出口贸易联系持续期及其影响因素：基于生存模型的实证研究》，《世界经济研究》2013 年第 6 期；Esteve – Pérez S., F. Requena – Silvente, and V. J. Pallardó – Lopez, "The Duration of Firm – Destination Export Relationships: Evidence from Spain, 1997 – 2006", *Economic Inquiry*, Vol. 51, No. 1, 2013, pp. 159 – 180; 逯宇铎、陈金平、陈阵：《中国企业进口贸易持续时间的决定因素研究》，《世界经济研究》2015 年第 5 期。

[②] Ilmakunnas P., and S. Nurmi, "Dynamics of Export Market Entry and Exit", *Scandinavian Journal of Economics*, Vol. 112, No. 1, 2010, pp. 101 – 126; 毛其淋、盛斌：《贸易自由化、企业异质性与出口动态——来自中国微观企业数据的证据》，《管理世界》2013 年第 3 期。

稳健。

二 事实分析

（一）市场进入界定与数据结构

贸易关系生存时间的相关研究文献，将产品层面出口贸易关系定义为出口某一产品到特定目的国家并直至退出该市场的状态。[①] 本节主要考察制度距离对出口产品市场进入的影响，重点研究范围为贸易关系开始之前的时间特征。因此，本节的研究内容属于生存分析的范畴，但与现有关于出口持续时间的研究文献明显存在差异。根据生存分析的规范定义，本节将产品未进入出口市场的状态视为"生存"，而将产品进入出口市场的行为视为"失败"或"风险"事件的发生。

李坤望和蒋为采用的"三年判断标准"将出口贸易关系状态划分成"新进入""仅存在一年""持续存在"和"退出"四种状态，与现有大部分文献所采用的"两年判断标准"相比，"三年判断标准"将仅存在一年的出口贸易关系单独定义，妥善处理了状态重叠的问题（见表6—16）。杨汝岱和李艳指出企业实际出口中存在"试错"过程，即企业在出口的第一年会出口少量产品并支付小额成本，然后根据产品在出口市场的表现决定持续出口还是退出国际市场，企业一旦发现产品难以适应出口市场，会逐步退出该市场，他们在文中对出口关系是否存活的界定中指出，当某一贸易关系在第 t 年出口，但在第 $t-1$ 年和 $t+1$ 年没有出口时视为该贸易关系没有存活。[②]

[①] 邵军：《中国出口贸易联系持续期及影响因素分析——出口贸易稳定发展的新视角》，《管理世界》2011年第6期；陈勇兵、李燕、周世民：《中国企业出口持续时间及其决定因素》，《经济研究》2012年第7期。

[②] 李坤望、蒋为：《市场进入与经济增长——以中国制造业为例的实证分析》，《经济研究》2015年第5期；杨汝岱、李艳：《移民网络与企业出口边界动态演变》，《经济研究》2016年第3期。

表6—16　　　出口贸易关系状态界定的"三年判断标准"

出口贸易关系状态	t-1年	t年	t+1年
新进入		＊	＊
持续存在	＊	＊	＊
退出	＊	＊	
仅存在一年		＊	

注:"＊"表示在该年有出口记录;单元格为空表示该年没有出口记录。

因此,本节将"国际市场进入"界定为:产品出口至目的地市场并持续出口两年及以上才被视为成功进入出口市场,仅存一年的出口贸易关系不能被视为成功进入出口市场。我们在基准回归中剔除了仅存一年的出口样本,但是在稳健性检验中又重新补回被删除的样本以查看研究结论是否稳健。

此外,我们在对数据进行整理和分析时,还遵循以下四点:(1)参考毛其淋和盛斌的研究,① 定义产品进入国际市场所经历时间为一个产品从非出口状态转变为出口状态所经历的时间;(2)贸易关系中断间隔仅一年的仍视为同一个贸易关系持续时间段;② (3)本节研究的时间范围是1999—2015年,③ 对于删失的数据,1999年已经进入出口市场的贸易关系为左删失,从2015年开始出口的贸易关系为右删失,我们按照生存分析方法惯常的处理方法,在基准回归中均予以剔除;(4)本节只考虑产品首次进入国际市场的情况,对于存在多个"进入—退出"市场的贸易关系(即间歇性出口),只把贸易关系的首段纳入分析样本。

---

① 毛其淋、盛斌:《贸易自由化、企业异质性与出口动态——来自中国微观企业数据的证据》,《管理世界》2013年第3期。
② 联合国商品贸易数据库仅统计贸易额超过1000美元的交易记录,若偶然出现一年的间隔,有理由认为是贸易额临时低于1000美元而未被统计,但实际上贸易关系仍是连续的。
③ 一方面1999年之前制度质量数据缺失严重,另一方面选取汇率波动作为控制变量,欧元在1999年1月1日正式启用,因此考虑到部分地区汇率数据的衔接以及避免过多的缺失值,本节选取样本区间为1999—2015年。

表6—17　　　　　　　　部分产品出口到目的国的时间分布

TRID	1999	2000	2001	2002	2003	2004	2005	2006	2007	2008	2009	2010	2011	2012	2013	2014	2015	Nos
ABW02222		*							*	*								1
ABW05674	*	*	*	*	*	*	*	*	*	*	*	*	*	*	*	*	*	1
ABW03722			*	*								*	*					2
ABW03713																	*	0
ABW84335			*	*									*	*	*			2

注:"*"表示在该年有出口记录;贸易关系代码 TRID 是由"目的国 ISO3 代码 + SITC – 5 位码"构成,例如"ABW02222"表示我国出口至阿鲁巴(ISO3 代码为 ABW)的"以固体形式存在的脂肪含量为 1.5% 的牛奶和奶油"产品(SITC – 5 位码为 02222);Nos 表示该贸易关系有几个贸易关系持续时间段。

进一步,我们以表 6—17 为例解释参与分析的数据结构。贸易关系 ABW02222 参与分析的时间范围为 1999—2007 年,2000 年被视为偶然性因素出口,2007—2008 年连续出口两年被视为成功建立贸易关系;贸易关系 ABW05674 为左删失数据,予以剔除,不参与基准回归分析;贸易关系 ABW03722 参与分析的时间范围为 1999—2001 年,2004—2011 年为第二个时间段,不参与分析;贸易关系 ABW03713 属于右删失数据,且仅有 2015 年出口记录,不符合本节关于"进入目的地市场并持续出口两年"才被视为成功进入出口市场的规定,因此予以剔除,不参与基准回归分析;贸易关系 ABW84324 有两个持续时间段,但参与分析的时间范围是 1999—2000 年。

(二)进入国际市场经历时间的描述

本节选取联合国商品贸易数据库 1999—2015 年 SITC – 5 位码产品层面的我国出口数据。经过上述初步处理之后,参与回归分析的有效观测记录为 755310 条,我国共出口 3002 种产品到 97 个国家。[①] 表 6—18 统计结果显示,有 17.52% 的贸易关系在 2000 年就进入国际市场,88.2% 的贸易关系在 10 年之内都完成了首次国际市场进入行为,仅有 11.8% 的贸

---

① 文化制度只有 103 个国家的数据,且与经济制度和法律制度数据合并之后,删掉数据缺失严重的国家,最终保留 97 个国家的数据。

易关系市场进入持续时间超过 10 年。

表 6—18　　市场进入持续时间的描述统计

经历时间（年）	时间段数	时间段占比	累积百分比
1	20582	17.52	17.52
2	12158	10.35	27.87
3	11504	9.79	37.66
4	10930	9.30	46.97
5	10499	8.94	55.90
6	9887	8.42	64.32
7	8792	7.48	71.80
8	8465	7.21	79.01
9	5825	4.96	83.97
10	4969	4.23	88.20
11	3959	3.37	91.57
12	3814	3.25	94.81
13	3127	2.66	97.47
14	2967	2.53	100
合计	117478	100	

通过生存分析方法估计市场进入经历时间的均值和中位值分别是 5.43 年和 5 年。图 6—9 为总体累积"生存率"[①]，可以看出市场进入生存率的降低速度逐步趋缓，即完成首次市场进入行为的贸易关系数量的增加速度逐步降低，与表 6—18 结果一致，50% 以上的贸易关系在 5 年之内完成了首次国际市场进入。对出口到不同收入水平国家的产品，其市场进入的"生存率"存在显著差异（见图 6—10），其中出口到低收入国家的产品市场进入"生存率"最高，其次依次为中等收入国家和高收入国家，说明产品目的国的收入水平越低，产品市场进入的可能性就越低，产品进入国际市场所经历的时间就越长。

[①] 生存率为生存分析方法的专业术语，本节对"生存率"定义进行了延伸，根据贸易关系建立所经历的时间计算，因此加引号以示区别。

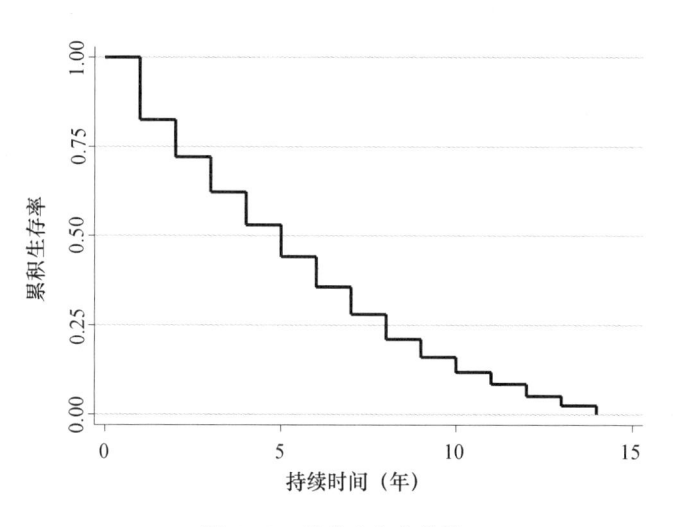

图 6—9 总体生存率估计

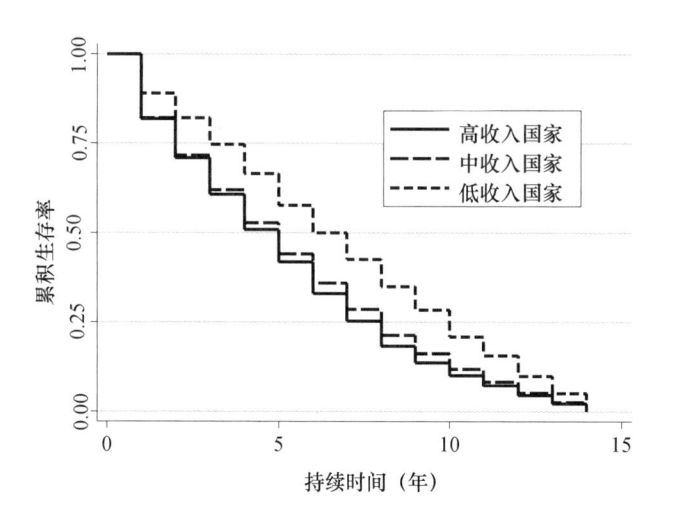

图 6—10 不同收入水平目的国生存率估计回归模型

(三) 模型设定

目前,经济学领域中研究生存分析问题主要采用连续时间生存分析模型(COX 模型)和离散时间生存分析模型。Besedeš 和 Prusa、冯伟等以及邵军等学者均采用连续时间生存分析模型探究贸易关系持续时间,[1]但 Hess 和 Persson 在对欧盟进口产品持续时间的研究中指出连续时间模型存在三个重要的缺陷:(1)贸易数据会因记录方式产生时间节点问题,因此使用连续时间模型研究贸易生存问题显然不太合理;(2)难以控制不可观测的异质性,而忽略不可观测异质性可能会导致参数估计出现偏误;(3)风险比例模型设定不合理问题,连续时间模型的使用需要满足比例危险假设,虽然扩展的 COX 模型可以解决这一问题,但是额外的计算量较大,同样也不能有效控制不可观测的异质性。[2] 国内学者也对模型的选择进行了相应的分析,并认为离散时间模型更适合解决贸易持续时间的问题。[3] 考虑到本节使用联合国商品贸易数据库的年度数据,国际市场进入时间同样存在时间节点问题,且 COX 模型存在难以控制不可观测异质性和风险比率模型设定的问题,而离散时间模型具有 COX 模型的优点,能有效解决生存数据的右删失问题和基准风险函数的非参估计,因此我们选用离散时间模型分析制度距离对国际市场进入时间的影响。[4]

已知研究的起始时间为 t_0,本节关注的重点在于某一特定贸易关系在 $(t_{k-1}, t_k]$ ($k = 1, 2, \cdots$) 时间范围内进入出口市场的概率,我们称这一概率为离散时间风险概率(h_{ik}),基本形式设定如下:

$$h_{ik} = P(t_{k-1} < T_i \leq t_k \mid T_i > t_{k-1}, x_{ik}) = F(\boldsymbol{x'}_{ik}\boldsymbol{\beta} + \gamma_k) \quad (6\text{—}18)$$

其中,i 表示某一特定的贸易关系($i = 1, 2, \cdots, n$);T_i 表示产品自 t_0 年开始直至该产品进入出口市场所经历的时间长度;x_{ik} 表示时间依存协

---

[1] Besedeš T., and T. J. Prusa, "Product differentiation and duration of US import trade", *Journal of International Economics*, Vol. 70, No. 2, 2006, pp. 339–358;冯伟、邵军、徐康宁:《我国农产品出口贸易联系持续期及其影响因素:基于生存模型的实证研究》,《世界经济研究》2013 年第 6 期;邵军:《中国出口贸易联系持续期及影响因素分析——出口贸易稳定发展的新视角》,《管理世界》2011 年第 6 期。

[2] Hess W., and M. Persson, "Exploring the Duration of EU Imports", *Review of World Economics*, Vol. 147, No. 4, 2011, p. 665.

[3] 陈勇兵、李燕、周世民:《中国企业出口持续时间及其决定因素》,《经济研究》2012 年第 7 期;逯宇铎、陈金平、陈阵:《中国企业进口贸易持续时间的决定因素研究》,《世界经济研究》2015 年第 5 期。

[4] Sueyoshi G. T., "A Class of Binary Response Models for Grouped Duration Data", *Journal of Applied Econometrics*, Vol. 10, No. 4, 1995, pp. 411–431.

变量向量；γ_k 表示基准风险函数，在不同时间区间内形式存在差异。F（·）表示 h_{ik} 的分布函数，且在 i 和 k 取任意值的情况下 $0 \leq h_{ik} \leq 1$ 都成立。

本节的被解释变量为出口产品是否进入目的国市场，是二元虚拟变量，引入二值变量 y_{ik}，如果贸易关系在第 t_k 年进入出口市场则 y_{ik} 取 1，否则取 0。根据 Jenkins（1995）可得下述形式，且可选用二值选择模型的方法进行估计：

$$\ln L = \sum_{i=1}^{n} \sum_{k=1}^{k_i} [y_{ik} \ln(h_{ik}) + (1 - y_{ik}) \ln(1 - h_{ik})] \quad (6\text{—}19)$$

h_{ik} 的函数形式一般有正态分布、逻辑斯蒂分布和极值分布三种分布形式，分别对应 Probit 模型、Logit 模型和 Cloglog 模型，考虑到被解释变量呈不对称分布，且依据"三年判读标准"定义贸易关系进入目的地市场前均取值为 0（"生存"状态），而进入目的地市场后连续两年取值为 1（"风险"事件发生），因此二值选择模型的被解释变量中有大量的 0，却只有很少的 1，即"稀有事件"。在有限样本下使用 Probit 或 Logit 方法来估计二值选择模型存在估计偏差，即使样本量足够，在稀有事件条件下，稀有事件偏差仍然存在。Cloglog 模型可以很好地解决稀有事件偏差问题。① 参照陈勇兵、逯宇铎等学者对贸易持续时间以及毛其淋和盛斌对出口市场进入时间的分析，② 本节构建的 Cloglog 模型如下：

$$\text{Cloglog}\,[1 - h_{ik}\,(\boldsymbol{x}_{ik} \mid v)] \equiv \log\,\{-\log\,[1 - h_i\,(\boldsymbol{x}_{ik} \mid v)\}$$
$$= \boldsymbol{x}'_{ik} \boldsymbol{\beta} + \gamma_k + u \quad (6\text{—}20)$$

其中，γ_k 为基准危险率；$\boldsymbol{x}_{ik}$ 为解释变量集合，包括制度距离和控制变量集；$\boldsymbol{\beta}$ 为待估系数向量；v 表示不可观测的异质性；$u = \log\,(v)$，用来控制产品—目的国组合不可观测的异性质。

（四）变量选取

本节的被解释变量为二元虚拟变量，产品未进入出口市场取值为 0，

---

① 陈强：《高级计量经济学及 Stata 应用》，高等教育出版社 2014 年版。
② 陈勇兵、李燕、周世民：《中国企业出口持续时间及其决定因素》，《经济研究》2012 年第 7 期；逯宇铎、陈金平、陈阵：《中国企业进口贸易持续时间的决定因素研究》，《世界经济研究》2015 年第 5 期；毛其淋、盛斌：《贸易自由化、企业异质性与出口动态——来自中国微观企业数据的证据》，《管理世界》2013 年第 3 期。

产品进入出口市场取值为1。解释变量主要包括制度距离和其他控制变量。

1. 制度距离

我们借鉴现有文献的做法和思路,① 把制度距离分为经济制度距离、法律制度距离以及文化制度距离。其中,经济制度数据来源于美国传统基金会(The Heritage Foundation)公布的全球经济自由度指数,该指数包括全球184个国家和地区的经济制度质量,共有12个指标组成,剔除数据缺失严重的指标,本节选取以下9个指标反映一个国家和地区的经济制度质量,分别为财政支出度(Government Spending, GS)、商业自由度(Business Freedom, BF)、货币自由度(Monetary Freedom, MF)、贸易自由度(Trade Freedom, TF)、投资自由度(Investment Freedom, IF)、金融自由度(Financial Freedom, FF)、产权保护度(Property Rights, PR)、税收负担(Tax Burden, TB)和政府可信度(Government Integrity, GI)。

法律制度数据来源于世界银行发布的全球治理指标(The Worldwide Governance Indicators),该数据包含215个国家和地区的相关指数,用以下6个指标表示法律制度质量:腐败控制(Control of Corruption, CC)、政府效能(Government Effectiveness, GE)、政治稳定性(Political Stability, PS)、监管质量(Regulatory Quality, RQ)、政治民主度(Voice and Accountability, VA)和法治完善度(Rule of Law, RL)。

文化制度数据来源于霍夫斯泰德(Hofstede)官方网站,该网站统计了103个国家和地区的文化制度指数,并从以下6个维度来反映文化制度质量:权力阶级距离(Power Distance, PDI)、个人主义(Individualism,

---

① Kogut B., and H. Singh, "The Effect of National Culture on the Choice of Entry Mode", *Journal of International Business Studies*, Vol. 19, No. 3, 1988, pp. 411–432; Estrin S., D. Baghdasaryan, and K. E. Meyer, "The Impact of Institutional and Human Resource Distance on International Entry Strategies", *Journal of Management Studies*, Vol. 46, No. 7, 2009, pp. 1171–1196;潘镇、殷华方、鲁明泓:《制度距离对于外资企业绩效的影响———项基于生存分析的实证研究》,《管理世界》2008年第7期;肖红军:《相关制度距离会影响跨国公司在东道国的社会责任表现吗?》,《数量经济技术经济研究》2014年第4期;张先锋、杨新艳、陈亚:《制度距离与出口学习效应》,《世界经济研究》2016年第11期。

IDV)、男性主义（Masculinity，MAS）、不确定性规避（Uncertainty Avoidance，UA）、长期导向（Long Term Orientation，LTO）以及放纵与约束（Indulgence）。

上述三个制度距离和总体制度距离（根据以上三种制度数据合成）的测算参考 Kogut 和 Singh 提出的公式：

$$INSTD_{mt} = \frac{\sum_{g=1}^{N}[(I_{gmt} - I_{gct})^2 / V_g]}{N} \quad (6—21)$$

其中，下标 m、g、t、c 分别表示第 m 个目的国、第 g 项指标、第 t 期以及出口国（中国）；N 表示指标的个数；$INSTD_{mt}$ 表示第 t 期我国与 m 国的制度距离；I_{gmt} 表示第 t 期 m 国第 g 项指标的值，I_{gct} 表示我国第 t 期第 g 项指标的值；V_g 表示第 g 项指标的方差。

图 6—11 是据公式（6—21）测算的出口目的国与我国总体制度距离的分布图，颜色越深表示制度距离越大。可以看出，我国与北美、西欧、澳大利亚以及日韩等地区的制度相差较大，而与非洲、南美以及亚洲其他国家的制度差异较小。

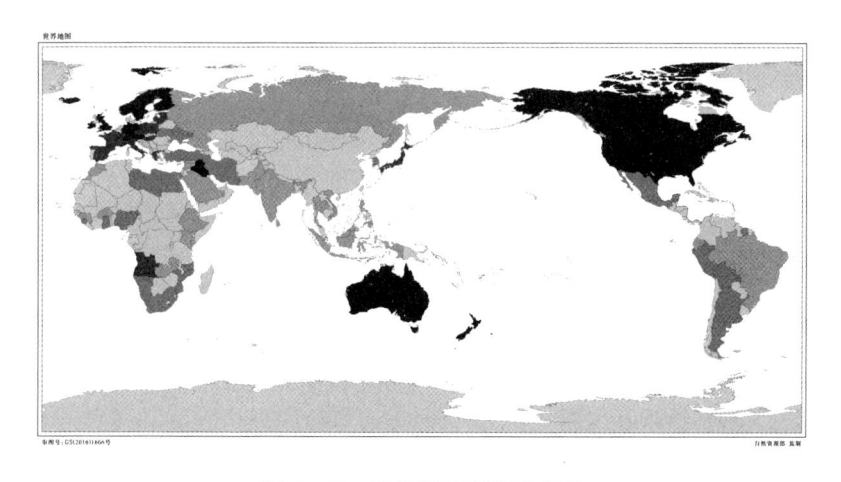

图 6—11　总体制度距离分布图

2. 控制变量

本节选取的控制变量主要包括引力模型变量、实际汇率波动（$RERV$）以及出口产品的单位价格（$PerV$）。引力模型变量包括目的国经济发展水平（GDP）、目的国是否为内陆国（Landlocked）、是否与目的国接壤（Contiguity）、是否与目的国有共同的语言（Langue）以及贸易双方的地理距离（Dist）。各个变量的描述性统计以及预期符号如表 6—19 所示：

表 6—19　　　　　　　　　　变量的描述性统计

变量	变量名称及数据来源	预期符号	样本量	均值	标准误	最小值	最大值
lnEID	经济制度距离，The Heritage Foundation（HF）	—	744603	0.59	0.57	−1.05	1.78
lnLID	法律制度距离，The Worldwide Governance Indicators（WGI）	—	753502	0.31	0.83	−2.09	2.37
lnCID	文化制度距离，Hofstede	—	755310	0.14	0.92	−2.54	1.78
lnOID	总体制度距离，HF、WGI、Hofstede	—	746411	0.93	0.50	−1.08	1.75
lnGDP	目的国经济发展水平，世界银行	+	754916	6.59	1.74	1.86	12.05
Landlocked	目的国是否为内陆国，CEPII	—	755310	0.11	0.31	0	1
Contiguity	是否与目的国接壤，CEPII	—	755310	0.05	0.23	0	1
Langue	是否与目的国语言相同，CEPII	+	755310	0.02	0.12	0	1
lnDist	地理距离，CEPII	—	755310	9.04	0.47	6.86	9.87
lnRERV	实际汇率波动，国际货币基金组织 IFS 数据库	—	671974	−2.48	1.15	−4.87	0.70
lnPerV	产品单位价格，联合国商品贸易数据库	—	742973	0.29	0.95	0	10.59

三　回归结果及分析

（一）基准回归结果分析

Cloglog 模型［公式（6—20）］估计参数 β 的结果有普通系数和指数系数两种输出形式。若某个变量普通系数小于 0，则该变量与产品进入目的地市场的概率成反比，变量数值的增加会降低产品进入目的地市场的概率，产品出口到目的国市场的可能性较小；反之，若系数大于 0，该变量与产品进入出口市场的概率成正比,变量数值增大会提高产品进入目的地市场的概率,产品则较容易进入目的地市场。指数系数是普通系数的指数形式,也就是模型的风险比率,若指数系数大于1,则该变量值的增加能够增加产品进入目的地市场的概率;若指数系数小于1,则该变量值的增加会降低产品进入目的地市场的概率。本节主要以普通系数形式输出回归结果。

表6—20是基准回归结果,其中前四列为混合回归的结果(未控制不可观测异质性),后四列为采用面板随机效应模型(控制不可观测的异质性)的结果,对比来看,rho的P值检验以及似然比检验的结果都否定了"不存在不可观测异质性"的原假设,因此模型必须要考虑控制不可观测的异质性,后文中均采用面板随机效应模型。

表6—20　　　　　　　　　　基准回归

	未控制不可观测异质性				控制不可观测异质性			
	总体	经济	法律	文化	总体	经济	法律	文化
lnINSTD	-0.093*** (0.006)	-0.064*** (0.004)	-0.048*** (0.004)	-0.059*** (0.009)	-0.120*** (0.007)	-0.081*** (0.005)	-0.061*** (0.004)	-0.067*** (0.010)
lnGDP	0.122*** (0.002)	0.122*** (0.002)	0.123*** (0.002)	0.116*** (0.002)	0.148*** (0.003)	0.148*** (0.003)	0.148*** (0.003)	0.139*** (0.003)
Landlocked	-0.181*** (0.011)	-0.169*** (0.011)	-0.171*** (0.011)	-0.215*** (0.011)	-0.207*** (0.012)	-0.192*** (0.012)	-0.195*** (0.013)	-0.246*** (0.013)
Contiguity	-0.017 (0.015)	-0.008 (0.015)	0.001 (0.015)	0.020 (0.015)	-0.014 (0.018)	0.000 (0.018)	0.010 (0.017)	0.038** (0.018)
Langue	0.227*** (0.023)	0.236*** (0.023)	0.242*** (0.023)	0.161*** (0.025)	0.275*** (0.027)	0.284*** (0.027)	0.292*** (0.027)	0.196*** (0.028)
lnDist	-0.169*** (0.008)	-0.189*** (0.008)	-0.185*** (0.008)	-0.154*** (0.009)	-0.201*** (0.009)	-0.227*** (0.009)	-0.222*** (0.009)	-0.186*** (0.010)
lnRERV	-0.016*** (0.003)	-0.013*** (0.003)	-0.010*** (0.003)	-0.012*** (0.003)	-0.016*** (0.004)	-0.012*** (0.003)	-0.008*** (0.003)	-0.010*** (0.004)
lnPerV	-0.144*** (0.004)	-0.145*** (0.004)	-0.144*** (0.004)	-0.143*** (0.004)	-0.172*** (0.005)	-0.173*** (0.005)	-0.172*** (0.005)	-0.169*** (0.005)

续表

	未控制不可观测异质性				控制不可观测异质性			
	总体	经济	法律	文化	总体	经济	法律	文化
Constant	0.143 * (0.079)	0.299 *** (0.078)	0.266 *** (0.078)	0.067 (0.085)	0.708 *** (0.096)	0.909 *** (0.095)	0.860 *** (0.059)	0.622 *** (0.061)
year	YES	YES	YES	YES	YES	YES	YES	YES
product	YES	YES	YES	YES	YES	YES	YES	YES
rho					0.128 *** (0.000)	0.127 *** (0.000)	0.127 *** (0.000)	0.122 *** (0.000)
Observations	553163	560819	561858	554202	553163	560819	561858	554202
Log Likelihood	-253729.74	-256789.62	-256945.86	-253941.49	-253467	-256527.2	-256686	-253700.71

注：*、**、***分别表示估计结果在10%、5%和1%的水平上显著；括号内报告的数值是标准差；"YES"表示控制了个体固定效应，包括年份固定效应和产品固定效应；rho 为不可观测异质性占总误差的比例，其下方括号内为 P 值。

结果表明，总体制度距离在1%的显著水平上为负，说明贸易伙伴国之间制度距离越大，产品进入该市场的阻力越大，产品进入该市场的可能性越小，市场进入所要经历的时间就越长。对比来看，经济制度距离对产品市场进入的抑制作用最大，其次为文化制度距离和法律制度距离。总体制度距离、经济制度距离、法律制度距离、文化制度距离每增加一单位，产品市场进入的概率分别降低12%、8.1%、6.1%和6.7%。

从控制变量的估计结果来看，① 目的国经济发展水平与产品市场进入呈正向关系，说明目的国经济发展水平越高，产品需求量和购买能力就越强，产品进入该市场的可能性也就越大；语言相同能够使产品市场进入的概率提高25%以上，说明具有相同语言环境的国家对产品的包容性

---

① 本节研究国际市场进入，被解释变量为二元虚拟变量，产品未进入出口市场取值为0，产品进入出口市场取值为1，取值为1时成功进入国际市场，但在生存分析中称为"事件失败"；第五章研究贸易关系持续时间，被解释变量也为二元虚拟变量，"产品—目的地"定义的贸易关系在数据库存在时取值为0，退出时取值为1，取值为1表示贸易关系退出，即"事件失败"。因此，国际市场进入与贸易关系持续时间关于生存分析事件的定义存在根本不同。变量的回归系数在市场进入模型和贸易关系持续时间模型中相反，正是由于生存分析事件定义所致，但是各变量系数的经济学含义是符合逻辑的。

更大，与语言不同的国家产品市场进入相比难度更小；目的国为内陆国时产品市场进入的概率要比目的国为沿海国家时降低 20% 左右，原因可能是目的国是内陆国家或者贸易双方的地理距离越大，出口成本等因素会有所增加，进而会降低产品进入该市场的可能性；双边实际汇率波动每增加一单位，产品进入目的地市场的概率降低 1%，汇率波动越大，出口收益的不确定性越高，产品进入该市场的概率就会下降；产品单位价格的系数显著为负，说明产品单位价格越高，产品进入目的地市场的可能性就越小，原因可能在于我国出口产品在国际市场上没有形成良好的竞争优势，面临同质化产品的竞争压力，因此价格越高反而越不利于产品的出口，产品市场进入的可能性就越小；目的国是否与我国接壤对我国产品进入该市场的影响不显著。

（二）稳健性检验

解释变量对产品进入出口市场时间的影响可能存在时滞效应，制度距离测算过程中也可能会存在偏误，而以上两种情况可能会引起内生性问题，降低估计结果的可靠性；但根据以往相关研究，制度距离与生存时间可能存在内生性，但往往比较小。本节首先对所有的时变变量取滞后一期和滞后两期值进行回归，得到的结果（此处省略）与基准回归相比回归系数仅存在大小的差异，显著性和符号一致。然后，本节重点考虑了"仅存一年"样本的影响、数据删失问题和新增产品种类的影响、不同计量模型的影响三种情形。

表 6—21 至表 6—23 的稳健性检验表明，与基准回归结果相比，无论是基于不同样本进行回归，还是基于不同计量模型进行回归，回归系数估计的结果仅在大小上存在差异，符号和显著程度基本没有发生变化，说明制度距离对产品市场进入的影响与 Cloglog 模型基准回归的结果一致，即制度距离越大，产品进入出口市场的概率就越小。

1. 纳入"仅存一年"的样本

本节采用"三年判断标准"定义了产品进入国际市场行为，认为产品进入目的地市场至少持续出口两年及以上才能被视为成功进入该目的地市场。本节在基准回归中剔除"仅存一年"的样本，使得观测样本由 927036 条减少至 755310 条。考虑到样本损失问题，本节将剔除的样本补回并进行稳健性检验，结果如表6—21所示。

表6—21　　　　纳入"仅存一年"样本的回归结果

	未控制不可观测异质性				控制不可观测异质性			
	总体	经济	法律	文化	总体	经济	法律	文化
lnINSTD	-0.118***	-0.081***	-0.065***	-0.085***	-0.144***	-0.096***	-0.078***	-0.097***
	(0.006)	(0.004)	(0.003)	(0.008)	(0.006)	(0.004)	(0.004)	(0.009)
lnGDP	0.131***	0.130***	0.132***	0.125***	0.151***	0.150***	0.153***	0.143***
	(0.002)	(0.002)	(0.002)	(0.002)	(0.002)	(0.002)	(0.002)	(0.002)
Landlocked	-0.210***	-0.195***	-0.200***	-0.257***	-0.232***	-0.216***	-0.221***	-0.286***
	(0.009)	(0.009)	(0.009)	(0.009)	(0.010)	(0.010)	(0.010)	(0.011)
Contiguity	-0.009	0.002	0.000	0.024*	-0.013	0.004	0.000	0.032**
	(0.014)	(0.014)	(0.013)	(0.014)	(0.016)	(0.015)	(0.015)	(0.015)
Comlang	0.287***	0.296***	0.307***	0.194***	0.317***	0.325***	0.339***	0.207***
	(0.021)	(0.021)	(0.021)	(0.022)	(0.023)	(0.023)	(0.023)	(0.025)
lnDistcap	-0.177***	-0.203***	-0.196***	-0.150***	-0.196***	-0.228***	-0.220***	-0.167***
	(0.007)	(0.007)	(0.007)	(0.008)	(0.008)	(0.008)	(0.008)	(0.009)
lnRERV	-0.017***	-0.014***	-0.010***	-0.013***	-0.017***	-0.013***	-0.009***	-0.011***
	(0.003)	(0.003)	(0.003)	(0.003)	(0.003)	(0.003)	(0.003)	(0.003)
lnUV	-0.158***	-0.158***	-0.158***	-0.157***	-0.178***	-0.178***	-0.178***	-0.176***
	(0.004)	(0.004)	(0.004)	(0.004)	(0.004)	(0.004)	(0.004)	(0.004)
Constant	0.265***	0.475***	0.403***	0.095	0.672***	0.926***	0.851***	0.482***
	(0.073)	(0.071)	(0.072)	(0.077)	(0.083)	(0.082)	(0.082)	(0.088)
year	YES	YES	YES	YES	YES	YES	YES	YES
product	YES	YES	YES	YES	YES	YES	YES	YES
rho					0.096***	0.095***	0.097***	0.092***
					(0.000)	(0.000)	(0.000)	(0.000)
Observations	682035	692035	694375	684375	682036	692036	694376	684376
Log Likelihood	-319029.73	-323193.52	-323601.49	-319561.37	-318744.62	-322912.83	-323313.41	-319302.59

2. 数据删失问题和新增产品种类的影响

经过左删失处理之后原数据减少了 5 万多条观测记录，我们进一步补回左删失数据进行稳健性检验，结果如表 6—22 前 4 列所示。

新增产品种类是指 1999 年之后才开始生产并出口至某个（些）目的地市场的产品。尽管这类产品占比很小，[①] 但如果不考虑这部分产品的影响，可能会影响估计结果的可靠性。因此，我们进一步剔除了新增产品种类，仅保留 1999 年的出口产品种类，考察既有产品开拓新目的地市场（扩展边际类型之一）所经历的时间。剔除新增产品种类之后，样本保留 738024 条观测记录，我国出口 2927 种产品到 97 个国家。

此外，考虑到部分产品在 1999 年就已经进入出口市场，且左删失剔除了该部分贸易关系段，那么参与基准分析的该部分贸易关系的第一段实际上是第二次市场进入的过程。为了避免该部分样本的影响，我们在剔除新增产品种类的基础上，将 1999 年存在市场进入行为的贸易关系剔除。最终保留 580626 条观测记录，我国出口 2918 种产品到 97 个国家。估计结果列示于表 6—22 后 4 列。

表 6—22　　　　数据删失问题和新增产品种类的稳健性检验

	未进行左删失处理				剔除新增产品种类的影响			
	总体	经济	法律	文化	总体	经济	法律	文化
lnINSTD	-0.158***	-0.109***	-0.058***	-0.148***	-0.130***	-0.075***	-0.072***	-0.078***
	(0.008)	(0.005)	(0.004)	(0.010)	(0.009)	(0.006)	(0.005)	(0.012)
lnGDP	0.294***	0.291***	0.287***	0.281***	0.174***	0.171***	0.176***	0.164***
	(0.004)	(0.004)	(0.004)	(0.004)	(0.004)	(0.004)	(0.004)	(0.004)
Landlocked	-0.399***	-0.385***	-0.401***	-0.469***	-0.240***	-0.227***	-0.228***	-0.285***
	(0.014)	(0.014)	(0.014)	(0.014)	(0.015)	(0.015)	(0.015)	(0.015)
Contiguity	-0.066***	-0.052***	-0.019	-0.052***	0.005	0.029	0.025	0.061***
	(0.016)	(0.016)	(0.016)	(0.016)	(0.022)	(0.022)	(0.021)	(0.021)
Comlang	0.981***	1.002***	0.961***	0.783***	0.423***	0.428***	0.453***	0.348***
	(0.023)	(0.024)	(0.023)	(0.025)	(0.035)	(0.035)	(0.035)	(0.036)

---

① 2000—2015 年新增产品种类有 75 个（3002—2927 = 75）。

续表

	未进行左删失处理				剔除新增产品种类的影响			
	总体	经济	法律	文化	总体	经济	法律	文化
lnDistcap	-0.387***	-0.427***	-0.412***	-0.346***	-0.254***	-0.282***	-0.279***	-0.231***
	(0.009)	(0.009)	(0.009)	(0.010)	(0.012)	(0.012)	(0.012)	(0.013)
lnRERV	-0.091***	-0.089***	-0.083***	-0.087***	-0.014***	-0.010**	-0.007*	-0.009**
	(0.004)	(0.004)	(0.004)	(0.004)	(0.004)	(0.004)	(0.004)	(0.004)
lnUV	-0.352***	-0.351***	-0.349***	-0.347***	-0.202***	-0.201***	-0.203***	-0.197***
	(0.006)	(0.006)	(0.006)	(0.006)	(0.006)	(0.006)	(0.006)	(0.006)
Constant	-0.187**	0.145*	0.043	-0.386***	-1.123***	-0.879***	-0.975***	-1.240***
	(0.084)	(0.082)	(0.036)	(0.088)	(0.108)	(0.106)	(0.107)	(0.114)
year	YES	YES	YES	YES	YES	YES	YES	YES
product	YES	YES	YES	YES	YES	YES	YES	YES
rho	0.343***	0.343***	0.339***	0.334***	0.230***	0.226***	0.233***	0.220***
	(0.000)	(0.000)	(0.000)	(0.000)	(0.000)	(0.000)	(0.000)	(0.000)
Observations	700535	709380	710681	701836	506834	513855	514894	507873
Log Likelihood	-340207.93	-343906.33	-344197.45	-340459.76	-228819.53	-231579.7	-231698.56	-229030.73

3. 不同模型的稳健性检验

为了考察选用模型的稳健性，本节采用另外两种离散时间模型 Probit 和 Logit 模型对总体样本进行回归，结果列于表6—23 前八列。同时考虑到本节选用的研究方法属于生存分析的范畴，因此我们采用比例风险模型（COX）验证基准回归结果的可靠性，结果列于表6—23 后四列。

（三）扩展性分析

1. 制度距离的非线性效应

本节从两个方面考察制度距离对市场进入行为的非线性影响：一是制度距离自身数值的变化造成边际效应的递增或递减；二是其他解释变量大小的影响。因此，我们在基准回归的基础上引入制度距离的平方项以及制度距离与其他解释变量的交互项，考察制度距离对市场进入行为的非线性影响。

表6—23　不同模型的稳健性检验

	probit				Logit				COX			
	总体	经济	法律	文化	总体	经济	法律	文化	总体	经济	法律	文化
lnINSTD	-0.075^a (0.005)	-0.050^a (0.003)	-0.039^a (0.003)	-0.042^a (0.006)	-0.136^a (0.009)	-0.091^a (0.006)	-0.070^a (0.005)	-0.076^a (0.012)	-0.074^a (0.006)	-0.058^a (0.004)	-0.033^a (0.003)	-0.045^a (0.008)
lnGDP	0.094^a (0.002)	0.093^a (0.002)	0.094^a (0.002)	0.088^a (0.002)	0.169^a (0.003)	0.169^a (0.003)	0.17^a (0.003)	0.159^a (0.003)	0.095^a (0.002)	0.096^a (0.002)	0.095^a (0.002)	0.091^a (0.002)
Landlocked	-0.134^a (0.008)	-0.124^a (0.008)	-0.126^a (0.008)	-0.158^a (0.008)	-0.239^a (0.014)	-0.222^a (0.014)	-0.225^a (0.014)	-0.283^a (0.014)	-0.131^a (0.009)	-0.120^a (0.009)	-0.128^a (0.009)	-0.159^a (0.009)
Contiguity	-0.006 (0.012)	0.003 (0.012)	0.005 (0.011)	0.026^b (0.011)	-0.015 (0.021)	0.003 (0.020)	0.010 (0.020)	0.045^b (0.020)	-0.005 (0.015)	-0.007 (0.015)	0.012 (0.015)	0.023 (0.015)
Comlang	0.189^a (0.018)	0.195^a (0.018)	0.201^a (0.018)	0.142^a (0.019)	0.334^a (0.031)	0.344^a (0.031)	0.355^a (0.032)	0.247^a (0.033)	0.211^a (0.024)	0.22^a (0.024)	0.222^a (0.024)	0.162^a (0.025)
lnDistcap	-0.130^a (0.006)	-0.147^a (0.006)	-0.144^a (0.006)	-0.120^a (0.007)	-0.234^a (0.011)	-0.264^a (0.011)	-0.259^a (0.011)	-0.216^a (0.012)	-0.140^a (0.007)	-0.157^a (0.007)	-0.152^a (0.007)	-0.129^a (0.008)
lnRERV	-0.011^a (0.002)	-0.008^a (0.002)	-0.007^a (0.002)	-0.008^a (0.002)	-0.019^a (0.004)	-0.014^a (0.004)	-0.010^a (0.004)	-0.013^a (0.004)	-0.013^a (0.003)	-0.012^a (0.003)	-0.008^a (0.003)	-0.010^a (0.003)
lnUV	-0.110^a (0.003)	-0.110^a (0.003)	-0.110^a (0.003)	-0.108^a (0.003)	-0.199^a (0.006)	-0.199^a (0.006)	-0.198^a (0.006)	-0.195^a (0.006)	-0.081^a (0.003)	-0.082^a (0.003)	-0.081^a (0.003)	-0.081^a (0.003)

续表

	probit				Logit				COX			
	总体	经济	法律	文化	总体	经济	法律	文化	总体	经济	法律	文化
Constant	0.748ª (0.064)	0.874ª (0.063)	0.844ª (0.063)	0.682ª (0.067)	1.359ª (0.113)	1.587ª (0.112)	1.535ª (0.112)	1.252ª (0.119)				
year	YES	YES	YES	YES	YES	YES	YES	YES				
product	YES	YES	YES	YES	YES	YES	YES	YES				
rho	0.089ª (0.000)	0.088ª (0.000)	0.088ª (0.000)	0.085ª (0.000)	0.091ª (0.000)	0.090ª (0.000)	0.090ª (0.000)	0.087ª (0.000)				
Log Likelihood	-253273.9	-256333.3	-256478.3	-253498.5	-253338.0	-256397.7	-256548.6	-253567.2				
Observations	553163	560819	561858	554202	553163	560819	561858	554202	551308	558955	559994	552347

注:参数估计下括号内为标准差;为了节省表格空间,我们在表中用字母 a、b 和 c 替代了 ***、**、*,分别表示估计结果在 1%、5% 和 10% 的水平上显著。"YES"表示对该变量进行了控制。rho 为不可观测异质性占总误差的比例,括号内为 P 值。

表6—24 前4列是引入制度距离平方项的结果，制度距离一次项和二次项的系数均为负，说明在其他因素不变的情况下，制度距离对产品市场进入行为具有抑制作用，且其作用幅度随着制度距离的增加而递增。

表6—24 后4列是引入制度距离与产品单位价格交互项的回归结果，交互项系数均显著为负，表明在其他因素不变的情况下，产品单位价格越高，制度距离对进入出口市场的抑制作用越大。此外，本节还引入了制度距离与其他解释变量的交互项（例如人均收入水平、实际汇率波动等）进行回归，但交互项系数均不显著。

表6—24 制度距离的非线性效应

	制度距离平方项				与单位价值交互			
	总体	经济	法律	文化	总体	经济	法律	文化
lnINSTD	-0.021	-0.048***	-0.056***	-0.032*	-0.108***	-0.071***	-0.054***	-0.061***
	(0.014)	(0.006)	(0.005)	(0.019)	(0.008)	(0.005)	(0.005)	(0.010)
lnINSTD×X	-0.083***	-0.055***	-0.023***	-0.024**	-0.049***	-0.038***	-0.026***	-0.024***
	(0.010)	(0.005)	(0.004)	(0.011)	(0.007)	(0.005)	(0.005)	(0.007)
lnGDP	0.148***	0.149***	0.150***	0.138***	0.148***	0.148***	0.148***	0.139***
	(0.003)	(0.003)	(0.003)	(0.003)	(0.003)	(0.003)	(0.003)	(0.003)
Landlocked	-0.199***	-0.189***	-0.190***	-0.247***	-0.207***	-0.193***	-0.195***	-0.246***
	(0.012)	(0.013)	(0.013)	(0.013)	(0.012)	(0.012)	(0.013)	(0.013)
Contiguity	0.036*	0.026	0.006	0.053***	-0.013	0.002	0.011	0.038**
	(0.019)	(0.018)	(0.017)	(0.019)	(0.018)	(0.018)	(0.017)	(0.018)
Comlang	0.252***	0.299***	0.280***	0.220***	0.276***	0.286***	0.294***	0.190***
	(0.027)	(0.027)	(0.027)	(0.030)	(0.027)	(0.027)	(0.027)	(0.028)
lnDistcap	-0.221***	-0.240***	-0.225***	-0.185***	-0.200***	-0.226***	-0.222***	-0.185***
	(0.010)	(0.009)	(0.009)	(0.010)	(0.009)	(0.009)	(0.009)	(0.010)
lnRERV	-0.019***	-0.016***	-0.013***	-0.011***	-0.016***	-0.012***	-0.008**	-0.010***
	(0.004)	(0.004)	(0.004)	(0.004)	(0.004)	(0.003)	(0.003)	(0.004)
lnUV	-0.173***	-0.174***	-0.172***	-0.169***	-0.147***	-0.165***	-0.169***	-0.149***
	(0.005)	(0.005)	(0.005)	(0.005)	(0.006)	(0.005)	(0.005)	(0.008)
Constant	0.880***	1.069***	0.872***	0.614***	0.696***	0.899***	0.857***	0.617***
	(0.098)	(0.096)	(0.094)	(0.101)	(0.096)	(0.095)	(0.095)	(0.102)

续表

	制度距离平方项				与单位价值交互			
	总体	经济	法律	文化	总体	经济	法律	文化
year	YES	YES	YES	YES	YES	YES	YES	YES
product	YES	YES	YES	YES	YES	YES	YES	YES
rho	0.129***	0.135***	0.125***	0.122***	0.128***	0.127***	0.127***	0.123***
	(0.000)	(0.000)	(0.000)	(0.000)	(0.000)	(0.000)	(0.000)	(0.000)
Observations	553163	560819	561858	554202	553164	560820	561859	554203
Log Likelihood	-253433.79	-256460.6	-256671.77	-253698.36	-253443.34	-256497.29	-256669.6	-253695.71

2. 目的国收入水平的影响

目的国收入水平不同，其与贸易伙伴国之间的制度距离也会存在差异。世界银行依据人均国民总收入将世界各国分为高收入国家、中高等收入国家、中低等收入国家和低收入国家四个类别。我们依据世界银行2015年的分类，合并中高等收入和中低等收入国家，将研究目的国按收入水平分为高收入、中等收入和低收入三个子样本。

由表6—25的回归结果来看，收入水平越低的国家，制度距离对其市场进入的抑制作用越大，即产品出口到该国家市场进入的时间要更长。这可能是因为产品出口到较低收入的国家，出口不确定性因素增多、成本增加，因而产品市场进入的概率就越低，市场进入的时间也就越长。

对于高收入国家，文化制度距离对产品市场进入的抑制作用最强，可能的原因是对于高收入国家而言，其经济实力雄厚、法律体系较为健全，因而是否符合消费群体的心理需求和消费习惯似乎成为产品能否顺利进入高收入国家重要的影响因素。

对于中等收入国家而言，经济制度距离的抑制效应最强，其次为法律制度距离，而文化制度距离对产品市场进入的作用并不显著。说明出口到中收入国家的产品，其受到经济水平的制约更为明显，产品市场进入的行为不受文化制度距离的影响，或者影响效果甚微。

表 6—25　目的国收入水平分组

	高收入国家				中收入国家				低收入国家			
	总体	经济	法律	文化	总体	经济	法律	文化	总体	经济	法律	文化
lnINSTD	-0.082[a] (0.015)	-0.055[a] (0.013)	-0.033[a] (0.009)	-0.105[a] (0.020)	-0.153[a] (0.015)	-0.108[a] (0.008)	-0.059[a] (0.010)	0.009 (0.014)	-0.333[b] (0.136)	0.016 (0.046)	-0.306[a] (0.052)	0.439[b] (0.195)
lnGDP	0.142[a] (0.005)	0.142[a] (0.005)	0.142[a] (0.005)	0.137[a] (0.005)	0.135[a] (0.004)	0.137[a] (0.004)	0.139[a] (0.004)	0.139[a] (0.004)	0.190[a] (0.073)	0.312[a] (0.058)	0.219[a] (0.060)	0.462[a] (0.091)
Landlocked	-0.125[a] (0.016)	-0.118[a] (0.016)	-0.118[a] (0.016)	-0.167[a] (0.018)	-0.117[a] (0.034)	-0.084[a] (0.033)	-0.172[a] (0.033)	-0.166[a] (0.033)	-0.389[a] (0.081)	-0.294[a] (0.072)	-0.417[a] (0.077)	-0.133 (0.103)
Contiguity	-0.076 (0.071)	-0.081 (0.071)	-0.092 (0.071)	-0.122[c] (0.071)	-0.008 (0.022)	-0.005 (0.021)	0.004 (0.021)	0.009 (0.021)	-0.076 (0.486)	-0.357 (0.481)	-0.242 (0.495)	-1.107[c] (0.581)
Comlang	0.346[a] (0.044)	0.366[a] (0.045)	0.349[a] (0.044)	0.159[a] (0.054)	0.206[a] (0.041)	0.204[a] (0.041)	0.268[a] (0.041)	0.227[a] (0.040)				
lnDistcap	-0.180[a] (0.016)	-0.190[a] (0.015)	-0.189[a] (0.016)	-0.169[a] (0.016)	-0.213[a] (0.013)	-0.255[a] (0.012)	-0.251[a] (0.012)	-0.269[a] (0.015)	-0.328 (0.416)	-0.622 (0.404)	-0.663 (0.417)	-1.497[a] (0.558)

续表

	高收入国家				中收入国家				低收入国家			
	总体	经济	法律	文化	总体	经济	法律	文化	总体	经济	法律	文化
lnRERV	−0.015^b	−0.013^c	−0.011	−0.020^a	−0.024^a	−0.019^a	−0.013^a	−0.019^a	0.063^a	0.036	0.041^c	−0.004
	(0.007)	(0.007)	(0.007)	(0.007)	(0.005)	(0.005)	(0.005)	(0.005)	(0.024)	(0.023)	(0.023)	(0.029)
lnUV	−0.206^a	−0.206^a	−0.206^a	−0.206^a	−0.155^a	−0.157^a	−0.153^a	−0.150^a	−0.149^a	−0.152^a	−0.157^a	−0.155^a
	(0.008)	(0.008)	(0.008)	(0.008)	(0.007)	(0.007)	(0.007)	(0.007)	(0.024)	(0.024)	(0.025)	(0.024)
Constant	0.473^a	0.532^a	0.521^a	0.432^a	0.856^a	1.206^a	1.121^a	1.233^a	2.837	4.969	5.774	11.978^b
	(0.155)	(0.154)	(0.155)	(0.156)	(0.133)	(0.127)	(0.125)	(0.146)	(3.954)	(3.921)	(4.050)	(4.994)
year	YES	YES	YES	YES	YES	YES	YES	YES	YES	YES	YES	YES
product	YES	YES	YES	YES	YES	YES	YES	YES	YES	YES	YES	YES
rho	0.119^a	0.119^a	0.121^a	0.119^a	0.128^a	0.132^a	0.119^a	0.112^a	0.324^a	0.341^a	0.371^a	0.359^a
	(0.000)	(0.000)	(0.000)	(0.000)	(0.000)	(0.000)	(0.000)	(0.000)	(0.000)	(0.000)	(0.000)	(0.000)
Log Likelihood	−253274	−256333	−256478	−253499	−253338	−256397	−256548	−2535621	−253566	−253565	−253564	−253563
Observations	553163	560819	561858	554202	553163	560819	561858	554202	554203	554204	554205	554206

注:参数估计下括号内为标准差;为了节省表格空间,我们在表中用字母 a、b 和 c 替代了 ***、**、*,分别表示估计结果在 1%、5% 和 10% 的水平上显著。"YES"表示对该变量进行了控制。rho 为不可观测异质性占总误差的比例,括号内为 P 值。

对于低收入国家而言，法律制度距离对产品市场进入的影响是最为突出的，而经济制度距离对产品市场进入的影响却不显著。这是因为低收入国家的经济制度质量是较差的，与我国的经济制度距离存在较大的差距是必然的，在此前提下，法律制度质量便成为产品进入市场所要考虑的关键因素，即在经济差距较大的情况下，法律制度距离越小，产品进入出口市场的可能性就越大。

四 结论与启示

本节采用联合国商品贸易数据库1999—2015年我国出口到97个国家产品层面的贸易数据，考察制度距离对产品市场进入的影响，选取经济制度距离、法律制度距离和文化制度距离，并合成总体制度距离，作为核心解释变量进行了回归分析。在此基础上，采用生存分析方法估计产品进入出口市场的"生存"函数，并选用Cloglog模型分析制度距离对产品市场进入的影响，研究发现：（1）产品市场进入所经历时间平均需要5.43年，50%以上的贸易关系在5年之内完成了首次市场进入，对出口到不同收入水平国家的产品，其市场进入成功率存在显著差异。（2）回归结果显示制度距离显著抑制了我国出口产品的市场进入行为，即制度距离越大，产品进入出口市场的可能性就越小，市场进入的时间也就越长。其中，经济制度距离对市场进入行为的抑制作用最强，其次依次为文化制度距离和法律制度距离。（3）进一步探究制度距离对国际市场进入的非线性影响发现，制度距离对产品市场进入的抑制作用随着制度距离的增加而增加，而且产品单位价格越高，制度距离的抑制作用越强；出口到不同收入水平国家的产品，制度距离对其市场进入行为都起到抑制作用，但影响效果存在显著差异，目的国收入水平越高，产品市场进入所经历的时间越短，即产品更容易实现国际市场进入行为。

随着我国经济由高速增长阶段向高质量发展阶段转变，质量第一和效益优先理念开始主导我国经济的发展，加强制度建设和深化结构改革成为提高我国供给体系质量的主攻方向，①我国出口贸易必然会加快转型升级，提高出口产品质量，并会较大范围地调整目的地市场，尤其会出现更多高质量产品进入发达国家市场的情形，从而带来扩展边际的快速增长。研究结论表明，国家之间的制度距离增加双边贸易成本，对市场进入行为产生阻碍作用，不利于双边贸易的发展，而制度相似国家之间的双边贸易更容易进行。我国若要实现扩展边际的高质量增长，应注重提高产品出口质量并主动调整出口目的地，优先选择与我国制度差异较小的高收入国家作为出口目的国。对此，我们提出以下建议：

（1）加强制度建设，缩小与制度先进国家的制度距离，降低目的地市场进入固定成本。通过合理的制度安排为出口贸易的发展提供良好的制度环境，缩小贸易双方的制度距离，减少产品出口过程中的不可控和不确定性因素，提高产品市场进入的成功率。

（2）强化制度自信，提高制度性话语权，为贸易开展营造良好的国际环境。我国在世界经济中的地位和作用越发重要，承担的责任和义务也相应增大。因此，我国应主动与其他国家沟通，增进与其他国家在经济、法律、文化等各方面的相互了解，增强国家之间在制度层面的认同感和融合性，积极与贸易伙伴国建立合作互惠的贸易关系。

（3）建立目的地制度评级体系，适应企业需求，提高企业目标市场进入成功率。建议对出口企业进行实地调研，发掘企业对于出口目标市场制度层面的关切和需求，收集相关信息，借鉴经济自由度指数、全球治理指数和文化制度指数等构建方法，构建符合我国企业出口需要的目的地制度评级体系，供企业出口决策时参考，助力企业出口增长。

第四节　本章小结

随着我国经济由高速增长阶段向高质量发展阶段转变，质量第一和

---

① 尹世久、高杨、吴林海：《构建中国特色食品安全社会共治体系》，人民出版社2017年版；尹世久、李锐、吴林海、陈秀娟：《中国食品安全发展报告2018》，北京大学出版社2018年版。

效益优先理念开始主导我国经济的发展，深化结构性改革成为提高我国供给体系质量的主攻方向。我国出口贸易领域也必然会加快转型升级，提高出口产品质量，并针对目的地市场进行较大范围的调整，尤其是高质量产品不断进入发达国家市场，从而带来扩展边际的快速增长。因此，本章从出口技术结构和出口产品技术复杂度两个方面考察了我国出口贸易技术结构及演进特点，并从国际市场进入角度，探讨了我国出口贸易增长潜力及其影响因素。

第一节参考有序样本聚类分析的最优分割法，基于相对值分割法，对中国出口技术结构进行重新测算，发现中国出口技术结构处于不断优化的进程之中，体现在：低技术产品出口种类和金额逐年下降；中低技术和中高技术产品出口种类和金额占比逐年上升；高技术产品出口种类和金额均较少，出口技术结构优化仍任重道远。不管是基于产品层面构建异质性实际有效汇率还是使用双边实际汇率作为核心解释变量，均发现人民币汇率变动对不同技术复杂度产品技术含量的提升产生不同的影响，具体而言：出口产品技术复杂度越高，人民币升值对其技术含量提升的促进作用越大，人民币贬值对其技术含量提升的阻碍作用越大；出口技术复杂度越低，人民币升值对其技术含量提升的促进作用越小，人民币贬值对其技术含量提升的阻碍作用越小。所以，人民币升值有利于高技术复杂度产品技术含量的提升，有利于改善出口贸易技术结构。

第二节探讨了技术复杂度对于出口贸易关系的影响。实现外贸高质量发展，客观上就要求提升出口产品品质，改善贸易结构。产品品质差异有水平差异和垂直差异之分，水平差异可以通过产品质量体现出来，垂直差异则可由产品技术复杂度反映。出口产品技术复杂度的改变体现出贸易结构变化的同时，势必会影响到出口产品的单位价格、出口量以及目的国分布，进而影响到出口产品种类和贸易关系的稳定。但是，出口技术复杂度指标对同一产品而言，所有国家都是相同的，体现不出比较优势，而显示性比较优势指数则可以反映出产品的比较优势，但是不能体现产品品质的差异。因此，我们依据技术复杂度和 RCA 指数对中国出口产品进行了最优分组，运用生存分析方法，探讨了技术复杂度和显示性比较优势指数对于出口贸易关系存续的影响。研究发现，较高的技术复杂度能够有效降低出口贸易关系失败的风险,提高出口产品技术复杂度有利于稳定出口实现集约边际增长以及开拓出口实现扩展边际增长,考虑内生性问题、遗漏变量问题以及拆分子样本的稳健性检验仍然支持该结论。此外,产品层面特征(产品单位价格、初始贸易额、产品和目的地多样性)、引力模型变量(地理距离、共同语言、内陆国家)以及汇率波动变量均显著影响出口贸易关系持续。基于 RTV 和 RCA 聚类分组、基于产品要素投入分组和基于目的国收入水平分组的扩展性研究表明,技术复杂度对出口贸易关系持续时间的影响在不同组别间存在显著差异。

  第三节探讨了制度因素对于国际市场进入的影响。制度是在长期生产活动中形成的一系列规定和行为规范,制度由于各国经济、文化和法律等方面的不同而存在差异,这种差异被称为制度距离。制度距离会影响产品进入目的地市场的效率。我们将国际市场进入界定为产品出口至目的地市场并持续出口两年及以上才被视为成功进入出口市场,仅存一年的出口贸易关系不能被视为成功进入出口市场。然后,我们运用生存分析方法探讨了制度距离对于国际市场进入的影响。研究发现,制度距离显著抑制了我国出口产品的市场进入行为,制度距离越大,产品进入出口市场的可能性就越小,市场进入的时间也就越长。其中,经济制度距离对市场进入行为的抑制作用最强,其次依次为文化制度距离和法律制度距离。缩小与发达国家的制度距离有助于维护与发达国家的贸易关系,也有助于开拓新的贸易关系。

第 七 章

贸易结构与贸易福利

　　国际贸易领域,很多经典理论都强调了一国可以通过获得更多的差异化产品而在国际贸易中获利。① 进口产品与国内产品在价格、种类与质量三个维度的差异性扩大了消费者的多样化选择集。其中,价格因素很早就被纳入了研究范畴;Feenstra、Broda 和 Weinstein 进一步把产品种类维度纳入福利分析,并做出了重要贡献;② 然而,产品质量因素却长期在相关研究中被忽视。现阶段,消费者越来越重视产品质量带来的福利,质量因素逐渐成为消费者福利结构分析中不可或缺的维度。如果一国进口产品处于质量阶梯较长的部门或者存在质量升级情形,消费者将愿意付出更多的成本以获得更广泛的差异化进口产品。这意味着进口产品质量将影响两期间消费者为了获得相同效用而付出的补偿性变化,进而影响贸易福利,忽视产品质量因素显然会造成传统价格指数在福利测算上的偏误。因此,价格、种类与质量这三方面因素共同影响贸易利得的条件下,如何在理论与实证中识别出产品质量在进口贸易福利中的重要作用,进而分析价格、种类与质量三者对贸易福利影响的差异性,具有重要的研究价值。

---

① Krugman P. R. , "Increasing Returns, Monopolistic Competition, and International Trade", *Journal of International Economics*, Vol. 9, No. 4, 1979, pp. 469 – 479.

② Feenstra R. C. , "New Product Varieties and the Measurement of International Prices", *American Economic Review*, Vol. 84, No. 1, 1994, pp. 157 – 177; Broda C. , and D. E. Weinstein, "Globalization and the Gains from Variety", *The Quarterly Journal of Economics*, Vol. 121, No. 2, 2006, pp. 541 – 585.

本章第一节对相关研究进行了评述；第二节，我们通过构建三层嵌套 Logit（Nested Logit，NL）模型重新推导价格指数公式，通过价格、种类、质量三维分解，推导出估计质量的回归模型进而可以衡量贸易福利；第三节实证分析中，说明了相关数据的来源处理以及变量的选取，进而对中国进口种类特征性事实进行了描述，在对内生性等问题进行了适当处理的基础上报告了计量模型回归结果；第四节分析了 CES 模型、NCES 模型以及 NL 模型下的三种价格指数以及福利效应；第五节进行了小结。

第一节　理论研究与文献回顾

我们依据中国进口贸易数据，选取 Khandelwal 中列举出的质量阶梯长度排序前十的标准产业分类（SIC1987）2 分位部门，[①] 绘制了中国 1995—2014 年长质量阶梯进口种类（见图 7—1）。可以发现，中国近 20 年中，这 10 个部门的长质量阶梯进口种类占进口种类的份额长期保持在 65% 左右的水平，也就是说全部 99 个部门中中国进口产品种类有三分之二都集中来源于这 10 个长质量阶梯部门。进口份额方面，长质量阶梯部门中进口总量所占比例虽然在入世之后呈现出下降趋势，但长期保持在 40% 至 60% 的较高水平，这些都充分说明中国进口贸易研究中也理应把产品质量作为重要考察因素。

在理论层面，衡量"新产品"进入市场后消费者收益的较早文献可以追溯到 Hausman 利用 Hicks 的思想，用"保留价格"和实际卖价之间的差异来度量。[②] 但产品多样化视角下，该方法因需要预估的保留价格过多而陷入困境。这一难题的传统解决办法是应用固定替代弹性（Constant

---

[①] Khandelwal A., "The Long and Short of Quality Ladders", *Review of Economic Studies*, Vol. 77, No. 4, 2010, pp. 1450–1476.

[②] Hausman J. A., "Exact Consumer's Surplus and Deadweight Loss", *The American Economic Review*, Vol. 71, No. 4, 1981, pp. 662–676; Hicks J. R., "The Valuation of the Social Income", *Economica*, Vol. 7, No. 26, 1940, pp. 105–124.

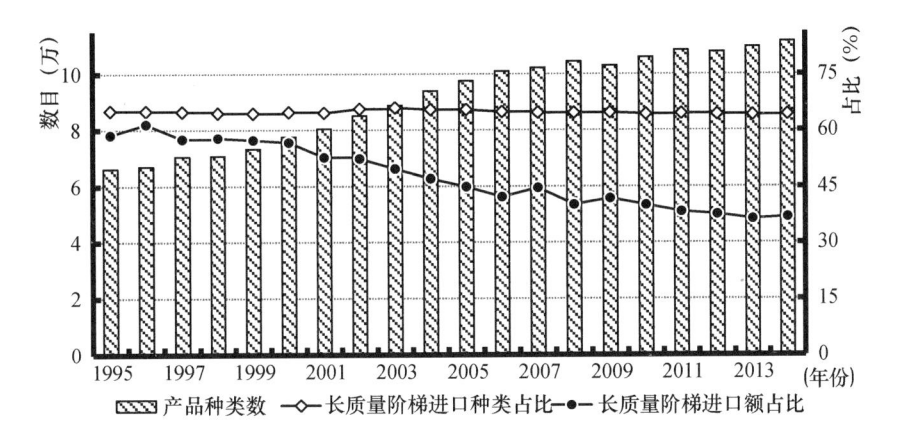

图7—1　中国1995—2014年长质量阶梯进口种类

Elasticity of Substitution，CES）效用函数计算取决于替代弹性的消费者剩余，① 后续文献也多以 CES 效用函数为基础构建理论模型。其中，突出性贡献工作源于 Feenstra，② 他利用 CES 效用函数以及 Sato 和 Vartia 构造的指数，③ 从差异化产品的需求层面提供了可计算的价格指数，衡量代表性消费者生活成本的变化，进而衡量消费者福利的变化，明确给出了考虑产品多样性的贸易福利的估算方法。Broda 和 Weinstein 将 Feenstra 的方法扩展到嵌套固定替代弹性（Nested CES，NCES）模型之下，度量得到美国因进口产品种类多样化而获得的贸易福利占 2001 年美国 GDP 的 2.6%。④ 随后这一方法获得了广泛应用，大量研究都强调了在衡量贸易福利时考虑产品差异化的重要性。近年来，对产品质量的研究正成为国

---

① CES 效用函数下，产品种类越多，需求弹性近似等于替代弹性，即使保留价格不可计算，新产品进入市场后的消费者剩余却仍可计算。

② Feenstra R. C.，"New Product Varieties and the Measurement of International Prices"，American Economic Review，Vol. 84，No. 1，1994，pp. 157 – 177.

③ Sato K.，"The Ideal Log – Change Index Number"，The Review of Economics and Statistics，Vol. 58，No. 2，1976，p. 223；Vartia Y. O.，"Ideal Log – Change Index Numbers"，Scandinavian Journal of Statistics，Vol. 3，No. 3，1976，pp. 121 – 126.

④ Broda C.，and D. E. Weinstein，"Globalization and the Gains from Variety"，The Quarterly Journal of Economics，Vol. 121，No. 2，2006，pp. 541 – 585.

际经济学及发展经济学等相关领域兴起的前沿研究和重要论题之一,[①] 由 Melitz 开创的新新贸易理论,也逐渐从只关注单一的生产率异质性,扩展到关注产品质量的异质性,认为产品质量与劳动者技能水平共同构成了企业异质性的源泉。[②] 需要注意的是,质量上的异质性是产品内部种类之间的垂直差异属性,不能仅仅等同于不同产品,更不是受特异性偏好影响的产品之间的水平差异,而是值得深入研究的影响消费选择行为的新维度。

无论从理论层面还是现实数据上看,进口种类多样化和产品质量升级都是影响消费选择行为和福利效应的重要因素。本章基于 Logit 离散选择模型重新推导价格指数,真正把差异化产品的质量因素引入进口种类福利的测算指数,在利用中国 1995—2014 年进口种类数据分 27 个行业对产品质量进行估计的基础上,从价格、种类和质量三个维度更准确地刻画了价格指数变动对贸易福利的影响。据我们所知,这在以往的文献中鲜有涉及,这正是本章研究的核心内容。

贸易利得问题历来是国际贸易领域最受关注的核心内容。随着 20 世纪末垄断竞争模型在贸易领域的融入与发展,许多传统贸易理论中不存在的新的收益来源被揭示出来,可供消费者选择的产品种类的增加就是其中之一。继 Feenstra 以及 Broda 和 Weinstein 利用 CES 效用函数给出可直接测算的价格指数之后,至今已有大量文献致力于估算进口种类增长的福利效应。[③]

[①] Verhoogen E. A. , "Trade, Quality Upgrading, and Wage Inequality in the Mexican Manufacturing Sector *", *Quarterly Journal of Economics*, Vol. 123, No. 2, 2008, pp. 489 – 530; Hallak J. C. , and P. K. Schott, "Estimating Cross – Country Differences in Product Quality", *The Quarterly Journal of Economics*, Vol. 126, No. 1, 2011, pp. 417 – 474; Gervais A. , "Product Quality, Firm Heterogeneity and Trade Liberalization", *Journal of International Trade & Economic Development*, Vol. 24, No. 4, 2015, pp. 523 – 541.

[②] Melitz M. J. , "The Impact of Trade on Intra – Industry Reallocations and Aggregate Industry Productivity", *Econometrica*, Vol. 71, No. 6, 2003, pp. 1695 – 1725.

[③] Gaulier G. , and I. Mejean, "Import Prices, Variety and the Extensive Margin of Trade", *CEPII working paper*, No. 2006 – 17, 2006; Minondo A. , and F. Requena, "Welfare Gains from Imported Varieties in Spain, 1988 – 2006", *Working Papers Serie*, EC 2010 – 12, 2010; Mohler L. , and M. Seitz, "The Gains from Variety in the European Union", *Review of World Economics*, Vol. 148, No. 3, 2012, pp. 475 – 500.

Arkolakis 等学者利用垄断竞争模型,在 CES 模型基础上推得由生活成本比率变化所代表的贸易利得取决于进口份额与替代弹性,利用其公式,Feenstra 和 Weinstein 发现 146 个国家的贸易收益占世界 GDP 的比重在 9.4% 至 15.4% 之间。① 以中国为研究对象,陈勇兵等沿袭 Broda 和 Weinstein 的方法,测算了中国消费者在 1995—2004 年间产品种类上涨了 34.26%,引致的福利增加相当于 GDP 的 0.84%。② 这些研究都直接肯定了新增进口产品种类是重要的福利源泉,在一定程度上减少了传统进口价格指数的向上偏误。

理论上,如果说产品多样化收益是新贸易理论的重要成果之一,那么产品质量问题则能够赋予传统贸易理论与新新贸易理论更深刻的内涵。产品质量相关研究中,怎样准确地测算产品质量就是不能绕过的技术难题。早期的研究文献是使用单位产品价格作为产品质量的代理变量,③ 然而该做法的突出问题是产品出口价格中不仅仅包含产品质量信息,而且包括成本和需求冲击信息。因此,众多学者均认识到该做法存在不可靠性。④ 现阶段,主流的产品质量测算方法主要包含两个思路:其一是 Hallak 和 Schott 的方法,⑤ 运用国家和行业层面的宏观贸易收支数据,从行

---

① Arkolakis C., S. Demidova, P. J. Klenow, and A. Rodréguez - Clare, "Endogenous Variety and the Gains from Trade", *American Economic Review*, Vol. 98, No. 2, 2008, pp. 444 – 450; Feenstra R. C., and D. E. Weinstein, "Globalization, Competition, and the U. S. Price Level", *NBER Working Paper*, No. 15749, 2010.

② 陈勇兵、李伟、钱学锋:《中国进口种类增长的福利效应估算》,《世界经济》2011 年第 12 期。

③ Schott P. K., "Across - Product Versus Within - Product Specialization in International Trade", *The Quarterly Journal of Economics*, Vol. 119, No. 2, 2004, pp. 647 – 678; Hallak J. C., "Product Quality and the Direction of Trade", *Journal of International Economics*, Vol. 68, No. 1, 2006, pp. 238 – 265.

④ Kugler M., and E. Verhoogen, "Prices, Plant Size, and Product Quality", *The Review of Economic Studies*, Vol. 79, No. 1, 2012, pp. 307 – 339; Crozet M., K. Head, and T. Mayer, "Quality Sorting and Trade: Firm - Level Evidence for French Wine", *The Review of Economic Studies*, Vol. 79, No. 2, 2012, pp. 609 – 644; Piveteau P., and G. Smagghue, "A New Method for Quality Estimation Using Trade Data: An Application to French Firms", *Working Paper*, Columbia University, 2013, pp. 1 – 50.

⑤ Hallak J. C., and P. K. Schott, "Estimating Cross - Country Differences in Product Quality", *The Quarterly Journal of Economics*, Vol. 126, No. 1, 2011, pp. 417 – 474.

业 IPI 指数（impure price index）中剔除 PPI 指数（pure price index）来提取质量部分；其二主要是基于 McFadden 开创的随机效应理论，利用嵌套 Logit 模型解决用"单位价格"代理质量的一系列问题，[①] 这一方法也比较符合在给定价格因素下市场份额与产品质量正相关的经济学直觉。[②] 借此，许多文献都探究了影响产品质量的因素以及其与价格、生产率等变量之间的关系，涉及行业、企业等多个层面。Feenstra 和 Romalis 比较了是否去除质量因素对产品出口价格波动的差异化影响。[③] Fan 等在研究中发现中国出口企业因其所在行业的质量差异幅度不同，进口关税对企业出口产品定价决策的影响方向甚至截然相反。[④] 这些方法最近也被中国学者应用到国内研究中。例如，余淼杰和李乐融研究了贸易自由化与进口中间品质量升级问题。[⑤] 借鉴 Johnson 的框架，樊海潮和郭光远证实了企业存在生产率与产品质量双重异质性的条件下，质量效应在产品定价决策中更占优，并且产品价格与生产率的关系会根据产品质量是否具有异质性而呈现出两种完全相反的相关关系。[⑥] 张杰等学者发现私营性质企业与国有性质企业对中国出口产品质量的提升贡献相反。[⑦] 沿用 Khandelwal 的方法，汪建新等度量了出口产品质量，研究了其与国际生产分割比例

[①] Khandelwal A., "The Long and Short of Quality Ladders", *Review of Economic Studies*, Vol. 77, No. 4, 2010, pp. 1450 – 1476; Amiti M., and A. K. Khandelwal, "Import Competition and Quality Upgrading", *Review of Economics and Statistics*, Vol. 95, No. 2, 2013, pp. 476 – 490; 樊海潮、郭光远：《出口价格、出口质量与生产率间的关系：中国的证据》，《世界经济》2015 年第 2 期。

[②] 其他方法包括利用"华盛顿苹果效应"、ISO 质量认证、平均效用法等，往往需要特定数据结构。

[③] Feenstra R. C., and J. Romalis, "International Prices and Endogenous Quality", *The Quarterly Journal of Economics*, Vol. 129, No. 2, 2014, pp. 477 – 527.

[④] Fan H., Y. A. Li, and S. R. Yeaple, "Trade Liberalization, Quality, and Export Prices", *Review of Economics and Statistics*, Vol. 97, No. 5, 2015, pp. 1033 – 1051.

[⑤] 余淼杰、李乐融：《贸易自由化与进口中间品质量升级——来自中国海关产品层面的证据》，《经济学》（季刊）2016 年第 3 期。

[⑥] Johnson R. C., "Trade and Prices with Heterogeneous Firms", *Journal of International Economics*, Vol. 86, No. 1, 2012, pp. 43 – 56; 樊海潮、郭光远：《出口价格、出口质量与生产率间的关系：中国的证据》，《世界经济》2015 年第 2 期。

[⑦] 张杰、郑文平、翟福昕：《中国出口产品质量得到提升了吗?》，《经济研究》2014 年第 10 期。

的关系。[①] 另外，李小平等借鉴 Hallak 和 Schott 的测算方法，从行业层面揭示了中国出口质量在时间趋势上虽有提升但整体依旧偏低的事实，验证了中国出口品质量对出口量的正向促进作用，并指明不同收入水平国家间质量偏好对进口量存在着持续的动态的差异化影响，因此应该重视质量效益。[②] 总揽上述研究可见：其一，这些研究无一例外都强调了考察产品质量的重要性，并且国内研究中，对产品质量的研究主要集中于出口面，涉及出口产品质量发展趋势的变化，出口产品质量对出口增长的贡献，以及关税削减、[③] 政府补贴、[④] FDI[⑤] 等出口产品质量影响因素的探究；其二，就现有文献来看，国内研究对质量的刻画大部分依然采用单位价格或者把质量参数直接加入 CES 效用函数的方法，由于测度方法的不同以及数据结构的限制，研究结论不尽相同甚至截然相反，研究广度与深度仍有进一步拓展的空间。

现阶段，产品质量日益成为影响消费选择行为和福利效应的重要因素。陈勇兵等学者借鉴 Benkovskis 和 Wörz 估计质量参数的方法，[⑥] 通过利用 CES 效用函数获得了相对质量的表达式，进一步加入到贸易利得公式之中，得出了有价值的结论，为我们采用嵌套 Logit 模型进行拓展性研究提供了重要文献基础。理论上，用价格指数衡量贸易福利时，虽可在 CES 框架下直接加入质量参数，但在使用 HS 分类数据下，这一参数难以

[①] 汪建新、贾圆圆、黄鹏：《国际生产分割、中间投入品进口和出口产品质量》，《财经研究》2015 年第 4 期。

[②] 李小平、周记顺、卢现祥、胡久凯：《出口的"质"影响了出口的"量"吗?》，《经济研究》2015 年第 8 期；Hallak J. C., and P. K. Schott, "Estimating Cross-Country Differences in Product Quality", *The Quarterly Journal of Economics*, Vol. 126, No. 1, 2011, pp. 417–474.

[③] 汪建新：《贸易自由化、质量差距与地区出口产品质量升级》，《国际贸易问题》2014 年第 10 期；刘晓宁、刘磊：《贸易自由化对出口产品质量的影响效应——基于中国微观制造业企业的实证研究》，《国际贸易问题》2015 年第 8 期。

[④] 施炳展、邵文波：《中国企业出口产品质量测算及其决定因素——培育出口竞争新优势的微观视角》，《管理世界》2014 年第 9 期；张杰、翟福昕、周晓艳：《政府补贴、市场竞争与出口产品质量》，《数量经济技术经济研究》2015 年第 4 期。

[⑤] 施炳展：《FDI 是否提升了本土企业出口产品质量》，《国际商务研究》2015 年第 2 期。

[⑥] 陈勇兵、赵羊、李梦珊：《纳入产品质量的中国进口贸易利得估算》，《数量经济技术经济研究》2014 年第 12 期；Benkovskis K., and J. Wörz, "How Does Taste and Quality Impact on Import Prices?", *Review of World Economics*, Vol. 150, No. 4, 2014, pp. 665–691.

区分质量和潜在产品(underlying products)种类变化的影响。Feenstra 注意到这一问题,因此在推导其价格指数时仅将偏好系数作为一个次要特征设置为常数,这不仅直接剔除了质量变化的影响,而且间接掩盖了共同商品集合中产品质量变化导致的加总价格指数构造上的偏误。①② 所以,产品质量这一理应与消费者福利息息相关的重要变量却一直在相关研究中被忽视,这正是本章要着力解决的第一个问题。实证研究中,在产品质量估计问题上,虽然可以直接把产品质量作为一个参数加入 CES 模型进而得出估计产品质量的回归方程,但是这一方法,一方面由于产品质量存在如上所述诸多不同的估计方式,直接加入用以代表质量的函数,在量化分析时会因为函数设定不同而对研究结论的稳健性产生影响;另一方面采用不考虑消费者异质性的效用函数,与使用差异性产品数据自相矛盾。正如 Berry 论述,差异化产品市场中,由于个人特征与产品特征交互影响,需求方程中难以观测的残差项不仅包含不随个人特征变化的产品质量特征,而且包含代表着随机偏好参数的异方差扰动项,这种情况下为避免非线性工具变量(the nonlinear instrumental variables)问题,进而使得传统工具变量方法可行,建立离散选择模型,利用市场份额反推产品质量的方法则十分必要。③ 所以总体上看,目前国内研究中应用离散选择模型,把通过回归方程估计进口产品质量与分析贸易福利相结合纳入统一框架的文献几乎没有。

综上所述,如果将产品质量特征引入贸易福利分析,就需要解决如何引入、是否存在比 CES 模型更合适的框架以及此情形下该如何测算产品质量这三个问题。本章通过建立三层嵌套 Logit 模型,重新推导可进行价格、种类和质量三个维度分解的价格指数公式来衡量贸易福利,并在此基础上可以进一步推导出此框架下可用以估计产品质量的回归方程,使得以上量化分析都得以实现。所以,本章的边际贡献主要在于:一并

---

① Feenstra R. C.,"New Product Varieties and the Measurement of International Prices", American Economic Review, Vol. 84, No. 1, 1994, pp. 157 – 177.

② 例如若共同商品集中产品质量普遍提高会带来更高的市场份额,进而低估福利。

③ Berry S. T.,"Estimating Discrete – Choice Models of Product Differentiation", The RAND Journal of Economics, Vol. 25, No. 2, 1994, p. 242.

解决了经验研究中产品质量特征引入福利分析、CES框架不合理以及此框架下产品质量估计方法这三个难点问题。具体体现在以下三个方面：

首先，本章将进口产品质量因素纳入国民福利的分析之中。传统固定替代弹性模型下的价格指数只是考虑价格与种类的二维分解，而我们通过随机效用模型重新推导了衡量贸易福利的价格指数公式，这一指数不仅与Feenstra基于CES函数推导的价格指数[1]具有相似结构，而且在传统的价格与种类两个因素之外加入了质量这一新的维度，做到了价格指数的三维分解。通过对价格、种类、质量三者对福利影响的差异性分析，直接肯定了新增进口产品种类的质量因素是贸易福利的重要源泉，从根本上加深了对质量因素重要性的认识。

其次，产品质量的估计方法上，通过两方面提高结果的稳健性：第一，与传统文献中添加函数表达式以代表质量的方法不同，本章同样基于构建的嵌套logit模型，通过进一步推导获得与此框架相一致的回归方程，从而避免了因质量等式方程设定不同带来的影响，提高了计量结果的可靠性。第二，与传统文献中基于两层嵌套Logit模型下推导的回归方程不同，本章设定的是行业内各产品之间以及产品内各种类之间均存在相似程度的三层嵌套结构，通过利用Logit离散选择模型重新推导了估计产品质量的回归方程，放松了CES函数对替代结构限制的同时，一定程度上修正了诸如Khandelwal[2]等估计产品质量以及替代弹性时由于忽视回归系数间隐含的约束条件所造成的偏误。这对使用HS6位编码或者更高分位产品数据的后续实证研究提出了新的需要注意的问题。

最后，本章对贸易福利的分析从价格指数分解角度进行多维对比、多框架对比，并区分逐期和累积的方法进行分析，并进一步探讨了不同生产阶段的影响。本章在嵌套Logit模型下构建的价格指数因为与传统价格指数具有相似的结构而具有良好的性质，便于将CES模型下的价格指数、NCES模型下的价格指数纳入统一的分析框架，从而能够与前人研究

---

[1] Feenstra R. C. , "New Product Varieties and the Measurement of International Prices", *American Economic Review*, Vol. 84, No. 1, 1994, pp. 157-177.

[2] Khandelwal A. , "The Long and Short of Quality Ladders", *Review of Economic Studies*, Vol. 77, No. 4, 2010, pp. 1450-1476.

结论进行对比分析。在对价格指数进行价格、种类、质量三维分解的基础上，运用不同模型探讨更合理的嵌套结构、进口种类多样化和产品质量因素对价格指数以及贸易福利的逐期和累积影响，使得结论更具一般性和稳健性。所以，本章不仅可以解决以上问题造成的传统价格指数在福利测算上的偏误，推导出三层嵌套 Logit 模型下估计产品质量的回归模型，而且把前人研究纳入统一分析框架，从而把产品质量因素引入福利分析问题、CES 框架不合理问题以及产品质量估计方法三个问题统一解决。此外，不同用途的进口产品对进口国的福利具有不同的含义，特别是对于中国而言，大量中间品进口用于加工贸易。所以我们进一步区分生产阶段，考虑进口中间品和最终消费品的种类和质量的不同福利含义，因此本章也是对中国进口中间品相关研究文献的重要补充。

第二节　模型构建

国际贸易可以使一国通过进口差异化产品给消费者带来显著的福利效应。随着贸易理论由传统模型发展到新贸易理论以及异质性企业贸易理论，学者关注的引致贸易福利的产品差异化因素也日益丰富为价格、种类与质量三个维度。我们根据随机效用理论，提供了"价""质""量"三维视角下测算进口产品增长所产生的贸易福利变化的经验方法。这一方法主要是根据三层嵌套 Logit 模型构建的，选择这一模型的优点在于：首先，根据这一模型可以推导出和 Feenstra[1] 等前人研究相类似的价格指数公式来衡量福利改进，从而沿袭了传统文献的模型框架；其次，这一方法可以直接引入质量因素，进而能够通过与以往文献的对比说明产品质量因素的重要性；最后，根据这一模型可以继续推导得到能估计产品质量的回归方程，直接解决了这一框架下产品质量的估计问题。

---

[1] Feenstra R. C., "New Product Varieties and the Measurement of International Prices", *American Economic Review*, Vol. 84, No. 1, 1994, pp. 157 – 177.

一 消费选择的嵌套结构

根据随机效用理论和离散选择模型的通常做法以及产品差异化的相对性,本章不考虑供给面的变动,并对需求面做如下设定:①

消费者遵循以下"行业—产品—种类"的三个连续的消费选择阶段:(1)选择行业组别,即消费产品所属的行业 g(g=1,2,…,G);(2)选择行业组别 g 下的某产品 j(j=1,2,…,J_g);(3)选择产品 j 中具体的产品种类 cj(cj=1,2,…,CJ_j)。其中,前两个阶段中的"行业"与"产品"分别定义在两分位和六分位编码水平,最后一阶段的产品"种类"(variety)则被定义为从不同来源国 c 进口的产品 j。因此,t 时期消费者 i 购买行业 g 组中产品 j 的某一种类 cj 时可获得的效用为如下线性可加形式:

$$u_{cjt}^{ig} = \ln(a_{cjt}^g q_{cjt}^{ig}) + \xi_{jt}^{ig} + \varepsilon_{cjt}^{ig} = (\sigma^g - 1)\ln(\theta_{cjt}^g) + \xi_{jt}^{ig} + \varepsilon_{cjt}^{ig} \quad (7-1)$$

其中,a_{cjt} 代表产品质量,q_{cjt}^i 代表消费的每种产品种类的数量,θ_{cjt} 对应于 Feenstra 以及 Broda 和 Weinstein 研究中 CES 效用函数下的偏好参数。设定 j 组内部各种类 cj 之间以及产品 j 之间的替代弹性分别为 σ 与 ρ(满足 $\sigma > \rho$)。根据 Anderson 等②关于 Logit 模型中与 CES 模型中多样性偏好参数("preference for diversity" parameter)的论述,设定 ξ 与 ε 服从参数(the scale parameter)分别为 $\mu_1 = (\rho-1)^{-1}$ 与 $\mu_2 = (\sigma-1)^{-1}$ 的第 I 类极值分布(Type I Extreme Value Distribution),分别代表对应每产品组 j 与 j 组中的每个种类 cj 的扰动项。所以消费者面对的消费选择集具有如图 7—2 所示的嵌套结构。

这一效用函数形式和对应的嵌套结构通过允许产品在组内的替代关

---

① 产品质量可通过包括需求和供给的多个途径对贸易福利产生影响。本章关注需求面,通过价格指数对消费者带来的福利影响。即贸易开放时,消费者从进口产品多样性中获得的收益不会因为国内产品多样性减少所抵消。这与 Melitz 的预测不同。Melitz M. J., "The Impact of Trade on Intra-Industry Reallocations and Aggregate Industry Productivity", *Econometrica*, Vol. 71, No. 6, 2003, pp. 1695–1725.

② Anderson S. P., A. de Palma, and J. Thisse, *Discrete Choice Theory of Product Differentiation*, MIT Press, 1992.

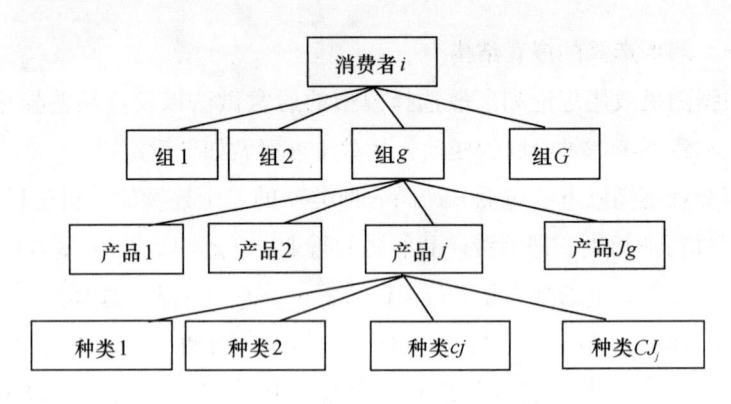

图7—2 消费者选择集嵌套结构

系与不同组之间的替代关系不同来解决 IIA[①] 问题。同时需要注意的是：与传统估算产品质量的两层嵌套 Logit 模型不同，本章设定的是各个产品之间依然存在相似程度的嵌套结构，尤其在使用 HS6 位编码或者更高分位产品数据时，忽视这一点，显然会带来严重偏误。这既是符合现实的合理设定，更是能与 NCES 模型下福利测算相对应的结构。

给定第一阶段中的每一行业 g，消费者依次选择能带来最大效用 v_j 的产品 j，在产品 j 中选择能带来最大效用 v_{cj} 的产品种类 cj（为简化符号，以下若干部分省略下标 t）。

在选择的第二阶段，消费者面临的最大化问题即为：

$$max\ (v_1^{ig},\ \cdots,\ v_j^{ig},\ \cdots,\ v_J^{ig}) \qquad (7-2)$$

其中每组产品带来的最大化间接效用取决于该组产品内的所有产品种类能为消费者带来的最大化期望效用，即：

$$v_j^{ig} = E\ \{max\ (v_1^{ig},\ \cdots,\ v_{cj}^{ig},\ \cdots,\ v_{CJj}^{ig})\}\ + \xi_j^{ig} \quad (\forall j=1,\ \cdots,\ J_g)$$

$$(7-3)$$

在选择的第三阶段，给定产品集合 j 时，消费者的选择问题是：

$$max\ (v_1^{ig},\ \cdots,\ v_{cj}^{ig},\ \cdots,\ v_{CJj}^{ig}) \qquad (7-4)$$

每一期消费者都在给定的收入约束 $p_{cj}q_{cj}^i = y_{cj}^i$ 下最大化个人效用，代

---

① IIA 性质即"无关选项的独立性"（independence of irrelevant alternatives）。

入到（7—1）式可得此阶段给定产品集合 j 时的间接效用函数：

$$v_{cj}^{ig} = \ln a_{cj}^g - \ln p_{cj} + \ln y_{cj}^i + \varepsilon_{cj}^{ig} \quad (\forall cj = 1, \cdots, CJ_j) \quad (7—5)$$

给定以上目标函数，我们依次求解两个最大化问题。首先，依据（7—4）式和（7—5）式，对服从 Logit 分布的随机扰动项进行积分，可得此阶段消费者选择 j 组中产品种类 cj 的条件概率（即支出份额 s）的表达式为：

$$prob_{cj|j}^g = s_{cj|j}^g = \left[a_{cj}^g / p_{cj} \right]^{\sigma^g - 1} \bigg/ \left[\sum_{cj=1}^{CJ_j} \left(a_{cj}^g / p_{cj} \right)^{\sigma^g - 1} \right] \quad (7—6)$$

所以（7—3）式中消费者选择产品集合 j 可以获得的期望效用即为：

$$E\left\{ max\left(v_1^{ig}, \cdots, v_{CJ_j}^{ig} \right) \right\} = \frac{1}{\sigma^g - 1} \left[\ln \left(\sum_{cj=1}^{CJ_j} \left(a_{cj}^g / p_{cj} \right)^{\sigma^g - 1} \right) \right] \equiv \frac{1}{\sigma^g - 1} \ln(\Phi_j) \quad (7—7)$$

其次，将上式代入（7—3）式，求解（7—2）式最大化问题可得在第二阶段消费者从集合 J_g 中选择产品 j 的选择概率为：

$$prob_j^g = s_j^g = \left(\Phi_j \right)^{\frac{\rho^g - 1}{\sigma^g - 1}} \bigg/ \left[\sum_{j=1}^{J_g} \left(\Phi_j \right)^{\frac{\rho^g - 1}{\sigma^g - 1}} \right] \quad (7—8)$$

于是，消费者选到产品种类 cj 的概率为（7—6）式和（7—8）式的乘积：

$$s_{cj}^g = s_{cj|j}^g \times s_j^g = \left(a_{cj}^g / p_{cj} \right)^{\sigma^g - 1} \bigg/ \left[\left(\Phi_j \right)^{\frac{\rho^g - \sigma^g}{1 - \sigma^g}} \sum_{j=1}^{J_g} \left(\Phi_j \right)^{\frac{1 - \rho^g}{1 - \sigma^g}} \right] \quad (7—9)$$

最后，行业组实际上定义了总计 G 个消费者的不同类型（type），产品种类 cj 的最终市场份额可以通过加总收入分配空间 G 中所有不同类别消费者的选择份额所获得：

$$MS_{cjt} = \sum_{g \in G} \varphi_t^g s_{cjt}^g \quad (7—10)$$

其中，φ_t^g 为 t 期类型 g 消费者的支出份额。

二 价格指数的三维分解与贸易福利

价格指数的经济学含义是：如果用 $t-1$ 期可获得的产品替换掉 t 期的可获得产品，为了获得等价于 t 期的效用水平，$t-1$ 期的产品价格水平应该改变的程度。因此该指数可以用来衡量福利的补偿性变化（compensating variation）。在消费者类型为离散的条件下，可根据每类型消费者在 t 期支出中的份额为权重来加总获得总效用。因此，通过求解第一阶段选择问题的最大值，价格指数 π 应该满足的条件为：

$$\sum_{g\in G}\frac{\varphi_t^g}{\rho^g-1}\ln\left(\sum_{j\in J_g}\left(\sum_{cj\in CJ_{jt-1}^g}\left(a_{cjt-1}^g\big/\pi_t\, p_{cjt-1}\right)^{\sigma^g-1}y^{\sigma^g-1}\right)^{\frac{1-\rho^g}{1-\sigma^g}}\right)$$

$$=\sum_{g\in G}\frac{\varphi_t^g}{\rho^g-1}\ln\left(\sum_{j\in J_g}\left(\sum_{cj\in CJ_{jt}^g}\left(a_{cjt}^g\big/p_{cjt}\right)^{\sigma^g-1}y^{\sigma^g-1}\right)^{\frac{1-\rho^g}{1-\sigma^g}}\right)$$

由此可推得价格指数表达式如下：

$$\pi_t=\prod_{g\in G}\left(\frac{\left(\sum_{j\in J_g}\left(\sum_{cj\in CJ_{jt}^g}\left(a_{cjt}^g\big/p_{cjt}\right)^{\sigma^g-1}\right)^{\frac{1-\rho^g}{1-\sigma^g}}\right)^{\frac{1}{1-\rho^g}}}{\left(\sum_{j\in J_g}\left(\sum_{cj\in CJ_{jt-1}^g}\left(a_{cjt-1}^g\big/p_{cjt-1}\right)^{\sigma^g-1}\right)^{\frac{1-\rho^g}{1-\sigma^g}}\right)^{\frac{1}{1-\rho^g}}}\right)^{\varphi_t^g}$$

为了克服"共同商品"假设，进而推导出可以包含"价""质""量"三个维度的加总价格指数公式，具体处理方法如下：针对每种类型 g 消费者，$t-1$ 时期选择组 j 中的产品共有 CJ_{jt-1} 种，t 期则为 CJ_{jt} 种，对这 CJ_{jt} 种产品分别按照价格和质量排序并分别取5个百分位节点，交叉构成25个"价格—质量"组，然后依次在每个组中按照 CJ_{jt-1}/CJ_{jt} 的比例随机抽取代表性产品，进而构成控制了 t 期"价格—质量"分布又可以获得与 $t-1$ 期具有相同种类数的产品集合 I_j。根据 Sato 和 Vartia,[①] 依次对每组以及此集合中每种产品取几何平均，权重为标准化的此集合支出份额的对数平均（ideal log - change weight），便可得到三维分解的价格指数表达式，即：

---

① Sato K., "The Ideal Log – Change Index Number", *The Review of Economics and Statistics*, Vol. 58, No. 2, 1976, p. 223; Vartia Y. O., "Ideal Log – Change Index Numbers", *Scandinavian Journal of Statistics*, Vol. 3, No. 3, 1976, pp. 121 – 126.

$$\pi_t = \prod_{g \in G} \left(\prod_{j \in J_g} \left(\frac{\left(\sum_{cj \in CJ_{jt}^g} \left(a_{cjt}^g / p_{cjt} \right)^{\sigma^g - 1} \right)^{\frac{1}{1-\sigma^g}}}{\left(\sum_{cj \in CJ_{jt-1}^g} \left(a_{cjt-1}^g / p_{cjt-1} \right)^{\sigma^g - 1} \right)^{\frac{1}{1-\sigma^g}}} \right)^{\omega_{1t}^g} \right)^{\varphi_t^g}$$

$$= \prod_{g \in G} \left(\prod_{j \in J_g} \left(\prod_{cj \in I_j^g} \left(\frac{p_{cjt}}{p_{cjt-1}} \right)^{\omega_{2t}^g} \prod_{cj \in I_j^g} \left(\frac{a_{jt-1}^g}{a_{jt}^g} \right)^{\omega_{2t}^g} \left(\frac{\lambda_t^{I_j^g}}{\lambda_{t-1}^{I_j^g}} \right)^{\frac{1}{\sigma^g - 1}} \right)^{\omega_{1t}^g} \right)^{\varphi_t^g} \quad (7\text{—}11)$$

$$= \prod_{g \in G} \left(\prod_{j \in J_g} \left(\prod_{cj \in I_j^g} \left(\frac{p_{cjt}}{p_{cjt-1}} \right)^{\omega_{2t}^g} \prod_{cj \in I_j^g} \left(\frac{\theta_{cjt-1}^g}{\theta_{cjt}^g} \right)^{\frac{\omega_{2t}^g}{\sigma^g - 1}} \left(\frac{\lambda_t^{I_j^g}}{\lambda_{t-1}^{I_j^g}} \right)^{\frac{1}{\sigma^g - 1}} \right)^{\omega_{1t}^g} \right)^{\varphi_t^g}$$

其中，$\lambda_t^{I_j^g} = \left(\sum_{cj \in I_j^g} p_{cjt} q_{cjt}^g \right) / \left(\sum_{cj \in CJ_{jt}^g} p_{cjt} q_{cjt}^g \right)$，

$$\omega_{1t}^g = \frac{(s_{jt}^g - s_{jt-1}^g) / (\ln(s_{jt}^g) - \ln(s_{jt-1}^g))}{\sum_{j \in J_g} (s_{jt}^g - s_{jt-1}^g) / (\ln(s_{jt}^g) - \ln(s_{jt-1}^g))},$$

$$\omega_{2t}^g = \frac{(s_{cjt}^g(I_j^g) - s_{cjt-1}^g(I_j^g)) / (\ln(s_{cjt}^g(I_j^g)) - \ln(s_{cjt-1}^g(I_j^g)))}{\sum_{cj=1}^{I_j^g} (s_{cjt}^g(I_j^g) - s_{cjt-1}^g(I_j^g)) / (\ln(s_{cjt}^g(I_j^g)) - \ln(s_{cjt-1}^g(I_j^g)))}$$

其中，$s_{cjt}(I_j)$ 代表集合 I_j 中产品种类 cj 所占的支出份额，ω_{1t} 与 ω_{2t} 分别是相应支出份额的对数平均。该价格指数被分解为三部分：价格水平的变化；质量水平的变化；由于种类变化而引起的支出份额的变化。主要特性体现在：（1）进口产品质量的变化方向与福利变化方向相同。原因是假设本期进口产品质量高于上一期，会引起本期价格指数 π_t 的下降，即两期间为获得相同效用付出的生活成本降低，因此导致进口福利上升。（2）两期间价格变化方向与质量变化方向对本期价格指数的影响方向相反。这意味着给定本期替代弹性时，即使存在由于进口产品本身价格上升引起的福利下降，或者存在由于进口种类多样化减少造成本期在共同商品集上的支出增加而引起的福利水平向下变动，如果本期进口产品质量高于上一期，依本期价格指数衡量的进口种类的最终福利水平依然存在增加的可能。这些比率的相对变动幅度取决于替代弹性。（3）这一公式可

把前人研究纳入统一的分析框架。例如,当偏好参数为常数时,这一公式即与 Broda 和 Weinstein 在 NCES 模型下推导的与复合进口品(composite import good)对应的"加总精确价格指数"(the aggregate exact import price index)相一致;[①] 进一步当不区分消费者类别等嵌套分组结构时,这一公式即与 Feenstra 在 CES 模型下证明的"精确价格指数"相对应;[②] 最后当不考虑产品种类变化(产品集合固定不变)时,即与 Sato 和 Vartia 给出的价格指数表达式相同。[③]

借鉴价格指数的传统分解方法,本章的最终精确价格指数(Exact Price Index)即可分解为三部分的乘积:一是不考虑进口产品种类与质量变化的传统价格指数(Conventional Price Index);二是代表进口种类变化效应的修正 Lambda 比率部分(Corrected Lambda Ratio);三是代表进口产品质量变化效应的质量比率部分(Quality Ratio),即:

$$\pi_t = CvPI_t \times CLR_t \times QR_t \equiv ExPI \qquad (7—12)$$

其中,

$$CvPI_t = \prod_{g \in G}\left(\prod_{j \in J_g}\left(\prod_{cj \in I_j^g}\left(p_{cjt}/p_{cjt-1}\right)^{\omega_{2t}^g}\right)^{\omega_{1t}^g}\right)^{\varphi_t^g},$$

$$CLR_t = \prod_{g \in G}\left(\prod_{j \in J_g}\left(\lambda_t^{I_j^g}/\lambda_{t-1}^{I_j^g}\right)^{\frac{1}{\sigma^g-1}}\right)^{\omega_{1t}^g}\right)^{\varphi_t^g},$$

$$QR_t = \prod_{g \in G}\left(\prod_{j \in J_g}\left(\prod_{cj \in I_j^g}\left(a_{jt-1}^g/a_{jt}^g\right)^{\omega_{2t}^g}\right)^{\omega_{1t}^g}\right)^{\varphi_t^g}。 \qquad (7—13)$$

因此,CLR 与 QR 可以按比例扩大或缩小传统价格指数,传统价格指数因未考虑进口种类以及进口质量这两方面的改变而产生偏误。由于该

[①] Broda C., and D. E. Weinstein, "Globalization and the Gains from Variety", *The Quarterly Journal of Economics*, Vol. 121, No. 2, 2006, pp. 541–585.

[②] Feenstra R. C., "New Product Varieties and the Measurement of International Prices", *American Economic Review*, Vol. 84, No. 1, 1994, pp. 157–177.

[③] Sato K., "The Ideal Log – Change Index Number", *The Review of Economics and Statistics*, Vol. 58, No. 2, 1976, p. 223; Vartia Y. O., "Ideal Log – Change Index Numbers", *Scandinavian Journal of Statistics*, Vol. 3, No. 3, 1976, pp. 121–126.

指数基于消费者商品选择的三层嵌套 Logit 模型构建，我们称之为嵌套 Logit 指数，即 NL 指数。

根据 Broda 和 Weinstein 的推导可知，进口贸易福利即由传统价格指数偏误的倒数与 1 的距离所决定：

$$GFV_v = (1/CLR_t)^{\omega_{3t}} - 1, \quad GFQ_t = (1/QR_t)^{\omega_{3t}} - 1 \quad (7—14)$$

其中 GFV 为进口种类增长引致的贸易福利（gains from variety），GFQ 为进口质量提升引致的贸易福利（gains from quality），ω_{3t} 为两时期进口占国内生产总值（GDP）比重的对数平均。

三　回归模型

由于 $CvPI$ 与 CLR 可根据进口数据直接计算，唯一需要估计的部分为 QR 中的非观测的产品质量。根据以上模型构建我们进一步推导此框架中可以估计产品质量的回归模型。

根据 Berry 的论述，研究差异化产品的离散选择模型中，如果忽视外部产品（the outside good）的存在，就会由于需求严重限制在只受研究的内部产品（inside goods）之间相对价格的影响上而导致选择行为非理性。[①] 作为进口产品的合理替代，我们引入国内产品作为研究的外部产品来完备需求结构，记为产品 $cj = 0$，且 $u_0 = 0$。对外部产品的选择同样遵循以上嵌套选择结构（见图 7—2），消费者在包含这两部分产品的所有产品集合中选择，进而可推得外部产品的市场份额表达式以及两部分产品市场份额之间的关系式如下：

$$(s_{0t}^g)^{-1} = \sum_{j \in J} \left(\sum_{cj \in CJ_{jt}} \left(a_{cjt}^g / p_{cjt}\right)^{\sigma^g - 1} \right)^{\frac{1-\rho^g}{1-\sigma^g}} \quad (7—15)$$

$$s_{cjt}^g = \left[\left(a_{cjt}^g / p_{cjt}\right)^{\sigma^g - 1} \right] \bigg/ \left[\left(\left(a_{cjt}^g / p_{cjt}\right)^{\sigma^g - 1} / s_{cjt|j}^g \right)^{\frac{\rho^g - \sigma^g}{1-\sigma^g}} (1/s_{0t}^g) \right] \quad (7—16)$$

[①] Berry S. T., "Estimating Discrete - Choice Models of Product Differentiation", *The RAND Journal of Economics*, Vol. 25, No. 2, 1994, p. 242.

分别取对数后代入，可以推得本章估计产品质量的基本回归方程：

$$\ln s_{cjt}^g - \ln s_{0t}^g = (\rho^g - 1)\ln a_{cjt} + (1 - \rho^g)\ln p_{cjt} + \frac{\sigma^g - \rho^g}{\sigma^g - 1}\ln s_{cjt|j}^g \quad (7—17)$$

对此回归方程做以下两方面处理：其一，为了避免产品内存在观测不到的隐含种类（hidden variety）影响市场份额进而导致产品质量高估的问题，[①] 本章遵循同类研究中的方法，用出口国 c 的人口（POP）和国内生产总值（GDP）作为该国隐含产品种类 HV 的代理变量，加入回归方程中控制出口国规模特征，减少遗漏变量偏误：

$$\ln s_{cjt}^g - \ln s_{0t}^g = (\rho^g - 1)\ln a_{cjt}^g + (1 - \rho^g)\ln p_{cjt} + \frac{\sigma^g - \rho^g}{\sigma^g - 1}\ln s_{cjt|j}^g + \eta HV_{ct}$$

$$(7—18)$$

其二，在对所有进口种类的产品质量进行测算时，依照 Khandelwal 的办法，[②] 不区分体现个人需求偏好的质量评价（valuation）与产品质量特征，用代表非观测异质性的两个固定效应（$a_{1,cj}^g$ 和 $a_{2,t}^g$）和特异误差项（$a_{3,cjt}^g$）共同捕捉产品质量，以此对来自不同国家 c 的所有进口种类 cj 的质量进行测算：

$$\ln s_{cjt}^g - \ln s_{0t}^g = a_{1,cj}^g + a_{2,t}^g + (1 - \rho^g)\ln p_{cjt} + \frac{\sigma^g - \rho^g}{\sigma^g - 1}\ln s_{cjt|j}^g + \eta HV_{ct} + a_{3,cjt}^g$$

$$(7—19)$$

$$a_{cjt}^g = \hat{a}_{1,cj}^g + \hat{a}_{2,t}^g + \hat{a}_{3,cjt}^g \quad (7—20)$$

与传统估算产品质量的两层嵌套 Logit 模型不同，本章设定的三层嵌套结构因为考虑了产品种类之间与产品分组之间同时存在替代关系，得到的回归方程在形式上与以往研究略有不同。[③] 这种设定更接近于现实情形，在使用 HS6 位编码或者更高分位产品数据时，忽视回归系数间这一

[①] Feenstra R. C., "New Product Varieties and the Measurement of International Prices", *American Economic Review*, Vol. 84, No. 1, 1994, pp. 157 – 177.

[②] Khandelwal A., "The Long and Short of Quality Ladders", *Review of Economic Studies*, Vol. 77, No. 4, 2010, pp. 1450 – 1476.

[③] 例如，当设定各产品组之间不存在替代关系时，推导即可得到 Khandelwal 的实证回归模型。其他研究如施炳展《中国企业出口产品质量异质性：测度与事实》，《经济学》（季刊）2014 年第 1 期；余淼杰、李乐融《贸易自由化与进口中间品质量升级——来自中国海关产品层面的证据》，《经济学》（季刊）2016 年第 3 期。

约束条件，会造成替代弹性估计上的偏误；更需要注意的是，质量、价格和组内份额三者的回归系数之间存在依据替代弹性而决定的结构关系，如果忽视这一关系将造成结果的不可靠性。根据估计结果，产品质量便可由（7—20）式计算，进一步代回（7—13）式与（7—14）式即可计算 QR 与 GFQ。

第三节　实证分析

一　数据及变量

（一）贸易数据的来源与处理

本章的贸易数据来自 CEPII – BACI 数据库，具体选取 HS1992 分类标准下 1995—2014 年中国进口六分位数据，每一个数据单位包含产品的出口国、CIF 价值量和成交数量。具体处理过程如下：首先，本章将 HS1992 六分位编码中国进口数据与 ISIC Rev. 3 四分位编码对齐，并汇总到两分位行业水平,[1] 剔除不能对齐的 774 个样本，剔除进口种类价值小于 1 单位的 729 个样本,[2] 剩余 1823811 个产品种类样本；然后，选取 1995—2014 年均存在进口的 33 个 ISIC 两分位编码行业数据（包含 142 个 ISIC 四分位行业），剔除某些年份无进口的行业中的产品种类数据,[3] 剩余 1823697 个样本，年均种类数 91185；最后，ISIC 四分位进出口行业各 142 个，分别与我国行业分类标准 CSIC2002 四分位编码对齐，考虑数据可得性和行业特征，将 33 个 ISIC 两分位编码行业汇总构成本章的 27 类 CSIC2002 两分位编码行业（标号 01 – 27，见表 7—1），对应如前所述的消费选择的第一阶段。其中服务业只包含 CSIC02 中"租赁和商务服务业""地质勘查业和水利管理业""水利、环境和公共设施管理业""居民服务和其他服务业""文化、体育和娱乐业"与"国际组织"六大类。

---

[1] 转换表：http://wits.worldbank.org/product_concordance.html。

[2] 包含 HS 六位编码下 151930 与 380999 的进口数据。BACI 原始数据以"吨"为数量单位，这里一单位取一千克。

[3] 如 1995—1999 年 ISIC 两分位编码下行业 12 不存在进口数据，2009 年、2010 年、2013 年与 2014 年行业 40 不存在进口数据，进而剔除这两个行业数据。

表 7-1 数据统计描述

标号	行业名称（与 CSIC02 对应）	CSIC 2002	ISIC3	产品种类数 (HS0-6)	各年增加值	各年进口额	各年出口额	lnSo	ln市场份额	ln价格	ln组内份额	lnGDP	lnPOP
01	农业、畜牧业及相应服务业	01、03、05	01	36455	3392.18	245.66	71.43	-0.06	-14.18	1.10	-5.01	26.31	17.40
02	林业	02	02	9976	174.30	32.90	4.47	-0.16	-12.73	0.55	-5.82	26.07	17.25
03	渔业	04	05	6843	394.04	4.96	7.91	-0.01	-9.46	1.71	-4.85	26.24	17.47
04	煤炭、石油和天然气采选业	06、07	10、11	2059	1330.07	779.30	37.41	-0.32	-9.83	-1.35	-6.15	25.78	17.15
05	黑色金属及有色金属矿采选业	08、09	13	8245	250.93	393.45	4.66	-0.72	-12.39	-0.25	-6.07	25.73	17.38
06	非金属及其他采矿业	10、11	14	19696	91.91	28.20	19.13	-0.32	-11.90	-0.46	-5.92	26.66	17.44
07	食品及饮料加工制造业	13、14、15	15	102903	1257.33	171.62	175.55	-0.16	-13.21	0.84	-5.09	26.61	17.21
08	烟草制品业	16	16	1072	416.21	1.08	3.30	0.00	-7.60	2.96	-4.79	26.47	17.23
09	纺织业	17	17	174358	684.53	123.88	565.43	-1.09	-13.27	2.54	-5.49	26.73	17.33
10	纺织服装、鞋、帽制造业	18	18	92492	297.41	15.68	209.39	-0.30	-11.90	3.85	-5.56	26.27	17.11
11	皮革、毛皮、羽毛及其制品业	19	19	31551	192.31	35.84	128.50	-0.70	-12.26	2.90	-5.91	26.30	17.19
12	木材加工及木竹藤棕草制品业	20	20	26741	144.14	30.72	70.38	-0.81	-11.89	0.48	-5.84	26.24	17.11
13	造纸及纸制品业	22	21	46954	224.46	80.98	54.14	-0.42	-12.18	0.64	-5.53	26.84	17.17
14	印刷业和记录媒介的复制	23	22	13672	97.36	14.46	40.81	-0.24	-10.66	2.92	-6.31	26.65	17.05
15	石油加工、炼焦及核燃料加工业	25	23	5792	360.08	171.36	79.92	-0.42	-11.79	0.47	-6.33	26.59	17.22
16	医药及化学制品制造业	26、27、28	24	273179	1351.53	770.79	488.85	-0.62	-14.77	1.66	-5.58	27.00	17.33

续表

标号	行业名称（与CSIC02对应）	CSIC 2002	ISIC3	产品种类数（HS0-6）	指标均值							
					各年增加值	各年进口额	各年出口额	lnSo	ln市场份额	ln价格	ln组内份额	lnGDP	lnPOP
17	橡胶和塑料制品业	29、30	25	65867	411.69	96.05	282.96	-0.56	-12.03	2.12	-6.17	26.57	17.08
18	非金属矿物制品业	31	26	61171	698.00	36.07	157.98	-0.07	-12.41	1.60	-5.61	26.90	17.29
19	黑色及有色金属冶炼压延加工	32、33	27	120837	1599.63	505.27	368.18	-0.35	-13.66	1.55	-5.77	26.92	17.28
20	金属制品业	34	28	101202	418.92	65.98	312.36	-0.66	-12.48	2.69	-5.92	26.76	17.11
21	通用和专用设备制造业	35、36	29	236999	1114.98	571.92	647.75	-0.84	-12.81	3.04	-5.72	26.77	17.10
22	仪器仪表及文化办公用机械制造业	41	30、33	96252	527.35	503.79	161.95	-0.86	-13.15	4.94	-6.16	26.69	17.04
23	电气机械及器材制造业	39	31	79658	1277.45	234.77	654.15	-0.40	-12.33	3.36	-6.55	26.47	17.00
24	通信等电子设备制造业	40	32	47736	1612.84	797.84	1051.65	-0.80	-12.87	4.70	-7.15	26.34	16.95
25	交通运输设备制造业	37	34、35	41876	956.40	407.69	291.78	-0.43	-11.46	2.86	-5.87	26.80	17.25
26	家具、文教体育用品及其他制造	21、24、42	36	64737	434.18	32.73	194.76	-0.15	-11.91	2.90	-5.52	26.73	17.21
27	服务业	74—98	74—99	33695	2835.37	141.22	20.92	-0.05	-10.97	0.34	-5.92	26.04	16.95
	合计			1802018									

(二) 国家特征变量的选取与数据来源

回归模型中用于控制进口来源国隐含产品种类的变量选取为代表各国经济规模的各年国内生产总值（GDP）和总人口（POP）数据，该数据来自世界银行官方网站数据库（World Bank Database）中的世界发展指标数据库（WDI）以及 IMF 数据库。前者分别利用各国各年平减指数调整为以 1995 为基期的美元价值，剔除某些年份存在缺失值的国家，剩余 176 个国家和地区，后者包含 192 个国家和地区，分别与 BACI 数据库进口国编号对齐，剔除无法获得这两个指标贸易数据，剩余 1802018 个进口产品种类样本。

(三) 外部产品市场份额数据来源与处理

传统文献中常用进口渗透率指标反推这一数据，施炳展等学者论述了这种方法的不合理性。① 我国相关数据的缺失也使得有关中国进口产品质量测度成为相关研究的难点之一。如前所述，我们必须引入国内产品作为外部产品来完备需求结构。依据 Khandelwal 方法，② 根据本章定义的 27 个行业分类，通过令外部产品市场份额为国内消费的部分与整个市场销量的比值进行计算，即令 $S_{ot} = (Q_{ot} - E_{ot}) / (Q_{ot} + I_{ot} - E_{ot})$，其中行业 o（$o = 1, 2, \cdots, 27$）在 t 年国内生产 Q 与出口 E 的差额即为国内生产并在国内消费的部分，此部分与该行业进口 I 的总和即为整个市场的销量。具体而言：(1) 生产值用各年各行业增加值作为指标。其中，对于第一和第三产业（标号 01 - 03 与 27）增加值：农林牧渔四个行业增加值来自中国农村统计年鉴，1995—2003 年农林牧渔服务业增加值来自统计年鉴中"第三产业增加值"一表，2004—2014 年农林牧渔服务业增加值数据由农林牧渔业增加值减去第一产业增加值获得，1995—2003 年的服务业（标号 27）增加值数据由 2007—2014 的统计年鉴中 1995—2003 年"第三产业增加值"数据表中的"其他"一项扣除 2002—2005 年鉴中 1995—2003 年"第三产业增加值"数据表中的社会服务业、卫生体育和

---

① 施炳展、王有鑫、李坤望：《中国出口产品品质测度及其决定因素》，《世界经济》2013 年第 9 期。

② Khandelwal A., "The Long and Short of Quality Ladders", *Review of Economic Studies*, Vol. 77, No. 4, 2010, pp. 1450 – 1476.

社会福利业、教育文化艺术及广播电影电视业、国家机关政党机关和社会团体四项的增加值数据获得，其他年份服务业增加值数据来自各年年鉴中"分行业增加值"数据。（2）对于本章标号 04-26 的各工业行业的增加值：来源包括统计年鉴中三类表格"独立核算工业企业主要指标（1995—1997）""全部国有及规模以上非国有工业企业主要指标（1998—2007）""工业分大类行业增加值增长速度（2008—2014）"。具体计算时，首先对齐各年鉴中的行业分类（例如 1995—1997 年的木材及竹材采运业归入非金属及其他采矿业，1995—2002 年服装及其他纤维制品制造归入纺织服装、鞋、帽制造业，工艺品制造业归入其他制造业）；然后对年鉴中的行业增加值数据进行整理，例如 1998—2003 年其他制造业的增加值数据由报告的全国总计数据与分行业数据总和的差值补齐，根据行业增加值累计增长速度原始数据计算 2008—2014 年相应行业增加值数据，2012—2014 年交通运输设备制造业数据由报告的汽车制造业数据和铁路、船舶、航空航天和其他运输设备制造业数据合计；最后根据本章的行业分类进行合并计算，并按照其占工业增加值比重以及各年官方汇率水平调整为亿美元水平。剔除的废弃资源和废旧材料回收加工业、电力热力的生产和供应业、燃气生产和供应业以及水的生产和供应业四个行业，其数据占 20 年工业总增加值的 8.73%，并且不影响贸易数据的样本量。（3）分行业进出口额：根据 BACI 贸易数据，汇总出 1995—2014 年本章的 27 类行业的进出口贸易总额。

二 中国进口种类的特性事实

根据本章定义的 27 个行业，从 1995 年至 2014 年，中国进口数量大于 1 单位的进口产品数据共包括 1823697 个观测值，其中共涵盖 218 个不同的国家（或地区），5004 种不同 HS6 位编码进口产品（category），227108 种不同的"国家—产品"组合定义的进口种类（variety）。表 7—2 报告了 7 个代表性年份（或区间）与 1995 年相比，进口产品以及来源国的相关统计数据。可以发现近 20 年中国进口品主要呈现出三个明显特征：一是从 HS6 分位产品（category）层面看，各年间产品总数整体变化较小，逐年变化数目平均而言仅为 10 种左右。但是，各年新增的 HS6 分位产品在 2000 年之前仅占该年产品总数的 1.5% 左右，中国入世之后这一数据则长期保持在总数的 3% 至 4% 水平之间，增长近 2 倍。① 这反映出加入世贸组织对中国进口种类多样化的影响。二是各年的"国家—产品"组合定义的产品种类（variety）增长明显。总数上看 20 年间几乎翻了 1 倍，与 1995 年相比新增产品种类占该年产品种类总数的比例更长期保持在 50% 左右，并且每年每个新增的进口来源国平均出口 1500 个左右的新产品种类到中国，几乎是中国长期保持进口关系的国家进口的共同商品平均数量的 5 倍。例如，2008 年与 1995 年相比，新增 36 个进口来源国，新增种类数 55272，平均每个国家贡献 1535.33 个新产品种类，而共同的 164 个进口来源国对于共同的 49082 个产品种类，平均每个国家贡献 299.28 个产品种类。这些都说明考虑"国家—产品"组合定义的产品种类的重要性。三是通过各年共同产品种类数目除以各年共同产品数目可知，20 年间向中国供给共同产品的平均出口国数目一直密集分布在 10.5 左右。Broda 和 Weinstein 对 1972 年至 2001 年美国的进口种类研究中也有类似的分析。② 但其发现的供给共同产品的平均出口国从 8.4 增加到 16.3，增长 90% 以上。这更加凸显了对于中国这种发展中国家而言，新增进口来源国对进口种类多样化的重要作用。

表 7—2　　　　代表性年份进口品种类数目及各期间内平均值

年份	进口国			HS6 分位产品			产品种类		
	总数	新增	共同	总数	新增	共同	总数	新增	共同
1995	166			4794			66095		
2001	181	24	157	4882	193	4689	80289	31410	48879
2008	200	36	164	4705	176	4529	104354	55272	49082
2014	199	39	160	4593	177	4416	111604	63657	47947
1996—2000	170	14	156	4792	90	4702	71706	22167	49539

---

① 例如，1996—2000 年各年新增产品数目平均值为 65.75，而 2001 之后，各年新增产品数目平均值为 108.47。

② Broda C., and D. E. Weinstein, "Globalization and the Gains from Variety", *The Quarterly Journal of Economics*, Vol. 121, No. 2, 2006, pp. 541 – 585.

续表

年份	进口国			HS6 分位产品			产品种类		
	总数	新增	共同	总数	新增	共同	总数	新增	共同
2001—2007	188	27	161	4831	184	4648	92600	42869	49731
2008—2014	202	39	163	4625	176	4448	107268	59040	48228
年均	187	28	160	4747	156	4588	91185	43379	49127

注：新增与共同数目以 1995 年为基年，各项中相应消失数目已略去。"区间"和"年均"结果经过四舍五入取整。"年均"项，"总数"为 20 年均值，"新增"与"共同"则为 19 年均值。

总之可以发现，近 20 年间，中国各年进口国总数目与 HS6 分位进口产品总数变化都较小，但是"国家—产品"组合定义的产品种类却增长明显，并且贸易自由化带来的各年新增进口国对进口种类多样化的贡献较大。

进一步，我们从如前所述的 1802018 个进口产品种类样本中选取本章共同商品集，共计 63337 个产品种类（variety），等于样本集中 1995 年中国进口的产品种类数目。表 7—3 为分产业共同商品集中产品种类进口额统计表。其中，第一产业包括本章设定的标号 1—3 的三个行业，标号 27 的行业为第三产业，其余为第二产业。对于价格与数量，由于其分布存在严重右偏，故只报告中位数。20 年中，三大产业中属于共同产品种类的进口种类总计 989223，占样本总量 1802018 的 54.895%，但是各年共同产品种类进口额占总进口额的比例均超过 75%，20 年平均来看，三个行业的此份额数值更是均高于 80%。由此可见，虽然新增产品种类数量几乎占到一半，但是其市场份额却普遍较低，这很可能是其相对较低价值或质量的表现，因此在衡量贸易福利时不能仅依靠计数数据（count data）。这一结论与 Broda 和 Weinstein 的发现相似。[1]

---

[1] Broda C., and D. E. Weinstein, "Globalization and the Gains from Variety", *The Quarterly Journal of Economics*, Vol. 121, No. 2, 2006, pp. 541–585.

表7—3　1995—2014年分产业"共同商品集"中产品种类的相关统计

	种类数目	样本总量	数量份额（%）	价格中位数	数量中位数	各年进口总额平均数	各年价值份额平均数（%）
第一产业	2115	25293	47.477	2.173	47.331	241.207	85.301
第二产业	60214	949741	55.377	9.552	24.417	4336.003	81.893
第三产业	1008	14189	42.110	0.729	430.5	123.844	90.870

注：价格单位为千美元/吨，数量单位为吨，进口总额单位为亿美元。"数量份额"为各产业共同商品样本总量占该产业所有样本数量的比重。所有结果经过四舍五入。

三　回归结果

根据公式（7—19）以及如前所述的共包含1802018个样本的非平衡面板数据，我们分别采用了最小二乘法（OLS）、工具变量法（IV）以及双向固定效应模型（two-way FE），对本章设定的27个行业分别进行了回归。具体回归结果统计如表7—4所示。所有模型中主要变量均取对数形式，且通过设置1996—2014年共计19个年份虚拟变量在回归中控制时间固定效应项 a_{2t}，表中未报告各模型的常数项。①

OLS混合回归（pooled regression）模型中，依据"国家—HS6位编码"定义的不同产品种类作为聚类变量，使用聚类稳健标准差。无论单独控制GDP或者POP还是同时控制两者，27个行业的价格变量的回归系数全部为负值，全部都在1%水平下显著，与预期及其他文献研究结果相符。组内份额回归结果虽全部为正值，然而部分行业回归系数的估计结果大于1。包含GDP变量的两个OLS模型中（见表7—4的第3列和第5列），其回归系数分别有21个和16个为正值，分别有16个和14个行业在1%的水平显著。同样，POP的回归系数分别有18个与15个为正值，有14个和13个行业在10%水平下显著，显著性较差的行业主要出现在

---

① 根据此类研究中"质量"定义，在回归中的主要控制变量即为"价格"，所以我们也遵循诸多同类研究中不加入过多的控制变量的做法。同时，Hallak和Schott认为这种方法与根据双边贸易均衡估计产品质量的"纯价格"（pure price）方法不同，因此本章中的"分解"不同于"剥离"。Hallak J. C., and P. K. Schott, "Estimating Cross-Country Differences in Product Quality", *The Quarterly Journal of Economics*, Vol. 126, No. 1, 2011, pp. 417-474.

标号为 4、8、15 等样本量较少的行业。OLS 中加入了时间固定效应，除了标号为 15 的石油加工、炼焦及核燃料加工业，其他 26 个行业中所有年份虚拟变量都在 1% 水平下联合显著（如表 7—4 中此三列"相应检验 F 值"），说明了设置时间固定效应的合理性。根据整体显著性检验的 F 值（如表 7—4 中此三列最后一行"整体显著性检验"），所有行业回归方程均在 1% 水平下整体显著，最大 R^2 均出现在标号 18 行业，接近 0.8。所以整体上看，OLS 回归结果除部分系数不合理外，模型整体显著性水平较高，拟合优度较好。

四 内生性问题及处理

模型共存在两类潜在内生性问题：其一，虽然产品种类价格可以通过 CIF 贸易额除以贸易量获得，但是由于回归模型中误差项是质量的一部分，与价格相关，也与组内份额相关，所以需要使用工具变量解决内生性问题。在 Khandelwal 和施炳展的研究中认为产品价格是消费者最终面临的价格，包含运输成本，因此可以使用产品的单位运输成本作为产品价格的工具变量。[①] 然而，这其中很可能存在"华盛顿苹果"效应（Washington Apples effect）：企业会倾向于向更远的地方出口质量更高的产品来降低单位运输成本，[②] 从而导致这一工具变量失效。已有研究采用汇率来作为价格的工具变量，[③] 本章采用类似的想法来构建工具变量。不同的是，每一个产品种类价格的工具变量不仅考虑进口来源国的汇率水平，同时考虑同一产品分组内部的竞争因素。由此，我们构建价格的两个工具变量是：一是该进口种类来源国的实际汇率水平，二是在同一 HS6

[①] Khandelwal A., "The Long and Short of Quality Ladders", *Review of Economic Studies*, Vol. 77, No. 4, 2010, pp. 1450 – 1476；施炳展：《中国企业出口产品质量异质性：测度与事实》，《经济学》（季刊）2014 年第 1 期。

[②] Hummels D., and A. Skiba, "Shipping the Good Apples Out? An Empirical Confirmation of the Alchian – Allen Conjecture", *Journal of Political Economy*, Vol. 112, No. 6, 2004, pp. 1384 – 1402.

[③] 例如，Piveteau P., and G. Smagghue, "A New Method for Quality Estimation Using Trade Data: An Application to French Firms", *Working Paper*, *Columbia University*, 2013, pp. 1 – 50；张杰、郑文平、翟福昕：《中国出口产品质量得到提升了么？》，《经济研究》2014 年第 10 期。

分位产品组内部，对应的所有其他进口种类来源国的汇率水平的加权平均值，权数为该产品种类进口额占组内总进口额的比例。各进口国汇率数据主要来自 IMF 官方汇率数据，部分国家或地区的部分数据由 OANDA 外汇交易平台的年度数据补齐。[①] 根据平价理论，统一转换为以人民币计价，进口产品价格与进口国货币的人民币价格同向变动。同时，根据 Khandelwal 的方法，[②] 本章选取组内产品种类数、出口国出口种类数作为组内份额的两个工具变量。这些工具变量与代表产品种类内部垂直属性的质量因素不相关，满足排除性约束（exclusion restriction）。其二，回归方程（7—19）中代表不随时间变化的产品质量的组成部分，也是与价格和组内市场份额存在潜在相关性的非观测异质性，通过设定其为固定效应 a_1 加以解决异质性偏误。

表7—4 的第6—8 列为使用工具变量（IV）的三个模型的回归结果。价格变量与组内份额变量的回归系数比 OLS 系数显著降低，与遗漏质量等固定效应造成的偏误方向相一致，即使用工具变量可以在一定程度上修正 OLS 模型中因为遗漏不可观测的质量因素而带来的向上偏误。IV3 回归模型中，除了标号为 8 的烟草制品业 GDP 与 POP 两变量同时不显著外，27 个行业中有 24 个行业的两变量同时在 1% 水平下显著，有 2 个行业的两变量至少存在一个在 1% 水平下显著，可见同时控制 GDP 与 POP 可以减少某些行业回归系数符号与预期不符的情况，并且提高相应的显著性水平。总之，使用工具变量后虽然回归系数标准差增大，拟合优度降低，但是比 OLS 模型下主要变量的回归系数普遍更具有合理性。根据整体显著性检验的 Wald Chi2 值（见表7—4 中此三列最后一行"整体显著性检验"）可知，27 个行业 IV 回归模型均在 1% 水平下整体显著。

固定效应模型中，无论使用 GDP、POP，还是同时控制两者的回归系数，价格和组内份额的回归系数相差均不足 0.01，且和 OLS 相比同样修正了向上偏误。组内份额变量的系数皆处于（0，1）之间，说明了使用

[①] 补齐的数据主要包括样本中 176 个国家中的古巴、厄瓜多尔、埃塞俄比亚、洪都拉斯、毛里塔尼亚、塞尔维亚等 15 个国家以及中国台湾的汇率数据。

[②] Khandelwal A.，"The Long and Short of Quality Ladders"，*Review of Economic Studies*，Vol. 77，No. 4，2010，pp. 1450 – 1476.

嵌套模型的合理性。27个行业平均而言，个体效应的方差 sigma_u 为 13.026，特异误差的方差 sigma_e 为 6.601，前者占比 rho 为 0.795。27个行业组内 R^2 平均值为 0.842，模型拟合优度得以提高。27个行业不随时间变化的个体固定效应联合显著性 F 检验值可知（见表7—4中此列"相应检验 F 值"），27个模型平均 F 值为 42.666，个体固定效应均在 1% 水平下显著，即拒绝使用混合回归的原假设，认为 FE 优于混合回归。除了标号为 24 的行业 Hausman 检验下 Chi2 值为负数，其他 26 个行业的 Hausman 检验卡方平均值为 2725.674，所有行业均在 1% 的显著性水平下拒绝原假设，即应该使用固定效应模型。但是该模型的问题是隐含产品种类的两个代理变量 GDP 和 POP 却出现了大量负值，与预期不符。在 IVFE 模型中，通过使用固定效应与工具变量，可以同时解决以上两类内生性问题，进一步修正了前三类模型中回归系数的向上偏误，所以 IVFE 模型中虽然有若干行业中 GDP 尤其是 POP 显著性不高，但所有主要变量回归系数大小及符号方向与预期相符，时间固定效应与个体固定效应均在 5% 水平下显著，模型整体显著性水平与拟合优度都较好，故以此作为本章计算产品质量的回归模型比较稳健。根据估计结果，产品质量便可由（7—20）式计算，进一步代回（7—13）与（7—14）式即可计算 QR 与 GFQ。

表7—4　　　　　　　　　主要变量的回归结果统计

变量	统计指标	OLS1	OLS2	OLS3	IV1	IV2	IV3	FE	IVFE
价格	平均值	-0.708 (0.023)	-0.711 (0.023)	-0.709 (0.024)	-1.982 (0.125)	-1.925 (0.096)	-1.989 (0.333)	-2.029 (0.198)	-5.404 (0.980)
	25%分位数	-0.868 (0.011)	-0.867 (0.010)	-0.863 (0.011)	-3.768 (0.061)	-3.237 (0.037)	-3.507 (0.087)	-2.745 (0.008)	-7.976 (0.231)
	中位数	-0.711 (0.014)	-0.704 (0.014)	-0.711 (0.015)	-1.625 (0.096)	-1.836 (0.064)	-1.706 (0.126)	-0.884 (0.091)	-4.866 (0.568)
	75%分位数	-0.547 (0.025)	-0.539 (0.024)	-0.541 (0.025)	0.071 (0.147)	0.039 (0.120)	-0.925 (0.286)	-0.265 (0.226)	-1.585 (1.201)

续表

变量	统计指标	OLS1	OLS2	OLS3	IV1	IV2	IV3	FE	IVFE
组内份额	平均值	1.215 (0.013)	1.219 (0.013)	1.230 (0.082)	0.733 (0.035)	0.773 (0.033)	0.760 (0.051)	0.778 (0.006)	0.561 (0.040)
	25%分位数	0.544 (0.009)	0.537 (0.007)	0.691 (0.015)	-0.071 (0.015)	0.206 (0.008)	0.299 (0.015)	0.759 (0.002)	0.477 (0.008)
	中位数	0.972 (0.009)	0.925 (0.089)	1.029 (0.029)	0.719 (0.031)	0.739 (0.099)	0.754 (0.031)	0.809 (0.003)	0.602 (0.017)
	75%分位数	1.675 (0.015)	1.686 (0.014)	1.473 (0.105)	1.571 (0.042)	1.321 (0.039)	1.153 (0.155)	0.842 (0.006)	0.678 (0.046)
GDP	平均值	0.021 (0.023)		0.022 (0.029)	0.218 (0.025)		0.250 (0.086)	-0.026 (0.066)	0.158 (0.089)
POP	平均值		0.024 (0.019)	0.026 (0.034)		0.151 (0.025)	0.097 (0.049)	-0.175 (0.152)	0.055 (0.158)
相应检验 F 值	平均值	786.678	789.391	762.449				42.666	30.178
sigma_u	平均值							2.291	13.026
sigma_e	平均值							0.779	6.601
rho	平均值							0.889	0.795
R^2-1	平均值	0.688	0.686	0.687	0.355	0.394	0.322	0.842	0.506
R^2-2	平均值	0.687	0.685	0.687	0.353	0.393	0.321	0.816	0.204
整体显著性检验	平均值	1820.131	1817.241	1747.270	12574.979	16933.295	9205.552	16534.585	725121.015

注：统计指标是对应 27 个行业的回归结果的相应统计。括号内为标准差相关统计。表中省略报告各模型常数项系数。OLS 与 IV 模型下，"R^2-1"与"R^2-2"分别代表回归模型的拟合优度 R-square 和调整 R-square，两个 FE 模型中则分别代表组内 R^2-within 与整体 R^2-overall。"相应检验 F 值"具体见文中说明。

第四节 价格指数分解与贸易福利

我们在第三部分中通过建立三层嵌套 Logit（以下简写为 NL）模型重新推导了可进行价格、种类与质量三维分解的价格指数公式，并给出了测度进口种类与产品质量引致的福利效应的方法。鉴于质量并不可直接观测，第四部分中我们估计了回归模型，进而可由（7—20）式计算由三部分加和组成的产品质量，[1] 这使得以上量化分析便都能得以实现。如前所述，本章构建的价格指数公式可把诸多前人研究纳入统一的分析框架。本部分中我们借鉴前人提供的经验方法，[2] 分别计算 Krugman 模型下贸易福利、"CES 模型"、"NCES 模型"以及本章"NL 模型"下的价格指数进行对比分析，使得研究结论更具一般性和稳健性。

一　Krugman 模型下的贸易福利

根据 Krugman 的垄断竞争模型，由于 CES 模型意味着常数定价权，从而导致国内价格水平的变动等于国内工资的变动，在劳动力是唯一要素和产品种类数持续增加的条件下，可得贸易收益表达式:[3]

$$进口多样性带来的收益 = 1 - (1 - 进口份额)^{1/\sigma - 1}$$

其中，进口份额等于名义进口总额除以名义 GDP，以 WDI 数据库中货物和服务进口份额数据作为指标。给定替代弹性，进口份额越高，进口种类多样性带来的收益越大。为利用这一公式进行计算，必须对替代弹性取单一的值。为此，我们将 1802018 个进口产品种类贸易数据与 Broda 和 Weinstein 提供的中国 HS3 位编码产品层级间的替代弹性相匹配，测算中国 1995—2014 年各年进口品替代弹性的平均值与中位数，以及各期间相对应的贸易收益。匹配时，剔除其中不存在替代弹性的数据 11325 个，剩余 1790693 个样本观测值，剔除数据只占总数据量的 0.628%。结果显示，这 20 年中，各年进口品替代弹性的均值介于 5.539—5.887 之

---

[1] Khandelwal A., "The Long and Short of Quality Ladders", *Review of Economic Studies*, Vol. 77, No. 4, 2010, pp. 1450 – 1476.

[2] Arkolakis C., S. Demidova, P. J. Klenow, and A. Rodréguez – Clare, "Endogenous Variety and the Gains from Trade", *American Economic Review*, Vol. 98, No. 2, 2008, pp. 444 – 450; Feenstra R. C., "New Product Varieties and the Measurement of International Prices", *American Economic Review*, Vol. 84, No. 1, 1994, pp. 157 – 177; Broda C., and D. E. Weinstein, "Globalization and the Gains from Variety", *The Quarterly Journal of Economics*, Vol. 121, No. 2, 2006, pp. 541 – 585.

[3] Krugman P. R., "Increasing Returns, Monopolistic Competition, and International Trade", *Journal of International Economics*, Vol. 9, No. 4, 1979, pp. 469 – 479.

间，中位数则介于 3.504—3.641 之间。根据以上数据，我们分别计算了 1995—2014 各年中国的贸易收益，可以发现当 σ 取均值与中位数时，各年贸易收益占实际 GDP 的比重分别在 3.147% 和 6.926% 以及 5.522% 和 12.465% 之间变动。（见表 7—5）由于 Broda 和 Weinstein 得出的弹性分布严重倾斜，所以比较理想的方式是取中位数结果。可以看出，贸易收益虽然经过替代弹性的调整，依然随进口份额的逐年变化呈现出明显周期性波动，其中收益最低的年份为 1998 年，最高的年份为 2005 年，增长约 1.26 倍。以往文献中多取若干时间节点分析贸易福利，笔者认为这种方法虽可以较好反映福利水平的跨期变动，但是同时探讨价格指数的逐期变动与累积变动是全面展现贸易利得波动性趋势的更好办法。由于替代弹性低估会导致高估产品种类多样性收益，并且这只是基于各年进口额的一种加总估算，因此，Krugman 模型下的测算仅作为本章的基准参照之一。

表 7—5　传统垄断竞争模型下中国进口种类贸易收益分阶段统计

年份	进口份额平均值（%）	替代弹性		贸易收益各期间平均值		样本量
		平均值	中位数	(1)	(2)	
1995—2000	16.116	5.621	3.641	3.736	6.477	412568
2001—2007	25.438	5.801	3.593	5.956	10.716	640142
2008—2014	22.663	5.698	3.504	5.327	9.662	737983
1995—2014	21.670	5.717	3.593	5.070	9.075	1790693

注：贸易收益中（1）（2）分别为对应进口产品替代弹性各年平均值和中位数的计算结算。所有计算结果经过四舍五入。

二　价格指数及其分解

我们分别计算了 CES 模型、NCES 模型以及 NL 模型下的价格指数以及福利效应。通过分别计算逐期环比价格指数、累积价格指数与同比价格指数，我们分析了更合理的嵌套结构的作用，价格、种类与质量三种因素对最终价格指数以及贸易福利的逐期影响、累积影响以及三种因素的不同作用等问题。

(一) 逐期环比价格指数及贸易福利

这里我们对照 Feenstra 以及 Broda 和 Weinstein 的研究,[①] 计算 CES 模型、NCES 模型下逐期环比价格指数与累积价格指数,分析嵌套结构与进口种类多样化的福利效应。

表7—6　　　　　　　　各年环比价格指数分期间统计

年份	CES 模型					
	CvPI	CLR	ExPI			
	平均值	平均值	平均值	25%	中位数	75%
1996—2000	0.979	0.992	0.971	0.943	0.990	0.994
2001—2007	1.116	0.997	1.118	1.043	1.080	1.148
2008—2014	1.021	0.998	1.020	0.957	1.060	1.093
1996—2014	1.045	0.997	1.043	0.975	1.027	1.092
	NCES 模型					
	CvPI	CLR	ExPI			
	平均值	平均值	平均值	25%	中位数	75%
1996—2000	0.978	0.992	0.970	0.946	0.977	0.994
2001—2007	1.119	1.006	1.128	1.035	1.059	1.149
2008—2014	1.025	0.993	1.017	0.959	1.030	1.102
1996—2014	1.047	0.997	1.046	0.976	1.030	1.096

注:"CvPI""CLR"和"ExPI"的具体表达式见 (7—13) 式,所有结果经过四舍五入。下同。

首先,我们基于 Feenstra 的研究中 CES 价格指数公式,分别计算了各个相邻两年间 CES 模型下的环比价格指数。我们利用的是 1995 至 2014 年间共计 1802018 个观测值,218903 种根据进口来源国区分的 HS6 位产品种类样本。这一方法计算时不区分行业、不区分组别。其中进口种类间的替代弹性的取值仍利用 Broda 和 Weinstein 提供的 HS3 位编码进口产品弹性估

[①] Feenstra R. C., "New Product Varieties and the Measurement of International Prices", *American Economic Review*, Vol. 84, No. 1, 1994, pp. 157–177; Broda C., and D. E. Weinstein, "Globalization and the Gains from Variety", *The Quarterly Journal of Economics*, Vol. 121, No. 2, 2006, pp. 541–585.

计值的各期的中位数。具体而言，如公式（7—12），CES 框架下可分别得到不考虑产品种类和质量变化的传统价格指数 CvPI 部分、度量产品种类多样化影响的 CLR 部分以及前两者乘积获得的最终精确价格指数 ExPI。

其次，根据 Broda 和 Weinstein 的研究中 NCES 框架下构造的价格指数，分别计算了各个相邻两年间 NCES 模型下的环比价格指数公式。我们设定的嵌套结构为两层，以 HS6 位编码产品进行分组，共包括 5004 个组别。为利用更细致的替代弹性数据，故使用如前所述的可以与 Broda 和 Weinstein 提供的 HS3 编码替代弹性相匹配的 1790693 个样本数据。同样最终包括 CvPI、CLR 以及 ExPI 三部分。这两个模型下的贸易福利主要来源于进口种类多样化，即由于 CLR 部分导致的价格指数的下降进而带来的福利增加 GFV。

2001 年中国加入 WTO 和 2008 年国际金融危机是影响中国贸易的两大重要事件，我们以此为分界点，分三个阶段分别统计了 1995—2014 年间各年与前一年的逐期环比价格指数。依据表 7—6 中 CES 与 NCES 模型下 20 年间的各指数可以发现：首先，从两模型对比来看，嵌套结构分别使得 20 年平均的逐期 CvPI、CLR 与 ExPI 均有上升，说明嵌套结构因为考虑更合理的替代结构而降低了 CES 模型下对贸易福利的高估，与预期相一致。其次，平均来看，两模型中各年 CLR 的均值分别为 0.99683 与 0.99728，即由于产品种类的增长，价格指数平均逐年向下调整 0.272% 至 0.317%，进而导致精确价格指数平均每年比传统价格指数低 0.151% 至 0.186%，说明进口种类多样化降低了消费者为获得相同效用而付出的生活成本，带来了贸易利得。最后，注意到虽然两模型中 1996—2014 年间，相邻两年的环比 CLR 共有 13 个数值大于 1，两模型中这些数值带来的贸易福利的下降平均而言分别是 0.337% 与 0.793%。例如，CES 模型中，6 个大于 1 的环比 CLR 平均值为 1.00338，即平均而言这些年份进口种类变化所引致的福利的下降程度仅为 0.337%。也就是说这 19 年间，约有三分之一的年份都出现相比于前一年进口种类福利的下降，并不存在持续递增的趋势。例如，2001 年到 2007 年间，虽然加入 WTO 后进口"扩闸"带来了持续多年的进口种类多样化福利，但是由于"十一五"前期（2006 年和 2007 年）中国开始注重调整进口结构，推行了诸如取消 338 个税目的自动进口许可证等措施，使得 2007 年进口产品种类虽然总数上比 2006 年有所增加，但是 2006 年存在而 2007 年消失的产品种类过多，进而直接提高了 λ 比率，最终使得此阶段平均逐期环比 CLR 大于 1。并且，我们发现 2007 年退出的产品种类中，55.175% 都是 2006 年新进入的产品种类，这也与陈勇兵等学者发现的中国进口贸易关系持续时间较短的结论相一致，[1] 因此在进口贸易政策调整过程中应注重进口持续时间。总之整体上看，这 20 年间进口种类多样化对贸易福利改进虽然基本保持正向作用，但仍呈现出一定的波动性。

(二) 累积价格指数及贸易福利

基于 Feenstra 等传统文献方法，[2] 我们的第二种方法是将以上得到的各年逐期环比价格指数分别累积以获得累积价格指数 (cumulative price index)。

修正的 Lambda 比率 (CLR) 部分用来衡量进口种类改变如何按比例扩大或缩小传统价格指数。如前所述，通过价格指数变化来反映贸易福利变化的这一方法本质上即为考察补偿性变化 (Compensating Variation)。根据公式 (7—14)，进口种类变化所引致的福利的变化主要取决于 CLR 的倒数与 1 的距离，[3] 例如，给定 2002 年与 2003 年 WDI 进口份额数据，根据公式 (7—14)，2003 年 CES 模型下 CLR 为 0.98788，就意味着 2003 年中国因进口种类多样化使得环比的价格指数降低 1.212%，进而使得贸易福利比不考虑进口种类多样化因素时增加 0.275%，说明考虑进口种类多样化可以修正传统价格指数在对贸易福利预测时的向下偏误。这里我们发现：其一，根据两模型下 2014 年累积 CLR 分别为 0.94100 与 0.94131 可知，忽略进口种类的增长会导致中国进口价格 20 年累积向上偏误 5.869% 至 5.9%。这一结果与陈勇兵等学者对 1995—2004 年中国进口种类多样化福利的分析结果较为一致。[4] 其二，从分时期的趋势上看，

---

[1] 陈勇兵、钱意、张相文：《中国进口持续时间及其决定因素》，《统计研究》2013 年第 2 期。

[2] Feenstra R. C., "New Product Varieties and the Measurement of International Prices", American Economic Review, Vol. 84, No. 1, 1994, pp. 157–177.

[3] Broda C., and D. E. Weinstein, "Globalization and the Gains from Variety", The Quarterly Journal of Economics, Vol. 121, No. 2, 2006, pp. 541–585.

[4] 陈勇兵、李伟、钱学锋：《中国进口种类增长的福利效应估算》，《世界经济》2011 年第 12 期。

CES 与 NCES 两个模型中都显示 2001 年之后尤其是 2001 年至 2007 年间，进口种类增长带来的贸易福利更大。例如表 7—7 中各期间累积偏误各年平均值可知，入世后以 2008 年为分界点的两个时期，CES 价格指数平均每年因进口种类多样化下降的幅度比加入世贸组织之前分别高 3.092% 与 2.486%，NCES 模型下则分别高出 6.298% 与 5.120%，这些都显示出由于贸易自由化所引致的进口种类多样化对中国贸易福利的重要影响。其三，我们发现，无论是累积的各年传统价格指数 CvPI 还是最终精确价格指数 ExPI，在 2001 年以后都几乎保持上升趋势，20 年间更是翻了 1 倍。例如，CES 与 NCES 模型下，1996 年 ExPI 分别为 0.99002 与 0.99666，2014 年累积 ExPI 分别为 2.02407 与 2.04977，分别增长 104.447% 与 105.663%。可见进口产品种类尤其是共同产品种类价格的上升，导致消费者为获得相同效用而要付出的生活成本大幅上升，并且进口产品种类多样化福利虽有增加但不足以弥补这一成本，并最终导致贸易福利的下降。

表 7—7　　　　　　固定替代弹性模型下的累积价格指数

年份	CES 模型			NCES 模型		
	CvPI	CLR	ExPI	CvPI	CLR	ExPI
1996	0.991	0.999	0.990	0.992	1.005	0.997
1998	0.883	0.987	0.872	0.886	0.995	0.882
2001	0.922	0.960	0.886	0.921	0.961	0.885
2005	1.288	0.947	1.219	1.287	0.897	1.154
2008	2.000	0.968	1.937	2.020	0.960	1.939
2012	2.298	0.962	2.210	2.374	0.939	2.228
2014	2.109	0.960	2.024	2.178	0.941	2.050
1996—2000	0.918	0.986	0.905	0.919	0.991	0.911
2001—2007	1.240	0.955	1.185	1.241	0.928	1.155
2008—2014	2.060	0.961	1.979	2.104	0.940	1.975
1996—2014	1.457	0.965	1.404	1.474	0.949	1.393

注：表中第二部分为各期间平均值。所有结果经过四舍五入。

根据以上 CES 模型以及 NCES 模型下逐期环比价格指数与累积价格

指数可知,受贸易自由化程度的影响,进口种类多样化对中国的贸易福利的改进呈现波动上升的趋势,20年间,由于进口产品种类的增长,价格指数平均逐年向下调整约0.2%,累积降低约6%。

(三) 定基价格指数及贸易福利

为直观地展示其他各期间相比1995年的进口价格指数,我们的第三种方法是以1995年为基期,以其他年份分别为终期(End-point),计算这两期之间的价格指数。这里除了固定替代模型下的两种价格指数,我们还根据本章回归模型计算了各年各进口种类的产品质量,代入到本章NL模型下构造的价格指数公式(7—11)与(7—12),最终获得的价格指数可分解为包括CvPI、CLR和反映产品质量影响的QR三部分。同时根据公式(7—14)以及各年WDI进口份额数据,我们计算了各模型下各年因为进口种类多样化与质量升级而获得的贸易福利GFV与GFQ。具体统计结果如表7—8以及图7—3和图7—4所示。

根据表7—8的第一部分中对两种固定替代效应模型下同比价格指数与福利的统计,可以发现:第一,对于CLR,除了1996年NCES模型下数值为1.005,略大于1之外,两个模型中其他各年CLR值均小于1,说明相比于1995年,这20年间都存在净的进口种类多样化福利,并且两模型下CLR的20年平均值分别为0.94583与0.94815,中位数分别为0.93467与0.93810,均小于Broda和Weinstein利用1990—2001年间美国进口数据估计所得的年均CLR中位数0.950,并且两个模型中以2014年为终期的CLR数值分别为0.91071与0.91320,均低于Broda和Weinstein估计的0.917,这些都说明中国获得了更大的进口种类多样化福利。第二,从传统价格指数上看,两个模型下的最小数值分别为0.84632与0.84378,均出现在加入世贸组织后的第一年(即2002年),也说明贸易自由化带来的生活成本的下降。第三,无论是CLR还是CvPI部分,从具体趋势上看,两个模型的计算结果均呈现出较为一致的变化趋势(见图7—3),并且进口种类以及产品质量对贸易福利的影响与传统价格指数相比呈现出相反的作用方向。例如,除了2008年国际金融危机的冲击,加入世贸组织后的大部分时间传统价格指数几乎保持相等的速率增长。例如,2002年至2007年,CES与NCES模型下CvPI年均增长率分别为

12.880%与13.137%；2009年至2012年，CES与NCES模型下CvPI年均增长率分别为13.510%与13.689%。这说明模型结果比较稳健，彼此之间可以相互对比。第四，NCES模型下ExPI除了2001与2002年略低于CES[①]，其他年份均高于后者。平均而言，NCES精确价格指数比CES精确价格指数高1.269%，说明在更合理的替代结构下，平均每年可以修正CES对贸易福利的高估0.195%。

无论是CES价格指数还是NCES价格指数，都是不考虑进口产品质量因素对价格指数进行的二维分解。通过利用回归模型中获得的各进口产品质量的数据，计算了NL模型下最终精确价格指数ExPI_NL，并对其依据价格、种类与质量进行三维分解。本章NL框架下的价格指数分解相关统计如表7—8的第二部分所示。

表7—8　　1996—2014年三种模型下各年同比价格指数分解及福利

	CES 模型			NCES 模型			福利效应（%）	
	CvPI	CLR	ExPI	CvPI	CLR	ExPI	GFV_CES	GFV_NCES
平均值	1.348	0.946	1.267	1.366	0.948	1.283	1.156	0.961
25%分位数	0.922	0.923	0.891	0.922	0.923	0.892	0.710	0.772
中位数	1.189	0.935	1.103	1.203	0.938	1.110	1.289	1.098
75%分位数	1.738	0.962	1.628	1.771	0.965	1.655	1.724	1.383
标准差	0.470	0.031	0.413	0.488	0.031	0.432	0.700	0.558
	NL 模型				福利效应（%）			
	CvPI	CLR	QR	ExPI	GFV_NL	GFQ_NL		
平均值	1.422	0.932	0.929	1.210	1.238	1.244		
25%分位数	0.983	0.903	0.897	0.877	0.838	0.925		
中位数	1.095	0.925	0.926	1.042	1.346	1.323		
75分位数	1.863	0.952	0.948	1.500	1.761	1.869		
标准差	0.525	0.034	0.045	0.484	0.630	0.816		

注：所有结果以1995年为基期，经过四舍五入。"QR""GFV"和"GFQ"的具体表达式参见（7—13）与（7—14）式，下同。

[①] 2001年与2002年NCES下精确价格指数比CES下价格指数低0.0028与0.0098。

首先，这些指数之间存在一些细微的差别。通过两种固定替代弹性模型与嵌套 Logit 模型的比较可以发现：其一，从传统价格指数上看，平均而言，NL 模型下 CvPI 比 CES 与 NCES 框架分别高 5.485% 与 4.123%。其二，从 CLR 与 ExPI 来看，平均而言 NL 模型下 CLR 比两个固定替代弹性模型分别降低 1.479% 与 1.688%，ExPI 则分别降低 4.498% 与 5.688%。由于固定替代弹性模型下的价格指数公式与 Logit 模型下价格指数公式形式一致，所以二者结果的不同主要是由于经验方法以及考虑质量因素这两方面的差异性造成。本章中，前者（即指固定替代弹性模型）使用加总数据，不能区分不同行业分类内部的差异性。这会低估产品种类变化的影响而获得较高的价格指数，即会低估产品种类变化在降低价格指数中的作用；后者（即指 Logit 模型）通过引入产品质量因素，可以修正低估的价格之外的因素变化的福利作用。由于进口产品质量的提高，会提高相应进口产品的进口份额，进而提高相关参数并且降低 λ 的值，从而提高进口种类多样化的贸易福利。这与 Feenstra 的预测相一致。[①]

其次，从具体趋势上看，本章 NL 框架下的价格指数与两个固定替代弹性模型下的价格指数总体趋势上保持一致，说明本章模型的稳健性。不过三种模型下的各指数在趋势上依然存在两种差别。一方面，由于 NL 模型考虑区分行业的更细致种类变化从而获得的价格指数比固定替代模型下获得的价格指数存在更大的波动性（见图 7—3）；另一方面，我们也发现，在固定替代弹性模型中，存在较大拐点的年份（如 1998 年与 2008 年），NL 模型下的价格指数却显现出更小的波动性。这说明把产品质量因素纳入贸易福利的分析，有利于减小中国进口受到国际危机的影响，保障消费者福利。

最后，从福利效应看，考虑产品质量因素具有两方面作用。其一在与种类因素的相对作用上看，中国消费者由于产品质量升级而获得的福利相当于 GDP 的 1.24%，即消费者愿意支付 GDP 的 1.24% 以获取比 1995 年更高质量的产品，并且平均而言，产品质量与进口种类改变带来

[①] Feenstra R. C., "New Product Varieties and the Measurement of International Prices", *American Economic Review*, Vol. 84, No. 1, 1994, pp. 157–177.

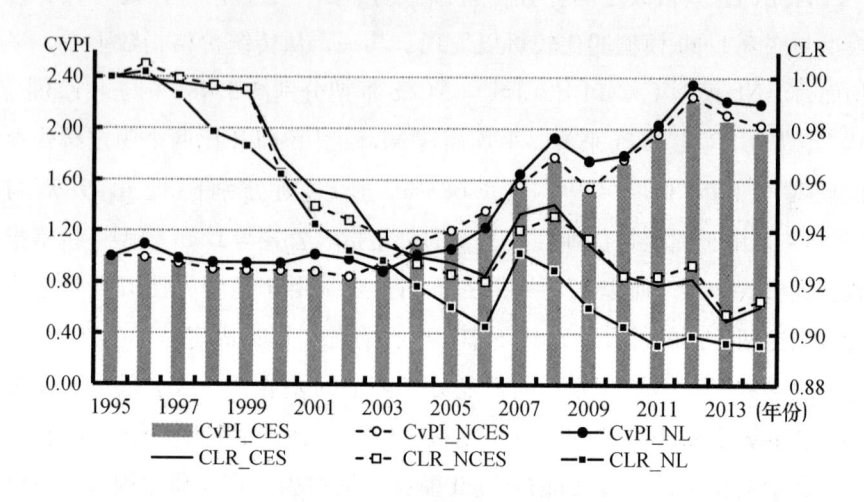

图 7—3　三种模型下的同比传统价格指数与修正 lambda 比率

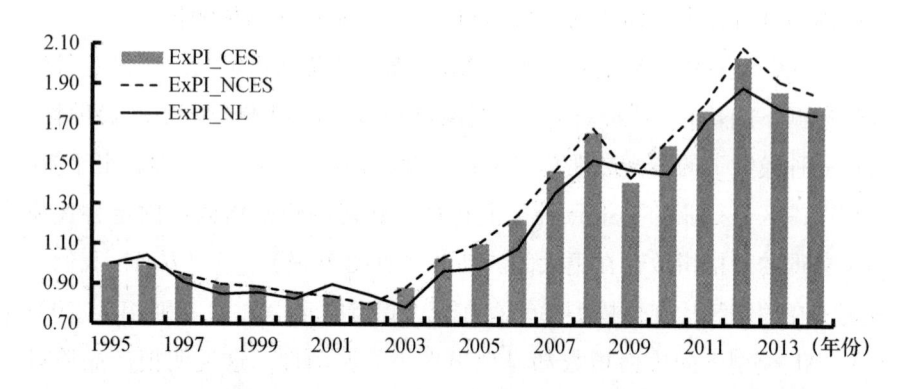

图 7—4　三种模型下的同比精确价格指数

几乎相等的贸易福利效应,这直接肯定了产品质量因素在分析贸易福利问题中的重要作用。其二是使得 NL 模型下的进口种类多样化福利比两个固定替代效应模型更高。也就是说,忽略消费者在价格之外如种类和质量等因素带来的福利,会造成对生活成本的高估。例如与 NCES 模型相比,考虑进口产品质量因素后,消费者平均每年愿意多支付 1995 年 GDP 的 0.277% 以获取范围更广泛的进口产品种类。同时,三者皆修正了 Krugman 模型下对贸易福利的高估。

三 基于生产阶段的分解

在经济全球化和垂直专业化分工的背景下，中国在国际生产网络里的地位不断突出，扮演着重要的加工装配地的角色。已有诸多文献从异质性模型角度分析中国中间品进口对企业出口行为的影响。[①]

为考察不同生产阶段中，产品种类和质量因素的差异性作用，[②] 我们根据广义经济分类（BEC）和 Lemoine 和 Unal–Kesenci 的方法，[③] 将 BEC 中 19 个基本类划分为 5 个生产阶段：初级产品（111，21，31），半制成品（121，22，322），配件和零部件（42，53），资本品（41，521），消费品（112，122，522，61，62，63），删除不能匹配的样本 6598 个，[④] 占总样本量的 0.366%。运用 Chen 和 Ma 计算贡献度时采用的比较静态方法，[⑤] 我们基于 1995 年分别计算不同生产阶段下 2014 年新进入和退出的产品种类份额，进而代入 CLR 和 QR，计算其对价格指数的影响。

根据图 7—5，可以发现：相比于 1995 年，2014 年消费品质量提升的贡献度为 23.65%，略低于其种类多样化的贡献度，一方面再次证明了最终消费品质量与种类多样化都是影响贸易福利的重要因素，另一方面也

[①] 例如，Amiti M., and J. Konings, "Trade Liberalization, Intermediate Inputs, and Productivity: Evidence from Indonesia", *American Economic Review*, Vol. 97, No. 5, 2007, pp. 1611–1638；康志勇：《中间品进口与中国企业出口行为研究："扩展边际"抑或"集约边际"》，《国际贸易问题》2015 年第 9 期；陈雯、苗双有：《中间品贸易自由化与中国制造业企业生产技术选择》，《经济研究》2016 年第 8 期。从生产者层面，进口贸易利得的主要表现为生产率的提高。但是由于生产层面，进口产品对贸易福利的作用存在多种影响机制，多种作用方向，加之作用程度受到企业特征影响，具有一定复杂性，现有此类研究多关注其中某一或某些具体影响途径展开论述。

[②] 本章构建的进口价格指数与大量文献相一致，也有文献在此基础上区分行业进行探讨，例如陈勇兵、李伟、钱学锋《中国进口种类增长的福利效应估算》，《世界经济》2011 年第 12 期；陈勇兵、赵羊、李梦珊《纳入产品质量的中国进口贸易利得估算》，《数量经济技术经济研究》2014 年第 12 期。因而虽然本章建模时不考虑供给层面变动，但是从生产阶段层面上分析也具有较高的可行性。

[③] Lemoine F., and D. Unal–Kesenci, "China in the International Segmentation of Production Processes", CEPII Working Paper, No. 2002–02929–931, 2002.

[④] BEC 下 19 个基本类中剔除不能匹配的第 7 章，剔除由于一对多而不能确定生产阶段的分类（321 和 51）。

[⑤] Chen B., and H. Ma, "Import Variety and Welfare Gain in China", *Review of International Economics*, Vol. 20, No. 4, 2012, pp. 807–820.

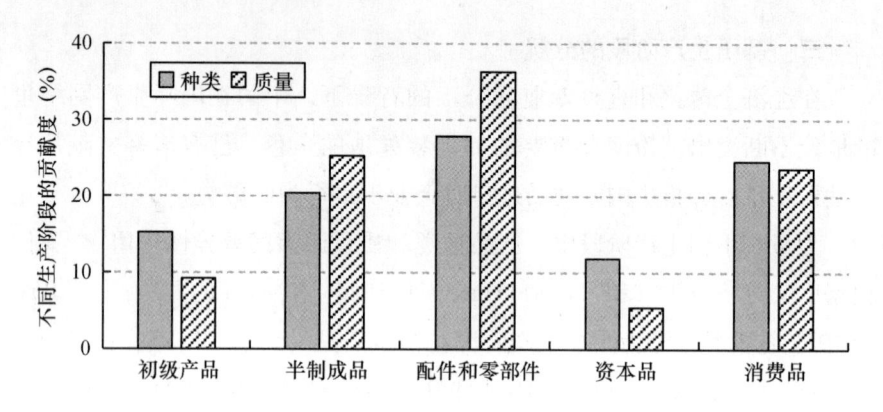

图 7—5　1994—2015 年不同生产阶段产品种类和质量变动对贸易福利的贡献度

符合近些年中国最终消费品进口质量快速提升的事实。五个生产阶段中，包括零配件和半制成品的中间品，质量提升对贸易利得的贡献度最大，分别为 36.29% 和 25.32%，且均大于其种类多样化的贡献度，一方面这与中国企业进口中间品多元化水平呈现下降趋势相关，[1] 另一方面由于我国长期保持"为出口而进口"的贸易格局，中间品进口对技术密集型出口企业技术升级的促进作用最强，[2] 并对企业出口产品质量产生显著的促进作用，[3] 所以进口中间品质量提升的贡献度更高，也说明中国出口品结构正逐渐向高技术含量与高质量转移，贸易自由化水平的提高促进了贸易结构和产业结构的转型升级。同时，注意到零配件对贸易福利的影响最大，由于零部件的进口有利于最终资本品出口扩展边际的提高，[4] 所以这也符合近些年中国的出口生产模式从加工半制成品逐步转向组装零部

---

[1] 李秀芳、施炳展：《中间品进口多元化与中国企业出口产品质量》，《国际贸易问题》2016 年第 3 期。

[2] 陈雯、苗双有：《中间品贸易自由化与中国制造业企业生产技术选择》，《经济研究》2016 年第 8 期。

[3] 马述忠、吴国杰：《中间品进口、贸易类型与企业出口产品质量——基于中国企业微观数据的研究》，《数量经济技术经济研究》2016 年第 11 期。

[4] 王维薇：《全球生产网络背景下中间品进口与最终品出口的二元边际——基于微观视角的解释》，《世界经济研究》2015 年第 10 期。

件的结构性特征。① 不过，大量进口技术含量比较高的零配件在中国组装为机器设备等资本品后出口，一旦形成技术依赖就会阻碍本土企业技术升级。鉴于此，政策上要着力提高本土零配件的自主创新能力，提高零配件本土采购率，逐步降低零配件进口依赖程度，使得中国出口可以向全球价值链的高端延伸。

第五节 本章小结

本章通过运用嵌套 Logit 模型重新推导了可进行价格、种类与质量三维分解的价格指数，进而分析了 1995—2014 年间中国进口贸易福利问题。同时，通过与两种传统使用的固定替代弹性模型下的价格指数进行对比，全面探讨了更合理替代关系下嵌套结构的重要作用，以及进口种类多样化与产品质量升级对贸易福利的差异化影响。根据以上分析，我们的主要结论如下：

首先，运用价格指数分析贸易利得问题时固定替代弹性模型与 Logit 模型均可适用并要设定合理的嵌套结构。CES 模型、NCES 模型与 NL 模型下的价格指数总体趋势基本相同，修正 lambda 比率与产品质量比率呈现波动下降，传统价格指数与最终精确价格指数波动上升，即进口种类以及产品质量对贸易福利的影响与传统价格指数相比呈现出相反的作用方向。根据两种固定替代弹性模型对比发现，在更合理的替代结构下，嵌套模型下的精确价格指数可以减少加总模型下精确价格指数 1.269% 的向下偏误，进而平均每年可以修正加总模型对贸易福利 0.195% 的向上偏误。

其次，进口种类多样化是增加贸易福利的重要源泉。受贸易自由化程度的影响，1995 年至 2014 年间，中国由于进口产品种类的增长，最终精确价格指数平均逐年向下调整约 0.2%，累积降低约 6%。这 20 年间进口种类多样化对贸易福利整体上基本保持逐年递增，但呈现出一定的波

---

① 李宏、刘珅、王悦：《中间品进口结构对最终品出口结构的影响分析——基于中国数据的实证检验》，《国际商务》（对外经济贸易大学学报）2016 年第 1 期。

动性。

最后，产品质量是影响进口贸易福利的重要因素，其作用主要体现在三方面：一是产品质量比率的变化趋势与传统价格指数的变化趋势相反，考虑产品质量因素的 Logit 模型下最终精确价格指数比两种固定替代效应模型下的最终精确价格指数平均降低 4.498% 与 5.688%，也就是说，考虑产品质量因素可以按比例缩小传统价格指数，所以消费者因为付出更小的成本即可获得相同效用水平而获利；二是从种类因素的相对作用来看，平均而言，产品质量与进口种类改变带来等价的贸易福利，中国消费者由于二者而获得的福利都相当于 GDP 的 1.24%，二者都是分析进口福利问题时不可或缺的重要维度；三是把产品质量因素纳入贸易福利的分析，有利于减小中国进口受到国际危机的冲击，保障消费者福利。

当前，我国面临贸易增速"换挡"的"新常态"，要注重贸易质和量，实现增长的平衡。① 2016 年末《对外贸易发展"十三五"规划》中指出，"十二五"期间中国成为世界第一货物贸易大国，进出口质量和效益都得到了明显提高，强调"十三五"期间要坚持实行积极的进口政策，调结构转动力，向优质优价、优进优出转变。

本章的政策含义包括以下几个方面：第一，有必要从战略角度重新审视进口产品质量对经济发展和贸易福利的作用，丰富产品种类的同时进一步考虑产品质量因素，有利于减轻复杂多变的国际环境对国民福利的影响，进而起到保障国民福利的作用。第二，在扩大先进技术、关键设备及零部件等进口的同时，不能忽视畅通消费品进口渠道，努力增加一般消费品进口，促进品质消费，强化外贸服务民生的功能。第三，本章发现传统进口价格指数呈现显著上升趋势，提醒我们在扩大进口的同时，也要注重进口产品价格因素，强调"优质优价"。第四，应稳定资源性产品进口，及时调整《鼓励进口技术和产品目录》，优化质检管理方式，鼓励企业引进消化吸收再创新，巩固贸易大国地位，推进贸易强国进程。

---

① 邢斐、王书颖、何欢浪：《从出口扩张到对外贸易"换挡"：基于贸易结构转型的贸易与研发政策选择》，《经济研究》2016 年第 4 期。

本章可以从以下方面进行扩展：本章从需求层面关注消费者获得的贸易福利，而生产层面企业获得的贸易福利有待进一步细致研究。同时，Melitz 模型预测开放时国内企业整体生产率提高，[①] 此时是否会带来国内产品质量整体提升，进而抵消部分由于产品种类减少而带来的福利损失，同样值得探讨。新常态下，中国经济具有"三期叠加"的阶段性特征，随着微观数据的可获得性不断增强，基于异质性企业框架对贸易利得的分析必会对中国相关政策的制定提供重要支持，成为值得深入发掘的研究方向。

[①] Melitz M. J., "The Impact of Trade on Intra－Industry Reallocations and Aggregate Industry Productivity", *Econometrica*, Vol. 71, No. 6, 2003, pp. 1695–1725.

第八章

总　结

当前我国对外经济贸易领域正处于转型升级以实现高质量发展的关键时期，优化对外贸易结构、提高出口品技术含量和实现价值链高端攀升是对外经济贸易领域的重要任务。汇率作为重要的国际经济变量，对于国际贸易的调节作用向来十分受重视，人民币汇率对于我国对外贸易差额的调节作用和对外贸易结构的优化作用也应准确评估和客观分析。

我们构建了一个容纳汇率变动与国际贸易结构演进主要事实和客观规律的整体研究框架，在对汇率变动与国际贸易关系进行充分的理论和机理分析基础上，从汇率变动向出口价格不完全传递的非对称性和异质性、汇率变动与贸易空间效应、汇率变动与贸易关系持续时间、汇率变动与贸易技术结构、进口种类和进口产品质量对国际贸易福利的影响几个方面进行了实证检验和经验分析，旨在更全面贴切地考察人民币汇率变动条件下我国对外贸易结构演进的特征，准确把握人民币汇率变动特点及我国对外贸易结构演进规律，从而更好地为政府部门和进出口企业提供决策依据和参考。

本章为总结，第一节对本书主要研究结论进行了归纳和总结；第二节基于研究结论分别从政府决策层面和企业决策层面提出了政策建议；第三节说明了本书研究内容可供拓展之处和进一步研究的方向。

第一节　主要研究结论

一　汇率传递具有明显的非对称性和异质性特征

人民币汇率不完全传递现象在出口产品层面普遍存在；人民币汇率

变动方向不同时汇率传递效应具有明显的非对称性特征,人民币贬值时的汇率传递效应要低于人民币升值时的汇率传递效应;人民币汇率变动幅度不同时汇率传递效应也具有明显的非对称性特征,人民币汇率变动幅度较大时汇率传递效应要明显大于汇率变动较小时的汇率传递效应。商品异质性对汇率传递程度具有重要影响,产品质量越高,出口商控价能力越强,汇率传递效应越小。

二 汇率变动和空间效应影响进出口贸易

中国与"一带一路"沿线国家的双边贸易同时受双边汇率变动和空间溢出效应的影响。人民币汇率变动短期内存在"J曲线"效应,长期内汇率变动的调节作用可能被弱化;人民币汇率变动对我国出口贸易的影响存在非对称性效应,目的国增长率高于门限值时,人民币升值对出口的抑制作用较强,当目的国增长率低于门限值时,人民币升值对出口的抑制作用较弱;人民币汇率升贬值幅度对我国进口贸易的影响存在非对称性效应,当变动幅度超过门限值时,能够显著促进或者抑制进口,当变动幅度低于门限值时,虽仍能影响进口,但程度较弱;空间溢出效应显著,中国向"一带一路"沿线国家出口表现出集聚性,而从"一带一路"沿线国家进口表现出竞争性。

三 汇率波动影响出口贸易关系持续

中国出口贸易关系持续时间普遍较短,且生存率存在负时间依存性,贸易关系生存时间越长,终止风险越小,贸易关系的长短期分布具有典型的地域特征;人民币汇率波动对于我国出口贸易关系产生重要影响,双边实际汇率波动加剧出口贸易关系失败风险,影响双边贸易关系持续,对双边贸易产生"挤出"效应,而第三方实际汇率波动降低双边出口贸易关系失败风险,利于维护双边贸易关系,对双边贸易产生"挤入"效应;异质性产品有效汇率升值增加出口贸易关系失败风险,不利于出口贸易关系的稳定。除汇率因素外,研究还发现引力模型变量、产品层面特征、出口产品技术复杂度以及双边制度距离均会影响出口贸易关系。

四 我国出口技术结构优化任重道远

基于相对值分割法，对中国出口技术结构进行重新测算，发现中国出口技术结构处于不断优化的进程之中。低技术产品出口种类和金额逐年下降；中低技术和中高技术产品出口种类和金额占比逐年上升；但是，高技术产品出口种类和金额均较少，出口技术结构优化仍任重道远。研究还发现，人民币升值有利于高技术复杂度产品技术含量的提升，有利于改善出口贸易技术结构。

五 价格、种类和质量是构成国际贸易福利的重要来源

通过运用嵌套 Logit 模型重新推导了价格、种类与质量"三位一体"的三维分解价格指数，进而分析了 1995—2014 年间中国进口贸易福利问题。研究发现，进口种类多样化和产品质量都是国际贸易福利增加的重要源泉。1995 年至 2014 年间，由于进口产品种类的增长，最终精确价格指数平均逐年向下调整大约 0.2%，累积降低约 6%；考虑产品质量因素的 Logit 模型下最终精确价格指数比两种固定替代效益模型下的最终精确价格指数分别平均降低 4.498% 与 5.688%。进口种类多样化和产品质量因素缩小传统价格指数，意味着消费者可以付出更小的成本而获得相同效用水平。平均而言，产品质量与进口种类改变带来大致等价的贸易福利，中国消费者由于二者而获得的福利都相当于 GDP 的 1.24%。因此，中国可以从扩大进口产品种类和提高进口产品质量方面增进国际贸易福利水平。

第二节 政策启示与建议

本书既注重探究宏微观经济变量的相互作用机制，深入挖掘微观个体异质性特征对于宏观经济发展带来的影响，也注重分析外生政策冲击对于经济系统发展带来的改变，预测经济变量发展规律和演进趋势。此外，本书在研究中注重样本选择的代表性和适用性，样本既有涵盖中国绝大多数贸易伙伴国的研究（例如"双边汇率波动对出口贸易关系的影

响"），同时也有以"一带一路"沿线国家为样本进行的大量研究（例如"第三方汇率波动对出口贸易持续时间的影响""汇率变动、邻近效应与进出口贸易"）。本书研究结论为汇率制度选择、货币政策制定与调整、产业和贸易政策的制定与调整以及新时代"推动形成全面开放新格局"战略实施提供来自微观层面的直接经验证据，针对"一带一路"沿线国家样本的研究可望服务于国家"一带一路"倡议推进过程中相关政策的制定、调整和优化；同时，本书研究结论能够为外向型企业经营决策提供指导和参考。

一 政府决策层面

第一，研究发现产品层面汇率不完全传递现象普遍存在，但整体来看汇率传递率较高；汇率传递在汇率变动方向和变动幅度方面存在非对称性，且产品质量影响汇率传递率。政策含义在于改变我国对外贸易收支失衡的现状，既要借助于汇率手段调节贸易差额，也应从根本上优化对外贸易结构，例如提高出口品技术含量和出口产品质量等。

第二，双边汇率波动产生贸易"挤出"效应，而第三方汇率波动产生贸易"挤入"效应，政策含义在于应避免汇率剧烈波动。政府部门尤其是中国人民银行应积极与其他国家央行进行沟通，加强货币政策协调，防止人民币汇率剧烈波动进而对进出口贸易带来巨大冲击；同时，应积极发展国际金融市场，强化国际金融创新，为进出口企业提供更多的汇率避险工具。

第三，研究发现中国进出口贸易在快速增长的同时，对不同区域的贸易存在明显的差异性，除了汇率影响因素外，空间溢出效应也是重要因素。政策含义在于中国与贸易伙伴国的贸易可能存在竞争效应或是集聚效应，集聚效应有利于实现协同发展，而竞争效应可能造成贸易福利损失。因此，中国在开展对外贸易时，必须考虑空间溢出效应尤其是区域竞争效应，可以通过加强区域经济合作，合理运用贸易政策工具实现目的地市场多元化和贸易产品种类多样化等措施来减弱竞争效应。

第四，研究发现中国出口技术结构虽有优化，但是高技术产品出口种类严重不足，金额非常小。政策含义在于出口技术结构优化是实现出口高质量发展的重要路径之一，中国应积极倡导质量第一和效益优先的理念，深化供给侧结构性改革，提高出口供给体系质量，实现价值链的高端攀升。同时，国家应在充分调研和明确高技术产业分类的基础上，加大对高技术产业研发投入的支持力度。

第五，价格因素、产品种类和产品质量是国际贸易福利增加的重要源泉，政策含义在于我们应坚定地维护和倡导全球贸易自由化进程，反对一切形式的贸易保护主义。一方面，我国可以通过积极扩大进口改善贸易失衡，另一方面通过进口产品种类增加和进口产品质量提升增加消费者福利水平，同时也有利于倒逼国内外贸易领域转型升级。

二 企业决策方面

第一，企业开展国际贸易面临汇率变动时，能否及时将汇率变动的风险转嫁出去，取决于进出口双方市场力量（market power）的对比。出口产品质量显著影响汇率传递水平，说明生产不同质量产品的出口企业具有差异化的"依市定价"能力。因此，企业应注重出口产品质量提升，在国家提出经济高质量发展的背景下经营理念由薄利多销转向以质取胜，争取更有利的国际市场地位，赚取高附加值。

第二，产品层面贸易关系的动态变化由贸易企业进入或退出国际市场等微观主体行为所体现出来，研究发现，我国出口贸易关系持续时间普遍较短，说明我国出口企业频繁地进出国际市场，带来的后果之一便是增加客户维系成本和新客户开发成本，后果之二便是影响企业通过出口获得"学习效应"，进而影响企业出口绩效。因此，企业应注重保持贸易关系的稳定性，巩固长期贸易关系，改善短期贸易关系，实现出口稳定增长。

第三，汇率波动对于企业经营产生不确定风险，构成贸易成本，企业在开发国际市场时应避免选择进入汇率剧烈波动的目的地市场，同时应善用外汇衍生工具，通过套期保值业务等规避汇率变动风险，稳定国际贸易收益。

第四，近年我国工业制成品出口技术结构得到了改善，出口技术含量明显提升。作为微观市场主体，出口企业一方面可以通过"出口中学"

提高自身技术水平，另一方面也需要企业进行自主技术创新，增加研发支出比例，把握未来技术发展和革新方向，掌握科技制高点，努力实现全球价值链分工地位的攀升。

第五，增加进口品种类和提高进口品质量有利于增进消费者福利。对于企业而言，进口高质量中间品和最终品，既有利于加快企业自身转型升级，同时也契合我国经济高质量发展的内在要求。

第三节 研究不足及进一步研究方向

笔者紧密合作，通过研究发现了有价值的规律，得到了有意义的结论，提出了一些政策建议。但囿于学识、能力以及客观条件的限制，研究成果存在诸多不足在所难免，笔者在将来的研究中会进一步完善。

一 研究不足

（1）文献和数据方面。笔者检索了 300 余篇中英文文献资料，文献数量可能不足，研究中可能遗漏了某些重要文献。笔者获取了联合国商品贸易数据库、法国经济研究中心（CEPII）BACI 数据库和世界银行WITS 数据库细分的贸易数据；通过 IMF、BIS 等网站下载了有效汇率和双边汇率等数据；通过 WB、CEPII 等网站，以及国家统计局、中国人民银行、外管局等国内机构网站获取了研究所需的贸易和宏观经济数据。本书的主要研究内容均基于以上数据完成。考虑到虽然中国工业企业数据库和中国海关数据库记录了大量企业层面的经营和进出口数据，但目前可供学者研究的数据仅更新至 2013 年，时效性存在一定问题。因此，本书主要基于联合国商品贸易数据库 SITC-5 位码细分的产品贸易数据，数据时效性能够得到保证，但不足之处便是无法基于企业异质性特征进行研究。

（2）模型和方法方面。本书以传统贸易理论、新贸易理论和新新贸易理论为理论基础，通过构建纳入商品异质性的汇率变动与出口产品价格的理论模型，提出汇率传递异质性方面的待检验假设；运用嵌套 Logit 模型构建了基于价格、种类和质量三维分解价格指数的国际贸易福利分析框架。然而，本书在汇率传递非对称性、空间邻近效应、生存分析、出口技术结构和贸易潜力等方面，多是在理论机理分析的基础上，直接依据贸易引力模型设定计量模型，因而缺乏理论模型的支撑。

(3) 研究内容和结论方面。本书遵循"问题导向"原则，采用理论分析与经验分析相结合、定性研究与定量分析相结合的研究范式，先后对研究方案、研究内容和有关结论进行了充分讨论，疑惑之处咨询了有关专家。但研究内容和结论仍可能存在某些问题，例如研究问题的提出可能不够深入、对于某些问题的分析可能不够到位、研究结论和对策针对性可能不强等。

二 进一步研究方向

针对研究存在的不足，笔者未来的研究工作将围绕以下几个方面进行：

(1) 基于企业层面研究汇率传递问题。在今后的研究中，笔者将采取网络调研和实地调研相结合的方式，精心设计问卷，获取研究所需第一手数据资料。此外，互联网发展日新月异，网络信息呈指数爆炸式增长，借助爬虫技术获取大量信息是学者研究必备的重要技能，笔者将系统学习网络爬虫与文本挖掘核心技术，通过网络抓取企业层级大数据。笔者在进一步的研究中将借助调研数据和网络抓取数据，研究企业异质性特征对于汇率传递的影响，以及汇率不完全传递条件下企业异质性特征对于企业行为决策进而对国际贸易结构产生的影响。

(2) 基于关系网络研究汇率与国际贸易问题。国际货币体系中各种货币相互作用，构成一个有机整体，本书虽在研究中同时考虑了双边汇率和第三方汇率因素的作用，但是第三方汇率是以贸易额为权重的双边汇率"加总"；同理，空间溢出效应也采用了类似的加权方法。如此处理，虽然考虑了双边因素之外的"第三方效应"，但是本质上弱化甚至忽略了关系网络中各种元素的交互作用和影响。在未来的研究中，笔者将基于关系网络充分进行大数据挖掘和数据时空分析，揭示研究对象的时空关联模式和演进规律，以更为直观、更加高效的方式获取信息和知识。

(3) 基于生产层面构建国际贸易福利分析框架。本书从需求层面构建了价格、种类和数量三维分解的国际贸易福利分析框架,而生产层面的贸易福利分析框架有待进一步细致研究。同时,Melitz 模型预测开放时国内企业整体生产率提高,此时是否会带来国内产品质量的整体提升,进而抵消部分由于产品种类减少而带来的福利损失,同样值得探讨。[①] 在未来的研究中,笔者将尝试从供给侧构建国际贸易福利分析框架,基于异质性企业层面分析国际贸易利得,从而为中国相关政策的制定提供重要支持。

(4) 构建一般均衡模型分析中美经贸关系。中美两国是世界前两大经济体,进出口额也位居世界前两位。中国是美国第一大进口来源地和第三大出口目的地,美国是中国第一大出口目的地和第四大进口来源地。2018 年以来,美国以美中贸易存在巨额逆差为由挑起了人类经济史上规模最大的"贸易战",中国不得不进行同步反制。中美贸易战具有长期性、曲折性和复杂性的特征。贸易战引发的关税成本和国际货币体系汇率变动成本的叠加必将深刻改变世界贸易流向,重塑世界贸易格局。因此,构建一个大型的全球一般均衡模型系统,将中美贸易战建模到系统中,对中美贸易关系各种可能的情形进行研判,从产出、就业和贸易福利等方面进行模拟和量化评估,为谈判策略制定和贸易政策选择提供决策参考,将具有重要意义,同时也是笔者深入研究的重要方向。

---

① Melitz M. J., "The Impact of Trade on Intra-Industry Reallocations and Aggregate Industry Productivity", *Econometrica*, Vol. 71, No. 6, 2003, pp. 1695 – 1725.

参考文献

Ahmed S., "Are Chinese Exports Sensitive to Changes in the Exchange Rate?", *International Finance Discussion Papers*, No. 987, 2009.

Amiti M., O. Itskhoki, and J. Konings, "Importers, Exporters, and Exchange Rate Disconnect", *American Economic Review*, Vol. 104, No. 7, 2014.

Amiti M., and A. K. Khandelwal, "Import Competition and Quality Upgrading", *Review of Economics and Statistics*, Vol. 95, No. 2, 2013.

Amiti M., and D. E. Weinstein, "Exports and Financial Shocks", *Quarterly Journal of Economics*, Vol. 126, No. 4, 2011.

Amiti M., and J. Konings, "Trade Liberalization, Intermediate Inputs, and Productivity: Evidence from Indonesia", *American Economic Review*, Vol. 97, No. 5, 2007.

Anderson J. E., "A Theoretical Foundation for the Gravity Equation", *American Economic Review*, Vol. 69, No. 1, 1979.

Anderson J. E., M. Vesselovsky, and Y. V. Yotov, "Gravity, Scale and Exchange Rates", *NBER Working Paper*, No. 18807, 2013.

Anderson J. E., and E. van Wincoop, "Gravity with Gravitas: A Solution to the Border Puzzle", *American Economic Review*, Vol. 93, No. 1, 2003.

Anderson S. P., A. de Palma, and J. Thisse, *Discrete Choice Theory of Product DifferenTiation*, MIT Press, 1992.

Anselin L., and D. A. Griffith, "Do Spatial Effects Really Matter in Regression Analysis?", *Papers in Regional Science*, Vol. 65, No. 1, 1988.

Antoniades A., "Heterogeneous Firms, Quality, and Trade", *Journal of International Economics*, Vol. 95, No. 2, 2015.

Aristotelous K., "Exchange-Rate Volatility, Exchange-Rate Regime, and Trade Volume: Evidence from the UK-US Export Function (1889-1999)", *Economics Letters*, Vol. 72, No. 1, 2001.

Arize A. C., T. Osang, and D. J. Slottje, "Exchange-Rate Volatility and Foreign Trade: Evidence from Thirteen LDC's", *Journal of Business & Economic Statistics*, Vol. 18, No. 1, 2000.

Arkolakis C., S. Demidova, P. J. Klenow, and A. Rodréguez-Clare, "Endogenous Variety and the Gains from Trade", *American Economic Review*, Vol. 98, No. 2, 2008.

Auboin M., and M. Ruta, "The Relationship Between Exchange Rates and International Trade: A Literature Review", *World Trade Review*, Vol. 12, No. 3, 2013.

Auer R., T. Chaney, and P. U. Sauré, "Quality Pricing-to-Market", *Globalization & Monetary Policy Institute Working Paper*, 2012.

Auer R., and T. Chaney, "Exchange Rate Pass-Through in a Competitive Model of Pricing-to-Market", *Journal of Money Credit & Banking*, Vol. 41, No. S1, 2009.

Baek J., "Does the Exchange Rate Matter to Bilateral Trade Between Korea and Japan? Evidence from Commodity Trade Data", *Economic Modelling*, Vol. 30, No. 1, 2013.

Bahmani-Oskooee M., and S. W. Hegerty, "Exchange Rate Volatility and Trade Flows: A Review Article", *Journal of Economic Studies*, Vol. 34, No. 3, 2007.

Bahmani-Oskooee M., H. Harvey, and S. W. Hegerty, "The Effects of Exchange-rate Volatility on Commodity Trade between the U. S. and Brazil", *The North American Journal of Economics and Finance*, Vol. 25, 2013.

Bahmani-Oskooee M., and H. Harvey, "Exchange-rate Volatility and Industry trade between the U. S. and Malaysia", *Research in International Business and Finance*, Vol. 25, No. 2, 2011.

Bahmani-Oskooee M. , and M. Bolhassani, "Exchange Rate Uncertainty and Trade between U. S. and Canada: Is There Evidence of Third-Country Effect?", *The International Trade Journal*, Vol. 28, No. 1, 2014.

Balassa B. , "Trade Liberalisation and 'Revealed' Comparative Advantage", *The Manchester School*, Vol. 33, No. 2, 1965.

Baldwin R. , and D. Taglioni, "Gravity for Dummies and Dummies for Gravity Equations", *NBER Working Paper*, No. 12516, 2006.

Baldwin R. , and J. Harrigan, "Zeros, Quality, and Space: Trade Theory and Trade Evidence", *American Economic Journal: Microeconomics*, Vol. 3, No. 2, 2011.

Baldwin R. , and P. Krugman, "Persistent Trade Effects of Large Exchange Rate Shocks", *Quarterly Journal of Economics*, Vol. 104, No. 4, 1989.

Baron D. P. , "Flexible Exchange Rates, Forward Markets, and the Level of Trade", *American Economic Review*, Vol. 66, No. 3, 1976.

Baum C. F. , and M. Caglayan, "On the Sensitivity of the Volume and Volatility of Bilateral Trade Flows to Exchange Rate Uncertainty", *Journal of International Money and Finance*, Vol. 29, No. 1, 2010.

Ben Cheikh N. , "Asymmetric Exchange Rate Pass-through in the Euro Area: New Evidence from Smooth Transition Models", *IFW Economics Discussion Papers*, No. 2012 – 361 – 28, 2012.

Benkovskis K. , and J. Wörz, "How Does Taste and Quality Impact on Import Prices?", *Review of World Economics*, Vol. 150, No. 4, 2014.

Berman N. , P. Martin, and T. Mayer, "How do Different Exporters React to Exchange Rate Changes?", *The Quarterly Journal of Economics*, Vol. 127, No. 1, 2012.

Bernard A. B. , S. J. Redding, and P. K. Schott, "Multiproduct Firms and Trade Liberalization", *The Quarterly Journal of Economics*, Vol. 126, No. 3, 2011.

Berry S. T. , "Estimating Discrete-Choice Models of Product Differentiation", *The RAND Journal of Economics*, Vol. 25, No. 2, 1994.

Besedeš T. , and J. Blyde, "What Drives Export Survival? An Analysis of Export Duration in Latin America", Inter-American Development Bank, Mimeo183 – 192, 2010.

Besedeš T. , and T. J. Prusa, "Product Differentiation and Duration of US Import Trade", *Journal of International Economics*, Vol. 70, No. 2, 2006.

Besedeš T. , and T. J. Prusa, "The Role of Extensive and Intensive Margins and Export Growth", *Journal of Development Economics*, Vol. 96, No. 2, 2011.

Besedeš T. , "The Effects of European Integration on the Stability of International Trade: A Duration Perspective", MPRA, Paper, No. 59626, 2014.

Betts C. , and M. B. Devereux, "Exchange Rate Dynamics in a Model of Pricing-to-market", *Journal of International Economics*, Vol. 50, No. 1, 2000.

Bredin D. O. N. , S. Fountas, and E. Murphy, "An Empirical Analysis of Short-run and Long-run Irish Export Functions: Does Exchange Rate Volatility Matter?", *International Review of Applied Economics*, Vol. 17, No. 2, 2003.

Brenton P. , C. Saborowski, and E. V. Uexkull, "What Explains the Low Survival Rate of Developing Country Export Flows?", *Policy Research Working Paper*, Vol. 24, No. 3, 2013.

Broda C. , and D. E. Weinstein, "Globalization and the Gainsfrom Variety", *The Quarterly Journal of Economics*, Vol. 121, No. 2, 2006.

Broll U. , and B. Eckwert, "Exchange Rate Volatility and International Trade", *Southern Economic Journal*, Vol. 66, No. 1, 1999.

Burstein A. T. , J. C. Neves, and S. Rebelo, "Distribution Costs and Real Exchange Rate Dynamics During Exchange-rate-based Stabilizations", *Journal of Monetary Economics*, Vol. 50, No. 6, 2000.

Bussiere M. , "Exchange Rate Pass-through to Trade Prices: The Role of Nonlinearities and Asymmetries", *Oxford Bulletin of Economics and Statistics*, Vol. 75, No. 5, 2013.

Campa J. M., and J. M. G. Mínguez, "Differences in Exchange Rate pass-through in the Euro Area", *European Economic Review*, Vol. 50, No. 1, 2006.

Campa J. M., and L. S. Goldberg, "Exchange Rate Pass-through into Import Prices", *Review of Economics & Statistics*, Vol. 87, No. 4, 2005.

Caselli F., and A. Roitman, "Non-Linear Exchange Rate Pass-Through in Emerging Markets", *IMF Working Paper*, No. 16/1.

Chaney T., "The Network Structure of International Trade", *American Economic Review*, Vol. 104, No. 11, 2014.

Chatterjee A., R. Dix-Carneiro, and J. Vichyanond, "Multi-Product Firms and Exchange Rate Fluctuations", *American Economic Journal Economic Policy*, Vol. 5, No. 2, 2013.

Chen B., and H. Ma, "Import Variety and Welfare Gain in China", *Review of International Economics*, Vol. 20, No. 4, 2012.

Chen N., and L. Juvenal, "Quality, Trade, and Exchange Rate Pass-through", *Journal of International Economics*, Vol. 100, 2016.

Chinn M. D., "A Primer on Real Effective Exchange Rates: Determinants, Overvaluation, Trade Flows and Competitive Devaluation", *Open Economies Review*, Vol. 17, No. 1, 2006.

Choudhri E. U., and D. S. Hakura, "Exchange Rate Pass-through to Domestic Prices: Does the Inflationary Environment Matter?", *Journal of International Money & Finance*, Vol. 25, No. 4, 2001.

Clark P. B., "Uncertainty, Exchange Risk, and the Level of International Trade", *Economic Inquiry*, Vol. 11, No. 3, 1973.

Corsetti G., and L. Dedola, "A Macroeconomic Model of International Price Discrimination", *Journal of International Economics*, Vol. 67, No. 1, 2005.

Crozet M., K. Head, and T. Mayer, "Quality Sorting and Trade: Firm-level

Evidence for French Wine", *The Review of Economic Studies*, Vol. 79, No. 2, 2012.

Cushman D. O., "Has Exchange Risk Depressed International Trade? The Impact of Third-country Exchange Risk", *Journal of International Money and Finance*, Vol. 5, No. 3, 1986.

De Grauwe P., "Exchange Rate Variability and the Slowdown in Growth of International Trade", *IMF Economic Review*, Vol. 35, No. 1, 1988.

Dellas H., and B. Zilberfarb, "Real Exchange Rate Volatility and International Trade: A Reexamination of the Theory", *Southern Economic Journal*, Vol. 59, No. 4, 1993.

Devereux M. B., and C. Engel, "Monetary Policy in the Open Economy Revisited: Price Setting and Exchange-Rate Flexibility", *Review of Economic Studies*, Vol. 70, No. 4, 2003.

Devereux M. B., and J. Yetman, "Price Setting and Exchange Rate Pass-Through: Theory and Evidence", *Social Science Electronic Publishing*, 2007.

Dixit A. K., and J. E. Stiglitz, "Monopolistic Competition and Optimum Product Diversity", *The American Economic Review*, Vol. 67, No. 3, 1977.

Dixit A., "Hysteresis, Import Penetration, and Exchange Rate Pass-Through", *Quarterly Journal of Economics*, Vol. 104, No. 2, 1989.

Dornbusch R., "Expectations and Exchange Rate Dynamics", *The Journal of Political Economy*, Vol. 84, No. 6, 1976.

Dornbusch R., "Exchange Rates and Prices", *American Economic Review*, Vol. 77, No. 1, 1987.

Esteve-Pérez S., F. Requena-Silvente, and V. J. Pallardó-Lopez, "The Duration of Firm-Destination Export Relationships: Evidence from Spain, 1997 – 2006", *Economic Inquiry*, Vol. 51, No. 1, 2013.

Estrin S., D. Baghdasaryan, and K. E. Meyer, "The Impact of Institutional and Human Resource Distance on International Entry Strategies", *Journal of Management Studies*, Vol. 46, No. 7, 2009.

Fan H., Y. A. Li, and S. R. Yeaple, "Trade Liberalization, Quality, and Export Prices", *Review of Economics and Statistics*, Vol. 97, No. 5, 2015.

Feenstra R. C., "New Product Varieties and the Measurement of International Prices", *American Economic Review*, Vol. 84, No. 1, 1994.

Feenstra R. C., Z. Li, and M. Yu, "Exports and Credit Constraints under Incomplete Information: Theory and Evidence from China", *Review of Economics and Statistics*, Vol. 96, No. 4, 2014.

Feenstra R. C., and D. E. Weinstein, "Globalization, Competition, and the U. S. Price Level", *NBER Working Paper*, No. 15749, 2010.

Feenstra R. C., and J. Romalis, "International Prices and Endogenous Quality", *The Quarterly Journal of Economics*, Vol. 129, No. 2, 2014.

Flam H., and H. Nordström, "Trade Volume Effects of the Euro: Aggregate and Sector Estimates", Seminar Papers 746, Stockholm University, Institute for International Economic Studies, 2003.

Flood R. P., and A. K. Rose, "Understanding Exchange Rate Volatility Without the Contrivance of Macroeconomics", *The Economic Journal*, Vol. 109, No. 459, 1999.

Franke G., "Exchange Rate Volatility and International Trading Strategy", *Journal of International Money and Finance*, Vol. 10, No. 2, 1991.

Frankel J. A., and S. J. Wei, "Assessing China's Exchange Rate Regime", *Economic Policy*, Vol. 22, No. 51, 2007.

Frömmel M., and L. Menkhoff, "Increasing Exchange Rate Volatility During the Recent Float", *Applied Financial Economics*, Vol. 13, No. 12, 2003.

Froot K., and P. Klemperer, "Exchange Rate Pass-Through When Market Share Matters", *American Economic Review*, Vol. 79, No. 79, 1988.

Gaulier G., and I. Mejean, "Import Prices, Variety and the Extensive Margin of Trade", *CEPII Working Paper*, No. 2006-17, 2006.

Gervais A., "Product Quality, firm Heterogeneity and Trade Liberalization", *Journal of International Trade & Economic Development*, Vol. 24, No. 4, 2015.

Ghosha A., and R. S. Rajanb, "Exchange Rate Pass-through in Korea and Thailand: Trends and Determinants", *Japan & the World Economy*, Vol. 21, No. 1, 2009.

Gil-Pareja S., "Exchange Rates and European Countries' Export Prices: An Empirical Test for Asymmetries in Pricing to Market Behavior", *Weltwirtschaftliches Archiv*, Vol. 136, No. 1, 2000.

Goldberg L. S., "Industry-Specific Exchange Rates for the United States", *Economic Policy Review*, No. May, 2004.

Goldberg L. S., and J. M. Campa, "The Sensitivity of the CPI to Exchange Rates: Distribution Margins, Imported Inputs, and Trade Exposure", *Review of Economics & Statistics*, Vol. 92, No. 2, 2010.

Goldberg P. K., and M. M. Knetter, "Goods Prices and Exchange Rates: What Have We Learned?", *Journal of Economic Literature*, Vol. 35, No. 3, 1997.

Greenaway D., A. Guariglia, and R. Kneller, "Financial Factors and Exporting Decisions", *Journal of International Economics*, Vol. 73, No. 2, 2007.

Grier K. B., and A. D. Smallwood, "Uncertainty and Export Performance: Evidence from 18 Countries", *Journal of Money, Credit and Banking*, Vol. 39, No. 4, 2007.

Groot H. L. F. D., G. J. Linders, P. Rietveld, and A. U. Subramanian, "The Institutional Determinants of Bilateral Trade Patterns", *Kyklos*, Vol. 57, No. 1, 2004.

Hall S., G. Hondroyiannis, P. A. V. B. Swamy, G. Tavlas, and M. Ulan, "Exchange-rate Volatility and Export Performance: Do Emerging Market Economies Resemble Industrial Countries or Other Developing Countries?", *Economic Modelling*, Vol. 27, No. 6, 2010.

Hallak J. C., "Product Quality and the Direction of Trade", *Journal of International Economics*, Vol. 68, No. 1, 2006.

Hallak J. C., and P. K. Schott, "Estimating Cross-Country Differences in

Product Quality", *Quarterly Journal of Economics*, Vol. 126, No. 1, 2011.

Hallak J. C., and P. K. Schott, "Estimating Cross-Country Differences in Product Quality", *The Quarterly Journal of Economics*, Vol. 126, No. 1, 2011.

Hansen B. E., "Threshold Effects in Non-dynamic Panels: Estimation, Testing, and Inference", *Journal of Econometrics*, Vol. 93, No. 2, 1999.

Hausman J. A., "Exact Consumer's Surplus and Deadweight Loss", *The American Economic Review*, Vol. 71, No. 4, 1981.

Hausmann R., J. Hwang, and D. Rodrik, "What You Export Matters", *Journal of Economic Growth*, Vol. 12, No. 1, 2007.

Hausmann R., and D. Rodrik, "Economic Development as Self-discovery", *Journal of Development Economics*, Vol. 72, No. 2, 2003.

Hellerstein R., and S. B. Villas-Boas, "Outsourcing and Pass-through", *Journal of International Economics*, Vol. 81, No. 2, 2010.

Héricourt J. M., and C. Nedoncelle, "How Multi-Destination Firms Shape the Effect of Exchange Rate Volatility on Trade: Micro Evidence and Aggregate Implications", *CEPII Working Paper*, No. 2016-05, 2016.

Hess W., and M. Persson, "Exploring the Duration of EU Imports", *Review of World Economics*, Vol. 147, No. 4, 2011.

Hicks J. R., "The Valuation of the Social Income", *Economica*, Vol. 7, No. 26, 1940.

Hooper P., and S. W. Kohlhagen, "The Effect of Exchange Rate Uncertainty on the Prices and Volume of International Trade", *Journal of International Economics*, Vol. 8, No. 4, 1978.

Huchet-bourdon M., and J. Korinek, "To What Extent Do Exchange Rates and their Volatility Affect Trade?", *OECD Trade Policy Working Paper Series*, No. 1191-36, 2011.

Hummels D., and A. Skiba, "Shipping the Good Apples Out? An Empirical Confirmation of the Alchian-Allen Conjecture", *Journal of Political Economy*, Vol. 112, No. 6, 2004.

Hummels D., and P. J. Klenow, "The Variety and Quality of a Nation's Exports", *American Economic Review*, Vol. 95, No. 3, 2005.

Ilmakunnas P., and S. Nurmi, "Dynamics of Export Market Entry and Exit", *Scandinavian Journal of Economics*, Vol. 112, No. 1, 2010.

Jenkins S. P., "Easy Estimation Methods for Discrete-Time Duration Models", *Oxford Bulletin of Economics and Statistics*, Vol. 57, No. 1, 1995.

Johnson R. C., "Trade and Prices with Heterogeneous Firms", *Journal of International Economics*, Vol. 86, No. 1, 2012.

Júnior S. K., "Tests for the Hysteresis Hypothesis in Brazilian Industrialized Exports: A Threshold Cointegration Analysis", *Economic Modelling*, Vol. 25, No. 2, 2008.

Kasa K., "Adjustment Costs and Pricing-to-market Theory and Evidence", *Journal of International Economics*, Vol. 32, No. 1–2, 2004.

Kasman A., and S. Kasman, "Exchange Rate Uncertainty in Turkey and its Impact on Export Volume", *Metu Studies in Development*, Vol. 32, No. 6, 2005.

Kelejian H., G. S. Tavlas, and P. Petroulas, "In the Neighborhood: The Trade Effects of the Euro in a Spatial Framework", *Regional Science & Urban Economics*, Vol. 42, No. 1–2, 2012.

Kenen P. B., and D. Rodrik, "Measuring and Analyzing the Effects of Short-Term Volatility in Real Exchange Rates", *The Review of Economics and Statistics*, Vol. 68, No. 2, 1986.

Khandelwal A., "The Long and Short of Quality Ladders", *Review of Economic Studies*, Vol. 77, No. 4, 2010.

Klaassen F., "Why is It so Difficult to Find an Effect of Exchange Rate Risk on Trade?", *Journal of International Money and Finance*, Vol. 23, No. 5, 2004.

Knetter M. M., "Is Export Price Adjustment Asymmetric? Evaluating the Market Share and Marketing Bottlenecks Hypotheses", *Journal of International Money and Finance*, Vol. 13, No. 1, 1994.

Kogut B., and H. Singh, "The Effect of National Culture on the Choice of Entry Mode", *Journal of International Business Studies*, Vol. 19, No. 3, 1988.

Kostova T., "Country Institutional Profile: Concept and Measurement", Vol. 1997, No. 1, 1997.

Krugman P. R., "Increasing Returns, Monopolistic Competition, and International Trade", *Journal of International Economics*, Vol. 9, No. 4, 1979.

Krugman P., "Scale Economies, Product Differentiation, and the Pattern of Trade", *The American Economic Review*, Vol. 70, No. 5, 1980.

Krugman P., "Pricingto Market When the Exchange Rate Changes", *NBER Working Paper*, No. 1926, 1986.

Kugler M., and E. Verhoogen, "Prices, Plant Size, and Product Quality", *The Review of Economic Studies*, Vol. 79, No. 1, 2012.

Lall S., "The Technological Structure and Performance of Developing Country Manufactured Exports, 1985 – 1998", *Oxford Development Studies*, Vol. 28, No. 3, 2000.

Lall S., J. Weiss, and J. Zhang, "The 'sophistication' of Exports: A New Trade Measure", *World Development*, Vol. 34, No. 2, 2006.

Lee J., and B. C. Yi, "Industry level Real Effective Exchange Rates for Korea", Institute for Monetary and Economic Research Working Paper, the Bank of Korea, 2005.

Lemoine F., and D. Unal-Kesenci, "China in the International Segmentation of Production Processes", *CEPII Working Paper*, No. 2002 – 02929 – 931, 2002.

Li H., H. Ma, and Y. Xu, "How Do Exchange Rate Movements Affect Chinese Exports? A Firm-level Investigation", *Journal of International Economics*, Vol. 97, No. 1, 2015.

Magee S. P., "Currency Contracts, Pass-through, and Devaluation", *Brookings Papers on Economic Activity*, Vol. 4, No. 1, 1973.

Mao Q., and F. Wang, "Will Decline in Foreign Trade Reshape Internal Economic Geography Simulations in an Estimated Model of the Chinese Space-economy", *Business and Management Studies*, Vol. 2, No. 4, 2016.

Marston R. C., "Pricing to Market in Japanese Manufacturing", *Journal of International Economics*, Vol. 29, No. 3 – 4, 1990.

Mckenzie M. D., "The Impact of Exchange Rate Volatility on International Trade Flows", *Journal of Economic Surveys*, Vol. 13, No. 1, 1999.

Melitz M. J., "The Impact of Trade on Intra-Industry Reallocations and Aggregate Industry Productivity", *Econometrica*, Vol. 71, No. 6, 2003.

Melitz M. J., and G. I. P. Ottaviano, "Market Size, Trade, and Productivity", *Review of Economic Studies*, Vol. 75, No. 1, 2008.

Menon J., "The Pass-through Puzzle: A Tale of Wwo Missing Princes?", *Atlantic Economic Journal*, Vol. 21, No. 2, 1993.

Minondo A., and F. Requena, "Welfare Gains from Imported Varieties in Spain, 1988 – 2006", *Working Papers Serie*, EC 2010 – 12, 2010.

Mohler L., and M. Seitz, "The Gains from Variety in the European Union", *Review of World Economics*, Vol. 148, No. 3, 2012.

Murase K., "Asymmetric Effects of the Exchange Rate on Domestic Corporate Goods Prices", *Japan and the World Economy*, 2013.

Nitsch V., "Die Another Day: Duration in German Import Trade", *Review of World Economics*, Vol. 145, No. 1, 2009.

North D., *Institutions, Institutional Change and Economic Performance*, Cambridge University Press, 1990.

Piveteau P., and G. Smagghue, "A New Method for Quality Estimation Using Trade Data: An Application to French Firms", *Working Paper, Columbia University*, 2013.

Pollard P. S., and C. C. Coughlin, "Size Matters: Asymmetric Exchange Rate Pass-Through at the Industry Level", *Working Papers*, No. 2003 – 029, 2004.

Rauch J. E., "Networks Versus Markets in International Trade", *Journal of International Economics*, Vol. 1, No. 48, 1999.

Roberts M. J. , and J. R. Tybout, "The Decision to Export in Colombia: An Empirical Model of Entry with Sunk Costs", *American Economic Review*, Vol. 87, No. 4, 1997.

Rodrik D. , "What's So Special About China's Exports?", *China & World Economy*, Vol. 14, No. 5, 2006.

Sacerdoti, and Giorgio, "Trade and Investment Law: Institutional Differences and Substantive Similarities", *Jerusalem Review of Legal Studies*, Vol. 9, No. 1, 2014.

Sato K. , "The Ideal Log-Change Index Number", *The Review of Economics and Statistics*, Vol. 58, No. 2, 1976.

Schott P. K. , "Across-Product Versus Within-Product Specialization in International Trade", *The Quarterly Journal of Economics*, Vol. 119, No. 2, 2004.

Schott P. K. , "The Relative Sophistication of Chinese Exports", *Economic Policy*, Vol. 23, No. 53, 2008.

Sueyoshi G. T. , "A Class of Binary Response Models for Grouped Duration Data", *Journal of Applied Econometrics*, Vol. 10, No. 4, 1995.

Taylor J. B. , "Low Inflation Pass-Through, and Pricing Power of Firms", *European Economic Review*, Vol. 44, No. 7, 2000.

Vartia Y. O. , "Ideal Log-Change Index Numbers", *Scandinavian Journal of Statistics*, Vol. 3, No. 3, 1976.

Vergil H. , "Exchange Rate Volatility in Turkey and Its Effect on Trade Flows", *Journal of Economic and Social Research*, Vol. 4, No. 1, 2002.

Verhoogen E. A. , "Trade, Quality Upgrading, and Wage Inequality in the Mexican Manufacturing Sector", *Quarterly Journal of Economics*, Vol. 123, No. 2, 2008.

Wang Q. , "Fixed-effect Panel Threshold Model Using Stata", *Stata Journal*, Vol. 15, No. 1, 2015.

Webber A. G. , "Dynamic and Long Run Responses of Import Prices to the Exchange Rate in the Asia-Pacific", *Asian Economic Journal*, Vol. 13, No. 3,

1999.

Wei S., "Intra-National versus International Trade: How Stubborn are Nations in Global Integration?", *NBER Working Paper*, No. 5531, 1996.

Wei S., and A. Shleifer, "Local Corruption and Global Capital Flows", Vol. 2000, No. 2, 2000.

Yang J., "Exchange Rate Pass-Through in U. S. Manufacturing Industries", *Review of Economics & Statistics*, Vol. 79, No. 1, 1997.

Zaniboni A. A. Y. N., "Retailer Pass-Through and Its Determinants Using Scanner Data", *Working Paper*, 2012.

毕玉江、朱钟棣:《人民币汇率变动对中国商品出口价格的传递效应》,《世界经济》2007年第5期。

曹伟:《依市定价与汇率传递不完全:发展历史与研究进展评述》,《世界经济》2016年第9期。

曹伟、倪克勤:《人民币汇率变动的不完全传递——基于非对称性视角的研究》,《数量经济技术经济研究》2010年第7期。

曹伟、申宇:《人民币汇率传递、行业进口价格与通货膨胀:1996—2011》,《金融研究》2013年第10期。

曹伟、言方荣、鲍曙明:《人民币汇率变动、邻国效应与双边贸易——基于中国与"一带一路"沿线国家空间面板模型的实证研究》,《金融研究》2016年第9期。

曹伟、赵颖岚、倪克勤:《汇率传递与原油进口价格关系——基于非对称性视角的研究》,《金融研究》2012年第7期。

陈强:《高级计量经济学及Stata应用》,高等教育出版社2014年版。

陈雯、苗双有:《中间品贸易自由化与中国制造业企业生产技术选择》,《经济研究》2016年第8期。

陈晓华、黄先海、刘慧:《中国出口技术结构演进的机理与实证研究》,《管理世界》2011年第3期。

陈晓华、刘慧:《产品持续出口能促进出口技术复杂度持续升级吗?——基于出口贸易地理优势异质性的视角》,《财经研究》2015年第1期。

陈学彬、李世刚、芦东:《中国出口汇率传递率和盯市能力的实证研究》,

《经济研究》2007 年第 12 期。

陈勇兵、蒋灵多、曹亮：《中国农产品出口持续时间及其影响因素分析》，《农业经济问题》2012 年第 11 期。

陈勇兵、李伟、钱学锋：《中国进口种类增长的福利效应估算》，《世界经济》2011 年第 12 期。

陈勇兵、李燕、周世民：《中国企业出口持续时间及其决定因素》，《经济研究》2012 年第 7 期。

陈勇兵、钱意、张相文：《中国进口持续时间及其决定因素》，《统计研究》2013 年第 2 期。

陈勇兵、赵羊、李梦珊：《纳入产品质量的中国进口贸易利得估算》，《数量经济技术经济研究》2014 年第 12 期。

戴金平、黎艳、刘东坡：《汇率波动对世界经济的影响》，《国际金融研究》2017 年第 5 期。

戴觅、施炳展：《中国企业层面有效汇率测算：2000—2006》，《世界经济》2013 年第 5 期。

邓琳琳、侯敏：《基于相对值分割法的中国工业制成品出口技术结构变化的测算》，《国际贸易问题》2017 年第 10 期。

丁剑平、刘敏：《中欧双边贸易的规模效应研究：一个引力模型的扩展应用》，《世界经济》2016 年第 6 期。

杜传忠、张丽：《中国工业制成品出口的国内技术复杂度测算及其动态变迁——基于国际垂直专业化分工的视角》，《中国工业经济》2013 年第 12 期。

杜修立、王维国：《中国出口贸易的技术结构及其变迁：1980—2003》，《经济研究》2007 年第 7 期。

杜运苏、陈小文：《我国农产品出口贸易关系的生存分析——基于 Cox PH 模型》，《农业技术经济》2014 年第 5 期。

杜运苏、王丽丽：《中国出口贸易持续时间及其影响因素研究——基于 Cloglog 模型》，《科研管理》2015 年第 7 期。

杜运苏、杨玲：《中国出口贸易关系的生存分析：1995—2010》，《国际贸易问题》2013 年第 11 期。

樊纲、关志雄、姚枝仲：《国际贸易结构分析：贸易品的技术分布》，《经济研究》2006 年第 8 期。

樊海潮、郭光远：《出口价格、出口质量与生产率间的关系：中国的证据》，《世界经济》2015 年第 2 期。

范祚军、陆晓琴：《人民币汇率变动对中国—东盟的贸易效应的实证检验》，《国际贸易问题》2013 年第 9 期。

封福育：《人民币汇率波动对出口贸易的不对称影响——基于门限回归模型经验分析》，《世界经济文汇》2010 年第 2 期。

冯等田、王秀玲、张义强：《中国出口贸易关系生存分析：1992—2015》，《青海社会科学》2017 年第 3 期。

冯伟、邵军、徐康宁：《我国农产品出口贸易联系持续期及其影响因素：基于生存模型的实证研究》，《世界经济研究》2013 年第 6 期。

冯永琦、裴祥宇：《人民币实际有效汇率变动的进口贸易转型效应》，《世界经济研究》2014 年第 3 期。

高伟刚：《人民币汇率变动对中国贸易价格和通货膨胀的影响研究》，博士学位论文，南开大学，2014 年。

韩剑、郑秋玲、邵军：《多产品企业、汇率变动与出口价格传递》，《管理世界》2017 年第 8 期。

何树全、张秀霞：《中国对美国农产品出口持续时间研究》，《统计研究》2011 年第 2 期。

胡冬梅、郑尊信、潘世明：《汇率传递与出口商品价格决定：基于深圳港 2000—2008 年高度分解面板数据的经验分析》，《世界经济》2010 年第 6 期。

黄锦明：《人民币实际有效汇率变动对中国进出口贸易的影响——基于 1995—2009 年季度数据的实证研究》，《国际贸易问题》2010 年第 9 期。

黄胜、周劲波：《制度环境、国际市场进入模式与国际创业绩效》，《科研管理》2014 年第 2 期。

贾凯威、杨洋：《汇率与国际贸易关系研究：国外文献综述》，《经济问题探索》2014 年第 3 期。

江小涓:《我国出口商品结构的决定因素和变化趋势》,《经济研究》2007年第5期。

姜波克:《国际金融新编》,复旦大学出版社2018年版。

姜昱、邢曙光、杨胜刚:《汇率波动对我国进出口影响的门限效应》,《世界经济研究》2011年第7期。

蒋冠宏:《中国企业对"一带一路"沿线国家市场的进入策略》,《中国工业经济》2017年第9期。

康志勇:《中间品进口与中国企业出口行为研究:"扩展边际"抑或"集约边际"》,《国际贸易问题》2015年第9期。

孔祥贞、刘海洋、徐大伟:《出口固定成本、融资约束与中国企业出口参与》,《世界经济研究》2013年第4期。

李广众、Voon Lan P.:《实际汇率错位、汇率波动性及其对制造业出口贸易影响的实证分析:1978—1998年平行数据研究》,《管理世界》2004年第11期。

李宏、刘珅、王悦:《中间品进口结构对最终品出口结构的影响分析——基于中国数据的实证检验》,《国际商务》(对外经济贸易大学学报)2016年第1期。

李宏彬、马弘、熊艳艳、徐嫄:《人民币汇率对企业进出口贸易的影响——来自中国企业的实证研究》,《金融研究》2011年第2期。

李宏兵、蔡宏波、胡翔斌:《融资约束如何影响中国企业的出口持续时间》,《统计研究》2016年第6期。

李坤望、蒋为:《市场进入与经济增长——以中国制造业为例的实证分析》,《经济研究》2015年第5期。

李清政、王佳、舒杏:《中国对东盟自贸区农产品出口贸易持续时间研究》,《宏观经济研究》2016年第5期。

李小平、周记顺、卢现祥、胡久凯:《出口的"质"影响了出口的"量"吗?》,《经济研究》2015年第8期。

李秀芳、施炳展:《中间品进口多元化与中国企业出口产品质量》,《国际贸易问题》2016年第3期。

李亚新、余明:《关于人民币实际有效汇率的测算与应用研究》,《国际金融研究》2002 年第 10 期。

李艳丽、彭红枫：《人民币汇率对出口价格的传递效应——考虑预期与结构变化的分析》，《金融研究》2014 年第 10 期。

李艳丽、彭红枫、胡利琴：《汇率预期对出口价格的传递效应——基于结构变化协整检验的分析》，《国际金融研究》2015 年第 11 期。

李颖帅：《基于行业层面的真实有效汇率测度与分析》，《宏观经济研究》2014 年第 4 期。

李永、金珂、孟祥月：《中国出口贸易联系是否稳定？》，《数量经济技术经济研究》2013 年第 12 期。

林常青：《美国反倾销对中国对美出口持续时间的影响》，《中南财经政法大学学报》2014 年第 4 期。

刘会政、方森辉、宗喆：《全球价值链视角下人民币实际有效汇率的新测算及影响因素分析》，《国际贸易问题》2017 年第 9 期。

刘晓宁、刘磊：《贸易自由化对出口产品质量的影响效应——基于中国微观制造业企业的实证研究》，《国际贸易问题》2015 年第 8 期。

刘子寅、范科才：《汇率传递与通货膨胀动态的非线性关系研究（1996—2009 年）》，《世界经济研究》2015 年第 5 期。

卢向前、戴国强：《人民币实际汇率波动对我国进出口的影响：1994—2003》，《经济研究》2005 年第 5 期。

逯宇铎、陈金平、陈阵：《中国企业进口贸易持续时间的决定因素研究》，《世界经济研究》2015 年第 5 期。

马慧敏：《我国出口商品结构与经济增长——基于 1989—2004 年时序数据的计量检验分析》，《国际贸易问题》2008 年第 3 期。

马君潞、王博、杨新铭：《人民币汇率变动对我国出口贸易结构的影响研究——基于 SITC 标准产业数据的实证分析》，《国际金融研究》2010 年第 12 期。

马述忠、吴国杰：《中间品进口、贸易类型与企业出口产品质量——基于中国企业微观数据的研究》，《数量经济技术经济研究》2016 年第 11 期。

毛其淋、盛斌：《贸易自由化、企业异质性与出口动态——来自中国微观企业数据的证据》,《管理世界》2013年第3期。

倪克勤、曹伟:《人民币汇率变动的不完全传递研究:理论及实证》,《金融研究》2009年第6期。

牛华、宋旭光、马艳昕:《全球价值链视角下中国制造业实际有效汇率测算》,《上海经济研究》2016年第5期。

潘家栋:《人民币汇率变动对出口持续时间的影响:以中美农产品出口为例》,《国际经贸探索》2018年第9期。

潘镇:《制度质量、制度距离与双边贸易》,《中国工业经济》2006年第7期。

潘镇、殷华方、鲁明泓:《制度距离对于外资企业绩效的影响——一项基于生存分析的实证研究》,《管理世界》2008年第7期。

彭红枫、陈文博、谭小玉:《人民币国际化研究述评》,《国际金融研究》2015年第10期。

邵军:《中国出口贸易联系持续期及影响因素分析——出口贸易稳定发展的新视角》,《管理世界》2011年第6期。

施炳展:《中国企业出口产品质量异质性:测度与事实》,《经济学》(季刊)2014年第1期。

施炳展:《FDI是否提升了本土企业出口产品质量》,《国际商务研究》2015年第2期。

施炳展、李坤望:《中国制造业国际分工地位研究——基于产业内贸易形态的跨国比较》,《世界经济研究》2008年第10期。

施炳展、邵文波:《中国企业出口产品质量测算及其决定因素——培育出口竞争新优势的微观视角》,《管理世界》2014年第9期。

施炳展、王有鑫、李坤望:《中国出口产品品质测度及其决定因素》,《世界经济》2013年第9期。

施建淮、傅雄广、许伟:《人民币汇率变动对我国价格水平的传递》,《经济研究》2008年第7期。

舒杏、霍伟东、王佳:《中国对新兴经济体国家出口持续时间及影响因素研究》,《经济学家》2015年第2期。

宋超、谢一青:《人民币汇率对中国企业出口的影响:加工贸易与一般贸易》,《世界经济》2017年第8期。

苏海峰、陈浪南:《人民币汇率变动对中国贸易收支时变性影响的实证研究——基于半参数函数化系数模型》,《国际金融研究》2014年第2期。

苏振东、刘杰、赵文涛:《微观金融健康可以提高企业的生存率吗?——"新常态"背景下经济持续健康发展的微观视角解读》,《数量经济技术经济研究》2016年第4期。

孙刚、谷宇:《人民币汇率变动的宏观经济效应分析——来自大连市的经验证据》,《财经问题研究》2012年第7期。

孙灵燕、李荣林:《融资约束限制中国企业出口参与吗?》,《经济学》(季刊)2012年第1期。

唐海燕、张会清:《产品内国际分工与发展中国家的价值链提升》,《经济研究》2009年第9期。

万晓莉、陈斌开、傅雄广:《人民币进口汇率传递效应及国外出口商定价能力——产业视角下的实证研究》,《国际金融研究》2011年第4期。

汪建新:《贸易自由化、质量差距与地区出口产品质量升级》,《国际贸易问题》2014年第10期。

汪建新、贾圆圆、黄鹏:《国际生产分割、中间投入品进口和出口产品质量》,《财经研究》2015年第4期。

王慧敏、任若恩、王惠文:《中国基于单位劳动成本的多边竞争力指标研究》,《国际金融研究》2004年第11期。

王晋斌、李南:《中国汇率传递效应的实证分析》,《经济研究》2009年第4期。

王明益:《要素价格扭曲会阻碍出口产品质量升级吗——基于中国的经验证据》,《国际贸易问题》2016年第8期。

王维薇:《全球生产网络背景下中间品进口与最终品出口的二元边际——基于微观视角的解释》,《世界经济研究》2015年第10期。

王秀玲、邹宗森、冯等田:《实际汇率波动对中国出口持续时间的影响研究》,《国际贸易问题》2018年第6期。

王雪、胡未名、杨海生:《汇率波动与我国双边出口贸易:存在第三国汇率效应吗?》,《金融研究》2016 年第 7 期。

王雅琦、戴觅、徐建炜:《汇率、产品质量与出口价格》,《世界经济》2015 年第 5 期。

王哲:《汇率变动与中国的贸易价格》,博士学位论文,对外经济贸易大学,2017 年。

魏浩:《中国进口商品的国别结构及相互依赖程度研究》,《财贸经济》2014 年第 4 期。

魏浩:《中国出口商品结构变化的重新测算》,《国际贸易问题》2015 年第 4 期。

魏浩:《进口定价权、进口价格与不同类型商品的进口战略——基于微观产品数据的实证分析》,《世界经济与政治论坛》2016 年第 1 期。

魏浩、付天:《中国货物进口贸易的消费者福利效应测算研究——基于产品层面大型微观数据的实证分析》,《经济学》(季刊)2016 年第 4 期。

魏浩、何晓琳、赵春明:《制度水平、制度差距与发展中国家的对外贸易发展——来自全球 31 个发展中国家的国际经验》,《南开经济研究》2010 年第 5 期。

魏浩、李晓庆:《中国进口贸易的技术结构及其影响因素研究》,《世界经济》2015 年第 8 期。

文争为:《中国制造业出口中 PTM 行为的经验研究》,《世界经济》2010 年第 7 期。

向训勇、陈婷、陈飞翔:《进口中间投入、企业生产率与人民币汇率传递——基于我国出口企业微观数据的实证研究》,《金融研究》2016 年第 9 期。

项后军、吴全奇:《垂直专业化视角下的中国出口依市定价问题研究》,《世界经济》2014 年第 11 期。

项后军、吴全奇:《垂直专业化、计价货币与出口依市定价(PTM)行为研究》,《管理世界》2015 年第 4 期。

项后军、许磊:《汇率传递与通货膨胀之间的关系存在中国的"本土特征"吗?》,《金融研究》2011 年第 11 期。

肖红军:《相关制度距离会影响跨国公司在东道国的社会责任表现吗?》,

《数量经济技术经济研究》2014年第4期。

邢斐、王书颖、何欢浪：《从出口扩张到对外贸易"换挡"：基于贸易结构转型的贸易与研发政策选择》，《经济研究》2016年第4期。

邢予青：《人民币汇率及其对日本美国进口价格的传递效应》，《金融研究》2010年第7期。

徐建炜、田丰：《中国行业层面实际有效汇率测算：2000—2009》，《世界经济》2013年第5期。

徐瑜佳：《人民币汇率对进出口贸易的影响研究——基于汇改前后的比较分析》，《特区经济》2010年第12期。

许昌平：《中国企业进出出口市场的持续时间及其决定因素》，《当代经济科学》2013年第5期。

许家云、周绍杰、胡鞍钢：《制度距离、相邻效应与双边贸易——基于"一带一路"国家空间面板模型的实证分析》，《财经研究》2017年第1期。

许伟、傅雄广：《人民币名义有效汇率对进口价格的传递效应研究》，《金融研究》2008年第9期。

杨广青、杜海鹏：《人民币汇率变动对我国出口贸易的影响——基于"一带一路"沿线79个国家和地区面板数据的研究》，《经济学家》2015年第11期。

杨连星、刘晓光、罗来军：《出口价格、出口品质与贸易联系持续期》，《数量经济技术经济研究》2016年第8期。

杨汝岱、李艳：《移民网络与企业出口边界动态演变》，《经济研究》2016年第3期。

杨汝岱、姚洋：《有限赶超与经济增长》，《经济研究》2008年第8期。

姚洋、章林峰：《中国本土企业出口竞争优势和技术变迁分析》，《世界经济》2008年第3期。

叶建亮、方萃：《邻近效应与企业出口行为：基于中国制造业出口企业的实证研究》，《国际贸易问题》2017年第3期。

叶宁华、包群、邵敏：《空间集聚、市场拥挤与我国出口企业的过度扩张》，《管理世界》2014年第1期。

易靖韬：《企业异质性、市场进入成本、技术溢出效应与出口参与决定》，《经济研究》2009年第9期。

尹世久、高杨、吴林海：《构建中国特色食品安全社会共治体系》，人民出版社2017年版。

尹世久、李锐、吴林海、陈秀娟：《中国食品安全发展报告2018》，北京大学出版社2018年版。

于峰、孙洪波：《中国对外双边贸易均衡影响因素的实证分析——基于中国与114国的相关面板数据》，《世界经济研究》2011年第10期。

余淼杰、李乐融：《贸易自由化与进口中间品质量升级——来自中国海关产品层面的证据》，《经济学》（季刊）2016年第3期。

余淼杰、张睿：《人民币升值对出口质量的提升效应：来自中国的微观证据》，《管理世界》2017年第5期。

原磊、邹宗森：《中国制造业出口企业是否存在绩效优势——基于不同产业类型的检验》，《财贸经济》2017年第5期。

张伯伟、田朔：《汇率波动对出口贸易的非线性影响——基于国别面板数据的研究》，《国际贸易问题》2014年第6期。

张凤：《结构参数、出口固定投入成本与贸易扩展边际》，《统计研究》2015年第3期。

张凤、季志鹏、张倩慧：《出口持续期延长有利于出口国内技术复杂度提升吗——基于中国微观出口数据的验证》，《国际贸易问题》2018年第10期。

张凤、孔庆峰：《出口固定投入成本与扩展边际理论研究述评及展望》，《经济评论》2013年第6期。

张凤、孔庆峰：《出口固定投入成本与扩展边际：国外研究述评》，《国际贸易问题》2014年第3期。

张杰、翟福昕、周晓艳：《政府补贴、市场竞争与出口产品质量》，《数量经济技术经济研究》2015年第4期。

张杰、郑文平、翟福昕：《中国出口产品质量得到提升了么?》，《经济研究》2014年第10期。

张娟、刘钻石：《中国民营企业在非洲的市场进入与直接投资的决定因素》,《世界经济研究》2013年第2期。

张明志、季克佳:《人民币汇率变动对中国制造业企业出口产品质量的影响》,《中国工业经济》2018年第1期。

张先锋、杨新艳、陈亚:《制度距离与出口学习效应》,《世界经济研究》2016年第11期。

张亚斌、黎谧、李静文:《制造业出口贸易生存分析与跨国比较研究》,《国际贸易问题》2014年第11期。

张永亮、邹宗森:《进口种类、产品质量与贸易福利:基于价格指数的研究》,《世界经济》2018年第1期。

赵红、彭馨:《中国出口技术复杂度测算及影响因素研究》,《中国软科学》2014年第11期。

赵仲匡、李殊琦、杨汝岱:《金融约束、对冲与出口汇率弹性》,《管理世界》2016年第6期。

钟伟、胡松明、代慧君:《人民币J曲线效应的经验分析》,《世界经济》2001年第1期。

周定根、杨晶晶、赖明勇:《贸易政策不确定性、关税约束承诺与出口稳定性》,《世界经济》2019年第1期。

周茂、陆毅、陈丽丽:《企业生产率与企业对外直接投资进入模式选择——来自中国企业的证据》,《管理世界》2015年第11期。

周世民、孙瑾、陈勇兵:《中国企业出口生存率估计:2000—2005》,《财贸经济》2013年第2期。

周远游、刘莉亚、盛世杰:《基于汇改视角的人民币汇率异常波动研究》,《国际金融研究》2017年第5期。

邹宏元、张杰、王挺:《中国分行业的汇率传递机制——基于出口价格角度》,《财经科学》2017年第12期。

邹宗森、王秀玲、冯等田:《第三方汇率波动影响出口贸易关系持续吗?——基于"一带一路"沿线国家的实证研究》,《国际金融研究》2018年第9期。